欧洲法与比较法前沿译丛
丛书主编：李　昊

第二版

# 欧洲合同法

【德】莱纳·舒尔策
【波兰】弗里德里克·佐尔 ◎著
王剑一 ◎译

*Europäisches Vertragsrecht*

Reiner Schulze
Fryderyk Zoll

中国法制出版社
CHINA LEGAL PUBLISHING HOUSE

# 总序

西法东渐，尔来百年。精卫填海，其得其失？

试举一例：清光绪二十八年，梁任公急心于救国而作《新民说·论权利思想》，仅述耶林权利思想之“崖略”；此后薪火相继，百余年间，译此名著者代有其人；而今海峡两岸，《为权利而斗争》汉译本频出，精品不断。年届期颐的潘汉典教授更是在新中国成立前和改革开放后两个节译本的基础上，准备结合德文原著的多个版本和多语译本，推出该书更新、更深思熟虑的全译本。真可谓不负耶林，不负任公！法律翻译界五世同堂，各尽其力，此诚文化之盛世，亦比较法之盛世也！

且不言严复先生所倡“信、达、雅”之标准，翻译本非鹦鹉学语、口耳之学，乃在新语言环境下之诠释与再造。法律翻译更是融汇东西方社会治理之经验，谋求古今中西仁人思想之汇通。故清末法学家沈家本修律，颇得益于同文馆之法学译著。梅仲协先生评价民国时期制定的民法典：“现行民法采德国立法例者，十之六七；瑞士立法例者，十之三四；而法、日、苏联之成规，亦曾撷取一二。”新中国的法制建设最初得益于苏联法学；改革开放后的法制重建，视野更为广阔，对欧美各国的法律关注不断加深。比较法学者也渐渐从宏大的法理阐释，走向微观的法律制度和判例研习；许多研究者也从单纯的以“西药寻中病”式研究，转向了谋求中西法学对于共同关切的重大社会问题之交流与反思。

德国法之译介，自20世纪90年代以来有法律出版社出版、米健教授主持的“当代德国法学名著”译丛以及吴越教授主持的“德国法学教科书”译丛，其影响之深远，在业界功不可没。然而德国法学著作汗牛充栋，法律更新更是日新月异，许多有特色、有深度的作品仍然值得我们继续挖掘。欧盟法的发展在近十年亦是异军突起，然而目前尚无特别全面、体系化的译丛。本丛书正是希望补时之缺，给更倾向于中文阅读的读者提供一批德国和其他欧盟国家最新的法学名作，力求让读者把握德国法和欧盟法的最新脉动，拓展比较法的视野。德国法部分沿袭人大社和北大社已有的德国法学教科书策划书目，大体分为基础教程、拓展教程以及部分专著，以查缺补漏和注重前沿交叉为特色；欧盟法部分在选材上则不拘一格，既有大部头的综合教材，也有针对某一领域、某一问题的专论。同时，丛书还部分涉猎英美学者的经典名著和前沿作品。

放眼世界，目下比较法学颇有“式微”之惑。恰如韩世远教授在其新版《合同法总论》序言中结合个人访学经历作出的观察：美国学者坦陈“不再注重欧洲的文字和思想”；而在德国司法实务中，比较法解释也缺乏权威性。进而得出，“在法体系的形成期，比较法最易发挥其作用；一旦法体系形成并日趋成熟，该体系已可为所遇到的法律问题提供成套的解决方案，自给自足，便成寻常。”另外，2018年6月底，英国退欧钟声敲响，欧元区财政一体化动议受挫，欧盟法的适用地域、深化层次也在缩减。此时在中国研究德国法和欧盟法还有意义吗？答案无疑是肯定的。比如大数据时代的数据保护，德国、欧盟几乎是日新月异，它们的解决方案中有哪些经验和教训？对中国无疑颇具启迪意义。再如德国民法典的编纂艺术，以及后法典时期如何续造法律、与时俱进，都对当下的民法典立法以及未来的法治建设意义深远。故而，在比较法越来越难以为我国法治提供现成答案的前提下，在比较法本身也无法在司法实务中自证其正当性和权威性的情况下，它带给人们的是超越法域的人类理解，以及对共同疑难问题的方案参考。从法律人自身修养而言，比较法带来的宏大视野和智慧启迪也是不可或缺的。在风景如画的阿尔斯特湖畔，在汉堡马克斯•普朗克比较与国际私法研究所的四层地下书库，我们再次感受到了比较法的力量。

本译丛自2013年动意以来，由北京航空航天大学李昊老师牵头，与明斯特大学、科隆大学、汉堡大学等德国著名学府的诸位在读博士共同遴选策划了德国部分书目；欧盟法书目则主要得益于毕业于中国政法大学中欧法学院的诸位留欧博士。译事不易，甘苦自知。前后弹指五年，其间多有波折，我们策划的部分书目已经在中国人民大学出版社、北京大学出版社先后出版，编委会在此衷心感谢。本次策划出版的四十余本译著，在规模、涵盖领域上可以说是盛况空前的。中国法制出版社的马颖主任及侯鹏、靳晓婷、王雯汀等多位编辑不仅在出版事宜上给予了大力支持，而且各位编辑老师的眼光、魄力也给我们留下了深刻的印象。本编委会在此对中国法制出版社和各位编辑老师致以深深的谢意。本丛书的译者虽然大部分都有留欧学习的经历，然而法律语言古奥，加之译者个人的经验和学养有限，有所讹误在所难免，望广大同仁不吝指正赐教，欣欣为盼！

丛书编委会谨识

2018年6月28日

# 前言

在第一版问世之后不到两年，并且在英语版面世后的一年，准备新一版的《欧洲合同法》已经是势在必行。一方面的原因在于学术、实践和法学教育对于此领域内容丰富的现行共同体法（Acquis communautaire）的总体介绍和学术结构化有着强烈的需求，另一方面则是因为现行共同体法本身的迅猛发展。自从欧盟委员会不再继续推进关于《欧洲共同买卖法》的建议案后，特别是《包价旅行指令》以及欧盟委员会关于《在线商品销售指令》和《数字内容指令》的建议案成为新的重点。欧洲法院的判决推动了瑕疵担保法和条款控制等的发展。此外，关于"数字革命"将给欧洲合同法带来哪些后果的问题，法律界就此展开了热烈的讨论。

新版通过广泛的全新内容和补充纳入了上述变化。和第一版相比，完全或部分重新编写的内容特别包括欧洲立法的新路径、合同典型化与合同当事人、不公平条款、给付义务以及不履行的法律后果。另外，关于欧洲私法中长时合同的分章也是新加入的内容。

变化主要出自数字化给合同法带来的新挑战。通过关注这些变化，新版将继续解决第一版前言中就已经提到的问题：对于作为欧洲私法关键领域的欧洲合同法而言，来自实践、教学和学术的法律人应当参与到它的持续发展中。为此，本书介绍该领域内欧洲立法的内容、方法和目标，并且阐释立法与司法及学术在欧洲合同法诞生和发展进程中的互动。本书尤为追求的是，展示超国家法律的特征以及它与传统合同法理念相比所具有的创新性。在此，本书的首要诉求是，为许多法律人感到陌生的领域提供指引，并且促进对这一新法律发展之特征的理解。

新版本是两位作者不断交换意见的结果。在此基础上，莱纳·舒尔策撰写了第一章、第三章标题二的 1 至 6、第五章、第六章标题一及标题四和第八章。弗里德里克·佐尔撰写了第二章、第三章标题一及标题二的 7、第四章、第六章标题二及三和第七章。弗里德里克·佐尔编写的章节已经被纳入“欧洲制造——在全球市场不同要求下所提供的服务质量的欧洲法律标准：关于指向服务之债法的示范性解决方案”的项目里。该项目由波兰国家教育中心（Narodowy Centrum Nauki）资助，资助决定号为 DEC-2012/04/A/HS5/00709。此外，作者要再次特别感谢的是科研助理和学生助手，没有他们充满责任感的热心支持，就不会有新版的问世。他们是 Jorrit Mauter 和 Jonathon Watson 以及 Daniel Bischoff、Peter Herzog、Julian Krauskopf、Friederike Kurre、Leonard Nicolay、Lukas Niehaves、Mert Öztürk、Edward Rensmann、Monika Schmatloch 和 Tolga Sevim。

莱纳·舒尔策 / 弗里德里克·佐尔<br>2017 年 1 月

# 缩略语表

| | | |
|---|---|---|
| aA | andere Ansicht | 其他观点 |
| aaO | am angegebenen Ort | 在指明的地方 |
| ABl. | Amtsblatt der Europäischen Gemeinschafts | 《欧共体公报》 |
| Abs. | Absatz | （条文的）款 |
| AcP | Archiv für die civilisitsche Praxis | 《民法实务档案》 |
| ACQP | Acquis Principles | 《Acquis 原则》 |
| AEUV | Vertrag über die Arbeitsweise der europäischen Union | 《欧盟运行条约》 |
| aF | alte Fassung | 旧版 |
| Anm. | Anmerkung | 评语 |
| Art. | Artikel | （条文的）条 |
| Aufl. | Auflage | 版本 |
| Az. | Aktenzeichen | 档案号 |
| Bd. | Band | 卷 |
| BGB | Bürgerliches Gesetzbuch | 《德国民法典》 |
| BGBl. | Bundesgesetzblatt | 《联邦法律公报》 |
| BT-Drs. | Bundestagsdrucksache | 《联邦议院印刷品》 |
| bzw. | beziehungsweise | 或者，更确切地说 |
| CFR | Common Frame of Reference | 《共同参考框架》 |
| c.i.c. | Culpa in contrahendo | 缔约过失责任 |
| CISG | United Nations Convention on Contracts for the International Sale of Goods | 《联合国国际货物销售合同公约》 |
| CMLR | Common Market Law Review | 《共同市场法评论》 |
| CodeCivil | Französisches Zivilgesetzbuch | 《法国民法典》 |
| CodeCivile | Italienisches Zivilgesetzbuch | 《意大利民法典》 |
| Datenschutz-VO | Verordnung（EU）2016/679 des Europäischen Parlaments und des Rates vom 27. April 2016 zum Schutz natürlicher Personen bei der Verarbeitung personenbezogener Daten, zum freien Datenverkehr und zur Aufhebung der Richtlinie 95/46/EG（Datenschutz-Grundverordnung） | 欧盟《数据保护条例》 |

续表

| | | |
|---|---|---|
| DCFR | Draft Common Frame of Reference | 《共同参考框架草案》 |
| ders. | derselbe | 同样的 |
| dh | das heißt | 也就是说 |
| Dienstleistungs-RL | Richtlinie 2006/123/EG des Europäischen Parlaments und des Rates vom 12. Dezember 2006 über Dienstleistungen im Binnenmarkt | 《服务指令》 |
| Dig. | Digesten | 《学说汇纂》 |
| Digitale Inhalte-RL | Vorschlag COM（2015）634 final für eine Richtlinie des Europäischen Parlaments und des Rates vom 9. Dezember 2015 über bestimmte vertragsrechtliche Aspekte der Bereitstellung digitaler Inhalte | 《数字内容指令建议案》 |
| Drs. | Drucksache | 印刷品 |
| ebd. | ebenda | 同上 |
| E-Commerce-RL | Richtlinie 2000/31/EG des Europäischen Parlaments und des Rates vom 8. Juni 2000 über bestimmte rechtliche Aspekte der Dienste der Informationsgesellschaft, insbesondere des elektronischen Geschäftsverkehrs, im Binnenmarkt | 《电子商务指令》 |
| EGMR | Europäischer Gerichtshof für Menschenrechte | 欧洲人权法院 |
| Einf. | Einführung | 引言 |
| Einl. | Einleitung | 导言 |
| ELI-Statement | Statement of the European Law Institute on the European Commission's Proposed Directive in the Suplly of Digital Content to Consumers, abrufbar unter: http://www.europeanlawinstitute.eu/fileadmin/user_upload/p_eli/Publications/Statement_of_the_European_Law_Institute_on_the_European_Commission_s_Proposed_Directive_on_the_Supply_of_Digital_Content_to_Consumers.pdf（zuletzt abgerufen am 06.10.2016） | 《欧洲法研究院关于向消费者提供数字内容的指令建议案的评论》 |

**续表**

| | | |
|---|---|---|
| endg. | endgültig | 最终有效的 |
| EP | Europäisches Parlament | 欧洲议会 |
| EuG | Europäisches Gericht | 欧盟法院 |
| EuGH | Europäischer Gerichtshof | 欧洲法院 |
| EUV | Vertrag über die Europäische Union | 《欧盟条约》 |
| EuZW | Europäische Zeitschrift für Wirtschaftsrecht | 《欧洲经济法杂志》 |
| EWS | Europäisches Wirtschafts- und Steuerrecht | 《欧洲经济法与税法》 |
| EZB | Europäische Zentralbank | 欧洲中央银行 |
| f., ff. | Folgende, fortfolgende | 下一个，之后的 |
| Fernabsatz-Finanzdienstleistungs-RL | Richtlinie 2002/65/EG des Europäischen Parlaments und des Rates vom 23. September 2002 über den Fernabsatz von Finanzdienstleistungen an Verbraucher und zur Änderung der Richtlinie 90/619 EWG des Rates und der Richtlinien 97/7 EG und 98/27 EG | 《远程销售金融服务指令》 |
| Fernabsatz-RL | Richtlinie 97/7/EG des Europäischen Parlaments und des Rates vom 20. Mai 1997 über den Verbraucherschutz bei Vertragsabschlüssen im Fernabsatz | 《远程销售指令》 |
| Fn. | Fußnote | 脚注 |
| GA | Generalanwalt（EuGH） | （欧洲法院）佐审官 |
| GEK, GEK-E | Anhang I Gemeinsames Europäisches Kaufrecht zum Vorschlag der Kommission für eine Verordnung des Europäischen Parlaments und des Rates über ein Gemeinsames Europäisches Kaufrecht | 欧洲共同买卖法条例建议案附件 I《欧洲共同买卖法》 |
| GEK-VO-E | Vorschlag für eine Verordnung des Europäischen Parlaments und des Rates über ein Gemeinsames Europäisches Kaufrecht | 欧洲共同买卖法条例建议案 |
| gem. | gemäß | 根据 |

续表

| | | |
|---|---|---|
| Geoblocking-VO | Vorschlag COM (2016) 289 final für eine Verordnung des Europäischen Parlaments und des Rates über Maßnahmen gegen Geoblocking und andere Formen der Diskriminierung aufgrund der Staatsangehörigkeit, des Wohnsitzes oder des Ortes der Niederlassung des Kunden innerhalb des Binnenmarktes sowie zur Änderung der Verordnung (EG) Nr. 2006/2004 und der Richtlinie 2009/22/EG | 《地理封锁条例》 |
| ggf. | gegebenenfalls | 如果有必要 |
| GPR | Zeitschrift für das Privatrecht der Europäischen Union | 《欧盟私法杂志》 |
| GR-Charta | Charta der Grundrechte der Europäischen Union (2000/C 364/01) | 《欧洲人权宪章》 |
| Handelsvertreter-RL | Richtlinie 86/653/EWG des Rates vom 18. Dezember 1986 zur Koordinierung der Rechtsvorschriften der Mitgliedstaaten betreffend die selbstständigen Handelsvertreter | 《商事代理人指令》 |
| Haustür-RL | Richtlinie 85/577/EWG des Rates vom 20. Dezember 1985 betreffend den Verbraucherschutz im Falle von außerhalb von Geschäftsräumen geschlossenen Verträgen | 《上门交易指令》 |
| hL | herrschende Lehre | 主流学说 |
| Hrsg. | Herausgeber | 编者 |
| HZ | Historische Zeitschrift | 《历史杂志》 |
| insbes. | insbesondere | 特别是、尤其是 |
| iSd | im Sinne des | 在……的意义上 |
| iSv | im Sinne von | 在……的意义上 |
| iVm | in Verbindung mit | 结合…… |
| JR | Juristische Rundschau | 《法学瞭望》 |
| JURI | Rechtsausschuss des Europäischen Parlaments | 欧洲议会法律委员会 |
| JZ | Juristen Zeitung | 《法学家报》 |

**续表**

| | | |
|---|---|---|
| Kap. | Kapitel | 章 |
| Klausel-RL | Richtlinie 93/13/EWG des Rates vom 5. April 1993 über mißbräuchliche Klauseln in Verbraucherverträgen | 《不公平条款指令》 |
| KMU | kleinere und mittlere Unternehmen | 中小经营者 |
| Kulturgüter-RL | Richtlinie 93/7/EWG des Rates vom 15. März 1993 über die Rückgabe von unrechtmäßig aus dem Hoheitsgebiet eines Mitgliedstaats verbrachten Kulturgütern | 《文化财产指令》 |
| Lebensversi cherungs-RL | Richtlinie 2002/83/EG des Europäischen Parlaments und des Rates vom 5. November 2002 über Lebensversicherungen | 《人寿保险指令》 |
| lit. | littera | 字母 |
| MMR | Zeitschrift MultiMedia und Recht | 《多媒体与法杂志》 |
| mwN | mit weiteren Nachweisen | 以及其他引证 |
| NJW | Neue Juristische Wochenschrift | 《新法学周刊》 |
| Nr. | Nummer | ……号 |
| Online-Warenhandel-RL | Vorschlag COM (2015) 635 final für eine Richtlinie des Europäischen Parlaments und des Rates vom 9. Dezember 2015 über bestimmte vertragsrechtliche Aspekte des Online-Warenhandels und anderer Formen des Fernabsatzes von Waren | 《在线商品交易指令》 |
| OR | Schweizerisches Obligationenrecht | 《瑞士债法典》 |
| Pauschalreise-RL | Richtlinie (EU) 2015/2302 des Europäischen Parlaments und des Rates vom 25. November 2015 über Pauschalreisen und verbundene Reiseleistungen, zur Änderung der Verordnung (EG) Nr. 2006/2004 und der Richtlinie 2011/83/EU des Europäischen Parlaments und des Rates sowie zur Aufhebung der Richtlinie 90/314/EWG des Rates | 《包价旅游指令》 |
| PECL | The Principles of European Contract Law | 《欧洲合同法原则》 |
| RabelsZ | Rabels Zeitschrift für ausländisches und internationales Privatrecht | 《拉贝尔外国与国际私法杂志》 |

**续表**

| | | |
|---|---|---|
| Rahmen-RL zur Gleichbehandlung in Beschäftigung und Beruf | Richtlinie 2000/78/EG des Rates vom 27. November 2000 zur Festlegung eines allgemeinen Rahmens für die Verwirklichung der Gleichbehandlung in Beschäftigung und Beruf | 《关于雇佣和职业中平等对待的框架指令》 |
| RIDC | Revue internationale de droit comparé | 《国际比较法评论》 |
| Riv.Dir.Civ. | Rivista di Dirritto Civile | 《民法杂志》 |
| RL | Richtlinie | 指令 |
| RL gegen Diskriminierungen aus Gründen der Rasse oder der ethnischen Herkunft | Richtlinie 2000/43/EG des Rates vom 29. Juni 2000 zur Anwendung des Gleichbehandlungsgrundsatzes ohne Unterschied der Rasse oder der ethnischen Herkunft | 《反人种和种族歧视的指令》 |
| RL gegen Diskriminierungen aus Gründen des Geschlechts | Richtlinie 2004/113/EG des Rates vom 13. Dezember 2004 zur Verwirklichung des Grundsatzes der Gleichbehandlung von Männern und Frauen beim Zugang zu und bei der Versorgung mit Gütern und Dienstleistungen | 《反性别歧视的指令》 |
| RL über die alternative Streitbeilegung in Verbraucherang elegenheiten | Richtlinie 2013/11/EU des Europäischen Parlaments und des Rates vom 21. Mai 2013 über die alternative Beilegung verbraucherrechtlicher Streitigkeiten und zur Änderung der Verordnung (EG) Nr. 2006/2004 und der Richtlinie 2009/22/EG. | 《关于消费者事务中选择性争端解决的指令》 |
| RL über unlautere Geschäftspraktiken | Richtlinie 2005/29/EG des europäischen Parlaments und des Rates vom 11. Mai 2005 über unlautere Geschäftspraktiken im binnenmarktinternen Geschäftsverkehr zwischen Unternehmen und Verbrauchern und zur Änderung der Richtlinie 84/450/EWG des Rates, der Richtlinien 97/7/EG, 98/27/EG und 2002/65/EG des Europäischen Parlaments und des Rates sowie der Verordnung (EG) Nr. 2006/2004 des Europäischen Parlaments und des Rates | 《不公平商业实践指令》 |

续表

| | | |
|---|---|---|
| RL zur Gleichbehandlung von Männern und Frauen im Beruf | Richtlinie 2006/54/EG des Europäischen Parlaments und des Rates vom 5. Juli 2006 zur Verwirklichung des Grundsatzes der Chancengleichheit und Gleichbehandlung von Männern und Frauen in Arbeits- und Beschäftigungsfragen | 《关于职业中男女平等对待的指令》 |
| Rn. | Randnummer | 页边码 |
| Rs | Rechtssache | 法律案件 |
| S. | Seite | 页 |
| Signatur-RL | Richtlinie 1999/93/EG des Europäischen Parlaments und des Rates vom 13. Dezember 1999 über gemeinschaftliche Rahmenbedingungen für elektronische Signaturen | 《电子签名指令》 |
| Slg | Sammlung | 案件集 |
| sog | sogenannt/so genannt | 所谓的 |
| Spiegelstr. | Spiegelstrich | 破折号项 |
| Stellungnahme EP vom 26.2.2014 | Die am 26.Februar 2014 durch das Europäische Parlament angenommene Fassung des Vorschlags der Kommission für ein gemeinsames Europäisches Kaufrecht KOM（2011）635 endg., P7_TA-PROV（2014）02-26（vorläufige Ausgabe） | 欧洲议会关于欧洲共同买卖法建议案的立场文件 |
| Teilzeitnutzungs-RL | Richtlinie 2008/122/EG des Europäischen Parlaments und des Rates vom 14. Januar 2009 über den Schutz der Verbraucher im Hinblick auf bestimmte Aspekte von Teilzeitnutzungsverträgen, Verträgen über langfristige Urlaubsprodukte sowie Wiederverkaufs- und Tauschverträgen zur Aufhebung der RL 94/47/EG | 《分时使用指令》 |
| ua | unter anderem | 另外 |
| UN | United Nations（Vereinte Nationen） | 联合国 |

**续表**

| | | |
|---|---|---|
| UNIDROIT Prinzipien | UNIDROIT Principles of international commercial contracts | 《国际商事合同通则》 |
| Unterabs. | Unterabsatz | 分款 |
| usw | und so weiter | 等等 |
| v. | von/vom | ……的 |
| Verbraucherkredit-RL | Richtlinie 2008/48/EG des Europäischen Parlaments und des Rates vom 23. April 2008 über Verbraucherkreditverträge und zur Aufhebung der Richtlinie 87/102/EWG des Rates | 《消费者信贷指令》 |
| Verbraucherrechte-RL | Richtlinie 2011/83/EU des Europäischen Parlaments und des Rates vom 25. Oktober 2011 über die Rechte der Verbraucher | 《消费者权利指令》 |
| Verbrauchsgüterkauf-RL | Richtlinie 1999/44/EG des Europäischen Parlaments und des Rates vom 25. Mai 1999 zu bestimmten Aspekten des Verbrauchsgüterkaufs und der Garantien für Verbrauchsgüter | 《消费品买卖指令》 |
| Versicherungsvertriebs-RL | Richtlinie (EU) 2016/97 des Europäischen Parlaments und des Rates vom 20. Januar 2016 über Versicherungsvertrieb (Neufassung) | 《保险销售指令》 |
| vgl. | vergleiche | 参见 |
| VO | Verordnung | 条例 |
| VO über Online-Streitbeilegung | Vorschlag für eine Verordnung des Europäischen Parlaments und des Rates über die Online-Beilegung verbraucherrechtlicher Streitigkeiten (Verordnung über Online-Streitbeilegung), KOM (2011) 794 endg. | 《在线争端解决条例》 |
| Vorb. | Vorbemerkung | 前言 |
| VUWLR | Victoria University of Wellington Law Review | 《惠灵顿维多利亚大学法律评论》 |
| WM | Wertpapiermitteilungen, Zeitschrift für Wirtschafts- und Bankenrecht | 《有价证券通告》、《经济与银行法杂志》 |

续表

| | | |
|---|---|---|
| Wohnimmoblienkredit-RL | Richtlinie 2014/17/EU des Europäischen Parlaments und des Rates vom 4. Februar 2014 über Wohnimmobilienkreditverträge für Verbraucher und zur Änderung der Richtlinien 2008/48/EG und 2013/36/EU und der Verordnung (EU) Nr. 1093/2010. | 《住房信贷指令》 |
| Zahlungsdienste-RL | Richtlinie (EU) 2015/2366 des Europäischen Parlaments und des Rates vom 25. November 2015 über Zahlungsdienste im Binnenmarkt, zur Änderung der Richtlinien 2002/65/EG, 2009/110/EG und 2013/36/EG und der Verordnung (EU) Nr. 1093/2010 sowie zur Aufhebung der Richtlinie 2007/64/EG | 《支付服务指令》 |
| Zahlungsverzugs-RL | Richtlinie 2011/7/EU des Europäischen Parlaments und des Rates vom 16. Februar 2011 zur Bekämpfung des Zahlungsverzugs im Geschäftsverkehr | 《支付迟延指令》 |
| Zahlungsverzugs-RL 2000 | Richtlinie 2000/35/EG des Europäischen Parlaments und des Rates vom 29. Juni 2000 zur Bekämpfung von Zahlungsverzug im Geschäftsverkehr | 2000年《支付迟延指令》 |
| zB | zum Beispiel | 例如 |
| ZEuP | Zeitschrift für Europäisches Privatrecht | 《欧洲私法杂志》 |
| Ziff. | Ziffer | （法律条文的）条、款 |
| ZIP | Zeitschrift für Wirtschaftsrecht | 《经济法杂志》 |
| ZJS | Zeitschrift für das Juristische Studium | 《法律学习杂志》 |
| ZRP | Zeitschrift für Rechtspolitik | 《法政治杂志》 |

# 目录

# 第一章 基 础

**文献**：Basedow/Hopt/Zimmermann, Handwörterbuch des Europäischen Privatrechts, 2009; Heiderhoff, Europäisches Privatrecht, 4. Aufl. 2016; Kötz, Europäisches Vertragsrecht, 2. Aufl. 2015; Riesenhuber, EU-Vertragsrecht, 2013; Schulze/Schulte-Nölke, European Private Law – Current Status and Perspectives, 2011; Schulze/Zuleeg/Kadelbach, Europarecht – Handbuch für die deutsche Rechtspraxis, 3. Aufl. 2015; Twigg-Flesner, The Cambridge Companion to European Union Private Law, 2010; v. Bar/Clive（Hrsg.）, DCFR Full Edition, 2010.

## 一、导 论

### 1. 出发点

合同法是市场组织的中心法律机制，因而也是市场经济中各类商品与服务供应的中心法律机制。欧洲自 20 世纪中叶以来的经济与政治融合催生了世界最大的内部市场。这一市场每年的货物贸易额达 28000 亿欧元。[1] 德国整个出口额的约 58% 进入了其他欧盟国家。[2] 因为内部市场的存在，5 亿消费者有机会从欧盟 28 个成员国获得商品和服务，而且不用承担关税或类似负担。在世界的其他地方，从中国到美国，类似体量的共同市场很早就至少拥有一部共同的商事法律（如美国的《统一商法典》）或共同的合同法。相反，在欧洲内部市场，对于消除内部边界的经济可能性却缺少类似的法律上的回应。 1

乍看起来，欧洲的合同法经历了许多变迁。例如，欧盟境内的消费者 2

[1] Europäische Kommission（Hrsg.）, 20 Jahre Europäischer Binnenmarkt, 2012, S. 8.

[2] 德国联邦经济与能源部关于 2015 年德国外贸的数据，链接为：http://www.bmwi.de/BMWi/Redaktion/PDF/Publikationen/fakten-deutscher-aussenhandel-2014,property=pdf,bereich=bmwi2012,sprache=de,rwb=true.pdf（2016 年 12 月 9 日调阅）。

可以在类似的条件下撤销远程销售合同，或者在买卖物瑕疵之场合拥有最起码的相同权利。在所有欧盟成员国，经营者原则上都可以在账单开立后的最迟 30 日向另一经营者要求支付迟延利息；银行的支付操作合同以及电子签名协议都是依照统一的模式安排和组织的。相同的核心规定决定着消费者信贷；航空旅客在航班取消或延误时享有类似的权利。以上以及更多的其他情形通过欧盟在合同法领域的法律举措（Rechtsakte）得以确定。但具有决定性的是，就欧洲合同法的整体图景而言，依旧与内国法律存在多方面的差异。特别是对于跨境交易，尚欠缺一个全面的规则框架（Regelwerk），它应当决定性地使内部市场的商品和服务销售变得简便易行。根据欧盟委员会的估算，经营者在按照一个其他成员国的合同法来调整自己的合同条款时，平均花费是 1 万欧元。[3] 这样高额的交易成本首先就使中小经营者对内部市场的跨境活动敬而远之。如果考虑到消费者合同，则依据国际私法标准进行的法律选择也不能提供补救，因为按照《罗马第一条例》[4] 第 6 条第 2 款之规定，应当注意的是消费者本国的消费者保护规定。因此，欧洲合同法在跨境合同方面的不足导致内部市场的潜能不能被继续发掘。[5]

3 因此，与合同法法律科学一样，欧盟的立法和司法也面临着巨大挑战。这一挑战既涉及目前大量单个规范在协调化方面的不足，而且涉及在这些规范之外，为跨境合同创设一个完整的、在实践中有效的规则框架的需求。在第一个方面，《共同法原则》（Acquis Principals, ACQP）和《共同参考框架草案》（Entwurfeines Gemeinsamen Referenzrahmens, DCFR）[6] 等学术草案已经为一个协调的欧洲合同法预先勾勒出轮廓。在第二个方面，受上述学术草案的启发，欧盟委员会也提交了关于《欧洲共同买卖法》（Gemeinsames Europäisches Kaufrecht, GEK）的建议作为立法草案，这部法典供跨境买卖合同的当事人选择适用。欧盟委员会在此期间撤回了这一草案，并在数字

[3] 参见欧盟委员会 2011 年 10 月 11 日的新闻公告，链接为：http://europa.eu/rapid/press-release_IP-11-1175_de.htm（2016 年 12 月 9 日调阅）；司法专员 Viviane Reding 于 2012 年 5 月 24 日的演说，链接为：http://europa.eu/rapid/press-release_SPEECH-12-385_de.htm?locale=en（2016 年 12 月 9 日调阅）。

[4] VO（EG）Nr. 593/2008 des Europäischen Parlaments und des Rates vom 17. Juni 2008 über das auf vertragliche Schuldverhältnisse anzuwendende Recht（Rom I），ABl. 2008 L 177/12.

[5] KOM（2011）635 endg., S. 2–5.

[6] 关于两者见边码 44 及以下。

化内部市场方面建议以一部新的指令来取代，同时还宣布了其他的立法计划。[7] 有鉴于数字化革命带来的改变，这一领域的发展尚未终结；[8] 在可预见的未来，不论是学术层面还是立法层面，欧洲合同法都仍在路上。

### 2. 本书的愿景和结构

本书旨在使法学界、实务界和法律学生了解欧洲合同法的发展。它首先涉及对欧洲法在该领域的结构、功能和发展条件的理解，也包括其缺陷和不足，以及由此而生的对法律理论的挑战。它描述了欧盟法中的重要规定、欧洲法院的判决以及基础性的指导思想和目标。国际统一法（特别是《欧洲人权公约》和《联合国国际货物销售合同公约》）以及关于内国法之共性和不同的比较研究皆被关注，只要它们是为理解欧盟法及其发展所不可或缺的。 4

首先，对于合同法具有全面意义的概念、规则和学说将被深入阐释。此外，由于对内部市场具有重大意义，买卖法和关于电子产品销售的立法计划也是重点之一。根据欧盟合同法迄今为止的发展，并考虑到《欧洲共同买卖法》的结构是该领域目前最为重要的立法计划，本书将详细论述消费者合同（“Business-to-Consumer”；B-C）以及经营者间合同（“Business-to-Business”；B-B）的欧洲法律基础。 5

在对欧洲合同法的基础和结构要素进行介绍后，本书的主要部分将致力于处理合同“生命周期”中的单个材料：从合同缔结开始，包括与之相关的合同内容之确定，以及关于涉及给付义务的不公平条款的规定，到不履行及其后果，再到合同权利的时效经过。在每个部分中，除了欧盟现行法律及其基础性原则和理念外，我们将讨论《欧洲共同买卖法》草案和关于数字化内部市场中合同法的新指令，[9] 以及它们给欧洲合同法的继续发展可能带来的影响。每章的开头会列出精选的基础性文献；脚注将指明更多 6

[7] 对此见边码 61 及以下。

[8] Schulze/Staudenmayer（Hrsg.），Digital Revolution: Challenges for Contract Law in Practice, 2016.

[9] 特别是 Vorschlag COM（2015）634 final für eine Richtlinie des Europäischen Parlaments und des Rates vom 9. Dezember 2015 über bestimmte vertragsrechtliche Aspekte der Bereitstellung digitaler Inhalte und der Vorschlag COM（2015）635 final für eine Richtlinie des Europäischen Parlaments und des Rates vom 9. Dezember über bestimmte vertragsrechtliche Aspekte des Online-Warenhandels und anderer Formen des Fernabsatzes von Waren; 就此见边码 61 及以下。

的文献。此外，图表化的综述将提供一个关于欧洲合同法发展中重要文件和流程的概貌。

### 3. 法源和文献

#### （1）法源

7 （a）在欧洲合同法的创制过程中，以下三种类型的法律文本是最为重要的法源，它们分别刊印在所述的汇编中：

■ 欧盟的基础性条约，即《欧洲联盟条约》（EUV）、《欧洲联盟运行条约》（AEUV）以及《欧盟基本权利宪章》（GR-Charta）；举例而言，以上所有都刊印于《欧洲法》（Glaesner, Europarecht, 23. Aufl. 2015）、《欧洲法》法律文本（Beck-Texte im dtv, Europarecht, 26. Aufl. 2015）、《国际法与欧洲法：包括互联网上世贸组织法和附加文本》（Schwartmann, Völker- und Europarecht: Mit WTO-Recht und Zusatztexten im Internet, 10. Aufl. 2015）。

■ 条例，特别是与合同法相关的欧盟指令；其中最为重要的文件刊印于《欧洲私法基础文本》（Schulze/Zimmermann, Basistexte Europäisches Privatrecht, 5. Aufl. 2016，也刊印了欧洲合同法的其他重要法律框架[10]）。重要的指令也见于《欧洲程序法、冲突法和私法》（Arzt/Staudinger, Europäisches Verfahrens-, Kollisions- und Privatrecht, 2010）。欧盟公报公布欧盟的法律举措。立法性举措属于 L 序列，通知和公告属于 C 序列。在 http://eur-lex.europa.eu 上同样可以查询。

■ 欧洲法院的判决；刊印于《法院与第一审法庭判决汇编》（Sammlung der Rechtsprechung des Gerichtshofes und des Gerichts Erster Instanz，缩写为 Slg）。某个判决的引用以 Slg 开始，然后是年份、版次（从 1990 年开始）以及页码。版次以罗马数字标明。这些判决可以在 http://eur-lex.europa.eu 和 http://curia.europa.eu 上查询。

8 （b）关于《欧洲共同买卖法》的欧盟委员会建议公布在 KOM（2011）635 endg. 号文件上，并刊印于《欧洲私法基础文本》第 III.30 部分以及其他汇编中。对欧盟委员会建议规则的详细阐释见《欧洲共同买卖法（CESL）评注》[Schulze（Hrsg.）, Common European Sales Law（CESL）– Commentary, 2012] 以及《欧洲共同买卖法草案评注》[Schmidt-Kessel（Hrsg.）, Der

---

[10] 就此见边码 9。

Entwurf für ein Gemeinsames Europäisches Kaufrecht – Kommentar 2014]。关于《欧洲共同买卖法》丰富文献的三个例证是:《民事实践档案》关于民法理论协会特别会议的文章[Sondertagung der Zivilrechtslehrervereinigung, AcP 212(2012), S. 467–852]、《在情境中的欧洲共同买卖法》(Dannemann/Vogenauer, The Common European Sales Law in Context, 2013)以及《欧洲共同买卖法——对欧盟委员会2011年10月11日提案的审查》(Deshayes, Le droit commun européen de la vente – Examen de la proposition de règlement du 11 octobre 2011, 2012)。在数字化内部市场方面,欧盟委员会在合同法领域最为重要的两个指令立法建议一方面涉及数字内容的提供,另一方面涉及在线商品贸易和商品远程交易的其他形式。它们公布在COM(2015)634 final和COM(2015)635 final号文件上,并刊印于《欧洲私法基础文本》第I.50和I.51以及其他汇编中。

(c)不是现行法,但对欧洲合同具有特殊意义的其他规则框架收录 9
于《欧洲私法基础文本》中。其中包括欧洲合同法委员会的《欧洲合同法原则》(Principles of European Contract Law, PECL)、[11]《欧洲合同法原则》(Principes Droit européen du Contrat)、[12]《欧共体既有合同法原则》("Acquis-Grundregeln")[13]以及《共同参考框架草案》(Entwurf des Gemeinsamen Referenzrahmens)。[14]

**(2)文献**

(a)除了上述资料外,以下是欧盟合同法领域的教科书: 10

- 《欧洲私法》(Heiderhoff, Europäisches Privatrecht, 4. Aufl. 2016,本书中欧洲合同法构成对欧洲私法整体描述的重点);
- 《欧盟合同法》(Riesenhuber, EU-Vertragsrecht, 2013);
- 《欧洲合同法》(Europäisches Vertragsrecht, 2. Aufl. 2006);
- 《欧洲影响下的民法》(Gebauer/Wiedmann, Zivilrecht unter europäischem

---

[11] Lando/Beale(Hrsg.), Principles of European Contract Law, Parts I & II 2000 und Lando/Clive/Prüm/Zimmer- mann(Hrsg.), Principles of European Contract Law, Parts III 2003.

[12] Association Henri Capitant des Amis de la Culture Juridique Française, Société de Législation Comparée(Hrsg.), Projet de Cadre Commun de Référence, Principes Contractuels Communs, 2008.

[13] European Research Group on Existing EC Private Law(Acquis Group)(Hrsg.), Principles of the Existing EC Contract Law(Acquis Principles)Contract I, 2007 und Contract II, 2009.

[14] V. Bar/Clive(Hrsg.), DCFR Full Edition.

Einfluss, 2. Aufl. 2010）对合同法领域的重要指令进行了解说，并考虑到德国法对指令的转化。

11 （b）从法律比较的角度看，欧洲合同法领域有以下教科书（其中部分的介绍范围更宽）：

■《欧洲私法的基础》（Alpa/Andenas, Grundlagen des Europäischen Privatrechts, 2010）；

■《欧洲合同法》（Kötz, Europäisches Vertragsrecht, 2. Aufl. 2015）；

■《欧洲债法》（Ranieri, Europäisches Obligationenrecht, 3. Aufl. 2009）。

关于消费者合同法在各个成员国进行转化的比较，网站 http://www.eu-consumer-lae.org/ 提供了相关信息。关于各个成员国法律的额外信息可见网站 http://eur-lex.europa.eu/n-lex/。

12 （c）《欧洲私法简明词典》两卷本（Basedow/Hopt/Zimmermann, Handwörterbuch des Europäischen Privatrechts, 2009）可作为工具书使用。

## 二、作为欧洲私法组成部分的合同法

### 1. 欧洲私法的概念

13 **（1）总览**

法律科学和欧洲机构[15]从20世纪80年代开始就致力于欧洲合同法的工作且日渐加强。通过"欧洲合同法委员会"[16]工作和早期有计划的成果发表，[17]这一领域的讨论重心从一开始就是欧洲私法的概念、方法和内容。[18]

---

[15] 首先是欧洲议会1989年5月26日关于致力于使成员国私法趋同的决议，官方公报 EG 1989 C 158/400。

[16] 在比较法专家奥·兰度（Ole Lando）的领导下；关于委员会的成立和工作：Lando/Beale（Hrsg.），PECL, Parts I and II, 2000, S. xi；随后又有了 Lando/Clive/Prüm/Zimmermann（Hrsg.），PECL, Part III, 2003.

[17] Gandolfi, Pour un code européen des contrats, RTD Civ. 1992, S. 707–720; Müller-Graff, Gemeinsames Privatrecht in der Europäischen Gemeinschaft, 1993; Schulze, Allgemeine Grundsätze und europäisches Privatrecht, ZEuP 1993, S. 442–474; Tunc, L'unification du droit des contrats en Europe: avec ou sans loi?, RIDC 1993, S. 877–879; Zeno-Zencovich, Il diritto europeo dei contratti, Giurisprudenza italiana 1993, S. 57–73.

[18] Schulze/Schulte-Nölke, European Private Law 关于当下的状态以及前景。

来自多个法学学科的研究在此交汇并得到补充。[19] 其中特别包括德国民法的理论——它对其他国家的法律以及欧洲私法的影响越来越强，[20] 还有欧洲法——瓦尔特·哈尔施泰因（Walter Hallstein）早在1964年就批评它从一开始就对公法具有的单方影响——[21] 以及法律比较、[22] 国际私法 [23] 和法律史。[24]

### （2）概念变型

然而，这一新的研究领域却没有一个统一的欧洲私法（Europäisches Privatrecht）概念作为基础。本质上，应当对这一概念的多个含义，及相应 14

---

[19] Basedow/Blaurock/Flessner/Schulze/Zimmermann, Editorial, ZEuP 1993, S. 1–3 已经对此共同作用有说明。

[20] 之前就已经有对国家私法"欧洲化"的讨论：Aubry, L'influence du droit communautaire sur le droit français des contrats, 2000; Beale, The "Europeanisation" of Contract Law, in: Halson, Exploring the Boundaries of Contract, 1994, S. 23 f.; Coing, Europäisches Privatrecht, Band II, 1985; Lewis, A Common law fortress under attack: is English law being Europeanized?, Columbia Journal of European Law 1995, S. 1 f.; Markesinis, Learning from Europe and Learning in Europe, in: Markesinis, The Gradual Convergence, 1994, S. 1 f.; Mengoni, L'Europa dei codici o un codice per l'Europa?, in: Accademia Nazionale dei Lincei, Il codice civile. Convegno del cinquantenario dedicato a Francesco Santoro Passarelli, 1994, S. 87 f.; Schulze, Le droit privé commun européen, RIDC 1995, S. 7; ders., A century of the Bürgerliches Gesetzbuch: German Legal Uniformity and European Private Law, The Columbia Journal of European Law 1999, S. 461 f.; Ulmer, Vom deutschen zum europäischen Privatrecht?, JZ 1992, S. 1–8; Vareilles-Sommières, Le droit privé européen, 1998; Trabucchi, Il codice civile di fronte alla normativa comunitaria, Riv.Dir. Civ.1993, S. 703 f.

[21] Hallstein, Angleichung des Privat- und Prozessrechts in der Europäischen Wirtschaftsgemeinschaft, RabelsZ 1964, S. 211–231.

[22] 例如 Gorla, Diritto comparato e diritto comune europeo, 1981; Kötz, Europäisches Vertragsrecht, Bd. I, 1996（在此期间2015年第二版）; Lipari, Diritto privato europeo, 1997; Publications de l'Institut suisse de droit comparé, Le rôle du droit comparé dans l'avènement du droit européen, 2002.

[23] 参见 Dicey, Morris and Collins on The Conflict of Laws, 2012, S. 11 f.; Rogerson, Collier's Conflict of Laws, 2013, S. 8 f.; von Hoffmann/Thorn, Internationales Privatrecht, 9. Aufl. 2007, Rn. 63–64a; Rauscher, Internationales Privatrecht, 4. Aufl. 2012, Rn. 89–92.

[24] 较早例证如 Cavanna, Storia del diritto moderno in Europa, 1982; Coing, Das Recht als Element der europäischen Kultur, HZ 1984, S. 1–15; ders., Europäisches Privatrecht, 2 Bände, 1985/1989; Delmas-Marty/Muir Watt/Ruiz Fabri, Variations autour d'un droit commun. Première rencontres de l`UMR de droit comparé de Paris, 2002; Padoa-Schioppa, Italia ed Europa nella storia del diritto, 2003; Robinson/Fergus/Gordon, European Legal History, 2. Aufl. 1994; Schulze, Europäische Rechts- und Verfassungsgeschichte, Ergebnisse und Perspektiven der Forschung, 1991; Schulze, La renaissance de l'idée de Jus commune, in: Delmas-Marty/Muir Watt/Ruiz Fabri, Variations autour d'un droit commun. Première rencontres de l`UMR de droit comparé de Paris, 2002, S. 181–193; Watkin, The Europeanisation of Law, 1998; Wieacker, Privatrechtsgeschichte der Neuzeit, 2. Aufl. 1967（英文版为 A History of Private Law in Europe, 1996）.

地对欧洲合同法的概念加以区分。

15 （a）第一，欧洲私法被理解为欧洲共同体以及从中产生的欧洲联盟的私法。对欧洲私法在共同体法律层面上的认知可以追溯至上文提到的从瓦尔特·哈尔施泰因开始的早期作品。[25]它首先见于“共同体私法（Gemeinschaftsprivatrecht）”这一表述。[26]随着欧洲共同体根据《里斯本条约》变成欧洲联盟，[27]“欧盟私法（EU-Privatrecht）”或者“联盟私法（Unionsprivatrecht）”以及与之对应的“欧盟合同法”和“联盟合同法”成为常用语。本书在此意义上使用欧洲私法和欧洲合同法的概念，除非另有说明。

16 根据这一理解，欧洲合同法囊括了关于合同的现行共同体法（Acquis communautaire）。[28]最重要的规范是部分欧盟首级法律（Primärrecht）和部分次级法律（Sekundärrecht）。首级法律[29]特别是指称成员国间关于欧盟的基础性协议，也就是自2009年《里斯本协议》生效以来的《欧洲联盟条约》（EUV）、《欧洲联盟运行条约》（AEUV）以及《欧盟基本权利宪章》[30]（GR-Charta）。欧洲法院（EuGH）就这些基础性协议的条款加以解释的判决也属于首级法律，从这些判决中得到承认的法院原则亦同。[31]次级法律是欧盟依据首级法律，特别是按照《欧洲联盟运行条约》第288条以条例（Verordnung）、指令（Richtlinie）和决定（Beschluss）的形式创设的法律。

[25] 见脚注21。

[26] Müller-Graff, Gemeinsames Privatrecht in der Europäischen Gemeinschaft, 2. Aufl. 1999; Schulze, Allgemeine Rechtsgrundsätze und europäisches Privatrecht, ZEuP 1993, S. 442–474; Smits, A European Private Law as a Mixed Legal System, Maastricht Journal of European and Comparative Law 1998, S. 328–340.

[27] Vertrag von Lissabon zur Änderung des Vertrags über die Europäische Union und des Vertrags zur Gründung der Europäischen Gemeinschaft, veröffentlicht im ABl. 2007 C 306/01, zuletzt bekanntgemacht durch Abdruck der konsolidierten Textfassungen im ABl. 2012 C 326/01.

[28] 关于共同体现行规则概念的讨论见 Benacchio/Pasa, A Common Law for Europe, 2005, S. 20–22; Craig/de Búrca, EU Law, 6. Aufl. 2015, S. 12 f.; Herdegen, Europarecht, 17. Aufl. 2015, § 6 Rn. 6 f., § 8 Rn. 3; Streinz, Europarecht, 10. Aufl. 2016, Rn. 100.

[29] 就此见 Nowak, Europarecht nach Lissabon, 2011, Rn. 3; Streinz, Europarecht, 10. Aufl. 2016, Rn. 3, 449 ff.; Steiner/Woods, EU Law, 12. Aufl. 2014, S. 18.

[30] 关于宪章对私法的意义见 Busch/Schulte-Nölke（Hrsg.）, EU Compendium – Fundamental Rights and Private Law, 2010; Heiderhoff/Lohsse/Schulze（Hrsg.）, EU-Grundrechte und Privatrecht, 2016.

[31] 对于基本法概念以及欧洲法院判决在其范围内的功能的进一步讨论见 Haratsch/Koenig/Pechstein, Europarecht, 10. Aufl. 2016, Rn. 367–375; Herdegen, Europarecht, 17. Aufl. 2015, § 8 Rn. 4–37.

类似于国家层面上的法律，条例是指其所有部分都具有约束力的法律规范，它在所有成员国直接适用（AEUV 第 288 条第 2 款）。与之相反，指令的适用对象不是公民个体或者其他参与法律交往的私主体，而是成员国。因此，指令原则上不能直接适用，而是需要成员国以立法形式将其转化为内国法。在此，关于实现指令之目标的形式和手段，成员国拥有裁量空间（参见 AEUV 第 288 条第 3 款）。[32] 成员国可以利用这一裁量空间，以尽可能减少冲突的方式，将欧洲目标纳入内国法律体系中，正因为如此，指令是欧洲立法者在私法领域优先选择的规则形式。 17

（b）第二，除欧盟的法律外，广义上的欧洲私法还包括在许多欧洲国家统一适用的规则，它们以国际公约为基础，但与欧盟没有制度关联。[33] 这特别是指《欧洲人权公约》（EMRK）及其在私法领域的效用，如人格权保护、自由权和家庭权。[34] 这种对欧洲私法的宽泛理解符合欧洲法及欧洲的法律在广义上的概念，除使用这一概念外，这种对欧盟法的广义理解也很普遍。[35] 18

除此之外，国际私法有时也属于欧洲私法的组成部分，它们适用于欧洲大部，但也适用于世界的其他地域。这里特别是指《联合国国际货物销售合同公约》（UN-Kaufrecht），[36] 它已经成为欧洲大部分国家在跨境合同领域的统一买卖法。[37] 另外，部分欧洲国家在进行内国法律改革时也向这一 19

---

[32] 关于指令的作用方式及其例外情形下的直接可适用性见 Haratsch/Koenig/Pechstein, Europarecht, 10. Aufl. 2016, Rn. 384–403; Horspool/Humphreys, European Union Law, 8. Aufl. 2014, S. 166–168; König, Gesetzgebungsakte in: Schulze/Zuleeg/Kadelbach, Europarecht, Rn. 44–71.

[33] 例如 Müller-Graff, Gemeinsames Privatrecht in der Europäischen Gemeinschaft, 2. Aufl. 1999; Schulze, Allgemeine Rechtsgrundsätze und europäisches Privatrecht, ZEuP 1993, S. 442–474; Schulze, Le Droit Privé Commun Européen, RIDC 1995, S. 7–32.

[34] Van Dam, European Tort Law, in: Twigg-Flesner: European Union Private Law, S. 161 f.; Meyer-Ladewig/Meyer-Ladewig, Europäische Menschenrechtskonvention, 3. Aufl. 2011, Art. 8 Rn. 1 f.; Windel, Die Bedeutung der Europäischen Menschenrechtskonvention für das Privatrecht, JR 2011, S. 323–327; 例如 EGMR 3.12.2009, Az. 22028/04 关于对非婚生孩子的照管权利。

[35] Herdegen, Europarecht, 17. Aufl. 2015, § 1 Rn. 6–11; Schulze/Kadelbach, Zur Einführung, in: Schulze/Zuleeg/Kadelbach, Europarecht, S. 37.

[36] Übereinkommen der Vereinten Nationen über Verträge über den internationalen Warenkauf vom 11. April 1980; BGBl. 1989 II S. 586, ber. 1990 II S. 1699; BGBl. 1990 II S. 1477.

[37] 自 1980 年签署《联合国国际货物销售合同公约》以来，该买卖法已经在 36 个欧洲国家生效，但是不包括葡萄牙和英国等，链接为：http://www.uncitral.org/uncitral/en/uncitral_texts/sale_goods/1980CISG_status.html（2016 年 3 月 17 日调阅）。

统一的买卖法看齐；[38]在奥·兰度（Ole Lando）领导下的“欧洲合同法委员会”的工作、买卖法领域的最重要的指令、消费者商品买卖指令[39]以及GEK的欧盟委员会建议案都在一些基本问题上借鉴了《联合国国际货物销售合同公约》。[40]就此而言，这部法律至少可以归为广义的欧洲合同法的第一灵感来源。

20 （c）第三，法律比较的进路带来对欧洲私法的理解，此处的欧洲私法不是或至少不仅仅是指欧盟的法律，且在地理范围上超出欧盟成员国。共同欧洲私法（Gemeineuropäisches Privatrecht）[41]可在此意义上描述欧洲国家法律传统的共同原则和法律确信。从20世纪80年代以来，根据这一法律比较的视角对欧洲合同法之“共同原则”的讨论就是“欧洲合同法委员会”的工作对象，[42]举例而言，这一讨论也成为海因·克茨（Hein Kötz）的欧洲合同法教科书第一版的内容。[43]

21 但是，对欧洲私法的比较研究在对研究对象的描述、概念和方法等方面的差异很大。在指导概念方面，除了“共同原则”之外，还有“共同核心”（common core）的理念。[44]除了对共同法律内容进行“价值性”确定之外，[45]还有在更具地理意义的对欧洲合同法的理解之基础上，就欧洲不同法

---

[38] 如荷兰制定新民法典（Nieuw Burgerlijk Wetboek），德国2002年的债法现代化以及数个东欧国家向市场经济转型时；Ferrari（Hrsg.），The CISG and its Impact on National Legal Systems, 2008; Hartkamp/Tillema/Ter Heide, Contract Law in the Netherlands, 2011; Meyer, UN-Kaufrecht in der deutschen Anwaltspraxis, RabelsZ 2005, S. 457–486; zu Rumänien Bojin, The Law of Obligations in Romania, in: Schulze/Zoll, The Law of Obligations in Europe, 2013, S. 377; Schwenzer/Hachem, The CISG–A Story of Worldwide Success, in: Kleinemann（Hrsg.），CISG Part II Conference, 2009, S. 119, 125.

[39] Richtlinie 1999/44/EG des Europäischen Parlaments und des Rates vom 25. Mai 1999 zu bestimmten Aspekten des Verbrauchsgüterkaufs und der Garantien für Verbrauchsgüter.

[40] Schulze, The New Shape of European Contract Law, in: EuCML 2015, S. 139–144.

[41] Müller-Graff, Gemeinsames Privatrecht in der Europäischen Gemeinschaft. 2. Aufl. 1999, S. 130.

[42] 见脚注11。

[43] Kötz, Europäisches Vertragsrecht, Bd. I, 1996; 2015年第二版因加入欧盟合同法而得到扩充。

[44] “特伦特共同核心项目（The Trento Common Core Project）”就是如此。1993年，在Rudolf B. Schlesing的领导下，一个研究网络在意大利特伦特大学创立；出版物如Cartwright/Hesselink, Precontractual Liability in European Private Law, 2009; Zimmermann/Whittaker, Good Faith in European Contract Law, 2000.

[45] 关于这一“评断式”的方式见Lando, Some Features of the Law of Contract in the Third Millenium, Scandinavian Studies in Law 2000, S. 343, 364; Vogenauer, Gemeineuropäische Methodenlehre, ZEuP 2005, S. 234, 253.

律的多样性的描述性说明。[46] 此外，一部分文献结合了比较进路和历史角度，一部分特别地参考了中世纪和近代的共同法（ius commune），[47] 一部分则把欧洲私法因历史而形成的特性包含在内。[48] 较新的文献使用了“共同原则”（Acquis commun）[49] 的概念，和现行共同体法（Acquis communautaire）相类似，这一概念用来描述欧洲在法律原则和法律观念上的共同存在，并且涵盖法律学者在比较—历史基础上所创设的规则框架。

（d）第四，还有一种对欧洲私法的总体性理解，它把上述三种意义描述为相互区分、但又是该法律领域补充性的法源或者发展要素。[50] 22

## 2. 国家法与超国家法的二元性

### （1）产生 23

欧盟私法以及在其范围内的欧洲合同法的产生给欧洲的私法带来了深层次的变革。随着超国家的共同体在 20 世纪下半叶成立，国家法与超国家法的二元性代替了国家法的一元性理念，这种一元性早先与民族国家的概念联系在一起，并作为不同法律和司法管辖域之多样性的对立面，于 18 世纪和 19 世纪在许多欧洲国家得以贯彻。[51] 这种一元性理念特别清晰地体现在国家法典编纂之中，即应当完整、唯一、持久地统一国家法律。与之相反的是，根据 1950 年 5 月的舒曼计划，[52] 超国家共同体开创了一种视角，国家将其部分主权让渡给共同体，共同体因此可以创设自己的法律。不久

---

[46] 这一方向的著作如这本内容丰富的手册：Ranieri, Europäisches Obligationenrecht, 3. Aufl. 2009；对此参见 Riesenhuber, EU-Vertragsrecht, § 1 Rn. 2.

[47] 如 Zimmermann, Law of Obligations, 1990.

[48] 对此见 Grossi, Das Recht in der europäischen Geschichte, 2010; Schulze, Vom Ius commune bis zum Gemeinschaftsrecht, in: Schulze, Europäische Rechts- und Verfassungsgeschichte, 1991, S. 3–36; Schulze, Allgemeine Rechtsgrundsätze und europäisches Privatrecht, ZEuP 1993, S. 442, 447–457.

[49] Jansen/Zimmermann,Grundregeln des bestehenden Gemeinschaftsprivatrechts?, JZ 2007, S. 1113–1126; Zoll, Die Grundregeln der Acquis-Gruppe im Spannungsverhältnis zwischen Acquis commun und Acquis communautaire, GPR 2008, S. 106–117.

[50] Müller-Graff, Gemeinsames Privatrecht in der Europäischen Gemeinschaft. 2. Aufl. 1999, S. 14–17; Schulze, Allgemeine Grundsätze und europäisches Privatrecht, ZEuP 1993, S. 442–474.

[51] Schulze, Contours of European Private Law, in: Schulze/Schulte-Nölke, European Private Law, S. 3–8.

[52] Schuman-Erklärung – 9.5.1950, abgedruckt in: Schulze/Hoeren（Hrsg.）, Dokumente zum Europäischen Recht, Bd. 1 Gründungsverträge, 1999, S. 8–10；参见 Fontaine, Eine neue Ordnung für Europa: 40 Jahre Schuman-Plan（1950–1990）, 1990.

之后，欧洲煤钢共同体[53]的成立使这样一种超国家法律第一次与不同的（当时为 6 个）成员国法律并立。从此之后，国家法与欧洲法的二元并立就成为欧洲融合的一种特征。在欧共体发展为欧盟之后，[54]人们在两种方向上都没有认真考虑过新的一元主义的诞生——或是重返国家法的绝对性，或是通过欧洲一元性法律来替换内国法。

24 但是，超国家法的发展首先仅仅表现在公法领域。人们直到 20 世纪 60 年代才认识到，私法规定也可以对自由商品流通和其他合同自由产生阻碍效果，因此欧洲法律趋同与统一也延伸到私法领域。[55]这一时期的欧洲竞争法和公司法立法已经触及私法的部分重要领域。随后，法律趋同和统一在该私法领域和其他领域蒸蒸日上：[56]从劳动法到消费者法；从商法到保险法；从资本市场法到知识产权法；从合同法到环境保护、反歧视及其他领域的非合同责任。对于其中的一些领域，在实体法之外，欧洲立法还涉及程序法和冲突法。对于欧洲私法的其他领域（特别是家庭法和继承法）而言，欧洲立法的重心是程序法和冲突法。

**（2）超国家法律秩序的独立性**

25 因此，与公法相同的是，对于私法的很大一部分而言，作为自有法律秩序的欧盟法[57]出现了。[58]它们优先于内国法而得以适用。[59]所以，欧盟

[53] Vertrag über die Gründung der Europäischen Gemeinschaft für Kohle und Stahl, 18.4.1951, abgedruckt in: Schulze/Hoeren（Hrsg.）, Dokumente zum Europäischen Recht, Bd. 1 Gründungsverträge, 1999, S. 385–399.

[54] 关于这一发展的概览见 Brasche, Europäische Integration: Wirtschaft, Erweiterung und regionale Effekte, 3. Aufl. 2013; Clemens/Reinfeldt/Wille, Geschichte der europäischen Integration: Ein Lehrbuch, 2008; Gilbert, European Integration: A Concise History, 2012; Wagener/Eger, Europäische Integration, 3. Aufl. 2014.

[55] Hallstein, Angleichung des Privat- und Prozessrechts in der Europäischen Wirtschaftsgemeinschaft, RabelsZ 1964, S. 211–231.

[56] 对所有领域的概览见 Schulze/Zuleeg/Kadelbach, Europarecht; Schulze/Schulte-Nölke, European Private Law; Twigg-Flesner, European Union Private Law.

[57] Urteil des EuGH v. 15.7.1964, Rs 6/64（Costa/E.N.E.L.）, Slg 1964, I-1251, 1269; Urteil des EuGH v. 9.3.1978, Rs 106/77（Simmenthal II）, Slg 1978, I-629.

[58] 进一步论述见 Die rechtlichen Grundlagen der Europäischen Union, 6. Aufl. 2015, S. 81–94; Ehlers, Verhältnis des Unionsrechts zu dem Recht der Mitgliedstaaten, in: Schulze/Zuleeg/Kadelbach, Europarecht, Rn. 6–8; Heiderhoff, Europäisches Privatrecht, Rn. 8; Oppermann/Classen/Nettesheim, Europarecht, 7. Aufl. 2016, S. 20–23; Streinz/Pechstein, EUV/AEUV, 2. Aufl. 2012, Art. 1 Rn. 7 f.

[59] Urteil des EuGH v. 15.7.1964, Rs 6/64（Costa/E.N.E.L.）, Slg 1964, I-1251; Urteil des EuGH v. 17.12.1970, Rs 11/70（Internationale Handelsgesellschaften）, Slg 1970, I-1125; Urteil des EuGH v. 9.3.1978, Rs 106/77（Simmenthal II）, Slg 1978, I-629. 对此论述见 Craig/de Búrca, EU Law, 6. Aufl. 2015, S. 266–315; Ehlers, Verhältnis des Unionsrechts zu dem Recht der Mitgliedstaaten, in: Schulze/Zuleeg/Kadelbach, Europarecht, Rn. 9 f.

法律条文以及欧洲法院的解释也应在私法领域得到优先适用。由此，与联盟法相冲突的内国法不得适用（尽管它因两个法律秩序的独立性而不丧失其效力）。独立的超国家法律秩序的特征使欧盟法也在私法领域发展出一套独立的概念体系，并且持续性地发展。假如人们按照各个内国法的理解来解释欧盟条约或法律举措中的"竞争"、"服务"或"买卖合同"等概念[60]，那么将不存在统一的欧洲法律。因此，原则上应当对欧盟法律的概念和规范进行自主（autonom）解释，也就是作为独立于内国法律视角的、自主的超国家法律秩序的组成部分。[61]对欧盟法律在私法领域的解释之统一性也通过欧洲法院得到保障（AEUV 第 267 条）。就此而言，欧洲法院的判决对于成员国的法院和机关具有约束力。[62]

**（3）国家法和超国家法之间的互动**

尽管欧盟法律具有独立性，但和其他领域一样，欧洲私法不可能完全与内国法律绝缘。恰恰相反，作为"法律共同体"[63]的欧洲的一大特征就是，独立的法律在其发展过程中相互影响。一方面，联盟的立法和司法可以从内国法的比较中得到发展超国家法的灵感和标准。AEUV 第 340 条第 2 款甚至明确规定，联盟的非合同责任诉诸成员国之共同法律原则。 26

另一方面，欧盟法律在很大程度上影响内国法律的发展。联盟法律主要以指令的形式出现。在私法的许多领域内，指令被转化为内国法，这推动了以欧盟法为标杆的欧洲法律之趋同。[64]成员国有义务将欧洲的指令转化成其内国法律，但是欧盟法律的影响远不止如此。成员国运用欧洲指令之规则和原则的现象并非罕见，其目的在于，在指令适用范围之外也以相应的方式来调整类似的情形，并由此避免内国法中与欧盟法律相冲突的评 27

---

[60] 参见 Urteil des EuGH v. 29.4.1982, Rs 66/81（Pommerehnke）, Slg 1982, 1363 Rn. 19 f.

[61] Ehlers, Verhältnis des Unionsrechts zu dem Recht der Mitgliedstaaten, in: Schulze/Zuleeg/Kadelbach, Europarecht, Rn. 5; Heiderhoff, Europäisches Privatrecht, Rn. 111; Reich, Understanding EU Law, 2. Aufl. 2005, S. 49 f.; Schulte-Nölke/Schulze, Europäische Rechtsangleichung und nationale Privatrechte, 1999.

[62] Basedow, Der Europäische Gerichtshof und das Privatrecht, AcP 210（2010）, S. 157; Borchardt, Auslegung, Rechtsfortbildung und Rechtsschöpfung, in: Schulze/Zuleeg/Kadelbach, Europarecht, Rn. 19–22; Stuyck, The ECJ as a motor of private law, in: Twigg-Flesner, European Union Private Law, S. 101, 110–114.

[63] Rodriguez Iglesias, Gedanken zum Entstehen einer Europäischen Rechtsordnung, NJW 1999, S. 1.

[64] 见边码 32 及以下。

判。[65] 此外，举例而言，一些成员国在没有欧洲法律义务的情况下，按照欧洲卡特尔法的模板对其内国卡特尔法进行改革，因为它们认为这在经济角度上才是合乎目的的做法。[66] 在这一点上，欧盟法律成为内国立法的重要灵感来源之一，并可以在没有转化指令之义务的情况下同样促使私法的趋近。[67]

## 三、合同法上的共同体现行规则

### 1. 规则形式

28 基于合同法对内部市场的核心意义，在欧洲私法的这一领域中，首级法和次级法也正好逐渐形成了广泛的合同法之现行共同体法。在次级法中，主要包括大量指令，这是欧盟以及早先的欧共体为了在不同“政策”范围内达到法律趋同而颁布的。与之相反，在欧盟合同法领域，作为法律统一机制的条例迄今为止的角色却不那么重要。尽管条例是国际私法和程序法的优选规则形式，特别是《罗马第一条例》[68] 对关于债法合同的冲突法具有中心地位。但是，对于实体法而言，条例仅仅在合同法的单个领域（如关于航空和铁路运输乘客权利的指令[69] 以及分销合同中竞争法上的豁免指

[65] 例如，对于欧洲理事会 1985 年 12 月 20 日第 85/577 号欧洲经济共同体指令中关于在经营场所之外缔结合同时的消费者保护规定，一些成员国（包括德国）将其扩展到在街道、广场和公共交通工具（《德国民法典》第 312b 条）缔结合同的情形，尽管《上门交易指令》对此没有规定（直到《消费者权利指令》才有此方面的新规定，见《消费者保护指令》导言第 22 条）。

[66] 例如荷兰的情况，Wesseling, The Netherlands, in: Cahill, The Modernisation of EU Competition Law Enforcement, 2004, S. 408; Zippro, Privaatrechtelijke handhaving van mededingingsrecht, 2009, S. 15 f.

[67] Kötz, Europäisches Vertragsrecht, 2. Aufl. 2015, S. 11 ff.; Schulze, The New Shape of European Contract Law, EuCML 2015, 139–144, 141.

[68] VO（EG）Nr. 593/2008 des Europäischen Parlaments und des Rates vom 17. Juni 2008 über das auf vertragliche Schuldverhältnisse anzuwendende Recht（Rom I）, ABl. 2008 L 177/6; 参见 Ferrari/Leible, Rome I Regulation, 2009; Staudinger, Sekundärrecht als Quelle des Internationalen Privatrechts, in: Schulze/Zuleeg/Kadelbach, Europarecht, Rn. 6–35.

[69] VO（EG）Nr. 261/2004, des Europäischen Parlaments und des Rates vom 11. Februar 2004 über eine gemeinsame Regelung für Ausgleichs- und Unterstützungsleistungen für Fluggäste im Fall der Nichtbeförderung und bei Annullierung oder großer Verspätung von Flügen und zur Aufhebung der VO（EWG）Nr. 295/91; VO（EG）Nr. 1371/2007 des Europäischen Parlaments und des Rates vom 23.10.2007 über Rechte und Pflichten der Fahrgäste im Eisenbahnverkehr, ABl. 2007 L 315/14.

令[70]）内有较大的重要性。

## 2. 首级法律

首级法律不仅因为其关于欧盟职能的条文（特别是 AEUV 第 114 条第 1 款作为法律趋同措施的一般性职能规范，该措施应服务于内部市场的发展）而构成欧盟合同法的基础，它还包括了直接涉及合同效力的条文，并由此调整合同当事人之间的关系（特别是在竞争法范畴内的 AEUV 第 101 条第 2 款）。但最重要的是，首级法律包含了合同法的一系列核心原则，在对次级法律进行解释和系统化时也应当关注这些原则，本书之后的章节将按照各自关联予以论述。 29

特别是，合同自由属于这类具有首级法基础的原则。合同自由原则对于欧洲私法总体具有中心意义。[71]这一原则的基石是 AEUV 第 28 条及之后条文规定的流通自由，也就是商品流通自由（AEUV 第 28 条及以下、第 34 条及以下）、服务流通自由（AEUV 第 56 条及以下）、开业自由（AEUV 第 49 条及以下）、人员流动自由（AEUV 第 45 条第 3 款、第 52 条第 1 款）以及资本和支付流动自由（AEUV 第 63 条及以下）。而且，合同自由与“具有自由竞争的开放市场经济原则”（参见 AEUV 第 119 条第 1 款）相联系。欧洲法院的判决也承认了该原则。[72]理论学说把它视为实现流通自由之不可或缺的前提，并且以其他首级法律的规定为其夯实基础（特别是 EUV 30

---

[70] 例如欧盟委员会 2014 年 3 月 21 日第 316/2014 号（欧盟）条例（技术转让）；欧盟委员会 2010 年 12 月 14 日第 1218/2010 号（欧盟）条例（特别化约定）；欧盟委员会 2010 年 12 月 14 日第 1217/2010 号（欧盟）条例（研究与发展约定）；欧盟委员会 2010 年 5 月 27 日第 461/2010 号（欧盟）条例（机动车领域）以及在欧盟官方公报上的公告和释义；2010 年 4 月 20 日第 330/2010 号（欧盟）条例（垂直约定）；对此见 Immenga/Mestmäcker/Ellger, EU-Wettbewerbsrecht, 5. Aufl. 2012, Art. 2 Rn. 3; Mäger, Kartellrecht, in: Schulze/Zuleeg/Kadelbach, Europarecht, Rn. 120–165; Wijckmans/Tuytschaever, Vertical Agreements in EU Competition Law, 2. Aufl. 2011, S. 87 ff., 197–243.

[71] 对此详细阐述见第二章边码 83 及以下；Heiderhoff, Europäisches Privatrecht, Rn. 233 f.

[72] Urteil des EuGH v. 17.6.1992, Rs C-26/91（Handte/TMCS）, Slg 1992, I-3967, Rn. 15; Urteil des EuGH v. 27.10.1998, Rs C-51/97（Réunion européenne ua）, Slg 1998, I-6511, Rn. 17；也见佐审官（Advocate General）Geelhoed 于 2002 年 1 月 31 日的终局提案（Schlussanträge）, Rs C-334/00（Tacconi）, Slg 2002, I-7357, Rn. 55; Urteil des EuGH v. 20.5.2010, Rs C 434/07（Harms）, Slg 2010, I-4431; Urteil des EuGH v. 22.1.2013, Rs C-283/11（Sky Österreich）, Rn. 42.

第2条和第3条第2款以及GR-Charta第6条及以下)。[73]

31 对于合同法具有重大意义的其他原则还包括缔约与合同内容的非歧视保护，它的基础也存在于欧盟的首级法律之中。相对于（相当复杂和有争议的）欧洲法院判决中的非歧视原则，[74]成员国既有的法律存在冲突，需要指令来进行具体化，[75]但是，首级法律中的数个条文为它提供了基础，特别是AEUV第19条、AEUV第157条的薪酬平等，以及AEUV第10条的价值和GR-Charta的第21、23条。如果我们把消费者保护视为欧洲法律的原则，[76]那么该原则同样以首级法律为基石（AEUV第12、169条和GR-Charta第38条）。为了确证欧盟法中与合同法相关的原则和指导理念，在上述例证之外，随着《里斯本条约》而生效的《欧盟基本权利宪章》(GR-Charta）未来也将具有重要意义。这里首先涉及的是对人之尊严的基本权利保护（GR-Charta第1条)、对个人数据的保护（GR-Charta第8条)、职业自由（GR-Charta第15条)、经营自由（GR-Charta第16条）以及财产权（GR-Charta第17条)，但也包括第10条及以下条文的自由权利。

### 3. 自由权利

#### （1）发展

32 在合同领域内，次级法律主要通过指令得到发展，指令服务于欧盟条约范围内各种“政策”的实现。消费者保护在此占据重要位置，欧洲立法活

[73] Acquis Group/Schulze, Contract II, S. 182 Rn. 3; Lorenz, Der Schutz vor dem unerwünschten Vertrag, 1997, S. 22; Müller-Graff, Gemeinsames Privatrecht in der Europäischen Gemeinschaft-Ansatzpunkte, Ausgangsfragen, Ausfaltungen, in: Müller-Graff, Gemeinsames Privatrecht in der Europäischen Gemeinschaft, 2. Aufl. 1999, S. 7, 9, 28–34; Reich, Zur Theorie des Europäischen Verbraucherrechts, ZEuP 1994, S. 381–400.

[74] Urteil des EuGH v. 22.11.2005, Rs C-144/04 (Mangold), Slg 2005, I-9981; Urteil des EuGH v. 23.9.2008, Rs C-427/06 (Bartsch), Slg 2008, I-7245; Urteil des EuGH v. 19.1.2010, Rs C-555/07 (Kücükdeveci), Slg 2010, I-365; Urteil des EuGH v. 10.5.2011, Rs C-147/08 (Römer), Slg 2011, I-3591.

[75] 第二章边码112及以下。

[76] 例如 Urteil des EuGH v. 10.3.2005, Rs C-336/03 (easyCar), Slg 2005, I-1947, Rn. 21; 其他观点如 Heiderhoff, Europäisches Privatrecht, Rn. 267 f.

动自20世纪80年代起就开始致力于此。[77]不久之后，消费者保护领域的立法对象就延伸到合同法的核心（例如对不公平条款的内容控制[78]以及买卖合同的瑕疵担保法；[79]但是仅限于消费者合同的适用范围内）。这些指令给各成员国带来了深刻的法律革新，如广泛的告知义务、消费者撤回合同的权利、对格式合同的内容控制或者（消费者）买卖合同中补充履行相对于其他救济手段的优先地位等。除消费者保护外，合同法领域的指令立法同样也触及欧盟大量其他的政策部门，这些部门通常与推动内部市场的总体目标相联系，而这样的指令有时也具有值得注意的创新性。[80]这些政策部门尤其囊括对中小企业的保护和促进、推进信息社会的服务（特别是电子商务往来）、为支付服务而保障内部市场的正常运作以及反歧视保护。[81]

**（2）碎片化的特征** 33

因此，合同法之现行共同体法建立在这样一种立法之上，即在数十年间，在不同的事务领域内，针对不同的目标而进行的立法。通常，这种立法是对内部市场在各自政策部门内遇到的当下挑战作出的回应，并受到变化中的政治优先考量的引导，所以并无整体性计划。由于这样的“政策”和部门指向，通过协调的、超越单个领域的合同法之创设来推进内部市场，并不是立法的特别意图。因此，它经常被评价为“碎片化的”

---

[77] 基础是 Entschließung des Rates vom 14. April 1975 betreffend ein Erstes Programm der Europäischen Wirtschaftsgemeinschaft für eine Politik zum Schutz und zur Unterrichtung der Verbraucher, ABl. 1975 C 92/1; 合同法领域的第一批立法措施包括颁布 Richtlinie 85/577/EWG des Rates vom 20. Dezember 1985 betreffend den Verbraucherschutz im Falle von außerhalb von Geschäftsräumen geschlossenen Verträgen ——其间被 Verbraucherrechte-RL（RL 2011/83/EU v. 25.10.2011）所取代，以及 Richtlinie 90/314/EWG des Rates vom 13. Juni 1990 über Pauschalreisen（其间被 RL 2015/2302 v. 25.11.2015 所取代）。

[78] Richtlinie 93/13/EWG des Rates vom 5. April 1993 über mißbräuchliche Klauseln in Verbraucherverträgen（Klausel-RL,《不公平条款指令》）.

[79] Richtlinie 1999/44/EG des Europäischen Parlaments und des Rates vom 25. Mai 1999 zu bestimmten Aspekten des Verbrauchsgüterkaufs und der Garantien für Verbrauchsgüter（Verbrauchsgüterkauf-RL,《消费品买卖指令》）.

[80] Schulze, Contours of European Private Law, in: Schulze/Schulte-Nölke, European Private Law, S. 3–26; Schulze, The CESL's Innovative Features – A Brief Overview,Contratto e impresa/Europa 2013, S. 485–511.

[81] 进一步论述见边码38及以下。

（fragmentarisch）、“点彩型的”（pointilistisch），有时也存在矛盾之处。[82] 对单个政策部门范畴内质量的总结和体系化直到晚近才开始，目前成效甚微。例如，之前曾准备将消费者合同法领域内的 8 个指令整合为一个体系化的新《消费者权利指令》。[83] 但是，最终生效的《消费者权利指令》事实上也仅仅综合了两部早先的指令。[84]

### （3）最低限度协调化和完全协调化

34 另外，合同法领域的协调化程度并不统一。相反，特别是致力于消费者保护的指令规定了两种不同程度的协调化。它们最初仅仅设定了消费者保护的最低标准，并赋予成员国在其内国法中确立更高的消费者保护水平（最低限度协调化，Mindestharmonisierung）的自由。这一方式的首要目标是确保一个高的消费者保护水准（AEUV 第 169 条）。它把一种确定性和一种可能性联系起来，即在确定整个欧盟的共同（最低限度）标准的同时，成员国可以保留或引入其所追求的更高的消费者保护水准。但是，最低限度协调化对实现内部市场发展这一目标（AEUV 第 114 条）的作用很小，因为内国法的差别导致跨境交易的障碍，而最低限度协调化并不能排除这一障碍。在面对各个成员国法律体系中不同的消费者保护水平时，经营者必须继续调整自己的合同条款、价格计算以及销售模式，以便在整个内部市场销售货物和服务。因此，考虑到内部市场目标，最低限度协调化的有效性遭到了质疑。

35 于是，欧盟立法在一系列消费者保护的新指令中过渡到完全协调化

---

[82] Eidenmüller/Faust/Grigoleit/Jansen/Wagner/Zimmermann, Der Gemeinsame Referenzrahmen für das Europäische Privatrecht, JZ 2008, S. 529 f.; Honsell, Die Erosion des Privatrechts durch das Europarecht, ZIP 2008, S. 621, 630; Kötz, Europäisches Vertragsrecht, 2. Aufl. 2015, S. 12; Schulze, European Private Law and Existing EU Law, ERPL 2005, S. 3, 4; Twigg-Flesner, Introduction, in: Twigg-Flesner, European Union Private Law, S. 1, 8.

[83] Grünbuch: Die Überprüfung des gemeinschaftlichen Besitzstandes im Verbraucherschutz（Vorlage der Europäischen Kommission）v. 8.2.2007, KOM（2006）744 endg., S. 10.

[84] Richtlinie 2011/83/EU des Europäischen Parlaments und des Rates vom 25. Oktober 2011 über die Rechte der Verbraucher（Verbraucherrechte-RL）. 对此论述见 Hilbig-Lugani, Neuerungen im Außengeschäftsraum- und Fernabsatzwiderrufsrecht Teil 1, ZJS 2013, S. 441 f.; Hondius, The Proposal for a Directive on Consumer Rights, ERPL 2011, S. 163–166.

(《远程销售金融服务指令》、[85] 新版《消费者信贷指令》[86] 和《分时使用指令》,[87] 还有《消费者权利指令》[88] 及《包价旅游指令》[89]; 预计《数字内容指令建议案》和《在线商品交易指令》的建议案 [90] 也是如此)。根据 AEUV 第 288 条第 3 款，成员国在转化执行时有一定的安排空间，如在立法技术层面上（特别法、消费者保护法典或民法典中的规定）[91]，但成员国立法不能低于或超出指令确定的消费者保护水平。通过内国法律这样一种深入的趋同，完全协调化相较于最低限度协调化更能简化跨境交易。由于消费者保护水平所涉及的内容不包括一些成员国对消费者更为好友的规定，因此，在一些国家可能会导致保护水平的下降。

此外，在内国法根据欧洲规范进行调整方面，完全协调化给成员国留 36
有的空间太小。例如，关于《消费者权利指令》的讨论指出，自愿对指令

[85] Richtlinie 2002/65/EG des Europäischen Parlaments und des Rates vom 23. September 2002 über den Fernabsatz von Finanzdienstleistungen an Verbraucher und zur Änderung der Richtlinie 90/619 EWG des Rates und der Richtlinien 97/7 EG und 98/27 EG.

[86] Richtlinie 2008/48/EG des Europäischen Parlaments und des Rates vom 23. April 2008 über Verbraucherkreditverträge und zur Aufhebung der Richtlinie 87/102/EWG des Rates; 但《住房信贷指令》[ Richtlinie 2014/17/EU des Europäischen Parlaments und des Rates vom 4. Februar 2014 über Wohnimmobilienkreditverträge für Verbraucher und zur Änderung der Richtlinien 2008/48/EG und 2013/36/EU und der Verordnung( EU )Nr. 1093/2010 ] 不是如此。

[87] Richtlinie 2008/122/EG des Europäischen Parlaments und des Rates vom 14. Januar 2009 über den Schutz der Verbraucher im Hinblick auf bestimmte Aspekte von Teilzeitnutzungsverträgen, Verträgen über langfristige Urlaubsprodukte sowie Wiederverkaufs- und Tauschverträgen.

[88] KOM ( 2008 )614 endg., S.7; Heiderhoff, Europäisches Privatrecht, Rn. 22.

[89] Richtlinie( EU )2015/2302 des Europäischen Parlaments und des Rates vom 25. November 2015 über Pauschalreisen und verbundene Reiseleistungen, zur Änderung der Verordnung( EG )Nr. 2006/2004 und der Richtlinie 2011/83/EU des Europäischen Parlaments und des Rates sowie zur Aufhebung der Richtlinie 90/314/EWG des Rates; 对此见 Tonner, Die neue Pauschalreiserichtlinie, EuZW 2016, S. 95–100.

[90] Vorschlag COM ( 2015 )634 final für eine Richtlinie des Europäischen Parlaments und des Rates vom 9. Dezember 2015 über bestimmte vertragsrechtliche Aspekte der Bereitstellung digitaler Inhalte; Vorschlag COM ( 2015 )635 final für eine Richtlinie des Europäischen Parlaments und des Rates vom 9. Dezember 2015 über bestimmte vertragsrechtliche Aspekte des Online-Warenhandels und anderer Formen des Fernabsatzes von Waren.

[91] 对完全协调化时安排空间倾向的批评见 Micklitz/Reich, Cronica de una muerta anunciada: The Commission Proposal for a "Directive on Consumer Rights", CMLR 2009, S. 471, 477 f.; Twigg-Flesner/Metcalfe, The Proposed Consumer Rights Directive – Less Haste, More Thought?, ERCL 2009, S. 368, 373.

进行的“超额”转化（überschließende Umsetzung）具有阻碍作用。[92] 广泛的批评意见认为，该指令的调整范围狭窄，其调整对象可以被完全清晰地区隔出来，而且在成员国法律中难以和其他立法材料结合起来（特别是告知义务和撤回权的条文，许多成员国首先按照欧盟法的样板在内国法律中建立起来，但很少是从本国法律传统中发展出来的）。与之相反的是，该指令将一些过于宽泛的立法材料（特别是对不公平条款的内容控制以及买卖瑕疵担保）也进行完全协调化，这可能造成对内国法律系统的干涉过甚。因此，未来是否继续大范围进行从最低限度协调化到完全协调化的过渡，仍存在疑问。可以预想的是，在有关新的立法材料的领域，如数字内容销售或者是内部市场无阻碍数据流动的合同法基础，只要成员国在这些领域还没有明晰的立法轮廓，以上问题就最有可能产生。但从整体上看，在合同法这一领域的指令立法将继续由两种元素构成：一是最低限度协调化，它有利于消费者保护却不利于内部市场目标实现；二是在单个领域的完全协调化，它有利于内部市场，但可能对消费者保护以及一些成员国的法律体系不利。

### 4. 重要指令一览

#### （1）消费者保护

37 相对而言，合同法之现行共同体法较早并广泛地在消费者保护领域发展起来。1985 年的《上门交易指令》（Haustür-RL）是一个开端，后来被《消费者权利指令》（Verbraucherrechte-RL）取代。以下的总览包括部分现行有效的重要指令，以及与之相关的欧洲法院判决。

■《包价旅游指令》[Pauschalreise-RL, Richtlinie（EU）2015/2302 des Europäischen Parlaments und des Rates vom 25. November 2015 über Pauschalreisen und verbundene Reiseleistungen, zur Änderung der Verordnung（EG）Nr. 2006/2004

[92] Howells/Schulze, Overview of the Proposed Consumer Rights Directive, in: Howells/Schulze（Hrsg.）, Modernising and Harmonising Consumer Contract Law, 2009, S. 3–25; Loos, Full harmonization as a regulatory concept and its consequences for the national legal orders. The example of the Consumer rights directive in: Stürner, Vollharmonisierung im Europäischen Verbraucherrecht?, 2010, S. 47–98; Zoll, The Remedies for Non-Performance in the Proposed Consumer Rights Directive and the Europeanisation of Private Law, in: Howells/Schulze（Hrsg.）, Modernising and Harmonising Consumer Contract Law, 2009, S. 279–286.

und der Richtlinie 2011/83/EU des Europäischen Parlaments und des Rates sowie zur Aufhebung der Richtlinie 90/314/EWG des Rates ]，刊印于《欧洲私法基础文本》第 I.32 部分。《包价旅游指令》在其 1990 年的版本中使用的消费者概念不同于欧洲立法和司法后来所使用的概念。[93]关于该指令的欧洲法院判决（也包括关于 1990 年 6 月 13 日关于包价旅游的第 90/314 号欧洲经济共同体指令）包括：

EuGH, Urteil v. 12.3.2002, Rs C-168/00, Slg 2002, I-2631（„Leitner"）

EuGH, Urteil v. 30.4.2002, Rs C-400/00, Slg 2002, I-4051（„Club-Tour"）

EuGH, Urteil v. 7.12.2010, Rs C-585/08, Slg 2010, I- 2527（„Pammer" und „Hotel Alpenhof"）

EuGH, Urteil v. 16.2.2012, Rs C-134/11（„Blödel-Pawlik"）

EuGH, Beschluss v. 16.1.2014, Rs C-430/13（„Baradics ua"）

▪《不公平条款指令》（Klausel-RL, Richtlinie 93/13/EWG des Rates vom 5. April 1993 über mißbräuchliche Klauseln in Verbraucherverträgen），刊印于《欧洲私法基础文本》第 I.33 部分。合同内容控制的适用范围十分宽泛（包括对所有条款的透明度控制），该指令对于欧洲（消费者）合同法的发展具有重要意义。关于该指令的欧洲法院判决包括：

EuGH, Urteil v. 26.4.2012, Rs C-472/10（„Invitel"）

EuGH, Urteil v. 14.6.2012, Rs C-608/10（„Banco Español de Crédito"）

EuGH, Urteil v. 30.4.2014, Rs C-26/13（„Kásler"）

EuGH, Urteil v. 15.1.2015, Rs C-537/13（„Šiba"）

EuGH, Urteil v. 26.2.2015, Rs C-143/13（„Matei"）

EuGH, Urteil v. 23.4.2015, Rs C-96/14（„Van Hove"）

EuGH, Urteil v. 3.9.2015, Rs C-110/14（„Ovidiu Costea"）

▪《消费品买卖指令》（Verbrauchsgüterkauf-RL, Richtlinie 1999/44/EG des Europäischen Parlaments und des Rates vom 25. Mai 1999 zu bestimmten Aspekten des Verbrauchsgüterkaufs und der Garantien für Verbrauchsgüter），刊印于《欧洲私法基础文本》第 I.34 部分。通过《消费品买卖指令》，欧洲立法把握住

---

[93] 在较早的版本中，预定旅游给付的经营者也可以是“消费者”。指令新版本则在不同意义上使用“旅游者”的改变，以便指称受保护的人（在现今欧洲法概念的意义上不必是消费者），见《包价旅游指令》导言第 7 条。

了给付障碍法的核心领域，因此，该指令对于欧洲合同法这一领域的理论和法律实践具有中心意义。关于该指令的欧洲法院判决包括：

EuGH, Urteil v. 17.4.2008, Rs C-404/06, Slg 2008, I-2685（„Quelle"）

EuGH, Urteil v. 16.6.2011, Rs. C-65/09 verbunden mit C-87/09, Slg 2011, I-5257（„Weber/Putz"）

EuGH, Urteil v. 3.10.2013, Rs C-32/12（„Duarte Hueros"）

EuGH, Urteil v. 4.6.2015, Rs C-497/13（„Faber"）

EuGH, Urteil v. 9.11.2016, Rs C-149/15（„Whatelet"）

■《消费者信贷指令》（Verbraucherkredit-RL, Richtlinie 2008/48/EG des Europäischen Parlaments und des Rates vom 23. April 2008 über Verbraucherkreditverträge und zur Aufhebung der Richtlinie 87/102/EWG des Rates vom 22.12.1986 zur Angleichung der Rechts- und Verwaltungsvorschriften der Mitgliedsstaaten über den Verbraucherkredit），刊印于《欧洲私法基础文本》第 I.44 部分。关于该指令的欧洲法院判决包括：

EuGH, Urteil v. 16.11.2010, Rs C-76/10, Slg 2010, I-11557（„Pohotovosť"）

EuGH, Urteil v. 12.7.2012, Rs C-602/10（„SC Volksbank România"）

EuGH, Urteil v. 27.3.2014, Rs C-565/12（„Crédit Lyonnais"）

EuGH, Urteil v. 18.12.2014, Rs C-449/13（„Consumer Finance"）

■《远程销售金融服务指令》（Fernabsatz-Finanzdienstleistungs-RL, Richtlinie 2002/65/EG des Europäischen Parlaments und des Rates vom 23. September 2002 über den Fernabsatz von Finanzdienstleistungen an Verbraucher und zur Änderung der Richtlinie 90/619 EWG des Rates und der Richtlinien 97/7 EG und 98/27 EG），刊印于《欧洲私法基础文本》第 I.39 部分。

■《分时使用指令》（Teilzeitnutzungs-RL, Richtlinie 2008/122/EG des Europäischen Parlaments und des Rates vom 14. Januar 2009 über den Schutz der Verbraucher im Hinblick auf bestimmte Aspekte von Teilzeitnutzungsverträgen, Verträgen über langfristige Urlaubsprodukte sowie Wiederverkaufs- und Tauschverträgen），刊印于《欧洲私法基础文本》第 I.45 部分。该指令取代了已经被废止的 1994 年 10 月 26 日的第 94/47 号欧共体指令。

■《消费者权利指令》（Verbraucherrechte-RL, Richtlinie 2011/83/EU des Europäischen Parlaments und des Rates vom 25. Oktober 2011 über die Rechte der Verbraucher），刊印于《欧洲私法基础文本》第 I.48 部分。《消费者权利

指令》取代了《上门交易指令》(Richtlinie 85/577/EWG des Rates vom 20. Dezember 1985 betreffend den Verbraucherschutz im Falle von außerhalb von Geschäftsräumen geschlossenen Verträgen)和《远程销售指令》(Richtlinie 97/7/EG des Europäischen Parlaments und des Rates vom 20. Mai 1997 über den Verbraucherschutz bei Vertragsabschlüssen im Fernabsatz)。

### (2)中小经营者

对中小经营者(KMU)的推动和保护属于下列合同法领域指令的目标: 38

■《商事代理人指令》(Handelsvertreter-RL, Richtlinie 86/653/EWG des Rates vom 18. Dezember 1986 zur Koordinierung der Rechtsvorschriften der Mitgliedstaaten betreffend die selbstständigen Handelsvertreter),刊印于《欧洲私法基础文本》第 I.31 部分。关于该指令的欧洲法院判决包括:

EuGH, Urteil v. 28.10.2010, Rs C-203/09, Slg 2010, I-10721(„Volvo Car Germany")

EuGH, Urteil v. 17.10.2013, Rs C-184/12(„Unamar")

EuGH, Urteil v. 3.12.2015, Rs C-338/14(„Quenon")

■《支付迟延指令》(Zahlungsverzugs-RL, Richtlinie 2011/7/EU des Europäischen Parlaments und des Rates vom 16. Februar 2011 zur Bekämpfung des Zahlungsverzugs im Geschäftsverkehr),刊印于《欧洲私法基础文本》第 I.47 部分。该指令取代了 2000 年 6 月 29 日的第 2000/35 号欧共体指令。关于该指令的欧洲法院判决包括:

EuGH, Beschluss v. 12.4.2007, Rs. C-453/06, Slg 2008, I-1923(„01051 Telecom"),该决定涉及的仍然是第 2000/35 号欧共体指令

■《保险销售指令》(Versicherungsvertriebs-RL, Richtlinie(EU) 2016/97 des Europäischen Parlaments und des Rates vom 20. Januar 2016 über Versicherungsvertrieb)。该指令取代了 2002 年 12 月 9 日的第 2002/92 号欧共体指令。关于该指令的欧洲法院判决包括:

EuGH, Urteil v. 14.12.2006, Rs C-252/06, Slg 2006, I-140(„Kommission/ Deutschland")

EuGH, Urteil v. 17.10.2013, Rs C-555/11(„EEAE ua")

### (3)电子交易往来

以下两部指令特别致力于推动信息社会服务,尤其是电子交易往来: 39

■《电子认证与信赖服务条例》[VO(EU)Nr. 910/2014 des Europäischen Parlaments und des Rates vom 23. Juli 2014 über elektronische Identifizierung und Vertrauensdienste für elektronische Transaktionen im Binnenmarkt]；该条例取代了《电子签名指令》(Signatur-RL, Richtlinie 1999/93/EG des Europäischen Parlaments und des Rates vom 13. Dezember 1999 über gemeinschaftliche Rahmenbedingungen für elektronische Signaturen)。

■《电子商务指令》(E-Commerce-RL, Richtlinie 2000/31/EG des Europäischen Parlaments und des Rates vom 8. Juni 2000 über bestimmte rechtliche Aspekte der Dienste der Informationsgesellschaft, insbesondere des elektronischen Geschäftsverkehrs, im Binnenmarkt)，刊印于《欧洲私法基础文本》第 I.35 部分。关于该指令的欧洲法院判决包括：

EuGH, Urteil v. 16.10.2008, Rs C-298/07, Slg 2008, I-7841(„deutsche internet versicherung")

EuGH, Urteil v. 15.3.2012, Rs C-292/10(„G")

### (4) 支付服务

40 银行的多项重要服务总体上以支付服务为特征，欧洲多项法律举措以发展内部市场的银行服务为目标，它们在本质上集中在这一指令：

■《支付服务指令》(Zahlungsdienste-RL, Richtlinie 2007/64/EG des Europäischen Parlaments und des Rates vom 13. November 2007 über Zahlungsdienste im Binnenmarkt, zur Änderung der Richtlinie 97/7/EG, 2002/65/EG, 2005/60/EG und 2006/48/EG sowie zur Aufhebung der Richtlinie 97/5/EG)，刊印于《欧洲私法基础文本》第 I.43 部分。关于该指令的欧洲法院判决包括：

EuGH, Urteil v. 9.4.2014, Rs C-616/11(„T-Mobile Austria")

### (5) 反歧视保护

41 多部指令以反歧视为己任。下述的前两部指令将反歧视保护从雇佣和职业领域扩展到提供商品和服务领域，因此对于一般合同法具有意义：

■《反人种和种族歧视的指令》(Richtlinie 2000/43/EG des Rates vom 29. Juni 2000 zur Anwendung des Gleichbehandlungsgrundsatzes ohne Unterschied der Rasse oder der ethnischen Herkunft)，刊印于《欧洲私法基础文本》第 I.36 部分。

■《反性别歧视的指令》(Richtlinie 2004/113/EG des Rates vom 13. Dezember 2004 zur Verwirklichung des Grundsatzes der Gleichbehandlung von Männern und Frauen beim Zugang zu und bei der Versorgung mit Gütern und

Dienstleistungen），刊印于《欧洲私法基础文本》第 I.41 部分。

■《关于雇佣和职业中平等对待的框架指令》（Rahmen-RL zur Gleichbehandlung in Beschäftigung und Beruf，RL 2000/78/EG des Rates vom 27. November 2000 zur Festlegung eines allgemeinen Rahmens für die Verwirklichung der Gleichbehandlung in Beschäftigung und Beruf），刊印于《欧洲私法基础文本》第 I.37 部分。

■《关于职业中男女平等对待的指令》（RL zur Gleichbehandlung von Männern und Frauen im Beruf，Richtlinie 2006/54/EG des Europäischen Parlaments und des Rates vom 5. Juli 2006 zur Verwirklichung des Grundsatzes der Chancengleichheit und Gleichbehandlung von Männern und Frauen in Arbeits- und Beschäftigungsfragen），刊印于《欧洲私法基础文本》第 I.42 部分。关于该指令的欧洲法院判决包括：

EuGH, Urteil v. 1.3.2011, Rs 236/09, Slg 2011, I-00773（„Association Belge des Consommateurs Test-Achats ua"）

EuGH, Urteil v. 19.4.2012, Rs C-415/10（„Meister"）

EuGH, Urteil v. 11.4.2013, Rs C-335/11（„HK Danmark"）

EuGH, Urteil v. 12.12.2013, Rs C-361/12（„Carratù"）

**（6）保险合同**

包括下述指令在内的立法文件服务于若干类型保险的内部市场发展，也部分地为客户提供保护： 42

■《人寿保险指令》（Richtlinie 2002/83/EG des Europäischen Parlaments und des Rates vom 5. November 2002 über Lebensversicherungen）。

**（7）其他调整领域**

此外，还有其他涉及合同法的指令，具有不同的其他目标设定。其范围从极为特殊的目的，例如未合法使用的文化财物之返还，到调整对象广泛的规定，例如服务自由，它们在某些方面也可能涉及合同法。 43

■《文化财产指令》[Kulturgüter-RL, Richtlinie 2014/60/EU des Europäischen Parlaments und des Rates vom 15. Mai 2014 über die Rückgabe von unrechtmäßig aus dem Hoheitsgebiet eines Mitgliedstaats verbrachten Kulturgütern und zur Änderung der VO（EU）Nr. 1024/2012]。

■《服务指令》（Dienstleistungs-RL, Richtlinie 2006/123/EG des Europäischen Parlaments und des Rates vom 12. Dezember 2006 über Dienstleistungen im

Binnenmarkt）。关于该指令的欧洲法院判决包括：

EuGH, Urteil v. 11.7.2013, Rs C-57/12（„Femarbel"）

## 四、欧洲合同法的一致性

### 1. 学术进路

#### （1）《欧洲合同法原则》

44 内部市场继续发展，私法材料越来越多地被纳入欧洲立法的范畴。在此背景下，法律科学被赋予了发展欧洲合同法全面体系的任务。以丹麦法律比较学家奥·兰度（Ole Lando）为首的法学家国际小组的工作为此任务指明了方向，该工作小组名为“欧洲合同法委员会”。该委员会起草了一部《欧洲合同法原则》（PECL）。[94]PECL 囊括了一般合同法最重要的材料，并按照合同从准备到执行的潜在流程对这些材料加以组织（即“合同的生命周期”，从缔结、有效性到解释、内容和效力，再到履行和不履行时的法律救济）。就此而言，PECL 成为之后欧洲合同法研究工作的模板。PECL 最初的部分[95]限于合同法，放弃使用更宽泛的概念（如“法律行为”），并由此避免了以任何一国的法律传统体系为依托。作为 PECL 的基础，兰度委员会关注了内国法比较，法律比较使发展出“共同原则”、一致性趋势或者在这些无法确定时找到“最佳解决方案”成为可能。[96]这一工作可以在很大程度上以下述两者为基础：恩斯特·拉贝尔（Ernst Rabel）[97]自 30 年代开始的国际买卖法比较研究的结果，以及从该结果诞生的《联合国国际货物销售合同公约》。兰度委员会与国际私法协会同期进行的《国际商事合同通则》（UNIDOIT-Prinzipien）[98]的工作相一致，但是前者将《联合国国

---

[94]　见脚注 11；关于该工作小组的工作方式见 Beale, Towards a Law of Contract for Europe: the work of the Commission of European Contract Law, in: Weick（Hrsg.）, National and European Law on the Threshold to the Single Market, 1993, S. 177–196; Lando, My life as a lawyer, ZEuP 2002, S. 508, 519–522.

[95]　（不是在兰度领导下制定的）PECL 第三部分与之不同，见脚注 11。

[96]　对此见 Lando, My life as a lawyer, ZEuP 2002, S. 507, 519 f.; Smits, European private law and the comparative method, in: Twigg-Flesner, European Union Private Law, S. 33–43; Vogenauer, Gemeineuropäische Methodenlehre, ZEuP 2005, S. 234, 253.

[97]　Rabel, Das Recht des Warenkaufs. Eine rechtsvergleichende Darstellung, 2 Bände, 1936/1957.

[98]　刊印于 Schulze/Zimmermann, Basistexte, III.35; Bonnell, An International Restatement of Contract Law, 3. Aufl. 2004; Zimmermann, Konturen eines Europäischen Vertragsrechts, JZ 1995, S. 477, 479.

际货物买卖合同公约》的模板发展为一般合同法，原则上适用于所有合同类型，不包括关于某一类合同的特殊规定。

**（2）欧洲私法学者协会的初步草案**

欧洲合同法的另一个开创性项目是《欧洲合同法初步草案》(Vorentwurf des Europäischen Vertragsrechts)。[99]这一项目由吉由斯佩·甘道尔菲(Giuseppe Gandofli)领导的意大利帕维亚(Pavia)欧洲私法学者协会执行。与兰度委员会的PECL不同的是，《初步草案》已经涉及了欧洲消费者法在一般合同法领域的若干（不久前刚产生的）规定，并辅之以若干合同类型的特别规定。[100]但是，《初步草案》的一个重大弱点在于，和PECL相比，它很少以在欧洲大部分地区适用的《联合国国际货物销售合同公约》为指针。而且，尽管欧洲私法学者协会是国际性的，但是《初步草案》是从意大利法，而非广泛的比较中获得的灵感。 45

**（3）一般合同法与经济法**

通过上述两个开创性工程，关于欧洲合同法的讨论在21世纪来临之际踏上一条特别的路径，即一般合同法成为关注的焦点。与之相反的是，在内国法层面上，商法的法典化在法律统一过程中通常扮演了急先锋的角色（如19世纪的西班牙和德国[101]；在欧洲之外，20世纪的美国《统一商法典》在某种程度上也是如此）。放眼国家层面，差不多在PECL诞生的同时，《国际商事合同通则》同样着力于国际商法这一经济上极为重要的领域。但在欧洲范围内，合同法领域的现行共同体法在PECL制定之后的进一步扩展越发明确地说明，消费者法和经济法的单个材料成为出发点，以便欧洲合同法的概念和原则“从特殊到一般”这样发展。在19和20世纪内国法律经验的背景下，令人惊奇的是，人们直到最近才开始讨论，商事合同法法典或更进一步的与内部市场相关的经济法法典对于欧洲融合是否 46

[99] Vorentwurf der Akademie Europäischer Privatrechtswissenschaftler (Pavia) für ein Europäisches Gesetzbuch; 刊印于 Schulze/Zimmermann, Basistexte, 3. Aufl. 2005, III.18.

[100] 迄今为止出版的第二卷有关于单个合同的规定；德语版本刊印于 ZEuP 2009, S. 624–647 或在互联网下载 http://www.accademiagiusprivatistieuropei.it/（最后调阅时间为2016年12月9日）。

[101] Schlosser, Neuere europäische Rechtsgeschichte, 2. Aufl. 2014, S. 283 ff.; Zweigert/Kötz, Einführung in die Rechtsvergleichung, 3. Aufl. 1996, S. 105 f.

具有优先意义。[102]

（4）《Acquis 原则》

47 上述的早期学术草案对于欧盟合同法协调化的贡献有限，因为在这些草案诞生之时，在此领域的现行共同体法正在成长，而草案没有或仅在某些方面予以关注。相反，上述草案的基础是内国法律的比较（《欧洲合同法初步草案》甚至仅仅涉及一国的法律），而非对欧盟法律的分析和对其特殊需求的考量。同样，以对欧洲合同法的学术阐释，如以教科书的形式为目标的工作主要或只以内国法的比较为基础，却没有首先对新的欧洲超国家法律之特性展开深入探讨。[103] 就此而言，欧洲合同法发展出两个平行世界：一个是有扩张性但协调性不足的现行共同体法；另一个则是关于理想的欧洲合同法的不同体系化草案，却脱离了超国家法的现实。

48 自 20 世纪 90 年代开始的法学工作试图弥合法学与现行法之间的鸿沟，该工作将合同法领域的首级法律以及欧盟立法本身（也就是合同法领域的现行共同体法）作为基础，以便得出指导性原则和一般性概念。[104] 在这些主要由 "Acquis 小组"[105] 所推动的研究中，欧盟的合同法规则并没有被仅仅孤立地视为单一举措，而是被看成指导理念和原则的外化，而这些理念和原则可能对于不同政策领域的法律举措具有重大意义。举例而言，不同主题领域的多个指令可能表述这样一个原则，即当事人合意是合同缔结的前

---

[102] 对此的最新讨论见 Association Henri Capitant, La construction europénne en droit des affaires: acquis et perspectives, 2016; Schulze, Supply of Digital Content. A New Challenge for European Contract Law, in: De Franceschi（Hrsg.）, European Contract Law and the Digital Single Market, 2016, S. 127–143.

[103] 这一方向的文献例证是 Kötz, Europäisches Vertragsrecht, Bd. I, 1996 的第一版；关于第二版的扩展见脚注 43。

[104] Grundmann, Europäisches Schuldvertragsrecht – Struktur und Bestand, NJW 2000, S. 14–23; Riesenhuber, System und Prinzipien des Europäischen Vertragsrechts, 2003; Schulze/Schulte-Nölke, Europäisches Vertragsrecht im Gemeinschaftsrecht, in: Schulte-Nölke/Schulze, Europäisches Vertragsrecht und Gemeinschaftsrecht, 2002, S. 229; Schulze/Ajani, Gemeinsame Prinzipien des Europäischen Privatrechts, 2003; Schulze/Ebers/Grigoleit, Informationspflichten und Vertragsschluss im Acquis communautaire, 2003.

[105] Research Group on the Existing EC Private Law. 关于这一 "Acquis 研究" 的方法见 Dannemann, Consolidating EC Contract Law: An Introduction to the Work of the Acquis Group, Contract II, S. xxvi-xxviii; Schulze/Schulte-Nölke, Europäisches Vertragsrecht im Gemeinschaftsrecht, in: Schulte-Nölke/Schulze, Europäisches Vertragsrecht im Gemeinschaftsrecht, 2002, S. 11; Schulze, European Private Law and Existing EC Law, ERPL 2005, S. 3.

提，[106]由此，合同缔结时的合意原则就成为欧盟法所肯认的一般性原则。同样，不同政策领域内多个指令关于诚信行事的规定[107]也被视为欧盟合同法的一项普遍性原则。[108]

从这一进路出发，“Acquis 小组”提出了欧共体和欧盟合同法既有原则的草案（《Acquis 原则》）。[109]该草案的大部分都在处理一般性问题，能够适用于不同类型的合同，就此而言，它和 PECL 一样都包含了一般合同法。但《Acquis 原则》还考虑到，欧盟法律为特定范畴的合同当事人设置了特殊的权利和义务，并相应地将某些原则的适用范围限制在经营者与消费者之间，或者经营者之间的关系中。[110]此外，一般性规定通过特别规则得以补充，后者关注了现行欧盟法中单个合同类型的特性和合同当事人应受保护的情况（Schutzsituationen）。[111]在《Acquis 原则》的各个章节中，这些特别规定出现在关于先合同义务和合同缔结等一般规则之后。这些章节在先后次序上类似于 PECL 中的“合同的生命周期”。但是，《Acquis 原则》重视对于欧盟合同法具有重大意义的材料，如先合同义务、歧视禁止、消费者撤回权以及非单独协商条款，[112]而PECL对这些材料的大部分都没有或者几乎没有关注。然而，与 PECL 相比，《Acquis 原则》在某些领域却表现出明显的缺漏，因为在这些领域尚未形成欧盟法规则，如因错误或其他合意瑕疵而撤销合同，[113]或者交易基础丧失等。[114]在某些由《Acquis 原则》处理的材料内部，欧盟法也存在缺漏，因此只能通过诉诸法律比较基础上的补充性原则来保证《Acquis 原则》的协调性（如作为合同缔结之前提的要约的 49

[106] 同样在法院判决中：Urteil des EuGH v. 11.7.2002, Rs C-96/00（Rudolf Gabriel），Slg 2002, I-6367; Urteil des EuGH v. 3.7.1997, Rs C-269/95（Benincasa），Slg 1997, I-3767.

[107] 如《不公平条款指令》第 3 条第 1 款的消费者保护；关于中小经营者见《商事代理人指令》第 3 条第 1 款。

[108] 关于该原则及其在欧洲合同法中边界的进一步说明见本书第二章边码 98 及以下。

[109] Acquis Group, Contract II；关于方法基础 Schulze, European Private Law and Existing EC Law, ERPL 2005, S. 3.

[110] 对此进一步论述见本书第二章边码 124 和 125。

[111] 例如，关于在经营场所以外缔结的合同、商品供应合同、包价旅游合同或商事代理人合同；此外还有分时段使用权合同、服务合同、消费者信贷合同和支付服务合同。

[112] ACQP 第二、三、五、六章。

[113] PECL 第 4:103 条。

[114] PECL 第 6:111 条。

标准)。[115] 因此，考虑到为实践提供适合的欧洲合同法总体草案这一目标，《Acquis 原则》虽是必要基础，但仍不充分。

### 2. 欧盟委员会的《行动计划》和《共同参考框架》

#### (1)一部协调的欧洲合同法的"基础来源"

50 随着《关于一部协调的欧洲合同法的行动计划》[116] 的出台，在法学界对欧盟法予以关注之后，欧盟委员会也向欧洲合同法领域的学术工作投来热切关注的目光。欧盟委员会设定了这一目标，即合同法领域的立法不仅涉及孤立的单个"政策"或"部门"，而且要以全局性的原则、概念和模范规则为基础。[117] 由此，欧盟委员会采取了上述学术草案中已经勾勒出的一般合同法的观念，用以取代完全是以各个政策或部门为指向的思考方式。另外，欧盟委员会也注意到学术草案所采用的进路，并将其作为一部协调的欧洲合同法未来发展的两个"基础来源"：[118] 一方面是内国法律的比较，另一方面是对既有共同体法的分析，由此希冀制定一部具有全局性原则、概念和模范规则的"共同参考框架"，[119] 该文件应当成为优化欧洲立法所需的"工具箱"(toolbox)。[120]

#### (2)《共同参考框架草案》

51 因此，欧盟委员会的行动计划将法律比较研究和"Acquis 方式"结合在一起。其结果是，在一个关于欧洲合同法原则的共同国际工作网络

---

[115] ACQP 第 4:103 条并诉诸 DCFR 第 II-4:201 条；也参见 PECL 第 2:201 条。

[116] Mitteilung der Kommission an das Europäische Parlament und den Rat: ein kohärenteres Europäisches Vertragsrecht – Ein Aktionsplan, KOM (2003) 68 endg.

[117] Mitteilung der Kommission an das Europäische Parlament und den Rat: ein kohärenteres Europäisches Vertragsrecht – Ein Aktionsplan, KOM (2003) 68 endg., S. 10.

[118] Mitteilung der Kommission an das Europäische Parlament und den Rat: ein kohärenteres Europäisches Vertragsrecht – Ein Aktionsplan, KOM (2003) 68 endg., S. 20.

[119] Mitteilung der Kommission an das Europäische Parlament und den Rat: ein kohärenteres Europäisches Vertragsrecht – Ein Aktionsplan, KOM (2003) 68 endg., S. 11; Staudenmayer, Der Aktionsplan der EG-Kommission zum Europäischen Vertragsrecht, EuZW 2003, S. 165–171.

[120] Mitteilung der Kommission an das Europäische Parlament und den Rat, Europäisches Vertragsrecht und Überarbeitung des gemeinschaftlichen Besitzstands – weiteres Vorgehen, KOM (2004) 651 endg., S. 2，也见 Pasa/Morra, Translating the DCFR and Drafting the CESL, 2014, S. 12 f.

（CoPECL-Netzwerk）[121]的内部，两个学术工作组[122]共同进行法律比较研究和欧盟既有合同法的研究，以制定一部《共同参考框架》（Draft Common Frame of Reference, DCFR）[123]学术性草案。[124]但是，该草案提供了一个超出合同法范畴的规则文本，除了广义上的债法（如无因管理和侵权法[125]），还包括物权法。[126]在这部规则文本中，特别是在 DCFR 第二编，《Acquis 原则》与从 PECL 中提取的比较法基础上的原则交织在一起，构成了合同准备、成立和内容的规定。在此，关于非歧视、营销、先合同义务以及消费者撤回权[127]的规定主要来自《Acquis 原则》，而代理和无效理由[128]则基本上以法律比较研究为基础。关于合同缔结、合同解释内容和效力的部分[129]也主要建立在内国法律比较的基础上，但在很大程度上涉及既有欧盟法的原则。DCFR 第三编规定了义务与相应的权利（但并非仅因合同而产生，而是原则上产生自所有的债法关系），其处理方式与上述章节类似。DCFR 第四编 A 部分的买卖法在很大程度上借鉴了现行欧盟法（特别是《消费品买卖指令》）。[130]与之相反的是，DCFR 第四编关于单个服务合同和赠与等部分的规定[131]则完全或基本上来自法律比较研究的结果，并没有涉及

[121] CoPECL，参见 http://www.copecl.org/（2016 年 3 月 18 日调阅）; v. Bar/Schulte-Nölke, Gemeinsamer Referenzrahmen für europäisches Schuld- und Sachenrecht, ZRP 2005, S. 165–168.

[122] 进行比较法研究的“欧洲民法典研究小组”和“Acquis 小组”（脚注 109）; 对此见 DCFR, Outline Edition, 2009, S. 1.

[123] V. Bar/Clive/Schulte-Nölke, DCFR, Outline Edition, 2009; v. Bar/Clive（Hrsg.）, DCFR Full Edition, Bd. I-VI.

[124] Vaquer Aloy/Bosch Capdevila/Paz Sánchez González, Derecho Europeo de Contratos, Libros II y IV del Marco Común de Referencia, 2012.

[125] DCFR 第五编：无因管理（Benevolent intervention in another's affairs）; DCFR 第六编：因对他人造成损害的非合同之债（Non-contractual liability arising out of damage caused to another）。

[126] 批评意见，见 Eidenmüller/Faust/Grigoleit/Jansen/Wagner/Zimmermann, Der Gemeinsame Referenzrahmen für das Europäische Privatrecht, JZ 2008, 529–584; Schulze, The Academic Draft of the CFR and the EC Contract Law, in: Schulze, CFR and Existing EC Contract Law, S. 11 f.

[127] DCFR 第二编第二、三、五章。

[128] DCFR 第二编第六、七章；关于合同不生效力的概览 Luchetti/Petrucci, Fondamenti di diritto contrattuale europeo, Dalle radici romane al Draft Common Frame of Reference, 2010, S. 31–107.

[129] DCFR 第二编第四、八、九章。

[130] DCFR 第四编 E 部分（尤其是第三章关于商事代理人合同的规定）同样与现行欧盟法关系密切。

[131] DCFR 第四编 C 和 E 部分。

现行欧共体法。虽然对于 DCFR 的构造安排在各个方面多有批评，[132] 但在合同法的核心领域方面，DCFR 为《Acquis 原则》和从法律比较获得的原则之间的结合提供了范本。

| 欧洲合同法草案 |
| --- |
| **PECL**：2000 年《欧洲合同法原则》 |
| **《Acquis 原则》**：2007 年《欧共体既有合同法原则》 |
| **DCFR**：2009 年《共同参考框架草案》 |
| 以上所有文本刊印于舒尔茨和齐默曼的《欧洲私法基础文本》，2016 年第 5 版。 |

### 3. 作为法典的《欧洲共同买卖法》

#### （1）理念

52 但是，欧盟委员会没有按照 2003 年《行动计划》中所宣告的那样，在政治层面上根据 DCFR 制定一部未来立法的参考框架。在 2009 年欧洲议会和欧盟委员会选举之后，欧盟委员会直接致力于可选择机制（optionales Instrument）的出台，而根据《行动计划》，这个项目本应是制定《共同参考框架》后的第二步。该欧洲合同法领域内的规则文本应当以条例的形式出台，除现有的内国法律外，它将为合同当事人提供另一种选择可能。从共同参考框架项目到可选择的合同法规则，欧盟委员会的这一路线变更与有关此问题的讨论不无关联，即通过最低限度和完全协调化实现法律趋同的可能性与边界。[133] 在欧盟委员会看来，最低限度的协调化不能充分克服因内国合同法的差异而给内部市场造成的障碍。但是，对《消费者权利指令》最初的适用范围的批评表明，为达到更大程度上的欧盟法协调，广泛应用完全协调化必须付出这样的代价，即对内国法律既有结构造成重大损害，所以成员国并不准备踏上这条道路。可选择机制的理念提供了一条出路，之前在处理欧洲股份公司的公司法问题[134] 时就已经使用过，即便是以

---

[132] 例如 Eidenmüller/Faust/Grigoleit/Jansen/Wagner/Zimmermann, Der Gemeinsame Referenzrahmen für das Europäische Privatrecht, JZ 2008, S. 529–584; Schulze, CFR and Existing EC Contract Law, S. 12; Schulze, Gemeinsamer Referenzrahmen und Acquis communautaire, ZEuP 2007, S. 130, 137–141.

[133] Weatherill, EU Consumer Law and Policy, 2. Aufl. 2013, S. 197–199.

[134] VO Nr. 2157/2001 des Rates vom 8.10.2001 über das Statut der Europäischen Gesellschaft（SE）, ABl. 2001 L 294/1.

别种形式。它开启了对内部市场的跨境活动适用统一法律的可能性，这种法律作为协调化的规则文本，可以囊括所涉材料的整体，但又不侵犯现行内国法律及其独有的体系。

### （2）准备

为了准备这一可选择的合同法，法学理论和实践领域的专家组在一年的时间内提出了一份《欧洲合同法领域未来机制的可行性研究》，[135]该文本以 DCFR 和其他在先的学术工作中的相应部分为基础，但也具有自己的特色。[136]特别是，《可行性研究》一方面确定了计划出台的条例将转而以买卖法为主的变化，但另一方面也在很大程度上保持了在先学术工作的传统，即以一般合同法的模式为基准，未来也可以将其他合同类型纳入欧洲合同法。 53

### （3）结构与适用范围

在该研究的基础上，欧盟委员会于 2011 年 11 月通过一部条例草案启动了《欧洲共同买卖法》（GEK）[137]的立法进程。GEK 的规则条文主要收录在拟议条例的附件中。条例文本本身只含有概念、适用范围的规定、可选择的特性以及其他很少的内容。 54

对物的适用范围除了涉及商品和与之相关的服务的买卖合同之外，还包括数字产品的经销（GEK 条例草案第 5 条）。在对人的适用范围方面，GEK 适用于经营者和消费者之间的合同（B-C）以及经营者之间的合同（B-B），但对于后者，仅限于至少一方当事人是中小经营者（KMU）的合同（GEK 条例草案第 7 条）。空间上的适用范围原则上局限于根据 GEK 条例草案第 4 条标准的跨境合同。[138]在以上情形下，根据 GEK 条例草案第 3 条，当事人可以在缔结合同时约定使用 GEK，以代替内国法规定，更具 55

[135] 下载网址：http://ec.europa.eu/justice/contract/files/feasibility_study_final.pdf（2016 年 12 月 9 日调阅）或刊印于 Schulze/Zimmermann, Basistexte, III.29; Pfeiffer, Unfaire Vertragsbestimmungen, ERPL 2011, S. 835–837; Reich, EU Strategies in Finding the Optimal Consumer Law Instrument, ERCL 2012, S. 1, 6; Staudenmayer, Der Kommissionsvorschlag für eine Verordnung zum Gemeinsamen Europäischen Kaufrecht, NJW 2011, S. 3491, 3493.

[136] 关于该研究见 Schulze/Stuyck, Towards a European Contract Law, 2011.

[137] Der Vorschlag der Europäischen Kommission für ein Gemeinsames Europäisches Kaufrecht, KOM（2011）635 endg.

[138] 但是，每个成员国应当可以自由选择，是否将GEK的选择扩展到非跨境合同和没有中小经营者参与的经营者之间的合同（GEK 条例草案第 13 条）。

体的标准规定在 GEK 条例草案第 8 条及之后的条文中。[139] 因此，与《联合国国际货物销售合同公约》不同的是，在当事人未作出其他约定时，GEK 并非根据法律本身（ipso iure）应得适用。欧盟委员会的草案规定了一个“选择加入”（opt in）的路径，以取代“选择退出”（opt out）的解决方案。如果合同当事人意欲使 GEK 适用于其合同，那就应当对 GEK 的适用作出约定。[140]

**（4）法典性质**

56 条例附件中的《欧洲共同买卖法》的规则条文分为 18 章，共 186 条。它囊括了合同“生命周期”[141] 的所有阶段——从合同的成立到合同内容的确定、当事人的义务、不履行时的救济、不履行、返还清算和时效。

| GEK 草案的结构 | |
|---|---|
| **第一部分** | **指导性规定** |
| | 第一章　一般原则与适用 |
| **第二部分** | **有约束力的合同之成立** |
| | 第二章　先合同信息 |
| | 第三章　合同缔结 |
| | 第四章　经营者与消费者通过远程手段和在营业场所外缔结合同时的撤回权 |
| | 第五章　合意瑕疵 |
| **第三部分** | **合同内容的确定** |
| | 第六章　解释 |
| | 第七章　内容与效力 |
| | 第八章　不公平合同条款 |
| **第四部分** | **买卖合同或关于提供数字内容的合同之当事人的义务和救济** |
| | 第九章　一般规定 |

[139] GEK 条例草案第 8 条第 2、9 款提高了在消费者合同情形下对约定的要求，对此的批评见 Schmidt-Kessel/Schmidt-Kessel, GEK-E Kommentar, Art. 8, 9 GEK-VO-E Rn. 19–27; Schulze/Wendehorst, CESL-Commentary, Art. 3 CESL Rn. 2 f.; Wagner, Transaktionskostensenkung durch Europäisches Kaufrecht?, ZEuP 2012, S. 455–460.

[140] 对此的批评见 Lando, CESL or CISG? in: Remien/Herrler/Limmer, Gemeinsames Europäisches Kaufrecht für die EU?, 2012, S. 15, 18 f.; Schulze/Wendehorst, CESL-Commentary, Art. 3 CESL, Rn. 2 f.

[141] 对此见 GEK 建议案立法理由 KOM(2011)635 endg., S. 4 以及 GEK 条例草案导言第 6 条和第 26 条。

| GEK 草案的结构 | |
|---|---|
| | 第十章 卖方的义务 |
| | 第十一章 买方的救济 |
| | 第十二章 买方的义务 |
| | 第十三章 卖方的救济 |
| | 第十四章 风险转移 |
| **第五部分** | **关于相关服务的合同之当事人的义务和救济** |
| | 第十五章 当事人的义务和救济 |
| **第六部分** | **损害赔偿与利息** |
| | 第十六章 损害赔偿与利息 |
| **第七部分** | **返还清算** |
| | 第十七章 返还清算 |
| **第八部分** | **时效** |
| | 第十八章 时效 |

欧洲合同法的立法工作由此达到了一个新的阶段：立法对象不再是来自不同部门和政策领域的大量单个法律举措，而是一个覆盖合同法大部分材料的规则文本，它具有独立体系和进一步协调化的概念。所以，欧盟的立法机关第一次致力于编撰合同法法典。《联合国国际货物销售合同公约》自 1989 年签署以来就在国际范围内成为现代买卖法的标准，与之相比，欧盟的立法不仅处理了诸如合意瑕疵［特别是因错误、胁迫、恶意欺诈和不公平利用[142]而撤销，(与买卖合同相关的)服务合同的给付障碍[143]］和时效[144]等新的材料，而且 GEK 还吸纳了一系列出自现行共同体法的创新做法，并推动其继续发展。[145]这里特别包括：将消费者纳入关于跨境商品流通的统一法之中；从传统单独协商的合同到标准化合同的视角转换（如通过关于未单独协商合同中不公平合同条款的条文[146]或者通过表格样本 57

[142] GEK 草案第 48 条及以下。

[143] GEK 草案第五部分（GEK 草案第 147 条及以下）。

[144] GEK 草案第八部分（GEK 草案第 178 条及以下）。

[145] Schulze, The CESL's Innovative Features – A Brief Overview, Contratto e impresa/Europa 2013, S. 485, 495–497.

[146] GEK 草案第八章（GEK 草案第 79 条及以下）。

的纳入[147]）；对现代远程通信手段的关注，特别是电子商务交易；以及在信息义务[148]和合同内容之确定[149]方面的先合同阶段的纳入。另外，GEK也有自身的特点，在将关于数字产品经销的特殊规定融合进买卖法体系方面，它是世界范围内的首批立法之一。

**（5）立法程序和撤回**

58 GEK的立法程序从一开始就有学术和政策的积极讨论相伴，讨论的对象是欧盟委员会建议草案的理念和单个条文。在未来的工程方面，最值得关注的批评意见是，考虑到《罗马第一条例》[150]，把GEK定位成“第二个国家合同法域”[151]是有问题的。此外，争论的对象不仅是拟议中买卖法的适用范围和规则条文，[152]而且包括法律基础问题，对于后者，欧盟委员会和欧洲议会认为AEUV第114条提供了很好的理由，[153]也由此充分顾及了从属性原则（Subsidiaritätsgrundsatz）和合比例原则（Verhältnismäßigkeits-grundsatz）。[154]这些法律上的抗辩通常与政治上的保留相联系，这一保留旨

[147] GEK草案附件一和二。

[148] GEK草案第二章（GEK草案第13条及以下）。

[149] 特别是GEK草案第69条。

[150] 参见KOM（2011）635 endg., S. 19；对此Fornasier, »28.« versus »2. Regime« – Kollisionsrechtliche Aspekte eines optionalen europäischen Vertragsrechts, RabelsZ 2012, S. 401–442; Staudenmayer, Vorschlag für eine Verordnung des Europäischen Parlaments und des Rates über ein Gemeinsames Europäisches Kaufrecht, 2012, S. 18 f.; Corneloup, Der Anwendungsbereich des Optionalen Instruments, die Voraussetzungen seiner Wahl und das Verhältnis zur Rom I-VO, ZEuP 2012, S. 705, 712–723; Stadler, Anwendungsvoraussetzungen und Anwendungsbereich des Common European Sales Law, AcP 212（2012）, S. 473, 475–484的批评意见有道理。

[151] 在此意义上，KOM（2011）635 endg.立法理由第9条中的“各个成员国的合同法规则”的描述不完全清晰。

[152] 对此见本书以下章节相关部分。

[153] KOM（2011）635 endg., S. 9；欧洲议会2014年2月26日的立场，S. 86；也见Gutachten des Juristischen Dienstes des Rates der Europäischen Union, Interinstitutionelles Dossier 2011/0284（COD）；在结果上同样如此的还有Moser, Der Kommissionsvorschlag für eine Verordnung über ein Gemeinsames Europäisches Kaufrecht, in: Remien/Herrler/Limmer, Gemeinsames Europäisches Kaufrecht für die EU?, 2012; Staudenmayer, Der Kommissionsvorschlag für eine Verordnung zum Gemeinsamen Europäischen Kaufrecht, NJW 2011, S. 3491, 3495；反对观点如Basedow, Art. 114 AEUV als Rechtsgrundlage eines optionalen EU-Kaufrechts: Eine List der Kommission?, EuZW 2012, S. 1 f.

[154] 支持观点例如Schulte-Nölke, How to realise the “Blue Button”? Reflections on an optional instrument in the area of contract law, in: Schulze/Schulte-Nölke, European Contract Law, S. 89, 92；反对观点参见BT-Drs. 17/8000 vom 30.11.2011; Riesenhuber, Der Vorschlag für ein „Gemeinsames Europäisches Kaufrecht“– Kompetenz, Subsidiarität, Verhältnismäßigkeit, EWS 2012, S. 7–12.

在对抗欧盟广泛的合同法规则。计划中的买卖法法典采用可选择机制的形式，这尽管不会触及内国法的完整性，但正是在欧洲立法中采取的法典理念引发了人们的疑虑。19 世纪，法典对一些成员国的内国法律之统一和民族认同之建立具有特殊意义。而在当下，法典这一规则形式的象征性意义同样体现出来，并且展现出这一形式作为民族国家之特权的立法体系建设。

欧洲议会没有认可这一反对 GEK 的基本理由，而是原则上批准了立 59
法计划。[155]议会同时赞成若干修改意见，尤其包括在初始阶段将适用范围限制于远程销售合同。[156]欧洲议会在很大程度上考量了来自法律学术界和实务界的意见，由此提出了对欧盟委员会草案的其他一系列修改意见（如有关适用范围、合意瑕疵时的撤销、法律救济和合同的返还）。[157]

一些成员国提出了质疑，部分甚至是激烈的，[158]欧洲理事会同样提出相 60
应的疑虑。有鉴于此，2014 年新选出的欧盟委员会把 GEK 建议草案纳入一个建议列表中，原来的内容被撤回或改变。[159]因此，欧洲合同法的法典工程至少是被暂时地放弃了。根据欧盟委员会的说明，未来立法措施的主要目标将是完全发掘数字内部市场的潜力。因此，在欧盟委员会看来，欧洲合同法的发展将特别地关注数字议程（Digitale Agenda）[160]。欧盟委员会这

[155] 欧洲议会与法律委员会观点（JURI 修改建议）一致的立场；内部市场委员会的观点与之不同［AD/942302DE: Stellungnahme des Ausschusses für Binnenmarkt und Verbraucherschutz für den Rechtsausschuss zu dem Vorschlag für eine Verordnung des Europäischen Parlaments und des Rates über ein Gemeinsames Europäisches Kaufrecht（COM（2011）0635 – C7-0329/2011–2011/0284（COD）），2011/0284（COD）］。

[156] Stellungnahme EP vom 26.2.2014, Abänderung 2, Erwägung 9, S. 89.

[157] 参见第 4、5、7、48、50a、106、107、172 和 172a 条；欧洲议会立场；尤其最后一项，参见欧洲法研究院（European Law Institute）从法律科学角度的建议，Statement of the European Law Institute on the Proposal for a Regulation on a Common European Sales Law, COM（2011）635 final, https://www.europeanlawinstitute.eu/fileadmin/user_upload/p_eli/Publications/S-2-2012_Statement_on_the_Proposal_for_a_Regulation_on__a_Common_European_Sales_Law.pdf, S. 27–29, 112–114, 308–320（2016 年 12 月 9 日调阅）.

[158] BT-Drs. 17/8000 vom 30.11.2011.

[159] Mitteilung der Kommission COM（2014）910 final vom 16. Dezember 2014 an das Europäische Parlament, den Rat, den Europäischen Wirtschafts- und Sozialausschuss und den Ausschuss der Regionen, Arbeitsprogramm der Kommission 2015, Ein neuer Start, S. 7; COM（2014）910 final, Annex 2, S. 12, Nr. 60.

[160] Mitteilung der Kommission COM（2015）192 final vom 6. Mai 2015 an das Europäische Parlament, den Rat, den Europäischen Wirtschafts- und Sozialausschuss und den Ausschuss der Regionen über eine Strategie für einen digitalen Binnenmarkt in Europa.

—关于撤回或修改 GEK 建议的声明表明，人们已经不能期待 GEK 的生效，与此无关的是，该声明在形式上会对立法程序产生什么影响。但是，GEK 对于欧洲合同法进入新的发展阶段绝非毫无意义。GEK 草案是过往发展的体系化总扩，并首次将数字产品的经销纳入合同法体系中，它因此也是未来发展的重要基石。

#### 4. 数字内部市场的定位

61 除了关于地理封锁（Geoblocking）的条例建议案之外，[161] 欧洲合同法的发展新阶段特别地启动了两个指令建议案，根据（内容上近似的）立法理由说明，两者都应服务于数字内部市场的迅猛发展。[162] 一部拟议中的指令涉及在线商品交易和其他形式的商品远程销售，它首先旨在克服跨境电子商务发展的障碍，但也囊括了其他形式的远程销售，如电话或邮政订购，以“避免任何不公正的竞争失灵，并且为所有参与寄送交易的企业创设平等的初始环境”[163]。就此而言，就如欧洲议会对 GEK 草案的修改建议那样，这部指令建议案对适用范围进行了限缩。但与 GEK 不同的是，新的指令建议案的目标是在一个明显狭窄的调整领域实现完全协调化（而非创设可选择机制），即主要是消费者买卖合同之场合的商品与合同相符（Vertragsmäßigkeit）以及法律救济。但是，在处理这些材料时，指令的概念和条文在很大程度上不仅借鉴了《消费品买卖指令》，而且参考了 GEK。相较于《消费品买卖指令》，它在很多方面显著扩展了对消费者的保护（例如，把有利于消费者的举证倒置延长两年，[164] 一般性地排除瑕疵通知之义

---

[161] Vorschlag COM（2016）289 final für eine Verordnung des Europäischen Parlaments und des Rates vom 25. Mai 2016 über Maßnahmen gegen Geoblocking und andere Formen der Diskriminierung aufgrund der Staatsangehörigkeit, des Wohnsitzes oder der Ortes der Niederlassung des Kunden innerhalb des Binnenmarktes sowie zur Änderung der Verordnung（EG）Nr. 2006/2004 und der Richtlinie 2009/22/EG; 就此见本书第二章边码 121。

[162] COM（2015）634 final, Begründung, 1. Kontext des Vorschlags, erster Unterpunkt（Gründe und Ziele des Vorschlags）; COM（2015）635 final, Begründung, 1. Kontext des Vorschlags, erster Unterpunkt（Gründe und Ziele des Vorschlags）. 欧盟委员会同时呈递了建议案 Vorschlag COM（2015）627 final für eine Verordnung des Europäischen Parlaments und des Rates zur Gewährleistung der grenzüberschreitenden Portabilität von Online-Inhaltediensten im Binnenmarkt.

[163] 《在线商品交易指令》立法理由第 4 项。

[164] 《在线商品交易指令》第 8 条第 3 款。

务，[165]轻微违约场合下消费者终止合同的权利等[166]）。这样，与门店买卖合同的消费者相比，这部指令赋予远程销售买卖合同的消费者更多的权利（并因此有助于内部市场的远程交易），只要还没有就门店买卖领域创设以上相应的规则。

在此期间，对另一个指令建议案的咨询在欧洲立法程序中已取得长足进展。[167]这一部指令建议案涉及迅速发展的数字内容销售，由于经济和社会几乎所有领域的“数字化”，数字内容销售对于内部市场的发展具有显著意义。[168]该建议案同样聚焦于作为指令核心领域的消费者合同场合下的与合同相符以及法律救济，并辅之以合同变更和长期合同之终止的特别规则。指令所使用的概念及若干中心规则同样以 GEK 为模本。例如，指令草案完全采纳了与合同相符的概念[169]和法律救济的目录。[170]但是，该指令原则上适用于所有的合同，只要“根据此合同，提供者向消费者提供数字内容或对此负有义务，且消费者支付价款作为对价，或者以个人或其他数据的形式提供不同于金钱的其他对价（《数字内容指令建议案》第 3 条第 1 款）”。由此，该指令规定了订购数字内容的多种形式，并由此致力于新的合同制定的广阔天地。被明确纳入调整范围的还有服务（只要其服务于数字形式的数据生成或与数据的交互；《数字内容指令建议案》第 2 条第 1 款 b、c）。由此，该指令也适用于虚拟主机合同中的服务、云服务或流媒体服务。考虑到新兴领域的特殊需求，该指令建议案发展了现行共同体法和 GEK 的概念和原则，具有创新性特征。这种特征不仅体现在纳入了数据形式的对价，以代替金钱（《数字内容指令建议案》第 3 条第 1 62

[165] 与《消费品买卖指令》第 5 条第 2 款不同，该条允许成员国选择是否引入瑕疵通知义务。

[166] 《在线商品交易指令》立法理由第 29 项、第 3 条第 13 款，它们不同于《消费者权利指令》第 3 条第 6 款。

[167] 关于欧洲经济和社会委员会（Europäischer Wirtschafts- und Sozialausschuss）立场咨询的目前状态可在网上下载：https://dm.eesc.europa.eu/EESCDocumentSearch/Pages/opinionsresults.aspx?k=%28documenttype:AC%29%20%28documentlanguage:de%29%20%28documentnumber:6292%29%20%28documentyear:2015%29（2016 年 12 月 9 日调阅）.

[168] Schulze/Staudenmayer, Digital Revolution: Challenges for Contract Law in Practice, 2016, S. 19–32 mit weiteren Nachweisen.

[169] 《数字内容指令建议案》第 6 条和第 7 条；对此见本书第五章页边码 12。

[170] Schulze, Supply of Digital Content. A New Challenge for European Contract Law, in: De Franceschi（Hrsg.）, European Contract Law and the Digital Single Market, 2016, S. 127–143, 139 f.

款），而且涉及根据数字内容的特征来构建与合同相符的概念，如互通性（Interoperabilität）、可获得性（Zugänglichkeit）以及对消费者数字环境的融入（《数字内容指令建议案》第 6 条和第 7 条）。该指令建议案也设置了新型条文，以顾及数字内容合同的特殊性，例如在合同终止方面，它规定了合同终止后的使用限制和数据返还（《数字内容指令建议案》第 13 条和第 16 条）。

63 然而，在多样的调整范围内部，欧盟委员会的《数字内容指令建议案》表现出了一系列漏洞和不完备性。例如，关于不履行时的损害赔偿问题，《数字内容指令建议案》第 14 条仅仅规定了“消费者数字环境的经济损害”。同样有问题的还有，数字内容提供者对生产者的追索请求权被限制在生产者于“合同缔结前”的作为或不作为（《数字内容指令建议案》第 17 条），并且不包括合同缔结后没有实施的数据更新。除了行使法律救济的期限之外，特别需要澄清的问题是，与合同相符的客观标准（《数字内容指令建议案》第 6 条第 2 款）是强制性的最低标准，还仅仅是在无合同约定时应诉诸的法律规定。在提供方短时迟延的情况下，《数字内容条例》第 11 条无差别地赋予消费者以立即终止合同之权利，这同样有问题。[171] 此外，不仅需要进一步思考该指令建议案与新的欧洲数据保护规则[172]的配套问题，而且要考虑其与《在线商品买卖指令》的配套问题。在一些场合下还存在保护漏洞，例如购买需要持续性数据服务的设备（如智能手机或导航仪），或者是购买持久数据载体，该载体并非仅服务于向消费者传输数据（如 USB 盘或存储卡），因为这些合同没有被《数字内容指令建议案》所囊括，但是通常可适用的买卖法指令（即《在线商品买卖指令》或《消费品买卖指令》）又没有规定提供这种数字内容之场合下的特殊利

[171] 对此及其他漏洞和问题见 Wendehorst, Consumer Contracts and the Internet of Things, in: Schulze/Staudenmayer, Digital Revolution: Challenges for Contract Law in Practice, 2016, S. 189–223, 206 ff.; ELI-Statement, S. 27 f.; De Franceschi（Hrsg.）, European Contract Law and the Digital Single Market, The Implications of the Digital Revolution, 2016.

[172] 特别是 Verordnung（EU）2016/679 des Europäischen Parlaments und des Rates vom 27.4.2016 zum Schutz natürlicher Personen bei der Verarbeitung personenbezogener Daten, zum freien Datenverkehr und zur Aufhebung der Richtlinie 95/46/EG（Datenschutz-Grundverordnung,《数据保护基础条例》）.

益事态。[173]

从以上例证已经可以看到，目前的指令建议案仅仅是欧洲立法在新领域内的第一步。对于指令建议案，要么应当考虑其设计安排，要么应当通过一系列其他措施予以补充。欧盟委员会已经宣布其未来可能要采取的步骤，即在跨境电子交易方面对获取电子内容和进入在线平台、数字服务的安全以及个人数据等问题的处理。[174]学术和实务界的法律人同样已经在各种场合对以上主题展开了探讨。[175] 64

因此，欧洲合同法再一次呈现出“进行中的法”（Recht im Werden）的特点，同时要求人们必须重新思考合同与欧洲私法其他领域的关系。考虑到数据的传输和使用以及对数据的处分权能，合同法角度的观察也必须主要地转向“智慧财产”法[176]和人格权法，但也包括（公法和刑法上的）数据保护。因此，在数字革命的趋势以及发展数字内部市场的目标下，欧洲合同法发展的新阶段给法学界带来了体系方面的双重挑战：一方面，在缺少法典且单个立法又将增多的局面下，仍要通过原则和体系构建来促进欧洲合同法的协调；另一方面，使合同法的原则、结构与新的财产、人格及数据保护法律概念相互配合，而对于欧洲层面上数字革命所带来的挑战，这些新的法律概念同样是一种回应。 65

[173] 就此而言，《在线商品销售指令》（即更加指向数字内容的经销）也要求“数字化”；Wendehorst, Consumer Contracts and the Internet of Things, in: Schulze/Staudenmayer, Digital Revolution: Challenges for Contract Law in Practice, 2016, S. 189–223.

[174] Mitteilung der Kommission COM（2015）192 final vom 6. Mai 2015 an das Europäische Parlament, den Rat, den Europäischen Wirtschafts- und Sozialausschuss und den Ausschuss der Regionen über eine Strategie für einen digitalen Binnenmarkt in Europa.

[175] 例如 2016 年 9 月 7 日欧洲法研究院（ELI, European Law Institut）的声明；“明斯特欧盟法和数字经济研讨会”：Schulze/Staudenmayer, Digital Revolution: Challenges for Contract Law in Practice, 2016；欧洲法制研究协会（European Legal Studies Institute）的会议：Research Group on the Law of Digital Services, Discussion Draft of a Directive on Online Intermediary Platforms, EuCML 2016, S. 164–169.

[176] Boehm, Herausforderungen von Cloud Computing-Verträgen: Vertragstypologische Einordnung, Haftung und Eigentum an Daten, ZEuP 2016, S. 358–387, 379 ff.; Wendehorst, Die Digitalisierung und das BGB, NJW 2016, S. 2609–2613, 2610 f.

# 第二章　结构要素

**文 献**：Adams, Ökonomische Theorie des Rechts – Konzepte und Anwendungen, 2. Aufl. 2004; Jansen/Zimmermann, Grundregeln des bestehenden Gemeinschaftsprivatrechts?, JZ 2007, S. 1113–1126; Riesenhuber, EU-Vertragsrecht, 2013; ders., System und Prinzipien des Europäischen Vertragsrechts, 2003; Schmidt-Kessel, Der Entwurf für ein Gemeinsames europäisches Kaufrecht, Kommentar 2014; Schulte-Nölke/Zoll/Jansen/Schulze, Der Entwurf für ein optionales gemeinsamen Kaufrecht, 2012; Schulze/Wilhelmsson, From the Draft Common Frame of Reference towards European Contract Law Rules, ERCL 2008; Research Group on the Existing EC Private Law (Acquis Group), Contract II – General Provisions, Delivery of Goods, Package Travel and Payment Service (Contract II), 2009; v. Bar/Clive (Hrsg.), DCFR Full Edition, 2010.

## 一、合同概念

### 1. 合同与法律行为

1　合同的概念居于欧洲合同法的中心。[1] 这一中心范畴使私人可以安排自己的事务以及与他人的关系，并具有约束力。如果立法者想要调整从法律行为中产生的债之关系，就总要面对这样一个问题，即规则的抽象性程

[1] Kähler, Zum Vertragsbegriff im Europarecht, in: Arnold, Grundlagen eines europäischen Vertragsrechts, S. 79; Paricio, in: Andrés Santos/Baldus/Dedek (Hrsg.), Vertragstypen in Europa, Historische Entwicklung und europäische Perspektiven, 2011, S. 11–40; Schulze/Wilhelmsson, From the Draft Common Frame of Reference towards European Contract Law Rules, ERCL 2008, S. 154.

度如何：合同层面或者是法律行为层面。[2] 其有如下两种选择：一是设置抽象的法律行为，将所有的规则纳入其中，并把合同作为法律行为的特别形式加以处理；二是主要规定合同，并把适用于合同的条文相应地适用于其他法律行为。[3]

欧洲立法者选择了第二种模式。在调整欧洲法律行为之债法的指令和条例中，合同居于中心地位。[4] 这一做法完全是出于实用的考量。法律行为的概念是一个理论范畴，许多国家的法律秩序中并不使用它。[5] 但是，合同的概念则是普遍被理解的，可以使欧洲规范与该范畴简单明了地联系在一起。在实践中，合同是最常见的法律行为形式。欧洲私法不是作为一个包罗万象的体系被设计出来的。[6] 然而，出自德意志潘德克顿体系（Pandektistik）[7] 的法律行为之概念的首要功能就是体系建构。[8] 欧洲指令迄今为止尚未以体系建构为目的，[9] 而仅仅是为了补充成员国的合同法。[10] 2

---

[2] 关于这两个德国和英国概念的比较见 Whittaker/Riesenhuber, Conceptions of Contract, in: Dannemann/Vogenauer, The Common European Sales Law in Context, 2013, S. 120–126; Schmidt, Der „juridical act“ im DCFR: Ein nützlicher Grundbegriff des europäischen Privatrechts?, ZEuP 2010, S. 304, 305–320; Zoll, Der Entwurf für einen Gemeinsamen Referenzrahmen im Prozess der europäischen Rechtsvereinheitlichung, in: Gebauer/Teichmann, Enzyklopädie Europarecht, Band 6, Europäisches Privat- und Unternehmensrecht, 1. Aufl. 2016, Rn. 56–65.

[3] 关于法律行为与合同的关系的比较研究见 Grundmann, The Architecture of European Codes and Contract Law – A Survey of Structures and Contents in: Grundmann/Schauer (Hrsg.), The Architecture of European Codes and Contract Law, 2006, S. 7 ff.

[4] 关于以合同为中心的欧洲法律行为的列表见 Riesenhuber, EU-Vertragsrecht, § 1 Rn. 28–43.

[5] Schmidt, Der „juridical act“ im DCFR: Ein nützlicher Grundbegriff des europäischen Privatrechts?, ZEuP 2010, S. 304, 307–309.

[6] Riesenhuber, EU-Vertragsrecht, § 1 Rn. 26 f.

[7] 就此见 Fröde, Willenserklärung, Rechtsgeschäft und Geschäftsfähigkeit, 2012, S. 127; Hattenhauer, Einseitige private Rechtsgestaltung: Geschichte und Dogmatik, 2011, S. 78, 85 f.; Ranieri, Europäisches Obligationenrecht, 3. Aufl. 2009, S. 128–150, insbes. 135.

[8] Staudinger/Schiemann, BGB, Neubearbeitung 2012, C. Das Rechtsgeschäft Rn. 1.

[9] Kähler, Zum Vertragsbegriff im Europarecht, in: Arnold, Grundlagen eines europäischen Vertragsrechts, S. 79, 80; Limmer, Europäisierung des Vertragsrechts, DNotZ-Sonderheft 2012, S. 59, 60.

[10] Acquis Principles/Schulte-Nölke/Zoll, Contract II, Introductory Part, S. xxiii, xxv; Riesenhuber, System und Prinzipien des Europäischen Vertragsrechts, 2003, S. 55–58; Zoll, A Need for a New Structure for European Private Law, in: Brownsword/Micklitz a.o., The Foundations of European Private Law, 2011, S. 555, 556; Zoll, Die Vertragstypen im Vorschlag für das Gemeinsame Europäische Kaufrecht – die Bestimmung des Anwendungsbereichs eines Optionalen Instruments durch die Typisierung von Verträgen, in: Stumpf/Kainer/Baldus (Hrsg.), Festschrift Müller-Graff, 2015, S. 118-128.

3 但从现在起，DCFR草案却尝试在欧洲合同法范畴内也使用法律行为的概念。[11]因此，DCFR第II.-101条不仅规定了合同的概念，也纳入了法律行为的概念：

▶ DCFR第II.-1:101条[12]（"合同"与"法律行为"的概念）

（1）合同是旨在建立有约束力的法律关系或引致其他法律效果的约定。它是双方或多方的法律行为。

（2）法律行为是旨在产生法律效力的明确或默示的声明或约定。它可以是单方、双方或多方的。◀

4 然而，有鉴于法律行为在DCFR体系中的位置，这一概念反映出DCFR的不确定性。[13]也就是说，DCFR将合同的概念，而非法律行为的概念置于开始的位置，因为法律行为基于其更高的抽象程度本应当被置于合同之前。[14]对这样一种概念表述之顺序安排的合理解释是，法律行为的概念在DCFR体系中很少被使用，因为合同概念居于中心地位。[15]当涉及把关于合同的条文适用于其他法律行为时，法律行为的概念才偶尔被提及（如DCFR第II.-4:301条）。[16]如果撇开这种把合同规则一般性地扩大至法律行为的做法不谈，那么"合同"是几乎所有合同相关规则的中心基准点。

---

[11] 就此见 Whittaker/Riesenhuber, Conceptions of Contract, in: Dannemann/Vogenauer, The Common European Sales Law in Context, 2013, S. 120, 137–159; Schmidt, Der „juridical act" im DCFR: Ein nützlicher Grundbegriff des europäischen Privatrechts?, ZEuP 2010, S. 304, 305–320; Zoll, Der Entwurf für einen Gemeinsamen Referenzrahmen im Prozess der europäischen Rechtsvereinheitlichung, in: Gebauer/Teichmann (Hrsg.), Enzyklopädie Europarecht, Band 6, Europäisches Privat- und Unternehmensrecht, 1. Aufl. 2016, § 9 Rn. 56–65.

[12] 下文也是根据DCFR翻译项目从英文译成德文的文本，校对者为Hans Schulte-Nölke（2016年3月26日版本），网址为http://ec.europa.eu/justice/policies/civil/docs/dcfr_outline_edition_en.pdf（2016年12月9下载）。

[13] Zoll, Der Entwurf für einen Gemeinsamen Referenzrahmen im Prozess der europäischen Rechtsvereinheitlichung, in: Gebauer/Teichmann (Hrsg.), Enzyklopädie Europarecht, Band 6, Europäisches Privat- und Unternehmensrecht, 1. Aufl. 2016, § 9 Rn. 56–65.

[14] V. Bar/Clive (Hrsg.), DCFR Full Edition, S. 125; Staudinger/Schiemann, BGB, Neubearbeitung 2012, C. Rechtsgeschäfte Rn. 2.

[15] Schmidt, Der „juridical act" im DCFR: Ein nützlicher Grundbegriff des europäischen Privatrechts?, ZEuP 2010, S. 304, 320.

[16] V. Bar/Clive (Hrsg.), DCFR Full Edition, S. 339 f.

因此，就 DCFR 的规则技术而言，对法律行为概念的使用其实是可有可无的。基本上，抽象性程度稍低的合同概念已经满足了其功能需求。[17]

5 在被撤回的欧盟委员会 GEK 建议案中，已经没有法律行为概念的踪迹。[18] 尽管 DCFR 对 GEK 建议案的影响不可谓不大，但 DCFR 的最新文本仍旧通过《欧洲共同买卖法》草案被“再契约化”( rekontraktualisiert )。[19]GEK 草案第 12 条尽管涉及单方声明以及单方行为，但它仅仅是合同规则的补充。

6 无论是被撤回的 GEK 建议案还是 DCFR，都采用了经典的合同概念。[20] 指令则没有遵循具体的合同概念，而是试图使其保护条文与不同国家关于合同的观念相适应。[21] 欧洲立法者不想把合同观念强加给成员国。但是，欧洲立法者意图确保指令的保护机制得到适用，这种适用与一国法律秩序如何规定法律关系——根据旨在生成法律关系的行为产生——无关。所以，不能在同一个层面上比较欧洲合同法体系和内国法律体系。GEK 失败的尝试同时是一次在质上改变欧洲合同法的尝试。[22]GEK 力图发展出一个真正的（即使仅仅是可选择的）欧盟合同法体系，而非一个对内国法律秩序进行补充的体系。一些成员国的反对阻止了这一计划。[23] 撤回《欧洲共同买卖法》建议案是否会持续性阻碍独立合同法诞生的进程，仍有待观察。[24]

7 但是，欧洲法给内国法律体系中的合同法图景带来了重大影响，如果

---

[17] Schmidt, Der „juridical act“ im DCFR: Ein nützlicher Grundbegriff des europäischen Privatrechts?, ZEuP 2010, S. 304, 311.

[18] Riesenhuber, EU-Vertragsrecht 把 GEK 建议案的调整领域称为“合同事实情况”( § 1 Rn. 50 )，并在此把 GEK 称为“可选择的第二套合同法规则”( § 4 Rn. 59 )。

[19] Schulze, Europäisches Vertragsrecht – die Zeit ist reif für die Gesetzgebung, EuZW 2011, S. 569, 570; Schulze/Wilhelmsson, From the Draft Common Frame of Reference towards European Contract Law Rules, ERCL 2008, S. 154, 165.

[20] V. Bar/Clive (Hrsg.), DCFR Full edition S.170; Gebauer, in: Der Entwurf für ein Gemeinsames Europäisches Kaufrecht Kommentar, Art. 30 GEK-E Rn. 1, 6.

[21] Schulte-Nölke/Zoll, in: Acquis Principles Contract II, 2009, Introductory Part, S. 25.

[22] Tamm/Tonner, Vom Scheitern des Gemeinsamen Europäischen Kaufrechts im Rahmen des digitalen Binnenmarktes, EWS 2015, S. 243 f.

[23] 见第一章边码 60；(KOM) 2014, 910 final, Annex 2, Nr. 60.

[24] Tamm/Tonner, Vom Scheitern des Gemeinsamen Europäischen Kaufrechts, Europäisches Wirtschafts- und Steuerrecht 2015, S. 241, 246.

我们否认这一点，也会产生错误的观念。[25] 这里的影响不仅是欧洲法对内国法单个条文的当然影响，而且是指在合同法律机制方面对概念定义的原则性改造。欧盟的合同法与许多内国法律秩序的基础不同。欧盟法律的主要功能是排除内部市场的阻碍。[26] 因此，欧洲立法者看待合同功能的角度与内国立法者的通常视角不同。在确定关于合同的规则时，欧洲立法者的目的原则上并非保障个人决定之自由的行使，而是使内国法律相互趋同，并且确保和推进内部市场无摩擦和恰当地发挥功能，也就是指对市场参与者行为的调节。但是，这样一种途径不仅对市场进程，还会对个人合同关系的法律构建产生影响。[27] 即使欧洲立法者没有进一步重塑欧洲合同法的意图，欧洲合同法对承载性要素的影响也是巨大的。在欧洲合同法中，一个法律上相关的不同阶段之间的界限越来越模糊——先合同阶段（如先合同信息的告知）、合同的缔结以及对与合同相符之给付内容的确定等都越来越成为一个统一的进程。[28] 此外，欧洲立法者把正当期待（legitime Erwartungen）的概念作为一个基准点。[29] 债权人的正当期待概念在确定合同内容时具有决定意义，这一理论原则上改变了对合同本质成分的认知。正当期待代替了意思表示的执行功能（performative Funktion）。据此，决定法律关系构建的就不再是意思表示的内容，而是必须对此加以判断，即考虑到所作出的意思表示，客户所能合理期待的是什么。仅凭当事人表达出的意思就能确定意思表示的内容，这种情况极为罕见。然而，根据正当期待的概念，意思的角色被进一步弱化。因此，意思之所以重要不是因为意思本身，而是体现在，它在合同的其他情形下奠定了正当期待的构成要件。由此，欧洲立法者提出了适应大规模市场之需要的标准。[30]

8 我们可以在欧洲合同法的很多法源中发现正当期待的概念。

---

[25] Wiedmann/Gebauer in Gebauer/Wiedmann (Hrsg.), Zivilrecht unter europäischem Einfluss, Kap. 1, Rn. 2.

[26] Heiderhoff, Europäisches Privatrecht, § 6, Rn. 550; Riesenhuber, EU-Vertragsrecht, § 2, Rn. 6.

[27] Busch, Informationspflichten im Wettbewerbs- und Vertragsrecht, 2008, § 7, S. 173.

[28] 就此见本书第三章边码 1 及以下；Köndgen, Selbstbindung ohne Vertrag, zur Haftung aus geschäftsbezogenem Verhalten, S. 434 ff.

[29] Pfeiffer/Zoll, Leistungsstörung im europäischen Vertragsrecht, UN-Kaufrecht und common frame of reference im Bereich der Leistungsstörung, ZEuP 2007, S. 260 ff.

[30] Busch, Informationspflichten im Wettbewerbs- und Vertragsrecht, 2008, § 7, S. 57 f.

▶《消费者权利指令》第 6 条（远程销售和在营业场所之外缔结合同时的信息义务）

（……）

（5）第 1 款的信息是远程销售合同或在营业场所之外缔结的合同的组成部分，且不得变更，合同当事人另有明确约定除外。

（……）◀

该条文确定，信息是合同的组成部分。从技术上看，信息告知不是意思表示，而仅仅是关于知晓之表示（Wissenserklärung）。[31] 这两类表示之间的界限一直在模糊化。[32] 在合同内容和将提供的给付方面，告知的信息是期待的基础。该条文尽管没有把正当期待作为标准，却用正当期待的概念来论证为何信息成为当事人之间法律关系的内容。

《消费品买卖指令》清楚地指明了正当期待的概念。 9

▶《消费品买卖指令》立法理由第 8 项

（8）为了能够更加容易地适用与合同相符的原则，引入对与合同相符的可推翻的推定是有意义的，这种推定可以满足大部分通常情况的需求。这一推定不构成对合同自由原则的限制。在缺少特别合同条款以及使用最小保护条款之场合，可以适用这一推定中所称的要素，以便确定商品与合同不符。消费者可以合理期待的质量与给付和商品的新旧相关。这一推定中所称的要素应当叠加适用。如果某个要素因为所涉情形明显不可适用，则该推定包含的其他要素仍然有效。◀

欧洲立法者在立法理由中指出消费者可以合理期待的质量和给付，由此明确提及了消费者正当期待的标准。但是，立法者也强调，该指令第 2 条规定的推定不是对合同自由的限制。

但是应当如何协调合同法的这两个原则？正当期待原则不是在此意义 10
上限制合同自由，即当事人在确定合同内容时受到制约。当事人可以继续自由地确定合同的内容。但是，合同产生的效力取决于，“约定”的合同

[31] Andrzejewski, Die Umsetzung der Fernabsatz-RL in Deutschland und Polen, 2008, S. 85.

[32] Busch, Informationspflichten im Wettbewerbs- und Vertragsrecht, 2008, S. 58.

内容是否符合消费者一方的正当期待。因此，经营者必须确保正当期待与约定的内容相一致。正当期待的概念主要涉及法律关系之内容的确定。但不可否认的是，由此也会确定一个关于合同内容的范围。这尽管不是直接发生的，但意思表示之外的其他情势在事实上也对正当期待之成立具有决定意义，这一事实限制了意思对合同内容的影响。[33]

11 其实，所谓的消极品质约定（negative Beschaffenheitsvereinbarung）的问题可以通过这一方式得到解决。这样一种约定的标的是买卖物的特性，该特性的评断标准是，对具有相同类型和用途的物之特性的通常期待。原则上，当事人可以任意确定合同标的。但必须审查的是，在考虑到所有事实情况后，是否可以合理地期待物的较差质量。如果关于较差质量的约定和其他情势不符（如该物看上去完整无缺陷），则应当从消费者正当期待的角度来评判合同的内容。

12 欧盟委员会最近在尝试从另一个视角来处理两个新指令建议案中的问题，即《在线商品交易指令》和《数字内容指令建议案》。

▶《在线商品交易指令》第 4 条（商品与合同相符）

（1）卖方应当确保商品在相关范围内，

（a）符合合同对数量、质量和说明的要求，如果卖方向消费者提供试样或样品，则也应符合该试样或样品的质量和说明，

（b）符合消费者所追求的特定目的，只要消费者在缔结合同时使该目的为卖方所知晓，且卖方同意该目的，以及

（c）具有所有的特性和适用性，只要在作为合同组成部分的先合同表示中就其作出了声明。

（2）为了满足合同的要求，商品还必须符合第 5、6、7 条的要求。

（3）如果一项约定排除第 5、6 条的适用，与之相违背或改变其效力，并对消费者不利，则该约定仅在此条件下有效，即消费者在缔结合同时知晓该商品的特别情势，且消费者在缔结合同时明确接受这种特别情势。第 1 款的信息是远程销售合同或在营业场所之外缔结的合同的组成部分，且不得变更，合同当事人另有明确约定除外。◀

---

[33] 关于正当期待见 Busch, Informationspflichten im Wettbewerbs- und Vertragsrecht, 2008, S. 57 f.; Jansen/Zimmermann, Grundregeln des bestehenden Gemeinschaftsprivatrechts?, JZ 2007, S. 1113, 1123 f.

▶《在线商品交易指令》第5条（商品与合同相符的要求）

商品应当在相关范围内，

（a）适于同类商品通常使用的目的，

（b）与包括包装、装配说明和其他说明等附件一同交付，只要消费者可以期待获得此种附件，以及

（c）具有同类商品通常具有的质量和适用性，且在考虑到商品特性公开声明的情况下，消费者可以期待此种质量和适用性，该公开声明是卖方或卖方委托的人，或包括生产者在内的其他人在合同缔结前做出的。如果卖方能证明下述情况，则前句不适用：

（i）他不知晓相关声明并且在理性行事的情况下也不能知晓，

（ii）相关声明在合同缔结时被更正，或者

（iii）购买决定没有受到该声明的影响。◀

对于正当期待与合同自由的关系，欧盟委员会试图在该建议案中以不同于《消费品买卖指令》的方式予以解决。欧盟委员会在两个不同的条文中以两种不同的方式来确定合同内容。第一个条文规定了私法自治状态下对商品特性的描述。该条也旨在明确地解决消极品质约定的问题，即允许做出消极品质约定，但当事人应当就此有足够的合意。消极品质约定是否成立，取决于消费者在合同缔结时是否知晓这一偏差，且明确接受这一偏差。[34]

《在线商品交易指令》第5条则尝试就商品与合同相符的客观要求进行表述。相对于《消费品买卖指令》中关于与合同相符的条文的构造，从这一改变中可能会得出关于欧洲合同概念的论断。从《消费品买卖指令》第2条的表述可知，与合同相符的确定是对所有情势进行整体评价的结果。而《在线商品交易指令》的建议案则清楚地表明，人们在努力地对违反合同的客观与主观概念进行区分。[35]这一基础性结构在尝试诉诸合同的传统理念，即当事人的约定。对物的描述首先应出自当事人的表示，然后才根 13

[34] Wendehorst, Platform Intermediary Services and Duties under the E-Commerce Directive and the Consumer Rights Directive, EuCml 2016, S. 30, 32.

[35] Wendland, Ein neues europäisches Vertragsrecht für den Online Handel?, EuZW 2016, S. 126, 130.

据对物的一般性期待进行客观性查明。

14 但是，正当期待的概念事实上也保留在建议案文本中。欧盟委员会没有找到充足的标准，以在逻辑上区分《在线商品交易指令》第 4 条和第 5 条包含的材料。《在线商品交易指令》第 4 条第 1 款 c 项把先合同信息视为合同的组成部分，同样显明了正当期待这一基础性概念。通过拆分关于商品与合同相符的条文，人们只是初步地解决了消极品质约定的问题。《在线商品交易指令》第 4 条和第 5 条的结构会造成某些误解，在确定商品与合同不符时仍需要对所有情势加以整体考量。

15 《数字内容指令建议案》[36]明显地表达了当事人表示与正当期待的互动：

▶《数字内容指令建议案》第 6 条（数字内容与合同相符）

（1）数字内容在相关范围内与合同相符，如果其

（a）在数量、质量、期间、版本、功能范围、互通性，以及可获得性、持续性和安全性等其他产品特性方面，符合从合同或作为合同组成部分的先合同信息义务中得出的要求；

（b）符合消费者所追求的特定目的，只要消费者在缔结合同时使该目的为提供方所知晓，且提供方同意该目的；

（c）按照合同要求被准备就绪，并包括指导说明和客户服务，以及

（d）按照合同的要求被相应地更新。

（2）如果合同未按照第 1 款清楚和完整地确定对内容的要求，则数字内容在相关范围内应当适于同类数字内容通常使用的目的，包括其功能范围、互通性以及可获得性、持续性和安全性等其他产品特性；在此应考虑到，

（a）提供数字内容是否以支付价款，或是以金钱之外的其他给付作为对价，

（b）是否有相关的国际技术标准，或在缺少此种标准时，是否有可适用的行为守则和行业最佳实践，

（c）提供方或受其委托的人是否在合同缔结前做出了相关的公开声明，除非提供方能够证明：

（i）他不知晓相关声明并且在理性行事的情况下也不能知晓，

（ii）相关声明在合同缔结时被更正，或者

---

[36] Kaiser, Zum Verordnungsvorschlag über ein gemeinsames europäisches Kaufrecht, 2015, S. 3.

（iii）购买数字内容的决定没有受到该声明的影响。

（3）如果数字内容根据合同应在一段时间内持续提供，则其应在此时间段内符合合同要求。

（4）数字内容应当符合合同缔结时最新的可用版本，另有约定除外。

（5）为了符合合同要求，数字内容还应当满足第 7、8 条的要求。◀

根据该条规定，只有当合同就内容要求做出清楚和完整的约定时，当事人的约定才具有优先地位。在此，合同的内容也应根据先合同义务确定，只要其随后成为合同的组成部分。但是，这一建议案在第 1 款中试图指明主观特性，在第 2 款中则试图指明客观特性（即并非仅从合同中得出的）。[37]

2. 作为意思一致的合同？

被撤回的《欧洲共同买卖法》建议案尝试这样定义合同： 16

▶ GEK 条例草案第 2 条（定义）

为本条例之目的，相关表述的定义如下

（a）“合同”是指旨在引起义务或其他法律效果的约定；

（……）◀

通过对大量指令的总结，也可以为合同的这一定义[38]在现行共同体法[39]中找到支撑。但也必须承认的是，在任何一个指令中都找不到与 GEK 建议案相类似的定义。[40]这种对合同的理解是远程销售合同之定义（《消费者权利指令》第 2 条第 7 目）和在营业场所外缔结的合同之定义（《消费者权利指令》第 2 条第 8 目）的基础。在这两个定义中指明了合同的 17

[37] Smits, New European Proposals for Distance Sales and Digital Contents Contracts: Fit for Purpose?, ZEuP 2016, S. 319, 320 f.

[38] 关于 GEK 中的合同概念的详述见 Schmidt-Kessel/Schmidt-Kessel, 2014, GEK-E Kommentar, Art. 2 GEK-VO-E Rn. 10.

[39] KOM(2011) 636 endg., 2.3., S. 12; Schmidt-Kessel/Schmidt-Kessel, GEK-E Kommentar, Einl. GEK-VO-E Rn. 37.

[40] Schmidt-Kessel/Schmidt-Kessel, GEK-E Kommentar, 2014, Art. 2 GEK-VO-E Rn. 10; Schulze/Wendehorst, GEK Commentary, Art. 2 GEK Regulation Rn. 4.

缔结。

18 但是，如上所述[41]，根据现行共同体法中的基本观念，合同并非仅仅被理解为意思一致。从欧盟法律对合同的认知中也不能得出合同的完整图景。[42]欧洲立法者通常只是注意到对一方当事人的表示的要求。人们想要避免的是，处于弱势的当事人在没有充分做出表示的情况下就要承担义务。然而，现行共同体法的法源提供的线索太少，不足以确定欧洲立法者已经发展出了自洽的合同概念。[43]我们可以推测，如果指令中使用了“合同”一词，则欧洲立法者想表达的是意思一致的概念。更确切地说，欧洲立法者逐点地（punktuell）对内国法就合同的认知施加影响。

**（1）合同与未订购的给付**

19 通过《消费者权利指令》第 27 条关于未订购给付（unbestellte Leistung）的规定，欧洲立法者试图向消费者提供保护，避免其在未做出表示的情况下被迫进入合同：

▶《消费者权利指令》第 27 条（未订购的商品和服务）

如果违反 2005/29/EG 指令第 5 条第 5 款和附件一第 29 项，提供未订购的商品、水、气、电、热或数字内容以及服务，则消费者提供对待给付的义务被免除。在这些情况下，如果消费者就该未订购的商品或服务未作答复，则不得被视为同意。◀

20 本条中引用的是关于不公平商业实践的指令，[44]对于以通过消费者缔结合同为目的而向其提供未订购商品或服务的行为，该指令视之为不公平商业实践。就合同法的新发展而言，对不公平商业实践指令的引用极具特

[41] 见边码 2 及以下。

[42] Jansen/Zimmermann, Grundregeln des bestehenden Gemeinschaftsprivatrechts, JZ 2007 S. 1020, 1022 f.

[43] Zoll, Die Grundregeln der Acquis-Gruppe, GPR 2008, S. 106, 109.

[44] Richtlinie 2005/29/EG des europäischen Parlaments und des Rates vom 11. Mai 2005 über unlautere Geschäftspraktiken im binnenmarktinternen Geschäftsverkehr zwischen Unternehmen und Verbrauchern und zur Änderung der RL 84/450/EWG des Rates, der Richtlinien 97/7/EG, 98/27/EG und 2002/65/EG des Europäischen Parlaments und des Rates sowie der Verordnung (EG) Nr. 2006/2004 des Europäischen Parlaments und des Rates, ABl. Nr. L 149, S. 22, ber. ABl. 2009 Nr. L 253, S. 18.

色——单个合同法与竞争法的结合。[45]这也表明,《消费者权利指令》第27条更多是为了排除困扰消费者的商业实践，而不是说明欧洲立法者关于确定的合同内容的确信。该条文特别以强化消费者的决定自由为目的。但是，欧洲立法者在此仅仅处理了合同关系的一方，而且也没有规定，为了法律关系的成立，是否在意思一致当中必须有经营者（另一方当事人）的意思表示存在。

《消费者权利指令》第27条清楚地表明了通过保护决定自由来保护消费者的理念。关于未订购给付的明确规定首次出现在《远程销售指令》第9条的后半句。《消费者权利指令》取代了《远程销售指令》，并且还规定了对违法行为的罚则。如果寄送了未订购的给付，则按照《消费者权利指令》第27条，消费者不承担对待给付的义务。[46]尽管如此，罚则方面仍欠缺法律的明确性。[47]根据旧的法律规定，就已经有大量观点认为，在获得未订购给付之场合，消费者根本不承担任何义务。[48]普遍的立场甚至赞同排除对被交付之物的返还，不论是基于所有权法上的返还请求权，还是基于不当得利请求权。[49]这一后果深远的罚则规定清楚地表明，该条文的主要目的是防止经营者实施不利于消费者的商业实践，而不是阐释合同的构造。 21

在《远程销售金融服务指令》中可以找到类似的表述： 22

▶《远程销售金融服务指令》第9条（未要求而提供的服务）

在不影响关于远程销售合同之默示延长的法律条文的情况下，并且在根据该法律条文可默示延长的范围内，成员国应当采取必要措施，以便

[45] Busch, Informationspflichten im Wettbewerbs- und Vertragsrecht, 2008, S. 189 f.

[46] Staudinger/Olzen, BGB, Neubearbeitung 2014, § 241a Rn. 53.

[47] 关于法律后果见Bamberger/Roth/Sutchet, Online-Kommentar BGB, 40. Edition, Stand 1.8.2016, § 241a Rn. 9.

[48] Walter, Die rechtliche Behandlung der Erbringung unbestellter Leistungen nach § 241a BGB, 2009, S. 3.

[49] 对此也见本书第三章边码90及以下；Altmeppen, Unbestellte Leistungen: Die Kampfansage eines „Verbraucherschutzes" an die Grundlagen der Privatautonomie, in: Grenzow/Grunewald/Schulte-Nölke, Festschrift für Friedrich Graf von Westphalen, 2010, S. 1, 8 f.; Baur/Stürner, Sachenrecht, 18. Aufl. 2009, § 11 Rn. 26b; Flume, Vom Beruf unserer Zeit für die Gesetzgebung, ZIP 2000, S. 1427–1429; MünchKommBGB/Finkenauer, 6. Aufl. 2012, § 241a Rn. 29–33, 尤其是 Rn. 33; Staudinger/Olzen, BGB, Neubearbeitung 2014, § 241a Rn. 53.

——禁止在消费者未要求的情况下向其提供金融服务，只要消费者被要求就该服务的提供立即或之后付款；

——免除消费者在未要求而提供服务的场合下的所有义务；未作回复在此不得被视为同意。◀

本条文的任务是保护消费者的决定自由——经营者不得以提供服务的方式强制消费者承担付款义务。立法者也希望避免消费者的沉默被视为认可。但是，本条文并不禁止成员国所有可能允许或规定默示延长金融服务合同的规范。本条文主要是关于合同筹备（Vertragsanbahnung）的规则，它明确了消费者的沉默不得被视为意思表示。但是，该条文也不是对合同前提条件的重建，而仅仅涉及消费者意思表示有效性的最低标准。[50]

23　《Acquis 原则》是对散见于现行共同体法中的重要内容的学术化重述，它从这些内容中提取了如下规则：[51]

▶ ACQP 第 4:106 条（未订购的商品和服务）

在经营者向消费者提供未订购的商品或服务的情况下，如果消费者对此未作反应，则消费者不承担任何义务。◀

24　DCFR 草案更加清楚地规定，寄送未订购的给付对消费者不产生任何义务：[52]

▶ DCFR 第 II.-3:401 条（未作反应不产生义务）

（1）如果经营者向消费者提供未要求的商品或服务，则

（a）合同不因消费者未作反应而成立，合同也不因消费者关于该商品或服务的其他任何作为与不作为而成立；并且

（b）对商品的购买、持有、拒绝或使用或者对服务的接受不产生任何非合同的义务。◀

---

[50] Grundmann/Riesenhuber, Textsammlung Europäisches Privatrecht, 2012, S. 77.

[51] Acquis Group/Schulze, Contract II, Art. 4:101, Rn. 1.

[52] 就此见 Staudinger/Olzen, BGB, Neubearbeitung 2014, § 241a Rn. 54.

DCFR 文本以现行共同体法和内国转化后的规则为基础。[53] 由此，消费者保护体系的范围得到精确说明。除了合同以及从合同中产生的义务不成立之外，[54] 该条也明确规定，消费者可以销毁被交付之物，且无需承担责任。[55] 25

与之相反的是，至少从《消费者权利指令》中关于排除对待给付的措辞出发，该指令限制了这一消费者特权。[56] 经营者是否可以行使其他权利，这一问题尚待解决。[57] 关于经营者在此情况下可能拥有的权利的区分，在欧洲规则文本发展的各个较早阶段其实更加清楚。显然，欧洲立法者不愿意就所有细节作出规定，以便给内国立法者在设计未订购给付之后果时留出空间。[58] 26

**（2）作为复杂过程的合同成立**

在现行共同体法的基础上，《Acquis 原则》通过以下表述给合同作出了精确定义： 27

▶ ACQP 第 4:101 条（当事人的合意）

如果当事人愿意在法律上受约束并达成充分的合意，则合同缔结。◀

《Acquis 原则》的这一公式来自现行共同体法的多个法源。[59] 除了《远程销售指令》和《上门交易指令》(《Acquis 原则》公布之后，《消费者权利指令》[60] 才出台）外，《远程销售金融服务指令》第 9 条后半句、《消费品买 28

[53] Jansen/Zimmermann, Was ist und wozu der DCFR?, NJW 2009, S. 3401, 3402; Schulte-Nölke, Arbeiten an einem europäischen Vertragsrecht – Fakten und populäre Irrtümer, NJW 2009, S. 2161; Staudinger/Martinek, BGB, Neubearbeitung 2014, A. BGB aktuell 2014/2015 Rn. 196.

[54] V. Bar/Clive (Hrsg.), DCFR Full Edition, 2008 S. 260.

[55] V. Bar/Clive (Hrsg.), DCFR Full Edition, 2008 S. 69.

[56] 对于指令中对待给付（Gegeleistung）概念的解释，应当参考 DCFR 第 II.-3:401 条，Staudinger/Olzen, BGB, Neubearbeitung 2014, § 241a Rn. 54.

[57] 就此详见下文第三章边码 95。

[58] Heiderhoff, Europäisches Privatrecht, Rn. 394.

[59] Acquis Group/Schulze, Contract II, Art. 4:101 Rn. 1–3.

[60] Richtlinie 2011/83/EU des Europäischen Parlaments und des Rates vom 25. Oktober 2011. über die Rechte der Verbraucher, zur Abänderung der Richtlinie 93/13/EWG des Rates und der Richtlinie 1999/44/EG des Europäischen Parlaments und des Rates sowie zur Aufhebung der Richtlinie 85/577/EWG des Rates und der Richtlinie 97/7/EG des Europäischen Parlaments und des Rates.

卖指令》第7条第1款第2句以及《不公平条款指令》立法理由第10项都构成《Acquis原则》的基础。[61]《Acquis原则》在此是否正确地重述了现行共同体法，无疑值得讨论。第9条后半句只是为消费者的表示设置了最低要求。《消费品买卖指令》第7条第1款第2句的论证更具说服力。

▶《消费品买卖指令》第7条（强行性）

（1）如果合同条款或者在卖方告知违约前与其达成的协议直接或间接地排除或限制本指令所保障的权利，则该合同条款或协议根据内国法对消费者不具有约束力。

对于使用过的消费品，成员国可以规定，卖方和消费者可以达成该合同条款或协议，即卖方的责任期间短于第5条第1款的规定。该较短的责任期间不得短于一年。

（……）◀

该条提到了当事人的合意。[62]但有疑问的是，在此是否能为这一假设找到充分证据，即欧洲立法者通过此种方式支持了一种特定的合同概念。通过该条文的表述，欧洲立法者没有试图指出合同的某种特征，而是放宽了指令中关于（购买二手商品时）时效的强制规定。指令在这种情况下不能被解释为，偏离指令标准的协议只能通过作为合同缔结特定形式的“合意”达成。该指令条文没有明确，成员国法律应当如何规定合同成立及其有效性的条件。

29 《不公平条款指令》也没有为特定的合同概念提供充分的支持。

▶《不公平条款指令》立法理由第10项

消费者在口头和书面合同之场合享有同等保护，在书面合同之场合，条款是否包含在一个或多个文件中，在所不问。◀

▶《不公平条款指令》立法理由第11项

但是，从单个成员国法律条文的现状来看，只存在部分的协调化。所

[61] Acquis Group/Schulze, Contract II, S. 181 Rn. 1.

[62] Acquis Group/Schulze, Contract II, S. 181 Rn. 3.

以，本指令尤其仅适用于未经个别协商的合同条款。成员国必须明确，在考虑到合同的情况下，通过各个成员国比本指令条文更严格的规定来保障消费者获得更好保护。◀

两条立法理由都没有充分指明存在某种对合同的欧洲化理解。它们阐明的是，消费者应当免受未经协商的条款的侵害。[63] 但是，从立法理由中可以间接得出某种对合同——更确切地说，对私法自治的理解。这一理解从经协商和未经协商的合同内容出发。[64] 合同未经协商的事实成为对合同内容进行干预的正当理由，缺乏协商在此范围内削弱了与合同的联系，即在不利于消费者的重大不公平的条款之场合，不能用合同自由和私法自治来对抗内容控制。但这还不足以宣称，欧洲立法者对合同成立的条件已经有一个完整的观念。

被撤回的《欧洲共同买卖法》建议案明确地把合意作为合同的基 30
石。[65]GEK 草案第 30 条 [66] 和《Acquis 原则》一样，都强调达成合意的必要性（GEK 草案第 30 条第 1 款 a）。但是，该条也确定了对合意在内容上的要求，即引起法律效果的意思（GEK 草案第 30 条第 1 款 b）以及充分明确的内容（GEK 草案第 30 条第 1 款 c）。[67] 这里可以明显看出，像 GEK 这种机制的适用将会给欧洲合同法带来怎样的质变。即使 GEK 仅仅作为可选择机制被采纳，也会给欧洲合同法实质带来根本性改变。对可选择合同法的接纳将意味着，完整和独立的原则会塑造自治的欧洲合同法。这样一种可选择的合同法还有可能对主要由指令构成的欧盟合同法产生广泛的影响。[68] 这可能正是该建议案被拒绝的原因之一——一些成员国不能接受欧洲法律的这种发展可能性。[69]

---

[63] 《不公平条款指令》立法理由第 9 项。

[64] 《不公平条款指令》立法理由第 12 项。

[65] Schmidt-Kessel/Gebauer, GEK-E Kommentar, Art. 30 GEK-E Rn. 1–7.

[66] 就此详见本书第三章边码 58 及以下。

[67] Schmidt-Kessel/Gebauer, GEK-E Kommentar, Art. 30 GEK-E Rn. 8, 13; v. Bar/Zimmermann, Grundregeln des Europäischen Vertragsrechts, Teil I und II, 2002, Kommentar B. zu Art. 2:102 PECL, 152.

[68] Stürner, Vollharmonisierung im europäischen Verbraucherrecht, 2010, S. 20 ff.

[69] 德国工业联合会（BDI）的新闻公告：http://bdi.eu/media/presse/presse/STN_Vorschl.VO_gem._kaufrecht.PDF（2016 年 12 月 9 日调阅）。

### 3. 合同与通知

31 现行共同体法缺少关于表示生效的全面概念。就这一问题,《电子商务指令》[70] 在电子化表示方面提供了一条规则。

▶《电子商务指令》第 11 条（订购的作出）

（1）(……)

订购和受领确认视为到达，只要作为订购和受领确认对象的当事人能够调阅。◀

但是，该指令条文仅仅处理了一个问题，即两类表示（订购和受领确认）在何种条件下生效，以使服务提供方就收到订单予以确认的义务成立。该规则也仅仅处理了表示的一个面向，因此几乎不能作为进一步一般化的基础。[71] 基于这一原因，人们避免在《Acquis 原则》的范畴内从该条文中发展出表示的一般性规则，所以《Acquis 原则》只局限在如下表述：

▶ ACQP 第 1:303 条（电子化通知）

以电子化方式发出的通知在受领人可以调阅时视为到达受领人。在经营者和消费者的关系中，本条文具有第 1:203 条意义上的强制性。◀

32 此外,《Acquis 原则》还包括两条关于通知的其他规则，囊括了所有的表示（Erklärungen）:

▶ ACQP 第 1:301 条（通知的类型和方式）

可以与情势相符的方式为通知。◀

▶ ACQP 第 1:302 条（通知的生效）

（1）通知在到达受领人时生效，除非规定通知在稍后的时间生效。

---

[70] Richtlinie 2000/31/EG des Europäischen Parlaments und des Rates vom 8. Juni 2000 über bestimmte rechtliche Aspekte der Dienste der Informationsgesellschaft, insbesondere des elektronischen Geschäftsverkehrs, im Binnenmarkt („Richtlinie über den elektronischen Geschäftsverkehr").

[71] Acquis Group/Leible/Pisuli ń ski/Zoll, Contract II, 2009, Art. 1:303 Rn. 2.

（2）通知在下列情况下到达受领人：

（a）通知被递交给受领人；

（b）通知被递交至受领人的营业场所，在没有这样的营业场所，或通知不具有商事内容时被递交至受领人的惯常居所；

（c）除此之外，当通知使受领人在某地以某种方式可以获得时，即可以认为，受领人可以不迟延地获得该通知。◀

33 以上规则表明，《Acquis 原则》的起草人认为，单凭《电子商务指令》中的一个条文还不足以提供一般化的建议。[72] 在他们看来，如同在《电子商务指令》中的规定，就当事人利益事态做出决定明确表明，欧洲立法者并不具有超出《电子商务指令》狭小适用范围的一般性考量。[73] 但是，GEK 草案第 10 条却以《电子商务指令》的条文为范本，设置了关于通知生效条件的一般性规则，其基础是到达理论（Zugangstheorie），[74] 该理论也得到了许多内国法律体系的认可。[75]

34 但是，通知（Mitteilung）概念本身就是一个革命性的改变。用“Mitteilung”（通知）而非“Willenserklärung”（意思表示）来翻译英文的“notice”是完全正确的。“通知”的概念除了意思表示之外，还特别包括一方当事人向另一方提供的信息。[76] 被通知的信息同样参与了法律关系之内容的构建。因此，从“意思表示”概念向“通知”概念的过渡也表征了现代合同法重心的转移，即从个体合同法转向标准化大规模经营的合同法。[77] 通知的概念磨平了意思表示和观念通知（Wissenserklärung）之间区分的严格边界，并且弱化了意思表示在形成债之法律关系时的地位，因为通知概念表明，当事人特定的、与合同相关的表示应当被同等对待，不论其是否

[72] Dannemann, Consolidating EC Contract Law: an Introduction to the Work of the Acquis Group in: Acquis Group (Hrsg.), Contract II, 2009, S. xlvii.

[73] Acquis Group/Leible/Pisuli ń ski/Zoll, Contract II, 2009, Art. 1:303 Rn. 2.

[74] Schmidt-Kessel/Schmidt-Kessel, GEK-E Kommentar, Art. 2 GEK-VO-E Rn. 7; Schulze/Schulte-Nölke, GEK Commentary, Art. 10 GEK Rn. 5.

[75] 仅需见 Brinkmann, Der Zugang von Willenserklärungen, 1984, mwN; Staudinger/Singer, BGB, Neubearbeitung, 2011, § 130 Rn. 39.

[76] Schmidt-Kessel/Müller-Graff, GEK-E Kommentar, Art. 10 GEK-E Rn. 1; Schulze/Schulte-Nölke, CESL Commentary, Art. 10 Rn. 3.

[77] Acquis/Leible/Pisulinski/Zoll Group, Contract II, 2009, Art. 1:301 Rn. 1.

是被有意做出的，是否要产生"意欲"之法律后果，或者是否仅仅描述对于另一方当事人而言为重大的事实。

35 不管对通知的区分如何，通知之概念都以类似的方式提出了生效的问题。19 世纪关于生效问题的讨论在两个极端间摆动：一是发出理论（Absendungstheorie）[78]，即表示发出即生效；二是到达理论，即受领人的知晓可能是一个表示的生效所必需的条件。[79] 目前，两个理论的某些要素正在结合。

▶《消费者权利指令》第 11 条（撤回权的行使）

（……）

（2）如果消费者在撤回权期间经过前发出关于行使撤回权的通知，则第 9 条第 2 款和第 10 条所称的撤回权期限得到遵守。◀

36 这一条文以发出理论为基础，但是它仅仅关注了发出理论的一个面向——也就是期间之遵守。发出意思表示就足以遵守期间。该条文只局限在这样一种安排上。它没有规定，该表示在何时产生效力，以及由谁承担丢失的风险。指令没有对这一问题做出回答，而是交给内国立法者决定。[80]

37 然而，现代通信技术的发展使得这一问题越发明显。特别是在数字化世界中，对这一问题的统一规则之需求越来越强烈。在电子化通知的场合下还需要澄清的是，传统的前提要件如何能在当代技术的框架下得以满足。欧洲法院在"Content Service"一案中也提出了这一问题。[81]

▶欧洲法院 2012 年 7 月 5 日判决 RsC-49/11（Content Service）

[……] 对欧洲议会和理事会 1997 年 5 月 20 日《关于远程合同缔结时消费者保护的 97/7/EWG 指令》第 5 条第 1 款应当这样解释：如果按照商业实践，一些本法所规定的信息只能通过相关经营者网站上的超链接才能

[78] 关于告知理论（发出理论）见 MünchKommBGB/Einsele, 6. Aufl. 2012, § 130 Rn. 8; Staudinger/Singer, BGB, Neubearbeitung, 2011, § 130 Rn. 2

[79] 关于受领理论见 Einsele, aaO, § 130 Rn. 8; Spindler/Anton, in: Spindler/Schuster, Recht der elektronischen Medien, 2. Aufl. 2011, § 130 Rn. 1.

[80] Acquis Group/Mogelvang-Hansen/Terryn/Schulze, Contract II, 2009, Art. 5:101 Rn. 5.

[81] EuGH, VuR 2012, S. 409 ff.

获得，则该商业实践不符合所述规定的要求，因为这些信息既没有在97/7指令第5条第1款的意义上由经营者“给予”，也没有在该指令的意义上由消费者“获得”，同时，在初始程序中有争议的网站不得被视为第97/7指令第5条第1款意义上的“永久性数据载体”。◀

该判决阐明了一个最重要的问题，即如果网站上有关于撤回权的教导说明（在该案中是关于可被允许的撤回权之排除），那么发送该网站的链接是否满足撤回权之教导说明的形式要求。[82]假如消费者在此方式下没有得到有效的教导说明，撤回权之教导说明的要求因此没有被满足，则消费者还有可能有效地撤回合同。[83]教导说明要求有可能由此得到满足，即消费者只需要点击链接就有可能下载教导说明并知晓。但是，服务提供者可以轻易地改变该教导说明的内容。同时，只有当消费者事实上点击链接时，才可以获知信息。一个消极的消费者无法获得信息。因此提出了这一问题，即“消极的”消费者是否为此案件树立了适当的评判标准。支持的观点可能是，内容服务（Content Service）的客户不能被评价为积极的消费者，积极的消费者是可以被期待采取必要的简单行为以获得该信息的。[84]然而，欧洲法院的判决与这种自由解释相反。欧洲法院认为，只有当消费者不必采取额外行动就可以知晓信息时，才符合撤回权之教导说明的要求。“Content Service”一案的判决尽管是在旧的《远程销售指令》的框架下作出的，但是在《消费者权利指令》适用的情况下仍保持其现实意义［判决明确参引了《消费者权利指令》，[85]可以被视为该指令之前效力（Vorwirkung）的表达］。 38

## 二、现行共同体法中的合同类型化

### 1. 取决于具体情形的规范联系

欧洲合同法在很大程度上放弃了对合同类型的确定。由于指令在原则 39

---

[82] 反对意见参见Bamberger/Roth/Maume, Online-Kommentar BGB, 40. Edition, Stand 1.8.2016, § 312j Rn. 14; HK-BGB/Schulte-Nölke, 9. Aufl. 2016, § 312j Rn. 2.

[83] 97/7/EG指令的第5条第1款、第6条第1款；2011/83/EU指令的第6条第1款h、第11条第1款。

[84] Tamm, Verbraucherschutzrecht, 2011, S. 153.

[85] Urteil des EuGH v. 5.7.2012, Rs C-49/11 (Content Services), Rn. 11.

上仅是成员国法律的补充，[86]因此它不需要关于合同类型的规定，特别是不需要关于表征合同类型的主给付义务的规定。[87]欧洲立法者采取谨慎态度[88]的主要原因是，欧洲合同法的很大一部分都与特定的构成要件相联系，即对弱势当事人（许多情形下是消费者[89]）的保护。仅在极少数情形下，现行共同体法近乎对合同进行类型化。

### （1）商事代理人的情形

40 ▶《商事代理人指令》第1条

（……）

（2）本指令意义上的商事代理人是指，作为独立商人持续地接受委托，为另一个人（以下称为“经营者”）从事货物买卖的中介活动，或者以经营者的名义并为其利益缔结交易的人。◀

▶《商事代理人指令》第3条

（1）商事代理人在从事活动时应当维护经营者的利益并按照诚实信用原则行事。

（2）商事代理人尤其应当

（a）以适当的方式促成交易或从事被委托的交易；

（b）将其获得的一切必要信息提供给经营者；

（c）服从经营者的合理指示。◀

---

[86] Acquis Group/Schulte-Nölke/Zoll, Contract II, 2009, Introductory Part, S. xxiii, xxv; Riesenhuber, System und Prinzipien des Europäischen Vertragsrechts, 2003, S. 55–58; Zoll, A Need for a New Structure for European Private Law, in: Brownsword/Micklitz a.o., The Foundations of European Private Law, 2011, S. 555, 556; Zoll, Die Vertragstypen im Vorschlag für das Gemeinsame Europäische Kaufrecht – die Bestimmung des Anwendungsbereiches eines optionalen Instruments durch die Typisierung von Verträgen in: Stumpf/Kainer/Baldus (Hrsg.), Festschrift für Müller-Graff, Privatrecht, Wirtschaftsrecht, Verfassungsrecht, S. 118.

[87] Schulte-Nölke/Zoll, Structure and Values of the Acquis Principles: New features and their possible use for political purposes in: Acquis Group (Hrsg.), Contract II, 2009, S. xxv.

[88] 关于欧洲立法者在合同类型化时的谨慎态度见 Zoll, Die Vertragstypen im Vorschlag für das Gemeinsame Europäische Kaufrecht – die Bestimmung des Anwendungsbereichs eines Optionalen Instruments durch die Typisierung von Verträgen, in: Stumpf/Kainer/Baldus (Hrsg.), Festschrift Müller-Graff, 2015, S. 118–128.

[89] Staudinger/Schiemann, BGB, Neubearbeitung, 2012, C. Das Rechtsgeschäft Rn. 240.

▶《商事代理人指令》第6条

（1）如果当事人之间缺少关于报酬的约定，则在不影响成员国关于报酬数额的有约束力规定之适用的前提下，商事代理人可以要求报酬。

（……）◀

《商事代理人指令》涉及的是极为罕见的情况，即指令给成员国提供了完整的合同类型。该指令明确了被定义的合同类型所产生的权利和义务，[90]并要求成员国不仅仅颁布关于商事代理人的保护规范，而且要采纳关于该合同的几乎完整的规则。[91]但是，这不能被误解为，在法典中确定一个合同类型时，欧洲立法者终于开始追求不同于内国立法者的目标。内国立法者通常主要的意图在于，向当事人提供一个具有指引作用的规则摹本，[92]由此降低因准备合同而产生的交易成本。此外，该指令中的规则试图创设一个有利于商事代理人的保护机制的基准点，以防止被代理人的肆意之举给商事代理人造成可能的不利。但是，由于指令已经确定了权利义务，所以我们可以谨慎地称之为欧洲法中真正的合同类型。[93]

**（2）分时使用合同**

其他指令看上去也创设了合同类型，但进一步观察证实该结论并不恰当。《关于在分时使用合同、长期度假产品合同和转售及交换合同的某些方面保护消费者的指令》（《分时使用指令》，Teilzeitnutzungs-RL）即为例证。 41

[90] Flohr/Pohl, in: Martinek/Semler ua, Handbuch des Vertriebsrechts, Kap. 4, Der Handelsvertretervertrag.

[91] Zoll, Die Vertragstypen im Vorschlag für das Gemeinsame Europäische Kaufrecht – die Bestimmung des Anwendungsbereiches eines optionalen Instruments durch die Typisierung von Verträgen in: Stumpf/Kainer/Baldus (Hrsg.), Festschrift für Müller-Graff, Privatrecht, Wirtschaftsrecht, Verfassungsrecht, S. 120.

[92] Müller-Graff, Ein fakultatives Kaufrecht als Instrument der Marktordnung?, in: Schulte-Nölke ua, Der Entwurf für ein optionales europäisches Kaufrecht, S. 21, 38; Zoll, Die Vertragstypen im Vorschlag für das Gemeinsame Europäische Kaufrecht – die Bestimmung des Anwendungsbereiches eines Optionalen Instruments durch die Typisierung von Verträgen, in: Stumpf/Kainer/Baldus (Hrsg.), Festschrift Müller-Graff, 2015, S. 120 f.

[93] Flohr/Pohl, in: Martinek/Semler ua, Handbuch des Vertriebsrechts, Kap. 4, Der Handelsvertretervertrag; Zoll, Die Vertragstypen im Vorschlag für das Gemeinsame Europäische Kaufrecht – die Bestimmung des Anwendungsbereichs eines Optionalen Instruments durch die Typisierung von Verträgen, in: Stumpf/Kainer/Baldus (Hrsg.), Festschrift Müller-Graff, 2015, S. 124.

▶《分时使用指令》第 6 条

（1）本指令意义上的

（a）“分时使用合同”是指持续时间长于一年的合同，根据此合同，消费者有权在一个以上的使用时段内使用一个或多个过夜居所，并为此支付价款。◀

这个分时使用合同的定义并没有对某种合同进行类型化。一个“分时使用合同”可能包含了完全不同的合同类型，只要这些合同类型符合指令所称的前提条件。[94] 考虑到该定义的条件，该合同是否完全是债法上的，或者服务于当事人在物法上的构建（如用益物权[95]），在所不问。该指令立法者的意图并非给当事人提供一个范本，让他们能够更容易地缔结此类合同。[96] 其实，一个特殊的、根据该指令在法律上的重大情形的出现激活了特定的保护机制。[97]

42 《分时使用指令》包含的其他合同类型的定义也具有相同的功能：“长期度假产品合同”（第 2 条第 1 款 b）、“转售合同”（第 2 条第 1 款 c）以及“交换合同”（第 2 条第 1 款 d）。这些合同的名称看上去与立法者类型化的传统种类和方式相一致，但事实却非如此。再一次地，对该合同特定组成部分的命名仅仅是为了确定一个基准点，以激活该指令的保护机制，而内国立法者为了创设合同而选择的教义学建构在此无关紧要。[98]

### （3）消费品买卖

43 欧盟法所创设的买卖合同的类型互不相同，这些类型主要在两个时间上相隔久远的指令中出现，因此情况更为复杂。需要注意的是，这两个指

---

[94] 《分时使用指令》第 2 条第 1 款 a。

[95] 波兰 2011 年 9 月 16 日关于分时段使用法的第 20 条，法律公告（Dziennik Ustaw）230 号第 1370 段。

[96] Zoll, Die Vertragstypen im Vorschlag für das Gemeinsame Europäische Kaufrecht – die Bestimmung des Anwendungsbereichs eines Optionalen Instruments durch die Typisierung von Verträgen, in: Stumpf/Kainer/Baldus (Hrsg.) Festschrift Müller-Graff, 2015, S. 118–128.

[97] Acquis Group/Schulte-Nölke/Zoll, Contract II, 2009, Introductory Part, S. xxiii, xxv; Limmer, Europäisierung des Vertragsrechts, in: DNotZ-Sonderheft 2012, S. 59, 60 f.; Riesenhuber, EU-Vertragsrecht, § 1 Rn. 28; Zoll, Die Vertragstypen im Vorschlag für das Gemeinsame Europäische Kaufrecht – die Bestimmung des Anwendungsbereichs eines Optionalen Instruments durch die Typisierung von Verträgen, in: Stumpf/Kainer/Baldus (Hrsg.), Festschrift Müller-Graff, 2015, S. 118–128.

[98] 《分时使用指令》立法理由第 1 项、第 5 项。

令中的一个，即《消费品买卖指令》没有包含买卖合同的定义。[99]它只是对“消费品”（第1条第2款b）作了进一步定义（而这也仅仅是为了确定指令的适用范围）。《消费品买卖指令》第2条第4款对买卖合同的概念进行了重要的扩展，从内国法角度看，这一扩展能够也必然影响了合同的类型化：

▶《消费品买卖指令》第2条

（……）

（4）本指令意义上的买卖合同也指提供待制造或待生产的消费品的合同。◀

欧洲立法者决定把买卖法责任规则的适用范围扩展到约定承揽给付的合同。转化的技术细节被交给内国立法者处理。例如，德国立法者创设了受买卖法条文调整的承揽合同的变种，即《德国民法典》第651条的承揽供应合同（Werklieferungsvertrag）。[100]与各类转化的细节无关，对于《消费品买卖指令》第2条第4款所确定的、以（广义上的）服务为中心的合同，欧洲立法者都决定对其进行“买卖合同法化”。[101]此外，该指令没有包含对买卖合同的进一步细致化，因为欧洲立法者认为，欧洲对这一概念有统一的理解。[102]立法者的观点是，把合同标的限制在指令所称的消费品[103]的范围内，可以排除买卖合同不同体系之间的最大差异。这一差异首先表现在对这一问题的不同回答中，即除了有形物之外，买卖合同的标的还可以是什么。因此，我们至少可以认为，关于消费品买卖的指令的基础是，通过法律比较得出的对买卖合同的欧洲普遍观念。 44

买卖合同的概念在《在线商品交易指令建议案》中得到细化： 45

[99] Grundmann, Einleitung in: Grundmann/Bianca (Hrsg.), EU-Kaufrechts-Richtlinie, S. 40.

[100] Bülow/Artz, Verbraucherprivatrecht, 5. Aufl. 2016, Rn. 490.

[101] Maifeld, Werkvertrag in: Gebauer/Wiedmann, Zivilrecht unter europäischem Einfluss, Rn. 6.

[102] Grundmann/Bianca/Serrano, EU-Kaufrechts-Richtlinie Kommentar, 2002, Art.1 Rn. 9.

[103] 关于消费品的概念见 Grundmann/Bianca/Serrano, EU-Kaufrechts-Richtlinie Kommentar, 2002, Art.1 Rn. 28–40; Micklitz, Die Verbrauchsgüterkauf-Richtlinie, EuZW 1999, S. 485, 486.

▶《在线商品交易指令》第 2 条（概念）

本指令意义上的

（a）“买卖合同”是这样一种合同，即卖方将物的所有权移交给消费者，或者卖方负有将物的所有权移交给消费者的义务，且消费者支付价款或负有支付价款的义务，对尚待制造或生产的物亦同；

（……）◀

46 该建议案给买卖合同做了宽泛的定义。其表述包含了在“买卖合同”的概念下对义务和合同效力的完全不同的构建。通过这一表述，立法者希望照顾到成员国法律中关于买卖合同的不同规则。基于这一理由，“买卖合同”也包括了具有内在物权法效力的合同。立法者希望把这样的法律秩序也包罗进来，即根据其规定，无需额外的物权行为，买卖合同本身就能产生物权法效果。法国法中的买卖合同就是如此。该定义包括了这样的情形，即在支付买卖价款时已经产生移转所有权的义务。《消费品买卖指令》中宽泛的买卖合同概念在此范围同样被囊括在内，即移转待制造物之所有权的义务也被纳入。买方 / 消费者则承担支付价款的义务。但是，《在线商品交易指令》的这一定义不能与法典中的合同类型化等量齐观。该建议案的用意是要全盘考虑成员国对买卖合同类型化的不同方式，以便确保指令相对广泛的适用范围。因此，欧洲立法者追求的不是创造欧洲自有的概念，而是要把成员国的合同法概念全部囊括进来。我们可以在这部指令中发现对迄今为止的实践的逐步改变，即使用合同类型的名称，以取代对与保护条文相关联的情形的描述。

47 DCFR 尝试提出一个关于买卖合同概念的欧洲综合体，它以法律比较的成果为基础：[104]

▶ DCFR 第 IV.A.-1:202 条（买卖合同）

买卖合同是这样一种合同，即作为一方当事人的卖方有义务在合同缔结时或在稍后的时间，将物的所有权移转给作为另一方当事人的买方或第三人，买方有义务支付价款。◀

---

[104] V. Bar/Clive (Hrsg.), DCFR Full Edition, 2008, S. 1234.

### （4）消费者信贷合同

从《消费者信贷指令》（Verbraucherkredit-RL）中也可以得出一个仅仅确定指令适用范围的定义。 48

▶《消费者信贷指令》第3条（概念）

本指令意义上的

（……）

（c）“信贷合同”是这样一种合同，即出借方向消费者提供或承诺提供延期偿付、贷款或其他类似金融扶助形式的信贷；重复提供服务或交付同种商品的合同不在此列，只要消费者在提供服务或商品期间就该服务或商品进行分期支付；

（……）◀

欧洲立法者试图通过这一定义涵盖根据立法者的确信应当适用消费者保护机制的所有情形。这一定义包括了完全不同类型的合同——具有决定意义的仅仅是，提供延期偿付或其他金融扶助。延期偿付的买卖合同也满足该定义的条件。 49

### 2. 现行共同体法中合同类型的增长

现行共同体法中的立法方式是对在法律上相关的不同情形进行调整，这给内国立法者造成了严重的困难，即如何把根据不同模板制定的规则整合进按照类型进行结构化的体系之中。在把欧洲规则纳入旧结构的尝试过程中，欧洲法条文的构成要件可能容易被忽视。但是，现行共同体法本身在持续地扩张。欧洲立法者颁布了新的指令，它们不仅仅是逐点式的补充，而且是为一个领域整体确定规则。如《支付服务指令》（Zahlungsdienste-RL）[105]不仅定义了框架合同（Rahmenvertrag），而且几乎制定了完整的规则。[106] 50

[105] Richtlinie 2007/64/EG des Europäischen Parlaments und des Rates vom 13. November 2007 über Zahlungsdienste im Binnenmarkt, zur Änderung der Richtlinien 97/7/EG, 2002/65/EG, 2005/60/EG und 2006/48/EG sowie zur Aufhebung der Richtlinie 97/5/EG.

[106] Häuser, in: MüKo HGB, 3. Aufl. 2014, Richtlinie über Zahlungsdienste im Binnenmarkt, Rn. B 9.

▶《支付服务指令》第 4 条

本指令意义上的

（……）

（12）“框架合同”是这样一种合同，即规范在未来执行单次或连续的支付流程的合同，它可以包含设立支付账户的义务以及相应条件。◀

该指令的第三章全面规定了框架合同。但是，关于该合同的条文不仅包括客户保护体系的出发点，而且包括关于双方当事人法律关系的重要规则（如《支付服务指令》第 45 条的终止）。因此，关于框架合同的条文几乎形成了一个完整的体系。

51 例如，《住房信贷合同指令》（RL 14/17/EU über Wohnimmobilienkreditverträge）[107]表明了调整特定合同类型的欧洲规范的增多，该指令的对象是一种特殊的咨询服务合同类型。

▶《住房信贷合同指令》第 4 条（定义）

本指令意义上的

21.“咨询服务”是向消费者作出的与信贷合同相关的单个或多个交易的个体化推荐，它是与提供信贷以及第 5 项所称的信贷中介不同的活动；◀

本指令的第八章提供了关于咨询服务的全面规定。这些规定首先具有的显著功能是，确定当事人在其相互法律关系中的地位。在提供金融服务时，通常难以区分经营者的角色。问题是，经营者是否仅仅追求缔结金融服务合同，或者是在说明必要的先合同信息之外推销其产品，或者还想订立额外的咨询合同。欧洲立法者的意图是就这一问题向客户提供明确的信息，即经营者以何种身份提供服务，在根据不同身份（如客户咨询者）订立合同时会产生什么义务。[108]

52 欧洲立法者在大量其他指令中也使用了服务（Dienstleistungen）的概

[107] RL 2014/17/EU des Europäischen Parlaments und des Rates vom 4. Februar 2014 über Wohnimmobilienkreditverträge für Verbraucher und zur Änderung der Richtlinien 2008/48/EG und 2013/36/EU und der Verordnung (EU) Nr. 1093/2010.

[108] 《服务指令》（Richtlinie 2007/64/EG）立法理由第 47 项。

念。[109]服务在经济中发挥越来越重要的作用,[110]现代法律体系的一个重要任务通常是，把债法规则的重心相应地向服务合同的方向转移。[111]因此，在欧盟法其他许多地方也能找到服务的概念。但是，对这一概念的使用并不一致，导致该概念可能且应当包含不同类型的法律关系。因此，即使欧洲立法者说到了服务合同以及服务，也不能就此认为存在一个具有确定框架的欧洲服务合同法。甚至让人怀疑的是，在这一角度上是否真的存在这样一种合同类型。[112]

首级法律对服务作了定义： 53

▶ AEUV 第 57 条

本条约意义上的服务是一种通常有偿提供的给付，只要它不属于关于自由的货物、资本及人员流动的条文的调整范围。

服务特别是指：

（a）工商活动，

（b）商务活动，

（c）手工业活动，

（d）自由职业活动。

在不影响关于开业自由一章规定的情况下，如果应在某一成员国提供服务，则给付人为此目的可以在该成员国暂时开展活动，并满足该成员国为其本国国民所规定的条件。◀

该条文首要服务的不是私法目的，而是在欧洲范围内创设服务自由。[113]

[109]　例如：《服务指令》第 4 条第 1 项；《电子商务指令》（2000/31/EG）第 2 条 a；《关于规范与技术条文领域信息程序的指令》（98/48/EG）第 1 条第 2 项；《远程销售指令》立法理由第 2、4、5 项以及第 2 条第 1 项；《上门交易指令》第 1 条；《不公平条款指令》第 4 条以及根据第 3 条第 3 款的附件；《包价旅游指令》第 2 条；《消费者权利指令》第 3 条 c；《保险合同指令》第 1 条第 2 款 c。

[110]　关于欧盟服务法的意义见 Streinz, Rezension zu Calliess/Korte, Dienstleistungsrecht in der EU, NVwZ 2013, S. 346.

[111]　参见 Zimmermann, Service Contracts, 2010.

[112]　Wendehorst, Das Vertragsrecht der Dienstleistungen im deutschen und künftigen europäischen Recht, AcP 206 (2006), S. 205, 226 f.

[113]　Tiedje in: von der Groeben/Schwarze/Hatje (Hrsg.), Europäisches Unionsrecht, 7. Aufl. 2015, Art. 57 AEUV, Rn. 70.

然而，该定义的意义超越了公法边界。整体的欧洲服务法在该定义的基础上继续发展。例如，《服务指令》(Dienstleistungs-RL)就参引了首级法律中的服务之定义：

▶《服务指令》第4条（定义）

本指令意义上的

（1）“服务”是条约第50条所称的所有独立活动，其提供通常是有偿的。

（……）◀

以上AEUV第57条代替了这里所称的《欧共体条约》(EGV)第50条，没有任何内容上的改变。尽管《服务指令》中大部分为公法条文，[114]但是也包括对合同法具有意义的规定。例如，指令明确了服务提供者在合同缔结之前应当提供（《服务指令》第22条第1款）和告知（《服务指令》第22条第2款）哪些信息。该指令也包含了歧视禁止规定（《服务指令》第20条）。该指令与合同法的关联还不止这些条文，例如，第五章关于服务质量担保的规定同样如此。通过对首级法律中概念的参引，立法者想表达的是，以商品和资本为标的的合同不属于服务概念的范畴。这种消极式定义带来的结果是，所有合同都可以被视为服务合同，除非涉及商品或资本交易。根据欧盟委员会的观点，在线买卖也可以被视为“零售服务”，以便将其纳入《服务指令》的适用范围（例如，从第20条得出的歧视禁止）。将服务合同概念一再拓宽的努力在这种情形下可能过犹不及。但是，对于给服务下定义这一普遍问题而言，这一努力又具有代表性，它表明了该问题的困难。服务看上去是一个必须被自主(autonom)定义的范畴。然而，这一范畴又发展成为漫漫无边的总括概念(Sammelbegriff)，它囊括了买卖合同之外的几乎所有合同。

54 许多指令使用了这样一种表述：“在经营者和消费者之间缔结的合同，据此应交付商品或提供服务。”[115]在对该表述的解释过程中，上述问题更

[114] Tiedje in: von der Groeben/Schwarze/Hatje (Hrsg.), Europäisches Unionsrecht, 7. Aufl. 2015, Art. 57 AEUV, Rn. 73.

[115]《上门交易指令》第1条第1款就已经这样规定。

加明显：这一表述具有限制性功能，或者它表达的是“所有合同”的同义词。欧洲法院在Dietzinger一案[116]中处理了该问题。[117]法院需要回答的问题包括：由私人（作为担保人）缔结的担保合同（Bürgschaftsvertrag）是否属于《上门交易指令》[118]的适用范围，因为该指令适用于商品交付和服务合同：

▶欧洲法院1998年3月17日判决，Rs C-45/96 (Bayerische Hypotheken – und Wechselbank AG v. Dietzinger), Slg 1998, 1-1199

17. 根据85/577/EWG指令第1条，该指令适用于“经营者和消费者”在经营者营业场所之外“缔结的合同，据此应交付商品或提供服务”，只要考虑到合同缔结或所涉地点，经营者不是按照消费者明确的意愿而行事。

18. 为了担保主债务人履行借贷合同而缔结的担保合同是否属于85/577/EWG指令的范围，对于这一问题至关重要的是，该指令的适用范围（不考虑第3条第2款的例外）不因作为合同标的的商品或服务的类型而受限制，只要这些商品或服务是用于私人消费目的。提供借贷构成一种服务；该担保合同仅仅是附属性（akzessorisch）的，并且在实践中经常是主合同的前提。

19. 此外，该指令的用语对此没有任何暗示，即缔结提供商品或服务合同的人必须是该商品或服务的受领人。也就是说，85/577/EWG指令旨在以此方式保护消费者，即如果合同不是因客户的动议，而是因经营者的动议而缔结，以致客户可能无法知晓其行为的所有后果时，该客户能够撤回合同。因此，如果购买的商品或服务是为该第三人确定的，该第三人不是所涉合同关系的当事人，则不能仅仅因为该合同有利于第三人，就将其从该指令的适用范围中排除。

20. 在借贷合同与担保其履行的合同之间存在紧密的关联，有义务偿

[116] Urteil des EuGH v. 17.3.1998, Rs C-45/96 (Bayerische Hypotheken- und Wechselbank AG v. Dietzinger), Slg 1998, I-1199；也参见 Lorenz, Richtlinienkonforme Auslegung, Mindestharmonisierung und der „Krieg der Senate“, NJW 1998, S. 2937–2940.

[117] 就此见Kümmerle, „Güter und Dienstleistungen“ – Vertragstypenbildung durch den EuGH, in: Andrés Santos/Baldus/Dedek (Hrsg.), Vertragstypen in Europa, 2011, S. 295, 305–307.

[118] 《上门交易指令》已经被《消费者权利指令》所取代。

付债务的可能是债务人自己或者担保人。因此，担保合同原则上属于该指令的范围。◀

55 欧洲法院在这一判决中表明，“商品和服务”的措辞不具有限制功能。此处并非意指合同类型或合同组群。相反，欧洲法院认为，欧洲立法者尽可能宽泛地设定适用范围，并意在清楚地表明其并非仅仅限于买卖合同。

56 但是，以上并不意味着，欧洲立法者仅仅在这种非特别的意义上使用服务合同的概念。服务的概念在某些指令中被更加精确地定义，以覆盖某类合同的具体范畴。《消费者权利指令》中有这种典型的定义：

▶《消费者权利指令》第 2 条（定义）

本指令意义上的

（……）

（6）“服务合同”是买卖合同之外的任何合同，根据该合同，经营者向消费者提供服务或承诺提供服务，消费者为此支付价款或承诺支付价款。◀

57 这一定义反映了服务合同概念的所有问题。其特征是包含了一个消极的要件，即它是一个不能被评价为买卖合同的合同。立法者知道，这样的消极定义不解决问题。因此，他们试图用积极的要件来补充消极定义。但是这一尝试并不奏效。服务的提供被视为构成性要素，但该定义陷入了循环论证的逻辑错误（idem per idem）。[119] 因此，由于欠缺进一步确定该合同的标准，该合同的类型化并没有完成。DCFR 等学术性规则文本 [120] 同样没有为服务合同的定义提出更好和内容丰富的建议：

▶ DCFR 第 IV. C. -1:110 条（适用范围）

（1）第四卷的本章

（a）适用于这样的合同，即作为一方当事人的服务提供者有义务向作

[119] Whittaker, in: Zimmermann (Hrsg.), Service Contracts, 2010, S. 115, 135; Loos, in: Hartkamp (Hrsg.), Towards a European Civil Code, 2011, S. 757, 764.

[120] 参见 Unberath, Der Dienstleistungsvertrag im Entwurf des Gemeinsamen Referenzrahmens, ZEuP 2008, S. 745–774.

为另一方当事人的客户以某价款提供服务；

（……）◀

DCFR尽管为服务合同和相关合同（如委托和经销合同）设置了复杂的规则，但是这一体系不是现行有效的欧洲法。而且，根据法律比较的发现，该体系也不能在成员国法律中找到基础——只有新的荷兰民法能提供支持。[121]就此而言，DCFR仅能提供一个有吸引力的未来模式。 58

欧盟委员会通过GEK建议案向合同类型的完整规则迈进了重要的一步。该法律举措采用了完全不同于指令的规则技术，因此它不以补充内国法律制度为目的，而是要为当事人之间的法律关系提供完整的、直接适用的规则。[122]GEK建议案中的合同"类型化"[123]不应当仅仅作为当事人的规则文本[124]发挥作用，而且还应当就哪些情况下允许适用（Einwahl）可选择机制设置边界。 59

GEK条例草案第5条规定了GEK的适用范围： 60

▶ GEK条例草案第5条（《欧洲共同买卖法》可以适用的合同）

欧洲共同买卖法可以适用于：

（a）买卖合同，

（b）关于提供数字内容的合同，数字内容是否储存在实体数据载体上在所不问，用户可以储存、处理或重复使用或者可以获得该数字内容，是否为提供数字内容支付价款在所不问，

（c）关于相关服务的合同，是否为此约定特别价款在所不问。◀

在本条文中，合同的类型化具有特别的功能。确定和界分合同类型的标准应当同时决定是否允许确定适用可选择机制。这是合同类型化方法的 61

---

[121] 《荷兰民法典》（*Burgerlijk Wetboek*）第7:400条中提供服务的合同（de overeenkomst van opdracht）。

[122] KOM(2011) 636 endg., 2.1., S. 8.

[123] Schmidt-Kessel/Schmidt-Kessel, GEK-E Kommentar, Art. 5 GEK-VO-E Rn. 1–6.

[124] Zoll, Die Vertragstypen im Vorschlag für das Gemeinsame Europäische Kaufrecht – die Bestimmung des Anwendungsbereichs eines Optionalen Instruments durch die Typisierung von Verträgen, in: Stumpf/Kainer/Baldus (Hrsg.), Festschrift Müller-Graff, 2015, S. 118-128.

巨大挑战。一个合同类型通常不定义法律举措的适用范围，而是提供指导方针，在实践中缔结的合同经常会偏离这一指导方针。[125]合同的类型化用于识别规范组群，该规范组群适用于特定的法律关系。但 GEK 草案却试图划定一个严格的界限，以便将大部分混合合同从可选择机制的适用范围中剔除。

62 GEK 草案定义了可适用的合同类型或合同组群：

▶ GEK 条例草案第 2 条（定义）

本条例中的

（……）

（k）“买卖合同”是指，根据该合同，经营者（“卖方”）把对物的所有权移转给另一个人（“买方”）或有向买方移转对物的所有权的义务，买方支付价款或有支付价款的义务，包括交付尚待制造或生产的物的合同，但不包括涉及出售被强制拍卖的物的合同，或以其他方式与实施公权力相关的合同；

（……）

（m）“相关服务”是指与物或数字内容有关的任何服务，如装配、养护、修理或者由物的卖方或数字内容的提供方根据买卖合同、关于提供数字内容的合同或根据关于相关服务的特别合同提供的其他活动，但是不包括

（i）运输活动，

（ii）培训，

（iii）电信领域的支持活动以及

（iv）金融服务；

（……）◀

63 GEK 条例草案第 2 条对关于提供数字内容的合同的规定不甚协调，也没有更详细的定义。GEK 条例草案第 2 条 j 仅仅规定了数字内容：

---

[125] Staudinger/Feldmann/Löwisch BGB, Neubearbeitung 2012, § 311 Rn. 30–32; Andrés Santos, Einleitung, in: Andrés Santos/Baldus/Dedek (Hrsg.), Vertragstypen in Europa, 2011, S. 1, 4 f.; Stoffels, Gesetzlich nicht geregelte Schuldverträge: Rechtsfindung und Inhaltskontrolle, 2001, S. 103.

▶ GEK 条例草案第 2 条（定义）

本条例中的

（……）

（j）“数字内容”是指以数字形式——必要时也按照客户定制规格——制造或提供的数据，包括视频、音频、图片或文字内容、数字游戏、软件以及使现有硬件或软件个性化的数字内容，但是不包括

（i）电子金融服务，包括在线银行，

（ii）以电子形式提供的法律或金融咨询服务，

（iii）电子健康服务，

（iv）电子通信服务和电子通信网络，以及与之相关的设施和劳务，

（v）博彩，

（vi）通过消费者或者与其他用户创作的任何交互作用，制造新的数字内容或变更现有的数字内容；

（……）◀

只有结合 GEK 条例草案第 5 条 b 关于对物的适用范围的规定，[126] 并在“数字内容”的定义下，[127] 才能获得关于提供数字内容合同的完整定义。[128] 此处也应当注意该定义的双重功能。一方面，它涉及可选择机制适用范围的规定，另一方面，它给当事人提供合同法律关系完整规则的可能性。 64

在现行欧盟法律中，立法者通过《消费者权利指令》专注于数字内容的合同法规则。[129] 被撤回的 GEK 建议案被视为完整解决这一问题的尝试。欧洲立法者在《消费者权利指令》中仅仅非常有限地逐点解决关于数字内容合同的问题。对这一合同的定义是： 65

[126] 关于对事的适用范围见 KOM(2011) 636 endg., 2.1., S. 9.

[127] 关于数字内容与纯粹服务相区分的难题见 Schmidt-Kessel/Schmidt-Kessel, GEK-E Kommentar, Art. 2 GEK-VO-E Rn. 46

[128] Schmidt-Kessel/Schmidt-Kessel, GEK-E Kommentar, 2014, Art. 2 GEK-VO-E Rn. 63–67.

[129] Richtlinie 2011/83/EU des Europäischen Parlaments und des Rates vom 25. Oktober 2011; 参见 Bierekoven, Neuerungen für Online-Shops nach Umsetzung der Verbraucherrechterichtlinie – ein erster Überblick, MMR 2014, 283, 287.

▶《消费者权利指令》第 2 条（定义）

本指令中的

（……）

（11）“数字内容”是指以数字形式制造或提供的数据；

（……）◀

但是，《消费者权利指令》没有包含关于提供数字内容的合同的规则。指令中仅在这一情况下才会使用该范畴，即当立法者认为，合同的这一标的足以成为偏离指令一般规定的理由（例如，见《消费者权利指令》第 5 条 g）。

66 欧盟法表现出在法律上把数字内容的经销置于买卖法之下的趋势。在这一范围内可以看出另外的变化，这种变化不仅涉及成员国的合同法，而且也深深地侵入传统著作权法的既有体系。最近一段时间以来，欧洲法院[130]在其引发诸多讨论的 UsedSoft[131]一案的判决中对此表达如下：

▶欧洲法院 2012 年 7 月 3 日判决，Rs C-128/11 (UsedSoft)

1. 对欧洲议会和理事会 2009 年 4 月 23 日关于计算机程序保护的 2009/24/EWG 指令的第 4 条第 2 款应当这样解释：在著作权所有人也对通过互联网从数据载体上免费下载该副本予以同意的情况下，如果他也赋予了无时间限制使用该副本的权利，并获得价款，该价款使其有可能从属于其作品之副本的经济价值中获得相应报酬，则其传播计算机程序副本的权利用尽。

2. 2009/24/EWG 指令第 4 条第 2 款和第 5 条第 1 款应当这样解释：该使用许可的第二个和任何其他获得者可以要求援用本指令第 4 条第 2 款的传播权之用尽，并因此应当在本指令第 5 条第 1 款的意义上被视为程序副本的合法获得者，这样的获得者可以根据本条行使复制权，只要该许可的转售与从著作权人网页上下载的程序副本的转售相联系，并且该许可最初是由权利所有人无时间限制地让与第一个获得者并获得价款，该价款使其有可能从其作品的副本的经济价值中获得相应报酬。◀

---

[130] Urteil des EuGH v. 3.7.2012,RsC-128/11 (UsedSoft GmbH/Oracle International Corp).

[131] Marly, Der Handel mit so genannter „Gebrauchtsoftware", EuZW 2012, S. 654.

欧洲法院在本判决中强制性地将关于提供计算机程序的合同置于买卖法规则之下。本判决不仅实现了合同关系的类型化，它还把该类型强制性地划归于合同法。因此，当事人丧失了自由塑造其法律关系的可能性，无法尽可能地保障数字内容的完全流动性。

目前，欧盟委员会尝试通过《数字内容指令建议案》，创设一个独立 67
的指令来调整有关数字内容之提供的合同。

▶《数字内容指令建议案》立法理由第 11 项

该指令应当解决因数字内容的不同范畴和提供数字内容时出现的问题。本指令中使用的“数字内容”概念应当比欧洲议会和理事会的2011/83/EU 指令的范围更广，以便能充分适应迅猛的技术发展，并确保这一概念不会立即过时。这一概念尤其应当包括提供制成、处理或储存数据的服务。尽管提供数字内容有多种可能性，如传输至永久数据载体、下载至消费者的设备、数据流或者进入存储容器或使用社交媒体的可能，但是该指令应当适用于所有数字内容，与数据内容所使用的数据载体的类型无关。人们并不愿意在技术迅速发展的市场内的不同范畴之间进行区分，因为区分的做法几乎无可避免地导致对提供者的歧视。对于数字内容不同范畴的提供者，应当保障相同的竞争条件。但是，如果数字内容是商品固定的组成部分，其功能从属于商品的主功能，那么，该指令不适用于以此方式融合进商品的数字内容。◀

这一立法理由清楚地表明，对于提供数字内容的合同，指令建议案寻求贯彻一种尽可能广泛的“最终类型化”。[132]立法理由主要指明了技术上的类型化。立法者旨在使新的法律机制独立于技术发展。但是技术发展会对合同类型化本身产生直接影响，因为不同的技术进展可能会对此产生效应，即提供数字内容的各种变种能够包含哪些合同类型。指令建议案的立法者意欲避免的不仅是技术条件对合同类型化的决定作用，而且是过窄的范畴将不必要地限制指令的适用范围。该指令意义上的关于提供数字内容的合

[132]　参见 Lurger, Anwendungsbereich und kaufvertragliche Ausrichtung der DIRL- und FWRL – Entwürfe, in Wendehorst/Zöchling-Jud (Hrsg.), Ein neues Vertragsrecht für den digitalen Binnenmarkt (2016), S. 19, 27.

同构成一个范围极广且非特殊化的范畴。

▶《数字内容指令建议案》第3条（适用范围）

（1）本条例适用于所有这样的合同，即根据该合同，提供者向消费者提供数字内容或负有该义务，消费者支付价款作为对价，或以个人或其他数据的方式提供金钱之外的对价。

（2）本指令适用于所有关于提供数字产品的合同，该产品根据消费者的特殊定制而研发。

（3）除了第5条和第11条的例外，本指令适用于所有具有数字内容的永久数据载体，只要该数据载体仅用于数字内容的传输。

（4）本指令不适用于以金钱之外的对价而提供的数字内容，只要提供者向消费者要求个人数据，且对该个人数据的处理是履行合同或法律要求必不可少的，同时，提供者没有以与该目的不相符的方式对数据进行再处理。本指令同样不适用于其他所有这样的数据，即提供者为了确保数字内容符合合同或法律要求而向消费者要求的；提供者不得为商业目的使用该数据。

（5）本指令不适用于以下标的的合同：

（a）以提供者人力为主的服务，数字形式主要被用于传输之目的；

（b）2002/21/EG指令意义上的电子通信服务；

（c）2011/24/EG指令第3条a意义上的健康服务；

（d）以电子形式并根据受领者个人索取而提供的博彩服务，在进行投注、赌场娱乐、扑克游戏和打赌并包括以某种投机性为前提的游戏时，该服务要求金钱性的投入；

（e）金融服务。

（……）◀

68 根据本指令建议案的术语，提供之概念也应当被宽泛理解。建议案的定义如下：

▶《数字内容指令建议案》第2条（定义）

（……）

10.“提供”是指创设获取数字内容之可能或准备好数字内容供人使用。

（……）◀

尽管提供之概念对于本指令建议案具有中心意义，但是该概念极不专门化。立法者意在使用一个尽可能宽泛的概念，获得数字内容的类型和方式在此并不重要。然而，这一表述下隐藏着一个变革。通常而言，提供给付的类型（永久性转让权利、有时间限制的转让、创设获得某物的可能）同时也是不同合同类型间的区分标准。本建议案中提供获得数据给付之可能的广阔范畴包括了完全不同类型的给付，却对合同类型没有决定性影响。建议案的这种做法可以被视为未来立法的指路牌。这样一种对现代合同有名化的最终类型化方式满足了现代科技条件下的经济需求。此外，合同类型化在今日其他领域不再履行降低成本的功能，因为通过合同调整的事实状态越来越复杂。

## 三、混合合同

随着欧洲合同法的规则密度越来越大，[133]以上所称的合同类型——即使其具有特别功能——也见于各处。因此，在现行共同体法领域也出现了混合合同的问题。在现行欧盟法律中，《消费者权利指令》的第 2 条第 5 款首次涉及这一问题。 69

《消费者权利指令》第 2 条第 5 款规定了对既包含买卖法又包含服务法成分的混合合同的处理。根据其结构安排，该条文乍看上去似乎采纳的是吸收理论（Absorptionstheorie）[134]。根据该理论，本条文意义上的混合合同应当被作为买卖合同处理，两种给付的相互关系在所不问。但有疑问的是，事实上能否进行这种规范解释。两个反对理由在于：第一，根据符合实际的观察，如果合同的服务法部分决定着法律关系的性质，并且所有权移转之义务仅具有下位作用（如限于文件），则买卖法的一般性适用将会 70

---

[133] Alpa, Towards a European Contract Law, in: Schulze/Stuyck (Hrsg.), Towards an European Contract Law, 2011, S. 23, 23–33; Howells/Schulze, Modernising and Harmonising Consumer Contract Law, 2009; Müller-Graff, Der Introitus des optionalen Europäischen Kaufrechts: Das erste Kapitel im Kontext von Kodifikationskonzept und Primärrecht, in: Schmidt-Kessel, Ein einheitliches europäisches Kaufrecht?, 2012, S. 51, 54 und Fn. 14 zu zahlreichen tragenden Projekten der Vereinheitlichung des Europäischen Privatrechts; Reding, The Next Step Towards a European Contract Law for Businesses and Consumers, in: Schulze/Stuyck (Hrsg.), Towards an European Contract Law, 2011, 9, 9–20; Riesenhuber, EU-Vertragsrecht, Rn. 24–43, Introduction, S. 3, 3–4; Schulze/Stuyck, An Introduction, in: Schulze/Stuyck (Hrsg.), Towards an European Contract Law, 2011, S. 3, 3–8.

[134] 关于吸收理论的概念见边码 72。

导致不公平的结果。第二个理由涉及《消费者权利指令》第2条第5款的功能。该条文不应当被视为关于混合合同的完整规则，它仅仅是在《消费者权利指令》范围内确定指令规范之适用范围的规定，即间接与买卖合同相关的规范。这里首先是指《消费者权利指令》第四章所包含的买卖法专门条文，但是也涉及散见于《消费者权利指令》其他章节中的条文，如规定撤回权期间起算的《消费者权利指令》第9条第2款b。该指令的最终版本没有追求为买卖合同设定包罗万象的规定（此类规定也包含具有属于不同合同类型之给付的合同），而是尝试以简单的类型和方法来确定指令单个规范的点状适用范围。这也意味着，该指令没有调整混合合同的一般规范，而仅仅确定单个规范在此情形下的点状适用范围。[135]

71 DCFR包含了关于混合合同规则的更为传统的使命。第II.-1:107条规定了混合合同。

▶ DCFR第II.-1:107条（混合合同）

（1）本条意义上的混合合同是指这样一种合同，它包含：

（a）属于本规则特别规定的两种或多种合同类型；或者

（……）

（2）对于混合合同，各个合同类型的条文准用于合同的各个部分以及由此产生的权利和义务，根据合同的性质和目的应作不同处理的除外。

（3）第2款在下列情形中不适用：

（a）有条文规定，混合合同应主要视作一种合同类型；或者

（b）不属于第3款（b）之情形的某合同包含了一种主要部分，以至于不把该合同主要地作为一种合同类型处理是不合理的。

（4）在第3款的情形下，该合同主要地被视为的合同类型（主合同类型）的条文适用于该合同以及由此产生的权利和义务。但是，相关条文准用于属于其他合同类型的合同部分，只要这是为调整该合同部分所必需的，且该相关条文不与主合同类型的条文相冲突。

（5）本条不影响强制性规定的适用。◀

[135] Zoll, Die Vertragstypen im Vorschlag für das Gemeinsame Europäische Kaufrecht – die Bestimmung des Anwendungsbereichs eines Optionalen Instruments durch die Typisierung von Verträgen, in: Stumpf/Kainer/Baldus (Hrsg.), Festschrift Müller-Graff, 2015, S. 118.

DCFR几乎提供了一个合同法律关系的全面规则。在这一背景下，有关混合合同的规则的使命就是确定适用于各个合同的所有法律材料。DCFR第II.-1:107条明确采纳了结合理论（Kombinationstheorie）[136]的原则，吸收理论作为补充。这至少是日耳曼法系的典型处理方式。[137]但不容忽视的是，DCFR没有以传统方式进行合同的类型化。DCFR在其第四编规定了特殊合同。服务合同的规定在这一编中具有代表作用。DCFR的起草者在这里选择了合同分组（Gruppierung）的方法。[138]DCFR用了三章来规范服务合同。第四编的C部分规定了狭义的服务合同（services），D部分规定了委托（mandate），E部分则规定了经销合同（commercial agency, franchise and distributorship）。这些合同组的范畴还包括其他合同，如建筑（construction）、加工（processing）、仓储（storage）等。每个部分还各自有一般性条文，C部分则是其他部分的总则（DCFR第IV.C.-1:103条）。关于委托的条文原则上也辅助性地适用于经销合同（DCFR第IV.E.-1:201条）。合同组的适用范围用一种类似于同心圆的方式来定义。DCFR第IV.C.-1:101条可以作为这种方式的例证。 72

▶ DCFR第IV.C-1:101条（适用范围）

（1）第四编的本部分：

（a）适用于这样的合同，即根据此合同，作为服务提供者的一方当事人有义务向作为客户的另一方当事人提供服务，并为此获得价款；以及

（b）准用于这样的合同，即根据此合同，服务提供者有义务向客户无偿提供服务。

（2）本部分尤其适用于建造、加工、仓储、设计、信息与咨询以及医疗合同。◀

根据本条的表述，属于适用范围的合同被划分在三个圆形内。第四 73

---

[136] Gawlik, Umowy mieszane. Konstrukcja i ocena prawna, in: Pojęcie umowy nienazwanej, studia cywilistyczne 1971, Band XVIII, Palestra 1974, Nr. 5, S. 25, 30.

[137] Looschelders, Schuldrecht Besonderer Teil, 11. Aufl. 2016, Rn. 12 f.; Medicus/Lorenz, Schuldrecht II, 17. Aufl. 2016, Rn. 1078 ff.

[138] Principles, Definitions and Model Rules of European Private Law – Draft Common Frame of Reference (DCFR), v. Bar ua (Hrsg.), 2008, General, S. 20 Nr. 35.

编条文最优先适用于最内侧圆形内的合同，即本条第 2 款所称的合同。相关规则直接适用。较外侧的圆形中纳入的是有偿服务合同。本编的条文也无限制地对其适用。对于法律实践者而言，这种方式仅具有信号效用（Signalwirkung），即规则尽管可以适用于这些合同，但必须注意的是，与第 2 款所述的合同相比较，规范内容与第 1 款（a）所述合同的类型更加分离。尽管根据条文字面表述，在此情况下无需对合同进行调整，但此处被赋予了更大的灵活性，以便照顾到与基本模式的偏差。最后，最外层的圆形包含的是无偿服务合同。条文明确规定，第四编的规则应“准用”于此类合同。[139]

74 上述三个同心圆并不能穷尽所有应适用于服务合同的规则。在 DCFR 所使用的规则方式的情形下，可能还存在其他的“同心圆”。这在单个合同（合同组）的定义中可以清楚看到：

▶ DCFR 第 IV.C-3:101 条（适用范围）

（1）本章适用于这样的合同，即根据此合同，作为建筑人的一方当事人有义务建造建筑物或其他不动产，或者对既有的建筑物或既有的不动产进行重大改变，并在此遵循客户提供的方案。

（2）本章准用于这样的合同，即根据此合同，建筑人有义务：

（a）建成动产或无形物，并在此遵循客户提供的方案；或者

（b）建造建筑物或其他不动产，或者对既有的建筑物或既有的不动产进行重大改变，并在此遵循建筑人自己提供的方案。◀

75 该条文的建构遵循的是同样的原则。第 1 款所述的合同是本规则的核心。距离核心较远的是第 2 款所称的合同。其他“服务合同”也类似地被简要规定。这一规则方式也改变了混合合同的概念。这样的服务合同构成一个极为广阔和不均质的范畴，囊括了类型差别很大的给付。这样一种极为开放的服务合同的概念意味着，合同类型之间的界限变得相当模糊。这种灵活概念所导致的结果是，无名合同和混合合同只有相对较小的空间，

---

[139] Zoll, Der Entwurf für einen Gemeinsamen Referenzrahmen im Prozess der europäischen Rechtsvereinheitlichung, in: Gebauer/Teichmann (Hrsg.), Enzyklopädie Europarecht, Band 6, Europäisches Privat- und Unternehmensrecht, 1. Aufl. 2016, § 9 Rn. 99.

因为大量具有不同给付的合同——即使是强度不同——都落于服务合同宽泛的定义中。对于组内的混合合同以及其他属于三种"服务法"组的合同，DCFR 第 IV.C-1:101 条不能直接适用。相反，必须注意服务法规则的内在结构，并仅当在此结构内没有解决方案的时候，才能诉诸关于混合合同的一般规则。尽管在概念上有相似性，但是在混合合同方面（结合理论和吸收理论），DCFR 的方法与日耳曼—大陆法系的处理方式不尽相同，特别是 DCFR 放弃了对合同进行轮廓清晰的界分。GEK 也使用了相对较多的篇幅来处理混合合同的问题。有关混合合同的规则承担更多的使命。其中一项就是确定规范适用范围的传统功能，即根据其用语指向特定合同类型的规范，以及在这些类型以外的合同可适用的规范。[140]GEK 条例草案第 9 条是这一功能的基础。

▶ GEK 条例草案第 9 条（混合合同）

（1）如果一个合同既规定了物的买卖或数字内容的提供，也规定了相关服务的提供，则第四部分的条文适用于物或数字内容之买卖双方当事人的义务和救济，第五部分的条文适用于服务提供方和客户的义务和救济。

（2）对于第 1 款所称的合同，如果卖方和服务提供方应当以独立的部分给付来履行其合同下的义务，或者该义务以其他方式可分，则对于某一可分配价款的给付部分而言，在因不履行而存在终止理由的情况下，买方和客户仅能终止合同的这一部分。

（3）如果不能期待买方和客户受领其他部分的给付，或者不履行成为终止整个合同的正当理由，则第 2 款不适用。

（4）如果卖方和服务提供方的合同义务不可分，或者对给付的某一部分不能分配价款，则仅在不履行成为终止整个合同的正当理由时，买方和客户才能终止合同。◀

与 DCFR 第 II.-1:107 条不同的是，GEK 条例草案第 9 条的规则完全以 76
结合理论为基础。但该条文内容的核心是明确合同的效力和终止。基于体

---

[140] Zoll, Die Vertragstypen im Vorschlag für das Gemeinsame Europäische Kaufrecht – die Bestimmung des Anwendungsbereichs eines Optionalen Instruments durch die Typisierung von Verträgen, in: Stumpf/Kainer/Baldus (Hrsg.), Festschrift Müller-Graff, 2015, S. 118–128.

系上的理由，这一做法令人惊讶，因为此类规则本应当划归于以合同终止为调整对象的条文。此处出现问题的原因在于，在 GEK 建议案体系内部，买卖合同（以及提供数字内容的合同）与“相关的”服务合同之间的关系不甚明确。本条文试图厘清合同之间的关系。GEK 的起草者处理的是关于合同类型的两种相互竞争的观念。从文本外部结构的纯技术角度而言，GEK 规定了三种独立的合同类型——买卖合同、提供数字内容的合同以及关于“相关服务”的合同。通过引入关于不履行后果的条文，GEK 几乎完整地在其第五部分规定了关于“相关服务”合同的内容。根据 GEK 的结构，在买卖合同的约定以及关于相关服务的合同的约定下，缔结的是两种不同的合同，而非一个合同。尽管如此，GEK 的概念前后并不一致。上文引述的 GEK 条例草案第 2 条 m 的前提要件是，相关服务合同应在与买卖合同以及关于提供数字内容的合同相同的时间、就相同的标的，并在相同的当事人之间缔结。这通常涉及结合理论下的混合合同。GEK 的起草者认识到了买卖合同（以及提供数字内容的合同）与“相关的”服务合同之间的关系不明确的问题。因此，GEK 有一条关于合同终止的单独规定：

▶ GEK 草案第 147 条（某些一般条文对买卖合同的适用）

（1）第九章的条文适用于本部分。

（2）随着买卖合同或者关于提供数字内容的合同终止，关于相关服务的合同也结束。◀

该条文的标题——至少从德语（Anwendungbestimmterallgemeiner Vorschriften für Kaufverträge）角度看——具有疑义。这里并不是指特殊条文对买卖合同的适用，而是指主要为买卖合同而设置的条文也适用于服务合同。对于上述混合合同的问题，本条第 2 款具有特别的作用。本条含有一个对 GEK 草案第 9 条第 2 款的隐藏性例外，但该例外为何没有规定在 GEK 草案第 9 条中，不得而知。该例外是，不同于 GEK 草案第 9 条第 2 款，买卖合同的终止必然导致相关服务合同的终止。但可以认为，GEK 草案第 9 条规定了“主合同”与相关服务合同之间的所有其他结合关系。

77 在关于在线买卖合同与提供数字内容的两部新指令的建议案中，立法者面对的问题是，要考虑到合同越来越复杂的标的。现代技术发展也使得合同的内容包括了完全不同的义务和权利项，通常不能轻易地把它们压缩进一个简单的结构。值得注意的是，《在线商品交易指令》对混合合同的规定与《消费者权利指令》不同。

▶《在线商品交易指令》第 1 条（适用范围）

（……）

（2）本指令不适用于关于提供服务的远程销售合同。但是，对于既规定商品买卖又规定服务提供的合同，本指令适用于商品买卖的部分。

（3）本指令不适用于带有数字内容的永久数据载体，只要该数据载体仅仅被用于向消费者传输数字内容。

（……）◀

《在线商品交易指令》第 1 条第 2 款试图澄清在一个合同中的买卖法与服务法元素之间的关系。《消费者权利指令》中买卖合同的概念以吸收理论为基础，而《在线商品交易指令》第 1 条第 2 款则采纳了结合理论。[141] 但是，这里出现了类似于《消费者权利指令》中的方法论错误。根据《消费者权利指令》，在运用吸收理论时，（至少从指令的字面意思出发）无需考虑买卖法与服务法元素之间的关系如何。《在线商品交易指令》立法者的观念是，应当始终贯彻结合理论，无需考虑买卖法或服务法元素的支配地位。[142] 对该规范的解释不应当局限于字面意思。如果买卖法或服务法元素在合同结构中居于支配地位，则应当适用吸收理论——第 1 条第 2 款的表述不违背这种看法。[143] 如果服务法元素居于支配地位，那么，服务法部分将“吸收”买卖法部分。当事人在现实世界中缔结的合同鲜有满足一种合同类型的所有前提，而与其他合同类型无关。元素间总是存在比例关系。[144] 如果一致程度相对较高，那么，某种合同类型的条文直接适用。对 78

[141] 参见 Ostendorf, Geplanter neuer Rechtsrahmen für Online-Warenhandel, ZRP 2016, S. 69, 70; 参见 Wendehorst/Wendehorst/Zöchling-Jud, Ein neues Vertragsrecht für den digitalen Binnenmarkt?, S. 2016, 45, 52.

[142] 参见 Ostendorf, Geplanter neuer Rechtsrahmen für Online-Warenhandel, ZRP 2016, S. 69, 70.

[143] 参见 Schmidt-Kessel/Erler/Grimm/Kramme, Die Richtlinienvorschläge der Kommission zu Digitalen Inhalten und Online-Handel – Teil 1, GPR 2016, 2, 5; 参见 Wendehorst/Wendehorst/Zöchling-Jud, Ein neues Vertragsrecht für den digitalen Binnenmarkt?, 2016, S. 45, 53.

[144] Schmidt-Kessel/Erler/Grimm/Kramme, Die Richtlinienvorschläge der Kommission zu Digitalen Inhalten und Online-Handel – Teil 1, GPR 2016, S. 2, 5.

立法者规定的核心条文的偏离程度越高，则该问题越明显，即哪些规定不同合同类型的条文应当得以适用。结合理论旨在对不同和可分的权利义务组适用相关的条文。但是，当不同的合同部分由于交织在一起而无法分门别类时，这一理论的僵化使用就失灵了。应当就某合同类型规范的适用作出决定。基于这一理由，《在线商品交易指令》第 2 条的规范性内容相对较少。实际上，适当的规则应当是，在适用结合理论的情形下，通过指令加以协调的法律仅仅适用于买卖法的部分。

79 《在线商品买卖指令》第 1 条第 3 款旨在解决另一个冲突。这一问题较少涉及混合合同，而是涉及关于提供数字内容的合同中“超出”合同的特征。第 3 款意图说明的是，如果一个合同以提供永久载体上的数字内容为标的，则关于在线买卖（远程销售）的条文不适用。[145] 立法者在这一情形中排除了买卖法条文的适用（如同《数字内容指令建议案》第 3 条第 3 款应当得出的结论一样），这样，关于提供数字内容的指令才能得到适用。[146] 但是，由此产生了一个有漏洞的构造，因为这样的合同不能强制性地从《消费品买卖指令》的适用范围中被排除。这一不协调有可能会在进一步的立法工作中得到解决。

80 《数字内容指令建议案》中有类似于《在线商品买卖指令》第 1 条第 2 款的处理方式：

▶《数字内容指令建议案》第 3 条（适用范围）

（……）

（6）如果一个合同在提供数字内容之外含有其他组成部分，则本指令仅适用于数字内容消费者和提供者的义务与救济。

（……）◀

从这一表述中也可以看到采纳结合理论的尝试。当合同中的义务和权利超出提供数字内容的范畴时，立法者试图对适用范围进行区隔。[147] 但如

[145] 参见 Wendehorst/Zöchling-Jud, Ein neues Vertragsrecht für den digitalen Binnenmarkt?, 2016, S. 45, 52.

[146] 参见 Schmidt-Kessel/Erler/Grimm/Kramme, Die Richtlinienvorschläge der Kommission zu Digitalen Inhalten und Online-Handel – Teil 1, GPR 2016, S. 2, 6.

[147] Schmidt-Kessel/Erler/Grimm/Kramme, Die Richtlinienvorschläge der Kommission zu Digitalen Inhalten und Online-Handel – Teil 1, GPR 2016, S. 2, 7.

上所述，这一规则的表述过于僵化，没有考虑到不同的情形，特别是某种规定特别权利义务项的合同类型可能更适合把整个合同囊括在内。但是在这一情形下，《数字内容指令建议案》第3条的字面表述不应当成为这种解释的障碍。[148]

此外，两个新指令建议案中对混合合同的处理也显示出另一个问题， 81
该问题是欧盟法的特点。以上引证的条文不仅涉及这一问题，即何种规则适用于混合合同，而且涉及指令适用范围的确定，因此也涉及欧洲法协调化适用范围的确定。在确定《在线买卖指令》第1条第2款和第3款以及《数字内容指令建议案》第3条的真正含义时出现了问题，这样的问题不仅意味着适用何种规则的不确定性，而且意味着欧洲法范围的不确定性。[149]这两部指令建议案尤其是完全协调化的法律，因此更加引人担忧。根据建议案文本，人们还不能清楚地确定其调整领域扩展至何处。

《数字内容指令建议案》还存在第二个问题。该指令中不存在关于提 82
供数字内容合同的类型。[150]相反，它是一个包含不同合同种类在内的宽泛范畴。对于这样一种无轮廓的图景（原则上仅仅通过数字内容的概念加以限制），人们必须极其克制地用混合合同的概念来处理。关于提供数字内容的合同的概念在某种程度上“横穿”内国法合同类型，并在转化指令时可能被归入不同的类型。[151]内国法律体系可能不会把它视为混合合同。相反，内国立法者必须注意的是，某些涉及数字内容的权利义务受欧洲法调整。这一例证说明，对于欧洲合同法层面上的混合合同，应当赋予其不同于内国法中混合合同的意义。从单个成员国法律系统中提取出的法律确定技术和法律适用技术可以移植到欧洲层面，但必须注意到它们各自的目的部分地存在不同。欧洲立法者仅仅想由此确定协调化的范围——成员国在转化时不受“欧洲合同类型”的约束，只要指令的目的能够实现。

---

[148] Wendehorst/Zöchling-Jud/Lurger, Ein neues Vertragsrecht für den digitalen Binnenmarkt?, 2015, S. 19–43.

[149] 参见 Wendehorst/Zöchling-Jud/Lurger, Ein neues Vertragsrecht für den digitalen Binnenmarkt?, 2015, S. 19, 42.

[150] 参见边码39；Schmidt-Kessel/Erler/Grimm/Kramme, Die Richtlinienvorschläge der Kommission zu Digitalen Inhalten und Online-Handel – Teil 1, GPR 2016, S. 54, 61.

[151] 参见 Schmidt-Kessel/Erler/Grimm/Kramme, Die Richtlinienvorschläge der Kommission zu Digitalen Inhalten und Online-Handel – Teil 1, GPR 2016, S. 54, 61.

## 四、合同自由

### 1. 总览

83 合同自由原则[152]在欧洲背景[153]下也是不言而喻的。例如《共同参考框架》草案中对合同自由的强调：

▶ DCFR 第 II.-1:102 条（合同自由）

（1）除了强制性规定外，当事人自由缔结合同或实施其他法律行为，并确定其内容。

（2）对下述关于合同或其他法律行为以及由此产生的权利或义务的条文，当事人可以排除其适用，或者偏离或改变其效力，另有不同规定的除外。

（3）如果条文禁止当事人约定排除某条文的适用，或者偏离或改变其效力，则某当事人放弃已成立并已为其所知的权利不受影响。◀

84 被撤回的 GEK 文本[154]同样明确规定了合同自由原则：

▶ GEK 条例草案第 1 条（合同自由）

（1）除了强制性规定外，当事人自由缔结合同并确定其内容。

（2）当事人可以排除《欧洲共同买卖法》的适用，或者偏离或改变其效力，本法另有不同规定的除外。◀

85 如上所述，GEK 建议案的撤回对于理解欧洲层面的合同自由具有重大关联性。GEK 体系把合同自由设计为适用于这样的当事人的原则，即为其合同关系选择 GEK 机制的当事人。[155]因此，合同自由被视为欧盟合同法的

---

[152] 关于作为条例建议案指导思想的合同自由原则见 Schmidt-Kessel/Schmidt-Kessel, GEK-E Kommentar, Einl. GEK-VO-E Rn. 4.

[153] Wagner, Zwingendes Vertragsrecht, in: Eidenmüller/Faust/Grigoleit/Jansen/Wagner/Zimmermann, Revision des Verbraucher-*acquis*, 2011, S. 1, 2–3.

[154] 关于 GEK 中的合同自由见 Schmidt-Kessel, Der Vorschlag der Kommission für ein Optionales Instrument – Einleitung, in: ders., Ein einheitliches europäisches Kaufrecht?, 2012, S. 1, 2.

[155] 关于 GEK 中的合同自由见 Schmidt-Kessel, Der Vorschlag der Kommission für ein Optionales Instrument – Einleitung, in: ders., Ein einheitliches europäisches Kaufrecht?, 2012, S. 1, 2.

一个天然原则。[156]在欧盟委员会撤回了这一可选择机制后，GEK 所包含的草案虽然不能成为可适用的法律，但是对于法律理念的发展极为重要，欧洲意义上的合同自由不再具有 GEK 最初所规定的角色。更恰当的是，欧洲法承认合同自由是内国合同法的一个支配性原则，并通过欧洲规则的影响对其进行修正。[157]

不能否认的是，欧洲法主要是对成员国具有强制力的规范，并由此通常限制成员国的形式合同自由。[158]但从欧洲法功能的角度而言，这是可以理解的。欧洲法主要用于排除内部市场中的交易障碍。因此，许多指令包含应被转化的强制规范，成员国立法者也应当以强制规范的形式予以颁行。[159]但是，欧洲立法者试图塑造成员国的法律体系，以便强化处于结构性弱势的市场参与者（消费者、金融投资者、供货人、易被歧视的群体）的决定自由，其后也隐藏了强化内部市场功能的想法。经营者可能因形式合同自由而享有更大的自由空间，相对于处在对弱势当事人提供更好保护的法律之下的经营者，前者就可能获得更大的优势，欧洲立法者意在防止这种优势的出现。[160] 86

然而，欧洲法对成员国法深远的影响改变了合同自由的理念。在欧盟法律内部，首先是市场组织的角度具有决定意义，个人意思的角度则没有这么重要。欧洲立法者想要保障的是，客户能够获得其正当期待的给付。从这一市场角度出发，个人塑造其契约关系的可能性的重要程度较低。市场机制导致合同与产品的标准化，留给个人塑造的空间并不大。欧盟法旨 87

[156] 关于 GEK 中的合同自由，参见 Schmidt-Kessel, Der Vorschlag der Kommission für ein Optionales Instrument – Einleitung, in: ders., Ein einheitliches europäisches Kaufrecht?, 2012, S. 1, 2; Herresthal, Zur Dogmatik und Methodik des Gemeinsamen Europäischen Kaufrechts nach dem Vorschlag der Kaufrechts-Verordnung, in: Schulte-Nölke ua, Der Entwurf für ein optionales europäisches Kaufrecht, 2012, S. 85, 111.

[157] 参见 Herresthal, Zur Dogmatik und Methodik des Gemeinsamen Europäischen Kaufrechts nach dem Vorschlag der Kaufrechts-Verordnung, in: Schulte-Nölke ua, Der Entwurf für ein optionales europäisches Kaufrecht, 2012, S. 85, 111.

[158] Schmidt-Kessel/Schmidt-Kessel, Der Vorschlag der Kommission für ein Optionales Instrument – Einleitung, in: ders., Ein einheitliches europäisches Kaufrecht?, 2012, S. 1, 3; Faust, Der Vorschlag für ein Gemeinsames Europäisches Kaufrecht, Bonner Rechtsjournal 2012, S. 123, 128.

[159] 有时甚至有观点认为，欧盟根本没有颁布任意法的权能。

[160] Riesenhuber, Europäisches Vertragsrecht, 2006, § 7 Rn. 943.

在保障公平条件和公平竞争。[161] 如撤回权 [162] 这样的消费者保护特殊机制也仅使得消费者有可能改变其已作出的决定，并从合同中解脱，但并不（至少不是直接地）适合对合同的塑造产生影响。只有合同自由的一个方面被要求，即缔约自由。这种对受合同约束的弱化处理也是为了服务于竞争（消费者在缔结合同后仍然可以挑选更优惠的要约）。[163] 此外，这一机制阻止经营者提出不可承受的合同条件，因为消费者有时间发现这样的条款，并行使其撤回权。另一方面，它是调整市场行为的措施。[164]

### 2. 任意法与强行法

88 与 DCFR 和 GEK 草案不同的是，《Acquis 原则》没有关于合同自由和私法自治原则的一般性条文。[165]ACQP 第 1:203 条仅仅说明，消费者保护规定在何种前提下具有强制性：[166]

▶ ACQP 第 1:203 条（消费者法规定的强行性特征）

（1）如果合同条款偏离特别适用于经营者与消费者之间关系的规定，且不利于消费者，则该合同条款对消费者没有约束力，另有不同规定的除外。以上不适用于旨在解决既有争议的合同。

（2）第 1 款准用于单方承诺。◀

89 本规定反映了现行共同体法。它也旨在直接确定合同自由的边界。由此，并非所有《Acquis 原则》的条文都具有强行性（或者因不利于消费者而不得通过约定废止或变更），即使其在给定情形下具有消费者保护的效

[161] 参见 Schmidt-Kessel/Schmidt-Kessel, Der Vorschlag der Kommission für ein Optionales Instrument – Einleitung, in: ders., Ein einheitliches europäisches Kaufrecht?, 2012, S. 1, 5.

[162] 关于 GEK 中的撤回权见 Wendehorst/Zöchling-Jud/Lurger, Am Vorabend eines Gemeinsamen Europäischen Kaufrechts, 2012, S. 1, 76; Twigg-Flesner/Watson, EU Consumer and Contract Law, 2016, S. 241.

[163] Riesenhuber, Europäisches Vertragsrecht, 2006, § 7 Rn. 943.

[164] Twigg-Flesner/Watson, EU Consumer and Contract Law, 2016, S. 241.

[165] Wagner, Zwingendes Vertragsrecht, in: Eidenmüller/Faust/Grigoleit/Jansen/Wagner/Zimmermann, Revision des Verbraucher-*acquis*, 2011, S. 1, 4.

[166] Acquis Group/Schulte-Nölke/Busch, Contract II, 2009, Art. 1:203 Rn. 1.

力。[167] 根据这些规则，只有这样的条文对消费者不利，即直接以消费者为对象，也就是在其前提中提及消费者概念的条文。由此可以得出的结论是，《Acquis 原则》的起草者原则上认为，ACQP 规则具有任意法的性质。

在欧洲私法的许多来源[168]中可以找到类似规定消费者法规范之强制性 90 的条文。《消费者权利指令》第 25 条就是例证：

▶《消费者权利指令》第 25 条（指令的强行性）

如果成员国法律适用于合同，则对于单个成员国因转化本指令的措施而赋予消费者的权利，消费者不能放弃。

如果合同条款直接或间接导致对出自本指令之权利的放弃或限制，该合同条款对消费者没有约束力。◀

该条仅仅规定，不能背离所有来自《消费者权利指令》的规则而损害 91 消费者的利益。但从中并不能判断出欧洲立法者是否以合同自由原则为基础。确定无疑的是，该指令的起草者认为，成员国法律在该原则的基础上构建其合同法体系。但并不能因此得出结论，即合同自由原则已经上升为欧洲法的最高准则。为了确定合同自由在欧洲法中的地位，还必须考虑其他法源，特别是首级法中关于合同自由和基本权利的条文。[169]

在格里格莱特看来，[170] 欧洲立法者没有颁布任意法的权能。[171] 据此， 92 任意性条文对于内部市场的建立没有任何意义，[172] 也不在 AEUV 第 114 条

[167] 参见 Wagner, Zwingendes Vertragsrecht, in: Eidenmüler/Faust/Grigoleit/Jansen/Wagner/Zimmermann, Revision des Verbraucher-*acquis*, 2011, S. 49.

[168] 《消费者权利指令》建议案即如此，见 Wagner, Zwingendes Vertragsrecht, in: Eidenmüller/Faust/Grigoleit/Jansen/Wagner/Zimmermann, Revision des Verbraucher-*acquis*, 2011, S. 1, 4–6.

[169] 就此见边码 50。

[170] Grigoleit, Der Entwurf für ein Gemeinsames Europäisches Kaufrecht; Funktionsbedingungen, EU-Kompetenz und Perspektiven, in: Remien/Herrler/Limmer, Gemeinsames Europäisches Kaufrecht für die EU?, 2012, S. 67.

[171] Grigoleit, Der Entwurf für ein Gemeinsames Europäisches Kaufrecht; Funktionsbedingungen, EU-Kompetenz und Perspektiven, in: Remien/Herrler/Limmer, Gemeinsames Europäisches Kaufrecht für die EU?, 2012, S. 77–78.

[172] Grigoleit, Der Entwurf für ein Gemeinsames Europäisches Kaufrecht; Funktionsbedingungen, EU-Kompetenz und Perspektiven, in: Remien/Herrler/Limmer, Gemeinsames Europäisches Kaufrecht für die EU?, 2012, S. 67, 78.

的权能基础[173]范围之内。[174]这一观点有待商榷。任意法的统一对于内部市场的成立毫无实际意义的看法不正确。任意法应当被视为立法者所秉持的公正理念的模本，并在对合同条款进行内容控制时指引方向。[175]因此，对于合同法的统一以及最终建立内部市场而言，任意法的协调化具有不可或缺的作用。

93 还有一些指令含有任意性条文。《消费品买卖指令》提供了显著的例证：

▶《消费品买卖指令》第 7 条（强行性）

如果合同条款或者在卖方告知违约前与其达成的协议直接或间接地排除或限制本指令所保障的权利，则该合同条款或协议根据内国法对消费者不具有约束力。

对于使用过的消费品，成员国可以规定，卖方和消费者可以达成该合同条款或协议，即卖方的责任期间短于第 5 条第 1 款的规定。该较短的责任期间不得短于一年。

（……）◀

94 ▶《消费品买卖指令》第 4 条（追索权）

如果生产者、同一合同链中的在先卖方或其他中间方的作为或不作为导致最终卖方违约，并因此向消费者承担责任，则最终卖方可以向合同链中的责任人追偿。内国法律确定最终卖方可以追索的责任人以及相应的程序和方式。◀

《消费品买卖指令》第 4 条涉及经营者之间的关系并保护最终卖方免受单独承担消费者保护成本的风险。但是《消费品买卖指令》第 7 条没有

[173] AEUV 第 114 条是条例建议案的职权基础以及相反观点，即 AEUV 第 352 条本应当作为职权基础，关于以上观点的一般性介绍见 Schmidt-Kessel/Schmidt-Kessel, GEK-E Kommentar, Einl. GEK-VO-E Rn. 23–36.

[174] Grigoleit, Der Entwurf für ein Gemeinsames Europäisches Kaufrecht; Funktionsbedingungen, EU-Kompetenz und Perspektiven, in: Remien/Herrler/Limmer, Gemeinsames Europäisches Kaufrecht für die EU?, 2012, S. 67, 81.

[175] Riesenhuber, Europäisches Vertragsrecht, 2. Aufl. 2006, § 31 Rn. 910 ff.

包含该指令的第 4 条。仅仅根据该指令的用语可以论证说，成员国可以自由决定用任意规范或强制规范来转化追索请求权。假如成员国应当使用强制规范，那么问题是，内国立法者是否可以自由地将转化规范设计为强制性或部分强制性的。该指令是一个最低程度协调化指令：

▶《消费品买卖指令》第 8 条（内国法与最低保护）

（1）消费者基于关于合同和非合同责任的内国法律规定可以行使的请求权不受本指令所保障的权利的影响。

（2）在本指令所调整的领域内，成员国可以按照条约颁布或维持更为严格的规定，以保障更高水平的消费者保护。◀

这意味着成员国可以超越指令的保护水平。但是，根据《消费品买卖指令》第 8 条的规定，这仅指消费者保护。《消费品买卖指令》第 4 条不属于消费者法领域。这可能会导致这样一种观点，即对于第 4 条，内国立法者只能按照该条本身的规定进行转化。这样做的结果是，这一规则因为该指令甚至被强制赋予任意性特征，而且内国立法者没有限制塑造自治（Gestaltungsautonomie）的自由度。假如这一解释成立，那么，如果德国在转化指令时颁布了一条规定，根据该规定，当事人偏离条文的可能性极为有限，[176]则该规定将违背指令。这一结论可能走得太远。根据对《消费品买卖指令》第 4 条的目的解释，应当认为，欧洲立法给这一条文安排的任务是，避免通常处于弱势的最终卖方承担对消费者的全部责任，如果毫无限制地背离该条文，则上述任务将难以实现。基于这一理由，应当认为，该条文至少在暗示内国立法者，就规则的可改变性进行限制。但是，如果转化以该条文可以完全改变为基础，这种转化可能也不违反指令。《支付服务指令》也包含了属于任意法的大量条文。这些条文之所以具有任意性，主要理由在于，该指令明确规定了某些消费者法条文的强制性。《支付服务指令》第 30 条第 1 款可以作为例证：

▶《支付服务指令》第 30 条（适用范围）

（1）本指令适用于单次支付以及框架合同、框架合同中包含的支付进

[176] 关于《德国民法典》第 478 条见 MünchKomm/Lorenz, 7. Aufl. 2016, § 478 Rn. 40 f.

程。如果支付服务使用者不是消费者，则当事人可以约定，本指令整体或部分不适用。

（2）成员国可以规定，本指令的规定以对消费者相同的方式适用于小企业。（……）◀

本条规定清楚说明，除了消费者法之外，所有被《支付服务指令》第30条所囊括的条文都可以改变。但是，该指令在欧洲合同法范畴内具有特殊性，因为它不是以逐点的方式来补充内国法律体系，而是为生活领域提供了一个完整的规则体。[177]规则体在这种情况下是“自我支撑的”（selbsttragend），即它在实践中必须被整体转化为成员国的法律。因此，它不仅需要强制性规定，也需要确定体系和参与构造的任意性条文。但是，欧洲立法者仍然让成员国自己决定，是否放弃该条文的可改变性，以及是否在消费者法之外也使该条文与消费者法的要求相适应。

3. 作为塑造自由界限的条款控制

95 欧盟合同法要求成员国转化强行性法律，借此原则上以逐点的方式为成员国设定合同自由的界限。但是，欧洲立法者也以其他方式确定塑造合同内容之自由（塑造自由）的界限，即通过对消费者合同中非协商条款的控制，[178]本书将以专章详述。[179]这里首先探讨规则体系的特点，它主要由《消费者合同不公平条款指令》体现出来：

▶《不公平条款指令》第3条（诚实信用原则）

（1）未经单独协商的合同条款如果违背诚实信用原则的要求，导致合

[177] 关于《支付服务指令》见 Hoffmann, Kundenhaftung unter der Neufassung der Zahlungsdiensterichtlinie, VuR 2016, S. 243; Omlor, Zahlungsentgelte unter dem Einfluss von Verbraucherrechte–und Zahlungsdienste-Richtlinie, NJW 2014, S. 1703; Hingst/Lösing, Die geplante Fortentwicklung des europäischen Zahlungsdiensteaufsichtsrechts durch die Zweite Zahlungsdienste-Richtlinie, BKR 2014, S. 315; Laitenberger, Das Einzugsermächtigungslastschriftverfahren nach Umsetzung der Richtlinie über Zahlungsdienste im Binnenmarkt, NJW 2010, S. 192.

[178] Jansen, Klauselkontrolle, in: Eidenmüller/Faust/Grigoleit/Jansen/Wagner/Zimmermann, Revision des Verbraucher-*acquis*, 2011, S. 53–107.

[179] 见本书第四章。

同当事人的权利义务不正当地明显失衡并且不利于消费者，则被视为不公平条款。

（2）如果一个合同条款是事先起草的，且消费者因此不能对其内容产生影响，则总是被视为未经单独协商的，特别是事先拟定的格式合同。

一个合同条款的某些要素或者某个条款经过单独协商的事实不排除本条文对合同其他部分的适用，只要该合同从总体上看仍然属于事先拟定的格式合同。如果经营者主张一个格式合同条款经过了单独协商，则由其承担证明责任。

（3）附件包含了一个用于提示和非穷尽的列表，列明可能被视为不公平的条款。◀

本条在欧洲立法中具有特别作用，因为该条明确指出了私法自治边界 96
的实体要件。欧洲立法者认为，消费者在面对一般交易条款（Allgemeine Geschäftsbedingungen）或者仅为了一次性使用而提出的条款时，消费者合同中的保护机制就必须启动。如果消费者在缔结合同的程序中能够影响条款内容，则他不再值得被保护。[180]

在合同双方都是经营者的情况下，欧洲立法者显得不那么具有原则性， 97
这可被视为一个悖论。但是，这一领域根据《支付迟延指令》是被相对限缩的。

▶《支付迟延指令》第 7 条（不公平合同条款和实践）

（1）成员国应当规定，如果涉及支付期日或支付期间、涉及迟延利息的利率或者涉及救济成本的合同条款或实践对于债权人重大不公平，则该合同条款或实践不得被强制执行，或者不得成为损害赔偿请求权的基础。

在判断一个合同条款或实践是否属于第 1 款前半部分意义上的对债权人重大不公平时，应当审查案件的所有情势，包括以下方面：

（a）对良好商事实践的重大偏离，该偏离违背诚信和正直的原则；

（b）商品或服务的种类；以及

---

[180] Zoll, Unfair Terms in the Acquis Principles and Draft Common Frame of Reference: A Study of the Differences between the Two Closest Members of One Family, Juridica International XIV/2008, S. 69, 75.

（c）对于偏离法定支付迟延利率，或者偏离第 3 条第 5 款、第 4 条第 3 款 a、第 4 条第 4 款以及第 4 条第 6 款所述的支付期限，或者偏离第 6 条第 1 款规定的一揽子金额，债务人是否有客观理由。

（2）如果一个合同条款或实践排除迟延利息，则该条款或实践是第 1 款意义上的重大不公平。

（3）如果一个合同条款或实践排除第 6 款所述的对救济成本的赔偿，则推定该条款或实践是第 1 款意义上的重大不公平。

（4）成员国应当确保，为了债权人和竞争者的利益，应当存在适当和有效的方式，以便制约构成第 1 款意义上的重大不公平合同条款和实践的使用。◀

《支付迟延指令》只调整经营者之间的关系。第 7 条创设了对规定支付期间的合同条款进行控制的基础。但是，如果当事人对争议条款进行过协商，条款控制也可以启动。这并不意味着，条款是否经过协商对于内容控制无关紧要。在《支付迟延指令》第 7 条所述标准的范围内，审查条款是否为不公平时，应当考虑该条款是否经过协商。只是协商的这一标准没有被明确提及。欧洲立法者试图在这一情况下通过一个“运动的体系”[181]来确定合同自由的边界。这种灵活的体系需要根据个案要求调整，与消费者业务所具有的大规模交易特征的协调度不高。《支付迟延指令》放弃了以这种方式进行明白无误的确定，即协商和存在协商可能性应当排除对条款内容的控制。这种解决方案对于未来而言更具成效，因为在实践中难以确定，是否真正进行了协商程序，或者一方当事人是否有可能对合同内容施加影响。协商，尤其是协商的可能性不能用“是或不是”的原则来评判。协商可能会在其强度上各异。一方当事人的影响也可能有天壤之别。因此，协商与合同自由边界之间的关系相当复杂。简单来说，当事人的塑造空间越大，对合同内容施加的真正影响就越大。但是，此处必须结合第 7 条所称的因素来评判影响。

[181] “运动的”体系之概念受以下著作影响：Wilburg, Die Elemente des Schadensrecht, S. 26 ff.; ders., Entwicklung eines Systems im bürgerlichen Recht; ders., Zusammenspiel der Kräfte im Aufbau des Schuldrechts.

### 4. 诚实信用

欧盟法中的诚实信用（Treu und Glauben）理念并非不证自明。[182] 成员国的法律体系在完全不同的程度和范围内承认这一理念，它可以是对法律关系的校正，也可以作为行使主观权利的界限。[183] 首先，普通法秩序对这一理念持拒绝或至少是怀疑的态度。[184] 欧洲法律也保持极为克制的立场。[185] 欧洲立法者仅在少数几个指令中使用了诚实信用的理念并明确规定出来。《不公平条款指令》[186] 中的表述是： 98

▶《不公平条款指令》第 3 条（诚实信用原则）

（1）未经单独协商的合同条款如果违背诚实信用原则的要求，导致合同当事人的权利义务不正当地明显失衡并且不利于消费者，则被视为不公平条款。

（……）◀

该指令在传播诚实信用理念的过程中起到了中心作用。[187] 随着该指令被转化为英国法，诚实信用（good faith）在普通法中找到了径路。在待控制的合同条款未经协商时，诚实信用的原则被用于确定塑造自由的界限。 99

2011 年的《支付迟延指令》使用了略有不同的表述，即诚信（gutes

[182]　Zoll, Die Grundlagen der Acquis-Gruppe im Spannungsverhältnis zwischen acquis commun und acquis communautaire, GPR 2008S. 106, 114.

[183]　Patti, Interpretation of the General Clauses „Public Policy“ and „Good Morals“ in European Contract Law, ERPL 2014, S. 611–617, 611; Riesenhuber, System und Prinzipien des Europäischen Vertragsrechts, 2003, S. 570; Smits, Contract Law, a comparative Introduction, 2014, S. 136 f., 139; Zimmermann/Whittaker, Good faith in European Contract Law, 2000, S. 16–39.

[184]　Brownsword, Regultating Transactions: Good Faith and Fair Dealing, in: Howells/Schulze, Modernising and Harmonising Consumer Contract Law, 2009, S. 88; Ranieri, Europäisches Obligationenrecht, 2009, S. 1873 Fn. 114, 1873–1875; Stuyck, in: Howells/Schulze (Hrsg.), Modernising and Harmonising Consumer Contract Law, 2009, S. 142–147; abweichend: Zimmermann/Whittaker, Good faith in European Contract Law, 2000, S. 39.

[185]　Jansen/Zimmermann, Grundregeln des bestehenden Gemeinschaftsprivatrechts?, JZ 2007, S. 1113, 1121; Riesenhuber, System und Prinzipien des Europäischen Vertragsrechts, 2003, S. 412-510.

[186]　Riesenhuber, System und Prinzipien des Europäischen Vertragsrechts, 2003, S. 402 f., 570.

[187]　Riesenhuber, System und Prinzipien des Europäischen Vertragsrechts, 2003, S. 410; Rott, Unfair contract Terms in: Twigg-Flesner, EU Consumer and Contract Law, 2016, S. 299 f.

Glauben）和正直（Redlichkeit），但其内容和功能类似：

▶《支付迟延指令》第7条（不公平合同条款和实践）

（1）成员国应当规定，如果涉及支付期日或支付期限、涉及迟延利息的利率或者涉及救济成本的合同条款或实践对于债权人为重大不公平，则该合同条款或实践不得被强制执行，或者不得成为损害赔偿请求权的基础。

在判断一个合同条款或实践是否属于第1款前半部分意义上的对债权人为重大不公平时，应当审查案件的所有情势，包括以下方面：

（a）对良好商事实践的重大偏离，该偏离违背诚信和正直的原则；

（……）◀

100 在《不公平条款指令》生效之前，欧洲立法者还在《商事代理人指令》中使用了诚实信用的概念。[188]

▶《商事代理人指令》第3条（商事代理人的义务）

（1）商事代理人在从事活动时应当维护经营者的利益并依照诚实信用原则行为。

（……）◀

▶《商事代理人指令》第4条（经营者的义务）

（1）经营者在其与商事代理人的关系中应当依照诚实信用原则行为。

（……）◀

但是在这种情形下，按照普通法原则运用诚实信用的标准则不那么具有突破性。它尤其是指继续性债务关系（Dauerschuldverhältnis），其特征是双方当事人的忠实义务，[189]即关于最高程度诚信（uberrima fidei）的合同。[190]在这样一种合同范围内，双方当事人被要求为了实现共同的目的而行事。

[188] Riesenhuber, System und Prinzipien des Europäischen Vertragsrechts, 2003, S. 403, 570.

[189] Riesenhuber, System und Prinzipien des Europäischen Vertragsrechts, 2003, S. 403 f.

[190] Schneider, Uberrima fides: Treu und Glauben und vorvertragliche Aufklärungspflichten im englischen Recht, 2004, S. 224 ff.

这一要求以双方协作为前提，协作的范围尽管不能精确地确定，但是必须通过诚实信用这样的灵活条款来具体化。

随着时间推移，欧洲立法者愈加频繁地使用诚实信用原则。该原则在《不公平商业实践指令》中被表述为： 101

▶《不公平商业实践指令》第2条（定义）

（……）

（h）“职业上的谨慎”是这样一种专业知识和谨慎的标准，即可以合理地认为，经营者在其对消费者的关系中按照公道的市场惯例以及/或者诚实信用的一般原则，在其活动领域内所运用的谨慎。

（……）◀

在该定义中，伴随诚实信用概念的是一个宽泛的范畴——“公道的市场惯例”（anständige Marktgepflogenheit）。[191] 两个概念之间是相互替换的关系。[192] 在此需要注意的是，该指令和其他所有指令[193]一样都是以成员国为对象的。这意味着，这样的一种替换性也指向成员国。成员国可以进行选择，如果不愿意使用诚实信用的概念，则可以使用“公道的市场惯例”这一较为温和的表述。然而，这两个概念并不是同义词。在诚实信用概念之后隐藏的是对人类相互关系的理想观念——即一种期望。它创设了人类在其行为中应当达到的标准。[194] 但“公道的市场惯例”却不是这样，这一标准并非理想化观念，而是现实中的实践和惯例，只不过被评价为“公道”的。作为标准的“公道的市场惯例”需要证明其事实上可以被实践，这样才能成为标准。诚实信用原则不但包含“公道的市场惯例”，而且走得更远，它不需要一种可以被实际运用的行为方式。在指令转化过程中，成员国立法者下意识地把包含两个概念的表述移植入内国法律体系，这种做法意义有限。其实，立法者可以择一而用。决定使用“公道的市场惯例”就意味着 102

[191] 关于德国法转化《不公平商业实践指令》时“公道的市场惯例”的概念见 Harte-Bavendamm/Henning-Bodewig/Schünemann, UWG Kommentar, 2. Aufl. 2009, § 3 Rn. 127–158.

[192] Köhler/Bornkamm/Köhler, UWG Kommentar, 32. Aufl. 2014, § 2 Rn. 131, § 3 Rn. 44.

[193] 根据 AEUV 第 288 条。

[194] Brownsword, Regultating Transactions: Good Faith and Fair Dealing, in: Howells/Schulze, Modernising and Harmonising Consumer Contract Law, 2009, S. 88, 91 f.

对内涵更广的诚实信用概念所秉持的谨慎态度。

103 欧洲法院至少在 Messner 案[195]中诉诸了诚实信用原则的概念：

▶欧洲法院 2009 年 9 月 3 日判决，Rs C-489/07 (Pia Messner), Slg I 2009, 7356

对欧洲议会和理事会 1997 年 5 月 20 日《关于远程缔结合同时消费者保护的 97/7/EWG 指令》的第 6 条第 1 款第 2 句以及第 2 款应当这样解释：如果内国法律规定，消费者使用了通过远程缔结合同所购买的商品，在消费者于期限内行使其撤回权的情况下，卖方可以要求消费者就商品使用承担一般性的价值赔偿，则该内国法律和指令相抵触。

但是，如果消费者以一种违反如诚实信用等民法原则或不当得利的方式使用商品，则关于消费者承担使用商品价值赔偿的义务与指令不相抵触，只要该指令的目的以及撤回权的有效性和效果不受损害；内国法院就此作出判断。◀

欧洲法院在该判决中使用了诚实信用的概念，该指令本身对此并无明确基础。然而，诚实信用原则在本判决中不能被称为现行共同体法，本判决仅仅指出，诚实信用原则可以对欧洲法中关于成功撤回后的返还清算规则进行修正。

104 《Acquis 原则》的起草者认为，对诚实信用原则这样一种微弱的适用需求已经足以成为创设一般规则的基础。[196]但是，《Acquis 原则》中没有可以被视为明确表述诚实信用原则之普遍适用的一般性规范。[197]除了内容控制的一般条款（ACQP 第 6:301 条）之外，诚实信用原则在先合同义务、确

---

[195] Özfirat-Skubinn, Der Fall Pia Messner – Ein Entscheidungsvorschlag – Zur Vereinbarkeit der deutschen Widerrufsfolgenregelung in § 357 BGB mit der Fernabsatzrichtlinie, NJOZ 2010, S. 2006, 2006–2017.

[196] Acquis Group/Pfeiffer/Ebers, Contract II, Art. 2:101 Rn. 10; Zoll, Die Grundregeln der Acquis-Gruppe im Spannungsverhältnis zwischen acquis commun und acquis communautaire, GPR 2008, S. 106, 113–115.

[197] Jansen/Zimmermann, Grundregeln des bestehenden Gemeinschaftsprivatrechts?, JZ 2007, S. 1113, 1123; Ranieri, Europäisches Obligationenrecht, 2009, S. 1896 f.

定债务关系内容以及关于履行债务的规则等领域被分别表述。[198]

▶ ACQP 第 2:101 条（诚实信用）

在先合同行为中，当事人有义务注意诚实信用原则。◀

▶ ACQP 第 7:101 条（履行之义务）

（1）债务人应当诚实信用地履行其义务。

（2）经营者应当在具有这样的专业知识和谨慎的情况下履行其义务，即可以被合理期待的，尤其是考虑到消费者的正当期待。◀

▶ ACQP 第 7:102 条（行使权利时的诚实信用）

债权人应当诚实信用地行使其要求履行的权利以及在不履行时的法律救济。◀

诚实信用原则在《Acquis 原则》中被分开规定，这一决定旨在限制诚实信用原则在整个体系中几乎统领一切的地位。因此，该原则的效用应当以逐点的方式被规定。[199] 这就提出了一个问题，即《Acquis 原则》的起草者在起草时是否已经有足够的来源，以法律重述（Restatement）的方式宣告诚实信用原则对于整个欧盟法的适用。欧盟委员会至少在这一时期的看法不同。在《审查关于消费者保护的共同法库存的绿皮书》（2007/C 61/01）中，欧盟委员会明确表示，在当时，诚实信用的一般原则不适用于欧盟法领域；欧盟委员会假设该原则仅适用于未来的工作并且明确，对该原则就未来工作的适用必须进行衡量： 105

▶《审查关于消费者保护的共同法库存的绿皮书》（2007/C 61/01）附录 I 4.3

共同体消费者法中的诚实信用及公平原则

共同体消费者保护法中没有按照公平以及诚实信用原则行事的一般

[198] Jansen/Zimmermann, Grundregeln des bestehenden Gemeinschaftsprivatrechts?, JZ 2007, S. 1113, 1121.

[199] Ranieri, Europäisches Obligationenrecht, 2009, S. 1896 f.

义务。《不公平商业实践指令》第 5 条是关于不公平实践的一般条款，但它适用于商事实践，而非合同。《关于消费者合同中不公平合同条款的第93/13 号欧洲经济共同体指令》第 3 条第 1 款是“不公平条款”概念的一般条款，并为该指令之目的而定义这一概念。在水平机制中就消费者合同设定一个总体性的一般条款的最大优点是，由此为特殊规则的解释设立依据，法院凭此依据可以通过额外权利义务的发展来填补法律漏洞。随着法律漏洞被填补，消费者保护更为优化，立法者造成的法律不确定性得以避免。此外，一般性规定可以在解释要约或合同条款时发挥作用，还可以抵御对某些指令或规定滞后于时代发展的批评。一个一般性的规则可能以“诚实信用和公平”的表述出现。由此也可以覆盖这样的观念，即在顾及单个消费者特殊情况的条件下恰当地考虑另一方当事人的利益。这样一种一般性条款的缺点是，它没有精确规定单个当事人的权利和义务。成员国的解释也可能互不相同。一个相应的一般原则应当在必要时从合同磋商直到履行以及法律救济都得到适用。由此可以避免现行消费者保护指令会出现的困境，因为法律条文会落后于科技和市场的发展。

问题 C：是否应在水平机制中确定经营者的一般性义务，即符合诚实信用和公平原则而行事？

选择一：可以在水平机制中规定，根据适用于消费者合同的欧盟法，经营者被期待诚实信用地行事。

选择二：维持现状——不存在一般条款。

选择三：加入对经营者和消费者同等适用的一般条款。◀

106 《消费者权利指令》可以被视为本绿皮书的成果之一，该指令没有使用诚实信用原则。它看上去似乎遵循了选择二。

107 DCFR 则明确宣告了诚实信用的原则：[200]

▶ DCFR 第 III.-1:103 条（诚实信用与正直的商业交往）

（1）在履行义务、行使请求权、诉诸不履行的法律救济或对其防御或者在行使解除义务或合同关系的权利时，应当以符合诚实信用和正直的商业交往的方式行事。

---

[200] Ranieri, Europäisches Obligationenrecht, 2009, S. 1896 f.

（2）该义务不得通过合同或其他法律行为排除。

（3）违反本义务不直接导致义务不履行时的法律救济，但是可以排除违反义务人在其他情况下本应拥有的权利、法律救济或抗辩之行使以及行使之请求。◀

108 DCFR试图通过这一诚实信用原则的表述在现行共同体法的不同传统中寻求平衡。与大陆法律传统相一致，这里是对诚实信用更为一般性的原则的表述，但同时又借鉴了英国法传统中的禁反言（estoppel）理论，据此，诚实信用原则被用作“盾牌”，而非“刀剑”。这一表述意味着，单从诚实信用原则本身无法衍生出直接的请求权，它仅用于对自有法律地位的防御。

109 在DCFR的这一表述中也可以找到《不公平商业实践指令》的蛛丝马迹，因为后者在诚实信用概念之外也使用了“公道的市场惯例”的概念。[201]但这不是对现行共同体法的成功接纳。如上所述，诚实信用和公道的市场惯例这两个概念是内国立法者使用的替代选择。但在此意义上，它不构成新的概念——公道的市场惯例被诚实信用的概念所涵盖。[202]

110 GEK把诚实信用原则作为适用于整个体系的一般规则：

▶ GEK草案第2条（诚实信用与正直的商业交往）

（1）各方当事人有义务以符合诚实信用和正直的商业交往的方式行事。

（2）如果当事人违反本义务，他在其他情况下本应拥有的权利、法律救济或抗辩之行使可被排除，或者可对其他当事人因此遭受的损失承担责任。

（3）当事人不得排除本条的适用、偏离本条或改变其效力。◀

111 GEK条例也定义了诚实信用和正直的商业交往的概念：

▶ GEK条例草案第2条（定义）

本条例中

（b）“诚实信用和正直的商业”是一种行为准则，其特点是在交易或

[201] 这一概念见《不公平商业实践指令》第2条h。

[202] 见边码102。

法律关系有争议时秉持诚实、公开的态度并考虑对方当事人的利益；

（……）◀

这一条文清楚地表明，“正直的商业交往”之概念（它替代了《不公平商业实践指令》德语版本使用的“公道的市场惯例”之概念）与诚实信用之概念在语言上相融合，但同时没有扩展或改变诚实信用概念的内容。之前使用英语上的公平交易（fair dealing）概念，是为了给普通法背景下的读者提供一个他们所熟悉的表达。[203] 出自 GEK 条例草案第 2 条 b 的定义也使用了不同的一般条款，它们同样需要被具体化。但是，从这一定义中可以看出 GEK 合同法的目的。GEK 假设，当事人有义务维护对方的利益，并应当为此目的合作（也见 GEK 草案第 3 条，该条明确规定了合作的义务[204]）。[205] 因此，GEK 是合作性的合同法，它不同于以注重自我利益为首要目标的合同法。GEK 条例草案第 2 条的表述原则上复述了 DCFR 的理念。[206] 仅有的区别在于，受损的一方当事人是否有权要求损害赔偿。即遭受损害的一方当事人不仅有防御权，而且在有限的范围内拥有“进攻权”，也就是要求损害赔偿。这一权利来自法国法传统。GEK 采纳诚实信用一般原则的发展已经由上文引用的《Acquis 原则》条文提前完成。尽管 GEK 具有可选择的性质，但假如欧盟采用 GEK 作为现行法，则该机制中的诚实信用原则将会对整个现行共同体法产生影响。但是，由于建议案被撤回，欧洲私法的这一质变没有到来。

### 5. 歧视保护

#### （1）基础

112 欧盟的合同法受到反歧视法发展的强烈影响。[207] 反歧视法是基本权利

[203] Schmidt-Kessel/Schmidt-Kessel, GEK-E Kommentar, 2014, Art. 2 GEK-VO-E Rn. 14, 15.

[204] 就此见 Schmidt-Kessel/Müller-Graff, GEK-E Kommentar, 2014, Art. 3 GEK-E; Schulze/Schulte-Nölke, CESL Commentary, Art. 2 Regulation Rn. 5.

[205] Schulze/Wendehorst, CESL Commentary, Art. 2 Regulation Rn. 5.

[206] Schmidt-Kessel/Schmidt-Kessel, GEK-E Kommentar, 2014, Art. 2 GEK-VO-E Rn. 9.

[207] Leible/Schlachter, Einführung in: Leible/Schlachter, Diskriminierungsschutz durch Privatrecht, 2006, S. 1–6; Scholten, Diskriminierungsschutz im Privatrecht? Beweis – und verfahrensrechtliche Probleme der Umsetzung der Richtlinie 2000/43/EG, 2003; Leible, Diskriminierungsschutz durch Privatrecht, 2009; Heiderhoff/Lohsse/Schulze, EU-Grundrechte und Privatrecht, 2016.

在私法领域可能展开的水平效用（horizontale Wirkung）的重要例证。欧盟法规定的歧视保护在极大程度上涉及合同自由的原则——特别是决定和谁缔结合同的自由。歧视保护也涉及塑造自由，因为它确定了塑造合同内容的边界。非歧视的要求与经典合同法理念是否一致，对此存在争议。马蒂亚斯·施图尔默（Matthias Storme）甚至把“歧视的权利”称为私法的一个基础性原则。[208] 施图尔默的这一激进观点受到马蒂亚斯·莱曼（Matthias Lehmann）的坚决抵制。[209] 后者认为，非歧视原则是民事法典的一个基础原则。它主要体现在符合自由、平等和博爱理念的《法国民法典》中。在这场讨论中，两位都有道理，因为他们关注的是私法建构的不同方面。从自由传统中诞生的法典以形式平等之社会图景为基础，对此我们不能否认。同时，自由意志原则对法典起草者具有决定性影响。从这一视角出发，意思表示人不必证明为何该意思表示不是对某人作出是正当的。在合同自由的范围内，歧视性地塑造合同内容不被禁止，只要一方当事人足够强势，就可以按照这样的内容执行合同。

在欧洲联盟法领域内，私法中的非歧视要求扮演着特殊的角色。[210] 欧 113
洲立法者寻求在这一视角下对合同当事人的不公平动机施以制裁。在一个文化多元的欧洲社会中，人们希望避免的是，不同人群由于偏见或迷信而难以或无法进入市场。欧洲的非歧视体系由多个面向组成，它们粗略的共性是尽可能地确保多个人群分享内部市场，在此共性之外，这些面向各异。有时，禁止不平等对待的原则从基本权利中衍生出来。[211] 它涉及的是因人类不同特征而被不平等对待的情形，如性别、血统或种族。但是，也存在仅仅由内部市场法律角度予以正当化的歧视禁止，如禁止因居所或住所在别国而在获得服务（以及不久的将来获得互联网服务）方面的歧视。

### （2）因个人特征的歧视

现行共同体法所保护的人群由这样的人组成，他们因为事实上或臆想 114
中的特征，而在获得向公众提供的商品或服务（包括居住场所）时受到歧

[208] Storme, Vivat academia 2005, Nr. 126, S. 3.

[209] Lehmann, Diskriminierungsschutz und Vertragsrecht – Entwicklungstendenzen im Rechtsvergleich in: Schulze (Hrsg.), New Features in Contract Law, 2009, S. 67–84.

[210] Zoll, Remedies for Discrimination: a Comparison of the Draft Common Frame of Reference and the Acquis Principles, ERA Forum Special Issue 2008, S. 87 f.

[211] 《欧洲人权宪章》（2010/C 83/02）第 21 条。

视。在此背景下应当提到合同法领域（劳动法保护的范围更广，此时不讨论）的两部指令：《反种族歧视指令》（Antirassismus-RL）[212]和《平等对待指令》（Gleichbehandlungs-RL）[213]。[214]这些指令有相似的结构。它们规定不被允许的不平等对待的理由，定义直接和间接歧视，提出可能使不平等对待合法化的事由，划定合乎比例并具有震慑力的制裁范围。当可以推导出不被允许的不平等对待的事实令人信服时，它们还引入了歧视推定。

115 这些指令的基础存在于首级法中。[215]AEUV 第 18 条禁止基于欧盟国籍的歧视。关于禁止基于性别、种族、血统、宗教或世界观、残障、年龄或性取向的歧视，[216]AEUV 第 19 条是欧盟立法的职权基础。此外，《基本权利宪章》第 21 条禁止其他理由的歧视，如政治或其他观点、基因特征等。

▶ AEUV 第 18 条（歧视禁止）

在不违反本条约特别规定的条件下，在本条约的适用范围内禁止任何基于国籍的歧视。

欧洲议会和理事会可以按照正常立法程序就该种歧视的禁止制定规则。◀

▶ AEUV 第 19 条（反歧视措施）

（1）在不违反本条约特别规定的条件下，欧洲理事会可以在通过本条约移转给联盟的管辖权范围内，按照特别立法程序并在欧洲议会同意后，

---

[212] RL 2000/43/EG des Rates vom 29. Juni 2000 zur Anwendung des Gleichbehandlungsgrundsatzes ohne Unterschied der Rasse oder der ethnischen Herkunft.

[213] Richtlinie 2004/113/EG des Rates vom 13. Dezember 2004 zur Verwirklichung des Grundsatzes der Gleichbehandlung von Frauen und Männern beim Zugang zu und bei der Versorgung mit Gütern und Dienstleistungen.

[214] 关于现有共同体法中的反歧视法见 Zoll, Remedies for Discrimination: A Comparison on the Draft Common Frame of Reference and the Acquis Principles, in: ERA-Forum 2008, S. 87–93; 关于指令见 von Wrangel, Altersdiskriminierung im Versicherungsprivatrecht?, 2016, S. 115–123.

[215] 关于首级法律的详述见 Streinz, in: Leible/Schlachter (Hrsg.): Diskriminierungsschutz durch Privatrecht, 2006, S. 11, 16 ff., 27 ff.

[216] 详述见 Haberl, Zivilrechtliche Diskriminierungsverbote in nationalen Privatrechtsgesellschaften–Eine rechtsvergleichende Untersuchung der deutschen und italienischen Schutzbestimmungen, 2011, S. 75–103.

一致采取适当措施，以制止基于性别、种族、血统、宗教或世界观、残障、年龄或性取向的歧视。

（2）不同于第 1 款之规定，欧洲议会和理事会可以按照正常立法程序确定联盟促进措施的基本原则，用于支持成员国为实现第 1 款所述目标而采取的措施，但不包括对成员国法律或行政规章的任何协调化。◀

问题是，如果歧视禁止原则没有在指令中被明确规定，那么它在合同法领域的效力如何。关于劳动法领域，欧洲法院在 Mangold 案[217]中采纳了歧视禁止的一般适用效力。 116

▶欧洲法院 2005 年 11 月 22 日判决，RsC-144/04 (Mangold), Slg 2005, I-10013

（……）

57.《兼职与定期劳动法》（TzBfG）第 14 条第 3 款的立法理由是，雇主与年满 52 岁的员工可以无限制地缔结有期限劳动合同，是直接基于年龄的不平等对待。

58. 2007/78/EG 指令第 6 条第 1 款同样就基于年龄的不平等对待作出规定，即成员国可以规定这样一种不平等对待："不构成歧视，只要它是客观和适当的，并且在该国法律框架内通过合法目的被正当化，尤其是雇佣政策、劳动市场和职业教育领域的合法目标等，同时，实现该目的的方式应当适当且必要。"这样的不平等对待可能根据第 1 款第 2 分款 a 涉及"确定获得雇佣和职业教育的特别条件以及特别雇佣和劳动条件，……以便促进青年、老年员工以及具有教养义务的人的职业融合以及确保对他们的保护"，也可能根据 b 和 c 在单个的特别情形下涉及确定与年龄相关的要求。◀

ACQP 第 3:101 条禁止任何基于性别、种族或血统的歧视。DCFR 第 II.-2:101 条是相似的规定。[218]两部法律文本都扩大了非歧视的理由。在合同 117

---

[217]　Urteil des EuGH v. 22.11.2005, Rs C-144/04 (Mangold), Slg 2005, I-10013; 关于此案见 Schwab, Das Mangold-Urteil des Europäischen Gerichtshofs, 2013.

[218]　也见 Zoll, Remedies for Discrimination: a Comparison on the Draft Common Frame of Reference and the Acquis Principles, in: ERA-Forum 2008, S. 87.

法领域要求谨慎和克制。歧视禁止限制了合同自由，尤其是显著限制了选择缔约对象的自由。如果歧视禁止在合同法中水平适用的基础仅仅是笼统的基本权，则这种适用干涉了作为独立法律领域的合同法之自治。根据当下的法律状况，原则上应当把歧视禁止理解为禁止基于性别、种族和血统的歧视。

118 《反种族歧视指令》认为，在指令中使用种族的概念不代表种族理论是可以被接受的（立法理由第 3 点）。但是，根据该指令的字面含义，种族的概念是认定不可被接受的不平等对待的前提。应当认为，它特别是指歧视者的种族动机，这种动机把缔约对象划分到特定的种族或血统。[219] 但不能否认这里缺乏必要的精确性。特定的客观要素必须存在，以便设定关于出于种族动机的不平等对待的出发点。[220]

▶《反种族歧视指令》立法理由第 3 项

法律面前平等和保护所有人免受歧视是共同的人权。这一权利在《世界人权宣言》、《消除对妇女一切形式歧视的联合国公约》、《消除一切形式种族歧视国际公约》、《公民权利和政治权利国际公约》、《经济、社会及文化权利国际公约》以及《欧盟人权和基本自由公约》中得到承认，这些文件由所有成员国签署。◀

欧盟建议出台一部指令，它应当按照劳动法的样本，对在获得向公众提供的商品和服务方面以及基于 AEUV 第 19 条所述其他原因的歧视保护作出规定。[221] 但是目前采纳该建议的政治时机值得怀疑。

**（3）歧视作为内部市场发挥功能的阻碍**

119 欧盟法也出于内部市场功能受阻的原因禁止歧视。这一禁止的法律的正当性弱于对人权的保护。此种意义上的歧视禁止服务于欧洲法上的基本自由，尤其是服务自由。核心条文见于《服务指令》。

---

[219] Riesenhuber in: Leible/Schlachter (Hrsg.), Diskriminierungsschutz durch Privatrecht, 2006, S. 123, 130.

[220] 关于反歧视法的总论：Schiek/Waddington/Bell (Hrsg.), Cases, Materials and Text on National, Supranational and International Non-Discrimination Law, 2007.

[221] KOM(2008)0426 – C6-0291/2008–2008/0140(CNS).

▶《服务指令》第 20 条（非歧视）

（1）成员国应当确保，服务受领方不被施加基于其国籍或居所的歧视性要求。

（2）成员国应当确保，对于一项由服务提供方向公众提供的服务，在获得该服务的一般条款中不得含有基于服务受领方之国籍或居所的歧视性条款；但这一规定不触及规定不同获得条件的可能性，只要这种不同的获得条件直接根据客观标准是正当的。◀

该条文禁止服务中基于国籍或居所的不平等对待。[222] 不平等对待只能 120
在可客观理解的标准中找寻正当化事由。客观标准涉及的是此类情况，例如由于地理距离或服务的种类等原因，不能向某地提供服务，或者提供服务的成本过高。然而，《服务指令》第 20 条的歧视禁止引发了严重疑虑。在经济自由的范畴内，应当允许每个经营者任意确定其影响范围，如一名工匠不必向全欧洲提供服务。该条文背后的基本观念可以理解——对不同的服务——尤其是在线提供的服务——的获取，在欧盟的所有国家中并不相同。但是该条文的表述却难以与经济自由的原则相协调。[223] 只要国籍被作为歧视的标准，那么第 20 条就是过时的，因为 AEUV 第 19 条已经直接规定了对出于国籍之歧视的禁止。

此外，欧盟委员会试图限制在获取商品和服务时出自地理封锁 121
（Geoblocking）的歧视。从某些国家获得数据内容因地理封锁变得困难或者不可能。为了实现这一目标，欧盟委员会提交了一份条例建议案，以便对在内部市场内基于客户的国籍、居住地或营业地的地理封锁或其他形式的歧视采取措施。[224] 根据该条例建议案，应当禁止下述领域的歧视：

[222]　Schulte-Nölke ua (Hrsg.), Discrimination of Consumers in the Digital Single Market, Study requested by the European Parliament's Committee on Internal Market and Consumer Protection, 2013, S. 45.

[223]　Schulte-Nölke ua (Hrsg.), Discrimination of Consumers in the Digital Single Market, Study requested by the European Parliament's Committee on Internal Market and Consumer Protection, 2013, S. 50.

[224]　例如，参见 Basedow, Der Verordnungsentwurf zum Geoblocking – ein trojanisches Pferd gegen die Vertragsfreiheit, EuZW 2016, S. 641.

▶《地理封锁条例》第3条（访问在线页面）

（1）提供方不得基于国籍、居所或营业地采用技术手段或其他方式封锁或限制顾客访问其在线页面。

（2）提供方不得因顾客的国籍、居所或营业地而将其引至与顾客原本意欲访问的在线页面不同的在线页面版本，这种不同涉及版式、语言或其他根据顾客特定的国籍、居所或营业地而专门设置的特征，除非顾客事先明确同意这种页面跳转。如果顾客明确同意这种页面跳转，则在线页面的初始版本应当易于顾客访问。

（3）如果为了履行欧盟法律条文或者与欧盟法一致的成员国法律条文所规定的义务，有必要封锁、限制特定顾客或特定国家境内的顾客访问在线页面或将其引至不同版本的在线页面，则第1款和第2款的禁止性规定不适用。

（4）如果提供方根据第3款封锁、限制顾客访问在线页面或将其引至不同版本的在线页面，则应当详细说明理由。理由应当以顾客原本意欲访问的在线页面的语言列明。◀

▶《地理封锁条例》第4条（获得商品或服务）

（1）提供方在下列情况下不得基于国籍、居所或营业地就获得其商品或服务使用不同的一般交易条款：

（a）提供方出售商品，且该商品不是由他或根据他的委托向成员国顾客跨境寄送；

（b）提供方预备以电子形式提供的服务，该服务的主要特征并非提供受著作权保护的作品或其他受保护标的以及对它们的使用；

（c）提供方提供不同于（b）中所述的服务，该服务在提供方的场所或者在由提供方选择的地点预备就绪，提供方的场所或其选择的地点在顾客国籍、居所或营业地所在国之外。

（2）如果提供方根据2006/112/EG指令第XII部分第1章免于缴纳增值税，则第1条（b）的禁止性规定不适用。

（3）如果欧盟法律条文或者与欧盟法一致的成员国法律条文禁止向特定顾客或特定国家境内的顾客出售商品或提供服务，则第1款的禁止性规定不适用。在出售书籍的情况下，第1款的禁止性规定并不禁止向特定国家境内的顾客提供不同的价格，只要这是与欧盟法一致的成员国法律条文

所规定的义务。◀

▶《地理封锁条例》第 5 条（基于与支付相关理由的非歧视）

（1）提供方不得基于顾客的国籍、居所或营业地、支付账户的所在地、支付服务提供商所在地或支付手段的签发地，在欧盟境内就获得其商品或服务使用不同的支付条款，只要下列条件得到满足：

（a）支付以电子交易形式通过银行转账、委托扣款或同一支付品牌内的卡片绑定支付工具进行；

（b）收款方可以根据 2015/2366 欧盟指令向付款方要求严格的客户身份认证；以及

（c）支付以收款方接受的货币进行。

（2）在使用与卡片绑定的支付手段的情况下，如果 2015/751 欧盟条例第 II 章没有确定其银行间费用，则第 1 款的禁止性规定不妨碍提供方收取费用，只要 260/2012 欧盟条例不适用于支付服务。该费用不得高于提供方为使用相关支付手段所产生的成本。◀

该建议案的主要目的是防止顾客因其国籍、居所或营业地而在进入内 122
部市场时被不公平地区别对待。提供方通常以各种理由在各个欧盟成员国提供不同的给付条件，以便利用当地的差异，包括所在地宣传的不同强度。[225] 由此，欧盟公民不能平等地从内部市场中获益。

## 6. 合同当事人的地位

当事人的地位（经营者或消费者）对于欧盟合同法具有核心意义。在 123
下文对消费者概念进行详述之前，[226] 应当指出的是，最初的消费者理念深深根植于 20 世纪七八十年代的经济现实之中。社会变更与技术革命对迄今为止的消费者概念之正当性提出挑战。[227] 人们参与市场的社会角色划分不再清

[225] Federrath, Geoblocking und die Möglichkeiten der Technik, ZUM 2015, S. 929.

[226] 边码 126 及以下。

[227] Gumularz, Ochrona Konusmenta a Fenomen „Rozszerzonej Rzeczywistości" – Nowe Wyzwania Polityki Prawa, Transformacje Prawa Prywatnego, 3/2013, S. 39, 40.

晰，越来越多的人的角色不能轻易被识别。[228]“生产消费者”（Prosumenten）的概念[229]发展出来，它是指同时积极参与生产过程（如可再生能源领域）的消费者。除了与技术革新相关的各种危险外，技术革新也极大改变了获得信息不对称的情况。这样一种不对称是“消费者”范畴发展的一个重要正当性基础。今日，任何备有智能手机的人都可以方便地获得商品信息、价格比较或者用户评论。虽然已经有转变的迹象，但欧盟最新的法律体系对这样的改变较少关注。例如，《包价旅游指令》中对当事人的描述如下：

▶《包价旅游指令》第3条（概念）

本指令中

（……）

6.“旅游者”是指旨在在本指令的基础上缔结合同的人或者根据在本指令范围内缔结的合同有权旅游的人；

7.“经营者”是指根据本指令所称的合同，自己或由他人以其名义或接受委托的形式从事活动的自然人或法人，在法人之场合不论其公共或私人性质；该人的活动属于其工商、业务、手工业或职业活动，该人是否作为旅游举办人、旅游中介或经营者促成相关旅游给付或者作为旅游给付提供者在所不问。

（……）◀

在旧的《包价旅游指令》中，消费者的概念极为广泛——其对应于今天的“旅游者”概念。尽管如此，在这一情况下改变术语是有代表性的。它强调的是，所有顾客受保护，而不仅仅是消费者。这一发展——从消费者保护到顾客保护——在欧盟法的其他领域也有体现。

## 五、消费者与其他应受保护的人

### 1. 概述

124 欧盟私法的发展与各个成员国传统私法的发展不同。19世纪的私法法

[228] Schulte-Nölke, The Brave New World of EU Consumer Law – Without Consumers, or Even Without Law?, EuCML 2015, S. 135, 138.

[229] Hansen, Rechtliche Fallstricke trans- bzw. crossmedialer Bewegtbild-Produktionen ZUM 2014, S. 175, 177.

典化浪潮体现了当时的自由趋势，并赋权以消除所有个人间的形式差别。[230]然而，形式平等原则的实现导致的是，这种私法仅仅含有“一滴社会的油”。[231]进入20世纪后，市场经济在社会国家中继续发展，在多样经验的基础上，保护较弱当事人的趋势越来越明显。[232]这一趋势在劳动法领域尤为突出，它在欧洲许多国家的法律体系中带来劳动法的独立，成为自成一门的法学学科。[233]但是本书不涉及劳动法领域的发展。在传统私法领域，众多国家的法律体系首先发展出承租人保护，然后是消费者保护。[234]许多国家的法律还尝试保护其他“非职业性的主体”以及中小经营者。但这种发展在国与国之间相当不协调。随着欧共体以及现在欧盟范围内的共同市场的产生，这种差别越发成为妨碍内部市场顺畅运转的一个因素。[235]给特定市场参与者提供更高水平保护的必要性增加了成本，[236]并且使得经营者机会不均等，因为相比之下，某些经营者只需要遵守较宽松的规则，这可能会导致社会倾销（Sozialdumping）。对于消费者而言，由于不了解其他成员国的消费者保护水平，他们可能因此决定不进行跨境活动。[237]所以，欧洲合同法的发展注重于消弭这种差别，并不令人诧异。[238]但是，在消弭差异的过程中不应当降低保护水平。相反，应当创设相对较高的共同保护标准。

[230] 参见 Wieacker, Privatrechtsgeschichte der Neuzeit: unter besonderer Berücksichtigung der deutschen Entwicklung, 2. Aufl., 1967, 5.-12.Tausend, S. 458–468, 461 f.

[231] V. Gierke, Die soziale Aufgabe des Privatrechts, 1889, S. 10; Wieacker, Privatrechtsgeschichte der Neuzeit: unter besonderer Berücksichtigung der deutschen Entwicklung, 2. Aufl. 1967, S. 470.

[232] 关于该发展的详述：Wieacker, Privatrechtsgeschichte der Neuzeit: unter besonderer Berücksichtigung der deutschen Entwicklung, 2. Aufl., 1967, 5.-12.Tausend, S. 517, 539, 543, 558.

[233] 参见上引书，S. 547.

[234] 参见 Schlosser, Grundzüge der Neueren Privatrechtsgeschichte, Rechtsentwicklungen im europäischen Kontext, 10. Aufl. 2005, S. 202, 203.

[235] 这一问题已经见于欧盟委员会2010年7月11日关于欧洲合同法的通知（KOM(2001) 398 endg.）；也见 Denkinger, Der Verbraucherbegriff: Eine Analyse persönlicher Geltungsbereiche vonverbraucherrechtlichen Schutzvorschriften in Europa, 2007, S. 1 f., 243; Riesenhuber/Takayama, Rechtsangleichung: Grundlagen, Methoden und Inhalte, in: Riesenhuber/Takayama, Rechtsangleichung: Grundlagen, Methoden und Inhalte, 2006, S. 1, 2.

[236] 阿达姆斯（Adams）分析了保护性规定的影响，例如《德国民法典》第612条第3款第2句对雇员的保护，他清楚地说明，遵守保护性规定会给雇主带来哪些不利，见 Adams, Ökonomische Theorie des Rechts: Konzepte und Anwendungen, 2. Aufl., 2004, S. 115 -118.

[237] 参见 Denkinger, Der Verbraucherbegriff: Eine Analyse persönlicher Geltungsbereiche vonverbraucherrechtlichen Schutzvorschriften in Europa, 2007, S. 243.

[238] 参见 Riesenhuber, System und Prinzipien des Europäischen Vertragsrechts, 2003, S. 217.

合同法中的保护尤其在消费者概念的基础上发展。此概念对于欧盟合同法的发展具有核心意义。消费者概念的目的是，把应受保护人群特征的识别进行“一揽子化”（Pauschalierung）。[239] 尽管消费者在特定情形下可能会凌驾于事实上“弱势”的经营者，并因此没有保护必要，但是他仍享有消费者保护。[240] 而且他也继续作为消费者受到保护。与消费者概念挂钩的是一种固有的且被立法者所关注的潜在不公正。某些人可能处于事实上的弱势地位，尤甚于消费者（如小经营者），但他们不受保护；而另外有些人可能在具体情况下并没有保护的必要，但他们仍然受保护。消费者的归类是一种与大规模交易的需求相适应的现象。[241] 但从中产生的问题是，如果一方当事人出于混合目的而行事，[242] 即一部分经营性和一部分私人性质的目的之行为应当如何归类。

125 为数众多的消费者法指令各自包含了消费者的定义。[243] 这些定义总体上类似，[244] 因此可以一般化。但有争议的可能是，出于混合目的而行为的人是否可以被称为消费者。欧洲立法者在某些情况下不是把待保护当事人的特征，而是把法律关系本身的性质作为是否提供保护措施的决定因素。某些保护措施仅仅提供给作为经营者合同一方的经营性当事人，如金融业务中的投资者。[245]

### 2. 现行共同体法中的消费者概念

126 根据 ACQP 第 1：201 条的定义，消费者是指以主要在其经营活动之外的目的而行事的所有自然人。这一表述遭到杨森和齐默尔曼的批评，因为按照此定义，如果合同以经营为目的，且该经营目的虽然是从属性的但并

---

[239] 参见 Riesenhuber, System und Prinzipien des Europäischen Vertragsrechts, 2003, S. 206; MünchKommBGB/Micklitz, 7. Aufl. 2016, Vorbem. zu §§ 13, 14 Rn. 95.

[240] 就此也见 Denkinger, Der Verbraucherbegriff: Eine Analyse persönlicher Geltungsbereiche von verbraucherrechtlichen Schutzvorschriften in Europa, 2007, S. 101 ff., insbesondere S. 103.

[241] 参见 v. Hippel, Verbraucherschutz, 3. Aufl., 1986, S. 3 f.

[242] 参见 Riesenhuber, Europäisches Vertragsrecht, 2. Aufl. 2006, S. 91.

[243] Riesenhuber, System und Prinzipien des Europäischen Vertragsrechts, 2003, S. 251–253，提供了对所有指令中消费者概念的概况。

[244] 参见 Tamm, Verbraucherschutzrecht, 2011, S. 321 ff.

[245] 2004/39/EWG 指令立法理由第 1 项。

非无关紧要，则合同当事人仍然可以被认定为消费者。[246] 杨森和齐默尔曼指出，欧洲法院得出的是另一个结论。[247] 根据 Gruber 案的判决，只有可以被忽视的经营目的才与消费者的认定不冲突。[248]

▶欧洲法院 2005 年 1 月 20 日判决，RsC-464/01 (Gruber),[249]Slg 2005, I-439

对 1968 年 9 月 27 日《关于民商事案件管辖权及判决执行公约》（*EuGVÜ*）（经 1978 年 10 月 9 日《丹麦王国、爱尔兰和大不列颠及北爱尔兰联合王国加入公约》、1982 年 10 月 25 日《希腊共和国加入公约》、1989 年 5 月 26 日《西班牙王国和葡萄牙共和国加入公约》以及 1996 年 11 月 29 日《奥地利共和国、芬兰共和国和瑞典王国加入公约》修改后的版本）的管辖权条文应当解释如下：

如果某人缔结一份合同，该合同的标的部分属于他在工商业上的职业活动，部分不属于他的职业或工商业活动的目的，则他不能诉诸 *EuGVÜ* 第 13 条至第 15 条的管辖权条文，除非该职业——工商业目的是次要的，它在整个所涉交易的整体关联中仅具有极为从属的地位，非职业——工商业目的占主要部分的事实在进行上述判断时不予考虑。

缔结所涉合同是否为了在并非完全从属的程度上满足职业——工商业目的，或者相反，即职业——工商业目的仅具有无关轻重的地位，这交由受诉法院判断。

为此，法院应当考量客观上出自行为的全部事实情况；但是，如果该人提出自己的消费者特征，对于该人的合同相对人而言是为明显的情况和特征的，则不应予以考量，除非该人如此行为，以至于合同相对人有理由认为，该人出于职业——工商业目的而行事。◀

但是，Gruber 案涉及的是国际管辖权的程序法问题。[250] 因此仍有疑问

---

[246] Jansen/Zimmermann, Grundregeln des bestehenden Gemeinschaftsprivatrechts?, in: JZ 2007, S. 1113, 1117.

[247] Jansen/Zimmermann, Grundregeln des bestehenden Gemeinschaftsprivatrechts?, in: JZ 2007, S. 1113, 1117 und Fn. 58.

[248] Urteil des EuGH v. 20.1.2005, Rs C-464/01 (Gruber), Slg 2005, I-439.

[249] Reich, EuGH, Urteil v. 20.1.2005 – C-464/01 Gruber/BayWa AG, EuZW 2005, S. 241.

[250] 该判决有关《关于民商事案件管辖权及判决执行公约》（EuGVÜ）第 13—15 条的适用性。

的是，这一评断是否能够移植到实体合同法上，或者，是否能够在现行共同体实体法中为这样的消费者概念找到充分的基础。《消费者权利指令》并没有给出明确解释。初看起来，该指令第2条第1项以和多个指令相同的传统方式定义消费者：

▶《消费者权利指令》第2条（概念）

本指令中

（1）“消费者”是指在本指令所涵盖的合同之场合，以在其工商、经营、手工或职业行为之外的目的而行事的任何自然人；

（……）◀

然而，该指令的立法理由[251]对消费者概念有不同的表述。在法律举措文本[252]中规定较窄的消费者概念，并在立法理由中作出全面释义[253]，可以在《住房信贷指令》[254]以及《在线争端解决条例》[255]建议案中找到这种做法的相同模板。

▶《住房信贷指令》第4条（概念）

本指令中

（1）“消费者”是指2008/48/EG指令第3条a意义上的消费者；

（……）◀

▶《在线争端解决条例》第4条（概念）

本条例中

（1）“消费者”是指以在其工商、经营、手工或职业行为之外的目的

[251] 《消费者权利指令》立法理由第17项。

[252] “消费者”的概念见《在线争端解决条例》第4条a和《住房信贷指令》第4条第1项。

[253] 《在线争端解决条例》立法理由第10项和《住房信贷指令》立法理由第12项。

[254] RL 2014/17/EU des Europäischen Parlaments und des Rates vom 4. Februar 2014 über Wohnimmobilienkreditverträge für Verbraucher und zur Änderung der Richtlinien 2008/48/EG und 2013/36/EU und der Verordnung (EU) Nr. 1093/2010.

[255] Vorschlag für eine Verordnung des Europäischen Parlaments und des Rates über die Online-Beilegung verbraucherrechtlicher Streitigkeiten (Verordnung über Online-Streitbeilegung), KOM(2011) 794 endg.

而行事的任何自然人；

（……）◀

▶《消费者权利指令》立法理由第 17 项

消费者的概念应当涵盖以在其工商、经营、手工或职业行为之外的目的而行事的自然人。如果部分地为工商业目的、部分地为非工商业目的而缔结合同（具有双重目的的合同），并且工商业目的在整体关联中不占主要地位，则该人仍被视为消费者。◀

▶《住房信贷指令》立法理由第 12 项

消费者的概念应当涵盖以在其工商或职业行为之外的目的而行事的自然人。如果部分地为工商业或职业目的、部分地为非工商业或非职业目的而缔结具有双重目的的合同，并且工商业或职业目的在整体关联中不占主要地位，则该人仍被视为消费者。◀

▶《在线争端解决条例》立法理由第 10 项

消费者的概念应当涵盖以在其工商、经营、手工或职业行为之外的目的而行事的自然人。如果部分地为工商业目的、部分地为非工商业目的而缔结合同（具有双重目的的合同），并且工商业目的如此轻微，在交易的整体关联中不占主要地位，则该人仍被视为消费者。◀

根据上述立法理由，消费者概念涵盖了服务于双重目的的合同，[256] 只要它以私人目的为主，而非工商目的。由此，这一消费者概念的范围远超 Gruber 案。问题在于指令立法理由的地位。它可以完善和补充指令正文的定义。但《消费者权利指令》立法理由第 17 项以及上述其他两个立法理由的规范性内容为何没有直接反映在指令正文的定义中？这里的理由可能在于，这样可以比较容易达到政治上的一致。立法理由在指令的解释过程中不能被忽视。[257] 从以上指令和条例中可以清楚地看到，混合目的的合同

[256] Tamm, Verbraucherschutzrecht, 2011, S. 337 f.

[257] 立法理由不是法律规范，但是它们拥有“所发布的规范文本的部分权威与尊严”，Köndgen, in: Riesenhuber, Europäische Methodenlehre, 2. Aufl. 2010, § 7 Rn. 41.

不影响对消费者的认定，只要合同以私人目的为主。[258] 但从立法技术角度而言，另一个可以想见的理由是，双重目的合同的问题只能在立法理由中处理。考虑到其他指令中的消费者定义，欧洲立法者有可能希望通过这种方式实现一般化。对此可以提出的论证是，通过澄清传统上“狭义”的消费者定义也涵盖“双重”目的，《不公平条款指令》或《消费品买卖指令》中较早的消费者定义也应当按照《消费者权利指令》所表达的对消费者概念的理解来进行解释。

127 在关于《不公平条款指令》中消费者概念的最新判决中，我们也能清楚看到对消费者的概念（但有时是经营者的概念）进行越来越宽泛理解的趋势。[259]

▶欧洲法院 2015 年 1 月 15 日判决，RsC-537/13 (Devenas)

对 1993 年 4 月 5 日欧洲理事会《关于消费者合同中不公平条款的 93/13/EWG 指令》应当解释如下：如原初程序（Ausgangsverfahren）中所述，一名律师和一名自然人缔结了关于法律服务的格式合同，如果该自然人并非出于可归属于其工商业或职业活动的目的而行事，则该指令适用于该格式合同。◀

欧洲法院在这一判决中明确表示，律师和非出于工商业目的而行事的自然人之间的合同也可以被评价为消费者合同。律师尽管也同时是司法（Rechtpflege）机关之一，但从他与委托人的合同关系来看，这改变不了律师作为经营者的性质。因此，律师的委托人可以在其他条件成就的情况下被划归为消费者。

128 欧洲法院在另一个判决中明确：

▶欧洲法院 2015 年 9 月 3 日判决，RsC-110/14 (Costea)

对 1993 年 4 月 5 日欧洲理事会《关于消费者合同中不公平条款的 93/13/EWG 指令》第 2 条 b 应当解释如下：一名从事律师职业的自然人与

[258] 《消费者权利指令》立法理由第 17 项。

[259] Urteil des EuGH v. 15.1.2015 – Rs C-537/13 (Šiba/Devénas)；对此见 Kaufhold 的评注意见，NJW 2015, S. 1290.

银行缔结了一份信贷合同，贷款的目的没有明确规定，只要该合同与该律师的职业活动没有关联，他就可以被视为本指令意义上的消费者。就此而言，以下情况无关紧要，即本合同的债权有抵押担保，该抵押是该律师作为其律师事务所的代理人设立的，并且涉及服务于从事职业活动的财产，如属于该律师事务所所有的土地。◀

在本案中明确的是，合同与自然人的工商业活动之间的紧密关联并不妨碍对消费者的认定，只要该合同的目的（信贷）与该律师的职业活动没有关联。以上案例同时表明了前文已经谈到的普遍性顾客保护的发展趋势。[260]

我们从程序法的角度也可以看到这一趋势，即实践中扩大对某人的消费者资格的认定。在 C-497/13[261] 一案中，欧洲法院的判决如下： 129

▶欧洲法院 2015 年 6 月 4 日判决，RsC-497/13 (Faber)

对 1999 年 5 月 25 日欧洲议会和理事会《关于消费品买卖和消费品担保的 1999/44/EG 指令》应当解释如下：如果对一个可能属于本指令适用范围的合同存在法律争议，则处理该法律争议的内国法院应当审查，买方是否属于本指令意义上的消费者，即使其本人没有明确诉诸这一特征，只要该法院具有，或者进行简单的信息问询就可以获得这一审查所必需的法律上或事实上的联结点。◀

根据这一判决，法院应当依职权审查一方当事人是否具有消费者的资格。该判决尽管没有改变消费者的实体法概念，却意味着，在出现争议时，对消费者身份的认定将更为常见。其结果就是，事实上将扩大受益于消费者特征的人群。

为了将一方当事人认定为消费者，另一方当事人必须（原则上）以经营者的身份出现。如果两名当事人既没有从事工商性质的活动，也不属于其职业活动，则他们之间订立的合同就不能被认定为消费者合同。但是， 130

---

[260] 边码 123。

[261] Rott, Anm. zu EuGH (Erste Kammer), Urteil v. 4.6.2015 – C-497/13 (Faber/Autobedrijf Hazet Ochten), EuZW 2015, S. 556, 560.

这种情况可能会被滥用。可以想见的是这一情形，即两人之间的合同是职业行纪人所促成的。行纪人的介入在通常情况下不会改变当事人的法律地位，但是在某些情况下，行纪人的活动超出了单纯的行纪行为：

▶欧洲法院2016年11月9日判决，RsC-149/15 (Whatelet)

对1999年5月25日欧洲议会和理事会《关于消费品买卖和消费品担保的1999/44/EG指令》第1条第2款c中的“卖方”概念应当解释如下：其也包括以某私人的费用作为行纪人行事的工商业者，该工商业者未符合规定地向消费者/买方告知，买卖物的所有权人是私人，应诉法院应当考虑单个案件下的所有情形，对此予以审查。这一解释与行纪人是否因其活动而获得报酬无关。◀

欧洲法院认为，作为行纪人的经营者的身份缺乏透明度，由此导致的结果是，相对于经营者，作为自然人的、为私人目的行事的买方可以行使《消费品买卖条例》赋予消费者的权利。尚不清楚的是，该判决会给参与者之间的法律关系带来哪些后果。欧洲合同法仅仅要求，行纪人就违约如同卖方一样承担责任；其他事宜交给成员国立法者处理。

### 3. 其他应受保护的当事人

131 现行共同体法还有一些规则用以保护当事人，它们与消费者身份无关。哪些当事人应受保护，取决于法律关系的性质。例如，经营者根据《支付迟延指令》或者《商事代理人指令》受到保护。

▶《支付迟延指令》立法理由第9项

本指令应当调整整个交易来往，不论该交易发生在私人或公共经营者之间，或者是因为公共机构大范围地向经营者支付而发生在经营者与公共机构之间。因此，本指令也适用于分包商与其供货商及承包商之间整个交易往来。◀

▶《独立商事代理人指令》第1条（适用范围）

（1）本指令规定的协调化措施适用于成员国调整商事代理人与经营者之间法律关系的法律与行政条文。

（2）本指令所称的商事代理人是指，作为独立工商业者持续性地为他人（以下称经营者）促成商品的买卖，或者以经营者的名义和费用缔结该交易的人。◀

对于应当向消费者承担责任的经营者，《消费品买卖指令》赋予其向其他经营者追索的权利（《消费品买卖指令》第4条）。在所有这些情形中，指令都没有规定受保护的经营者的资格标准。经营者在法律关系中居于特定法律地位既已足够，如供应商、商事代理人或销售链中终端卖方的法律地位。[262]

对于金融工具市场，[263]指令使用的是混合体系。原则上，所有客户都受保护。根据客户属于职业性质或者小投资者，保护的程度有所不同。[264]《电子商务指令》中也有类似的体系。电子商务提供者的所有客户原则上都受保护。例如，对客户负有的信息义务，对所有客户一视同仁。如果是消费者，则规定保护的条文是强制性的。 132

▶ 2000/31《电子商务指令》第10条（信息义务）

（1）除了共同法中其他的信息义务之外，成员国应当确保，在用户订购服务之前，服务供应商至少应当明确、易懂和无疑义地告知以下信息，非消费者的当事人之间另有不同约定除外：

（……）◀

---

[262] 参见 Denkinger, Der Verbraucherbegriff: Eine Analyse persönlicher Geltungsbereiche von verbraucherrechtlichen Schutzvorschriften in Europa, 2007, S. 272.

[263] Richtlinie 2004/39/EG des Europäischen Parlaments und des Rates vom 21. April 2004 über Märkte für Finanzinstrumente, zur Änderung der Richtlinien 85/611/EWG und 93/6/EWG des Rates und der RL 2000/12/EG des Europäischen Parlaments und des Rates und zur Aufhebung der RL 93/22/EWG des Rates.

[264] 2004/39/EG 指令立法理由第31项。

# 第三章　合同的成立与内容

**文献：** Basedow/Hopt/Zimmermann, Handwörterbuch des Europäischen Privatrechts Band II, 2009; van Erp, Contract als Rechtsbetrekking, 1990; Fleischer, Informationsasymmetrie im Vertragsrecht – Eine rechtsvergleichende und interdisziplinäre Abhandlung zu Reichweite und Grenzen vertragsschlussbezogener Aufklärungspflichten, 2001; Kötz, Europäisches Vertragsrecht, 2. Aufl. 2015; Micklitz/Stuyck/Terryn, Cases, Materials and Text on Consumer Law, 2010; Research Group on the Existing EC Private Law (Acquis Group), Contract II – General Provisions, Delivery of Goods, Package Travel and Payment Service (Contract II), 2009; Schulze, Die Widerrufsrechte im Gemeinsamen Europäischen Kaufrecht, in: Schulte-Nölke/Zoll/Jansen/Schulze, Der Entwurf für ein optionales Kaufrecht, 2012, S. 151–168; Terryn, The Right of Withdrawal, the Acquis-Principles, the Draft Common Frame of Reference and the Proposal for a Consumer Rights Directive, in: Schulze, CFR and Existing EC Contract Law, 2. Aufl. 2009; Twigg-Flesner/Schulze, Protecting rational choice: information and the right of withdrawal, in: Howells/Ramsay/Wilhelmsson, Handbook of Research on International Consumer Law, 2010, S. 145–157; v. Bar/Clive (Hrsg.), DCFR Full Edition, 2010.

## 一、先合同义务

### 1. 总览

1　欧洲私法把合同的成立（Zustandekommen）理解为一个在合同缔结前就已经执行的程序。当事人在合同缔结以前是否有忠实行为的义务，这一问题越来越成为形成中的欧洲私法的探讨对象。[1] 现行欧盟法律仅关注了先合同义务的某几个方面，尤其是先合同信息义务。[2] 但欧盟法也在逐渐扩大到其他领域。例如《不公平商业实践指令》给经营者设定了特定义务，诚实信用原则以及良好商事实践在此具有决定意义（《不公平商业指令》第 5 条第 2 款 a 结合第 2 条 h）。[3]

反映欧盟法并对其加以体系化的《Acquis 原则》在诚实信用原则中寻找先合同义务的源泉（参见 ACQP 第 2:101 条）。[4] 这一规则并非不证自明。在其产生之时，现行共同体法中几乎没有支持以下设想的依据：欧盟法也具有诚实信用的一般条款。关于消费者法的绿皮书首次阐释了使用一般条款对未来的必要性，其设想是，现行共同体法还没有接纳诚实信用的必要性。[5] 从法律比较的角度出发可以确定的是，并非所有的法律体系都接受了诚实信用原则。这一原则在普通法体系中尤为有限，并主要通过欧盟法的转化（特别是《不公平条款指令》）才进入普通法。[6] 2

但是最近，诚实信用原则在欧盟法中的意义也越来越重要：例如，《不公平商业实践指令》就显明了这一趋势。此外，这一概念也出现在欧洲法院的判决中。[7] 欧盟委员会的 GEK 建议案也频繁诉诸诚实信用的概念。[8] 如果该建议案生效，将会给欧盟法带来持续性改变，包括超出建议案使用范围的改变，[9] 但由于建议案被撤回，所以尚未实现。 3

[1] 就此见 Zoll, Culpa in Contrahendo in European Contract Law – A Useful Concept?, in: Schulze/Perales Viscasillas, The Formation of Contract, 2016, S. 41–57.

[2] 对此见 Riesenhuber, EU-Vertragsrecht, § 7 Rn. 16–51; Zoll, Culpa in Contrahendo in European Contract Law – A Useful Concept?, in: Schulze/Perales Viscasillas, The Formation of Contract, 2016, S. 45–57.

[3] Riesenhuber, EU-Vertragsrecht, § 7 Rn. 3–15; Zoll, Culpa in Contrahendo in European Contract Law – A Useful Concept?, in: Schulze/Perales Viscasillas, The Formation of Contract, 2016, S. 47–59.

[4] 关于字面表述见本书第二章边码 104。

[5] KOM(2006) 744 endg., 4.6., S. 13, 19 f.

[6] 见本书第二章边码 98 及以下。

[7] 对此的概览及引证见 Riesenhuber, System und Prinzipien des Europäischen Vertragsrechts, 2003, S. 398–401.

[8] GEK 条例草案立法理由第 31 项、第 2 条 b；GEK 草案第 2 条、第 23 条第 1 款、第 48 条第 1 款 b（iii）、第 49 条第 1 款和第 3 款、第 59 条 h、第 68 条 c、第 83 条第 1 款、第 86 条第 1 款 b、第 170 条第 1 款；就此见评注 Schmidt-Kessel, GEK-E Kommentar und Schulze, CESL Commentary zu den entsprechenden Normen.

[9] 见边码 110 及 111。

4 欧盟法特别大范围地规范了先合同义务的一个领域，即信息义务。[10] 正确的信息是具体意思形成的前提，也是有意识行为的前提，以便能够把所追求的法律后果与行为关联起来（或者从行为中不产生法律后果）。然而，在欠缺对原则性决定必不可少的完整信息的情况下行事，这几乎是时下的常态。信息要约内容广泛；但几乎不可能从这一信息洪流中筛选出正确的意思形成和决定程序所必需的信息。雪上加霜的是，当事人的信息状态通常是不对等的。[11] 构建消费者概念的理由之一就是，这样的人群由于结构上的弱势，缺乏充分的信息。[12] 但这种结构不对称并非只出现在消费者参与的合同中。相反，经营者之间也存在巨大的消息落差。[13] 充分信息的问题并非局限于法律关系的先合同阶段。在合同缔结后，合同必要的进展也同样取决于多样的信息。

5 当代法律制度不能对当事人之间的信息不对称熟视无睹。从许多国家的法律近年来的发展中可以看到，合同法律关系中的当事人在特定情形下被施加越来越多的、对另一方当事人负有的信息义务。但是，欧洲法律传统在这一方面仍存在巨大差别。这一差别的背后是文化差异，这是欧洲图景的特色。这一差别也影响了该观念，即当事人在先合同阶段是否要履行义务，如果是，又是哪些义务。有的法律体系更加注重当事人之间的合作，并要求当事人不能只关注和贯彻自身的利益，这样的体系有大量源自相互忠诚原则的义务。因此，告知先合同信息的义务在这种“合作性”体系里比比皆是，并且容易论证。其他法律体系则更主要地以个人主义为圭臬，它们原则上认为，每个人皆应对自己的信息状态负责。在这两个方向之间存在大量采取中间立场的模式。[14] 在这样的法律

---

[10] KOM(2006) 744 endg., 4.7., S. 22.

[11] 详述见 Fleischer, Informationsasymmetrie im Vertragsrecht, 2001, S. 1–5, 101–110, 140–146; zu den Folgen dieser Informationsasymmetrien siehe Busch, Informationspflichten im Wettbewerbs- und Vertragsrecht, 2008, S. 41–46, 也参见 Mota Pinto, Informationspflichten im Fernabsatz, in: Schulze/Ebers/Grigoleit, Informationspflichten und Vertragsschluss im Acquis communautaire, 2003, S. 157, 159, 160.

[12] Dauner-Lieb, Verbraucherschutz durch Ausbildung eines Sonderprivatrechts für Verbraucher, 1983, S. 63 ff.

[13] 关于金融服务参见 Ebers, Informations- und Beratungspflichten bei Finanzdienstleistungen, in: Schulze/Ebers/Grigoleit, Informationspflichten und Vertragsschluss im Acquis communautaire, 2003, S. 171, 174.

[14] 关于合作性、个人主义和利他主义的合同法见 Bronsword, Contract Law. Themes for the Twenty-First Century, 2006; Zoll, Culpa in Contrahendo in European Contract Law – A Useful Concept?, In: Schulze/Perales Viscasillas, The Formation of Contract, 2016, S. 49.

体系里，先合同义务通常源出诚实信用原则，或者源出对现有特别规定的一般化或不同的类推结论。[15]

欧盟法中关于信息的权利被视为保护消费者的最重要制度之一。[16] 因此，许多指令中包含或附有关于信息义务的条目。[17] 列举这些应被告知的信息是为了履行不同的功能。其中的一些信息是为了保证消费者有可能作出正确的决定。这些信息首先涉及给付标的，以及影响实现消费者预期的合同目的的风险。[18] 其他的信息则用于识别当事人的身份。 6

其他应被告知的信息旨在说明缔结合同的方式。如果缔结合同的程序以特别的知识为前提，或者技术上复杂，则这些信息的重要性就凸现出来（如《消费者权利指令》第 8 条第 2 款和第 3 款）。因此，如果要缔结远程销售合同，尤其是在电子商务的情况下，必须向消费者告知合同缔结程序的技术进程。 7

▶《消费者权利指令》第 8 条（远程销售合同的形式要求）

（1）在远程销售合同之场合，经营者应当以清楚和易懂的语言，并以符合所使用的远程通信手段的方式向消费者告知第 6 条第 1 款规定的信息，或者相应地准备好这些信息待取。如果以永久数据载体的方式提供信息，该信息应当可读。

（2）如果根据以电子方式缔结的远程销售合同，消费者有付款义务，则经营者应当以清晰和突出的方式，并直接在消费者确认其订单前，向其

[15] 例如，参见 Schulze, Schuldrechtsreform und Gemeinschaftsrecht in: Schulte-Nölke (Hrsg.), Die Schuldrechtsreform vor dem Hintergrund des Gemeinschaftsrechts, 2001, S. 1, 18 关于德国债法改革筹备的论述，在讨论草案中，缔约过失责任的规定并不针对一个独立的规则情境，而是在先合同领域也明确诚实信用原则的适用。

[16] Börger, Sanktionen für die Verletzung vorvertraglicher Informationspflichten – Eine Untersuchung gemeinschaftsrechtlicher Vorgaben und deren Umsetzung in Deutschland, Frankreich und Großbritannien, 2010, S. 22 -30; Heiderhoff, Grundstrukturen des nationalen und europäischen Verbrauchervertragsrechts, 2004, S. 266.

[17] 关于指令中信息义务及其功能的详述见 Riesenhuber, EU-Vertragsrecht, § 7 Rn. 16–51; 关于先合同信息义务的概览见 Börger, Sanktionen für die Verletzung vorvertraglicher Informationspflichten – Eine Untersuchung gemeinschaftsrechtlicher Vorgaben und deren Umsetzung in Deutschland, Frankreich und Großbritannien, 2010, S. 45 f.

[18] 例如，参见《金融服务指令》立法理由第 21 项；《消费者信贷指令》第 5 条第 1 款和第 6 条第 1 款。

告知第 6 条第 1 项 a、e、o 和 p 所称的信息。

经营者应当确保，消费者在订购时明确确认，该订购与付款义务相关。如果订购进程包括激活按键或者类似功能，则该按键或者类似功能应清晰可读，并且只标示为“订购后有义务付款”或者相应的清楚表述，以便告知消费者，该订购与向经营者的付款义务相关。如果经营者未遵守该分款的规定，则消费者不受合同或订购的约束。

（……）◀

8 此外，还有一些信息义务是为了让对方当事人知晓建立联系的商业目的。另有信息义务则关涉消费者特别权利的存在，消费者必须知晓其权利，然后才能去行使。这些权利尤其包括撤回权，这是消费者在特别的契约环境下所享有的，如上门交易或远程销售合同。[19]

▶《消费者权利指令》第 6 条（远程销售合同及在营业场所外缔结的合同之信息义务）

（1）在消费者受远程销售合同或者在营业场所外缔结的合同或者相应的合同要约的约束之前，经营者应当以清楚和易懂的方式向消费者告知：

（……）

（h）在存在撤回权的情况下，根据第 11 条第 1 款的关于行使该权利的条件、期限和程序，以及附件 I 中 B 部分的撤回表单模板；

（……）◀

9 现行共同体法尽管没有关于违反信息义务时制裁的具体规定，[20]但是撤

[19] KOM(2006) 744 endg., 4.7., S. 22；以及如《远程销售指令》第 4 条第 1 款 f 和 g，《上门交易指令》第 4 条，《消费者权利指令》立法理由第 43 项以及第 6 条第 1 款 h，《消费者信贷指令》第 5 条第 1 款 o、第 10 条第 2 款 p。

[20] 对此概览见 Börger, Sanktionen für die Verletzung vorvertraglicher Informationspflichten – Eine Untersuchung gemeinschaftsrechtlicher Vorgaben und deren Umsetzung in Deutschland, Frankreich und Großbritannien, 2009；也参见 Mota Pinto, Informationspflichten im Fernabsatz, in: Schulze/Ebers/Grigoleit, Informationspflichten und Vertragsschluss im Acquis communautaire, 2003, S. 157, 167–169; Zoll, Culpa in Contrahendo in European Contract Law – A Useful Concept?, in: Schulze/Perales Viscasillas, The Formation of Contract, 2016, S. 45-46.

回期间的延长属于欧洲法上典型的后果之一。[21]需要说明的是，欧盟法在确定制裁时的谨慎正在减少。欧洲学术工程的规范集成，也就是《Acquis原则》和DCFR已经就违反信息义务规定了具体的制裁方案（ACQP第2:208条、DCFR第II.-3:109条）。该体系的重要组成部分就是根据信息调整合同（ACQP第2:208条第2款、DCFR第II.-3:109条第2款）。

▶ ACQP第2:208条（违反信息义务时的法律救济）

（1）如果经营者根据第2:203条和第2:204条有义务在消费者缔结一份其享有撤回权的合同之前，向其告知信息，则撤回期间在所有信息被告知之前不起算。根据该规则，撤回期间的结束可延迟一年，自合同缔结时起算。

（2）如果一方当事人未履行第2:201条至第2:204条规定的义务，且合同已经缔结，则其义务成为合同的内容，该义务是另一方当事人可以合理期待的、作为信息之缺欠或不正确的后果。

（……）◀

▶ DCFR第II.-3:109条（违反信息义务时的法律救济）

（……）

（2）如果经营者未履行本节以上条文规定的义务，且合同已经缔结，则经营者应当承担合同义务，该义务是另一方当事人可以合理期待的、作为信息之缺欠或不正确的后果。关于该义务的不履行，第三编第三章的法律救济相应适用。

（……）◀

欧盟立法者也开始逐渐放弃把制裁规则主要交给成员国的做法。新的 10
《消费者权利指令》包括了详尽的制裁规定：

▶《消费者权利指令》第6条（远程销售合同及在营业场所外缔结的合同之信息义务）

（……）

[21] 例如，参见《远程销售指令》第6条第1款分款2和3、《消费者权利指令》第10条、《消费者信贷指令》第14条第1款b。

（6）如果经营者没有履行其依据第 1 款 e 关于额外和其他费用的信息义务，或者依据第 1 款 i 关于回寄商品费用的信息义务，则消费者不必承担此额外和其他费用。

（……）◀

▶《消费者权利指令》第 10 条（未说明撤回权）

（1）如果经营者没有按照第 6 条第 1 款 h 向消费者说明其撤回权，则撤回期间在第 9 条第 2 款规定的最初撤回期间届满后的 12 个月才到期。

（……）◀

欧盟立法者在《消费者权利指令》的第 24 条规定了违法制裁的最低前提。这一最低前提也涉及违反先合同信息义务时的制裁。[22]

▶《消费者权利指令》第 24 条（罚则）

（1）成员国确定违反根据本指令制定的内国法律条文时的罚则，并实施该罚则适用时所需的措施。罚则应当有效、适当和有震慑力。

（……）◀

11 新的《消费者权利指令》确立了更全面的制裁条目。欧盟法的信息义务也存在于消费者法之外。《服务指令》就是一个例证。据此，服务受领方不必是消费者，也可以从服务提供方的信息义务中获益。

▶《服务指令》第 22 条（关于服务提供方及其服务的信息）

（1）成员国应当确保，服务提供方向服务受领方提供以下信息：

（a）服务提供方的名称、法律状态和法律形式，其开业的地理位置以及关于快速建立和与其直接通信的说明，包括必要时的电子方式；

（b）如果服务提供方登记在商事登记簿或类似的公开登记簿上，登记簿的名称及服务提供方的登记号码或者同等的、在此登记簿上使用的识别码；

[22] Zoll, Culpa in Contrahendo in European Contract Law – A Useful Concept?, In: Schulze/Perales Viscasillas, The Formation of Contract, 2016, S. 50.

（c）如果活动需要批准，关于主管机关或统一联系人的说明；

（d）如果服务提供方从事应交纳增值税的活动，根据 1977 年 5 月 17 日关于协调成员国营业税法律规定的欧洲理事会第六指令（77/388/EWG）——共同的增值税体系：统一的纳税义务核准基础（38）的识别号；

（e）如果是受规管的职业，服务提供方所属的职业协会或类似机构、职业名称以及授予该职业名称的成员国；

（f）必要时，服务提供方使用的一般交易条款；

（g）必要时，服务提供方使用的关于适用于合同的法律和 / 或法院地的合同条款；

（h）必要时，法律未规定的后合同担保；

（i）服务的价格，如果特定类型服务的价格由服务提供方事先确定；

（j）从相互关联中无法得知的服务的主要特征；

（k）关于依据第 23 条第 1 款的保险或担保的说明，特别是保险方和担保方的名称和联系信息以及空间上的适用范围。

（2）成员国应当确保，第 1 款所称的信息根据服务提供方的选择：

（a）由服务提供方自己告知；

（b）服务受领方可以在服务提供地或合同缔结地方便地获得；

（c）服务受领方可以通过服务提供方告知的地址方便地以电子方式获得；

（d）包含在服务提供方提供给服务受领方的关于所提供服务报价的详细说明文件里。

（3）成员国应当确保，服务提供方根据服务受领方的要求提供如下额外信息：

（a）价格不是由服务提供方事先确定时的服务的价格，不能确定精确的服务价格时计算价格的方式，以便服务受领方能够审核价格或者足够详细地估算成本；

（b）如果是受规管的职业，对开业地成员国所适用的职业法律规定的参引，以及如何获得该规定的说明；

（c）关于和所需服务直接相关的跨专业活动和合作者的信息，以及为避免利益冲突所采取的措施。该信息必须包含在服务提供方关于其活动的所有详细的说明文件中；

（d）适用于服务提供商的行为准则和可通过电子途径获得的地址，以及关于该行为准则所用语言的说明；

（e）如果服务提供商应遵守行为准则或者属于商业团体或职业协会，该行为准则或团体协会规定了争端解决的庭外程序，则应说明相关信息。服务提供商应当进一步说明，如何获得关于争端解决的庭外程序特点以及运用该程序的条件的信息。

（4）成员国应当确保，服务提供商根据本章提供或告知的信息清楚无疑义，并在合同缔结前，或没有缔结书面合同时在提供服务前准备就绪。

（5）本章规定的信息要求补充共同体法中既有的要求，并且不妨碍成员国对在其境内开业的服务提供商提出其他信息要求。

（6）欧盟委员会可以根据第 40 条第 2 款所称的程序，对本条第 1 款和第 3 款所称信息的内容进行详细规定，并对本条第 2 款的实施方式进行详细规定。◀

然而，由于欧盟合同法主要处理消费者法，消费者法之外的信息义务规则并不常见。

12 对于不断增加的信息义务不能仅仅给予积极评价。消费者通常被过分要求，因为他们无法对信息进行必要的筛选。[23] 因此，信息义务蜕变为走过场的形式，不能改善消费者的信息状态。"被充分告知的消费者"仅仅存在于理论之中。现实中，消费者被信息所"击杀"，不能从中获益。从经营者的角度看，消息义务的背后也隐藏着危险。即使以真诚和完全合法的意图从事一项交易，经营者通常也不确定他是否向另一方当事人告知了所有必要的信息。尤其是在仅仅通过诚实信用原则来确定信息义务之范围的场合，这种危险更为真切。欧洲立法者在最近的发展中试图通过引入单独的表单来提供更多的安全性，这些表单规定应当提供的信息。表单具有双重功能：它应当保护双方当事人的利益，因为消费者由此获得了标准化和一目了然的信息，而经营者也获知信息义务的清晰边界。《消费者信贷指令》第 5 条是这一解决方案的例证：

---

[23] Grigoleit, Besondere Vertriebsformen im BGB, NJW 2002, S. 1151, 1155; Martinek, Das neue Teilzeit-Wohnrechtsgesetz – missratener Verbraucherschutz bei Time-Sharing-Verträgen, NJW 1997, S. 1393, 1396; 同样地 Micklitz, in: Reich/Micklitz, Europäisches Verbraucherrecht, 2003, Rn. 11.10"在这些情形中过多的信息可能和过少的信息的效果等同"。

▶《消费者信贷指令》第 5 条（先合同信息）

（1）在消费者受信贷合同或要约约束之前，信贷提供方以及必要时的信贷中介方应当根据信贷提供方提出的信贷条件，以及必要时由消费者说明的优先考虑和提供的情况，及时向消费者提供其为了比较不同要约以便作出是否缔结信贷合同的合理决定所需的信息。这些信息应通过附件二中的“欧洲消费信贷标准信息”表单以纸质或永久数据载体的方式告知。如果信贷提供方向消费者出具了“欧洲消费信贷标准信息”表单，则认为其履行了本款以及 2002/65/EG 指令第 3 条第 1 款和第 2 款的信息义务。

（……）◀

对于投资业务等风险高的交易，欧洲立法者为金融经营者设定了其他的先合同义务，以保护客户免受过高风险。[24] 金融机构尤其要遵守特别的义务。除了提供信息之外，它们还应当建立客户档案，以便确定意图进行的交易是否真的符合客户的需求。在某些情况下，经营者甚至可能因为先合同义务而不得缔结合同，除非客户被明确告知风险及交易不适合其需求后，仍然要求缔结合同。 13

▶ 2002/65/EG 指令[25] 第 19 条（向客户提供有价证券服务时的行为准则）

（1）成员国应当规定，证券公司在向客户提供有价证券服务和 / 或必要时的从属服务时，应当诚实、正直和专业地尽可能为客户的利益行事，并尤其应当符合第 2 款至第 8 款的原则。

（2）证券公司向客户或潜在客户发送的所有信息，包括市场营销资讯，应当准确、清楚且不得具有误导性。市场营销资讯的性质应当能被清楚识别。

（3）应当以可理解的形式向客户和潜在客户提供如下合理信息

——证券公司及其服务，

[24] Zoll, Culpa in Contrahendo in European Contract Law – A Useful Concept?, In: Schulze/Perales Viscasillas, The Formation of Contract, 2016, S. 49-50.

[25] Richtlinie 2004/39/EG des Europäischen Parlaments und des Rates vom 21. April 2004 über Märkte für Finanzinstrumente, zur Änderung der Richtlinien 85/611/EWG und 93/6/EWG des Rates und der Richtlinie 2000/12/EG des Europäischen Parlaments und des Rates und zur Aufhebung der Richtlinie 93/22/EWG des Rates.

——金融产品及建议的投资策略；也应当包括适当指导方针以及对投资该金融产品或该投资策略所具有的风险的警示，

——交易执行场合，以及

——费用和附加费用，

以便客户在理性权衡后，能够理解有价证券服务和向其提供的特定金融产品的准确类型和风险，并因此在充分获知信息的基础上作出投资决定。这些信息可以以标准化的形式提供。

（4）如果证券公司提供投资咨询或投资组合管理，则应当向客户或潜在客户获取关于其在特别产品类型或服务类型投资领域的知识和经验、财务关系及其投资目标的必要信息，以便能够向客户或潜在客户推荐适当的有价证券服务或金融产品。

（……）

（10）为了保证必要的投资者保护和对第1款至第8款的统一适用，欧盟委员会颁布执行措施，以确保证券公司在向其客户提供有价证券服务或从属服务时符合确定的原则。该执行措施应当考虑如下方面：

（a）向客户或潜在客户提出报价的或提供服务的类型，应考虑该业务的种类、标的、范围和频率；

（b）提出报价或引起关注的金融产品的类型；

（c）客户或潜在客户是否为小投资者或专业投资者的事实。

（……）◀

### 2. 法律比较视角下的先合同义务

14 鲁道夫·冯·耶林于1861年发表了《契约无效或未臻完善时的缔约过失或损害赔偿》一文。[26] 这位德国学者在文章中表述了这一主题，即在进入一个可能缔结合同的关系时，双方当事人之前就已经产生了忠诚义务。这一“发明”对合同的概念影响深远。该理论认为，当事人在进入合同之前就已经处于一种法律上相关的关系中，这一发现降低了合同自身的重要

[26] V. Jhering, Culpa in contrahendo oder Schadensersatz bei nichtigen oder nicht zur Perfektion gelangten Verträgen, aus: Jahrbücher für die Dogmatik des heutigen römischen und deutschen Rechts (Jherings Jahrbücher) 4. Band, 1861 – Neudruck: v. Jhering, Culpa in contrahendo, Bad Homburg 1969, S. 7–91.

性。由此，先合同阶段也参与构建了合同缔结之后的法律关系内容，这一观点甚至可能超出了耶林的本意。耶林在其论文中集中讨论的是违反先合同义务的责任。他试图通过创设一个合同法上的关系来寻找该义务的根源，这样的一种合同法上的关系要求当事人在缔结合同时正直行事。归属于合同法的原因在于，该责任在侵权法上没有充分的基础。《德国民法典》延续了该理论。司法判决和法学理论放弃了关于缔结合同之契约的拟制，但维持了归属合同法的立场。随着德国债法现代化的进行，该缔约过失责任（culpa in contrahendo）被《德国民法典》明确接纳。[27]

耶林关于违反先合同义务之责任的理论在德国法律界之外也为人所知。但是，该责任被归属于合同法（或类似合同法）的性质却是德国特色。耶林启发了意大利人 Gabrielle Fagella 和法国人 Raymond Salleiles。他们从在法国具有深刻影响的侵权法中寻找该义务的根源。[28] 与德国法不同的是，法式模板下的侵权法曾经（以及现在也是）对于索赔人更为慷慨。[29] 15

在欧洲大陆法律传统之外，先合同责任的概念却多遭质疑。在英国的 Walford vs. Miles 案[30] 中，阿克纳法官（Lord Ackner）强调： 16

> 根据诚实信用原则继续进行合同磋商的义务，根据其性质，与双方当事人对立地位相悖。每个当事人都有权维护自己的利益，除非他做出了虚假说明。

结论是，关于是否存在先合同义务的问题，欧洲不同法律传统采取了不同的立场。这使得欧洲法律统一在此领域的进程困难重重。

### 3. 现行共同体法中的先合同义务与诚实信用

如该规则展示的那样，《Acquis 原则》的起草者认可了这一立场，即尚 17

---

[27] Looschelders, Pre-Contractual Obligations and the Concept of the Culpa in Contrahendo in German Law, in: Schulze/Perales Viscasillas, The Formation of Contract, 2016, S. 29-40.

[28] Beale, in: Beale/Fauvarque-Cosson/Rutgers/Tallon/Vogenauer, Materials and Texts on Contract Law, 2015, S. 371–372.

[29] Zoll, Culpa in Contrahendo in European Contract Law – A Useful Concept?, In: Schulze/Perales Viscasillas, The Formation of Contract, 2016, S. 42-43.

[30] Walford v. Miles [1992] 2 AC 128.

未订立合同的当事人忠诚行事的义务可以从现行共同法中提取出来。但是，在这一规则产生的时候，仅有若干提示，说明诚实信用的概念在现行共同体法中找到其路径，并将成为该体系的组成部分。[31]

18 被《消费者权利指令》所取代的《远程销售指令》在其第 4 条第 2 款确定了在商业经营中正直诚实的标准，该条也同时规定了告知信息的方式和方法。《消费者权利指令》没有采纳这一标准，也没有使用诚实信用的标准。信息义务目录应当被看作应告知信息的独立来源。对于不是在营业场所之外或者不是远程缔结的合同，如果诚实信用原则不能予以支持，则关于应告知信息的目录也不能被扩大。这一结论来自完全协调化的原则，该原则取消了内国立法者对于扩大信息义务的管辖权。对于不是在营业场所之外或者不是远程缔结的合同，《消费者权利指令》第 5 条规定了信息义务。为此，该指令中未提到的其他信息义务也可能成立，只要它们建立在诚实信用的基础上，并且可以在成员国法律中找到来源。这样的义务不能仅仅在指令的基础上，从诚实信用原则中推导出来。

▶《消费者权利指令》第 5 条（非远程销售合同或非在营业场所外缔结的合同之信息义务）

（1）在消费者受非远程销售合同或非在营业场所外缔结的合同或者相应合同要约的约束之前，经营者应当以清楚和易懂的方式向消费者告知以下信息，只要这些信息不能从情势中直接得知：

（a）商品或服务的基本特征，在与数据载体和商品或服务相适当的范围内；

（b）经营者的身份，如商号、营业地址以及电话号码；

（c）包括所有税费在内的商品或服务的整体价格，如果由于商品或服务的特征，不能合理地提前计算价格，则为计算价格的方法以及必要时所有的运输、送货或邮寄费用，如果这些费用不能合理地提前计算，则为可能产生这些费用的事实；

（d）必要时，支付、供货和给付条件，经营者有义务交货或提供服务的时间以及经营者处理投诉的程序；

[31] 对现行共同体法中诚实信用原则效用的问题的阐释见 KOM(2006) 744 endg., 4.3., S. 19 f. und § 2 Rn. 98 ff.

（e）此外，关于对该商品有法定瑕疵担保权的提示，必要时关于出售后根据经营担保的客户服务之存在和条件的提示；

（f）必要时，合同的持续时间或者终止无期限合同或自动续期合同的条件；

（g）必要时，数据内容的运作方式包括对于该内容可适用的技术保护措施；

（h）必要时，数据内容在软硬件上的互通性，只要它是重要的，且其为经营者所知或者可以合理期待经营者应当知道；

（2）对于供水、供气或供电合同，如果不是以被限制的量或以确定的量供应水、气或电，则第1款适用；对于集中供热合同或提供数据内容的合同，如果不是以有形数据载体的形式供应，则第1款适用。

（3）对于以日常生活交易为标的，且在合同缔结时即刻履行的合同，成员国没有义务使第1款对其适用。

（4）对于本条适用的合同，成员国可以引入或维持其他先合同信息义务。◀

### 4. GEK 中的先合同义务与诚实信用

以上所论述的法源表明，诚实信用原则已经找到进入欧盟法的入口，并且获得了牢固的地位。但这些法源分散地涉及不同的对象领域，也同时表明，现行共同体法以极大的审慎态度接纳了诚实信用的概念。关于消费者权利的绿皮书明确说明了这种审慎态度和不确定性。[32] 有鉴于绿皮书所处理的主题，欧盟委员会认为，诚实信用原则在欧盟法中尚不适用，将其引入欧盟法还需要审议。[33] 但是，欧盟委员会在说明这一问题的时候却忽视了现行欧盟法的法源，[34] 从现今的法律状况来看，诚实信用原则在此法源基础上的适用已然没有争议，即使在该绿皮书公布之后施行的《消费者权利指令》完全没有提及这一原则。 19

人们希望在先合同领域也把诚实信用原则作为当事人权利义务来源之 20

[32] KOM(2006) 744 endg., 4.3., S. 19 f.

[33] 关于诚实信用原则效用见本书第二章边码98以下。

[34] 见 Whittaker/Zimmermann, Good faith in European contract law: surveying the legal landscape, in: Zimmermann/Whittaker, Good faith in European Contract Law, 2000, S. 7–62.

一，而真正的变革是通过 GEK 草案实现的。该文件在许多地方使用了诚实信用的概念。[35]GEK 的起草者致力于赋予诚实信用原则以普遍适用性。如上所述，[36] 假如 GEK 生效，则该原则就会对现行共同体法产生整体性影响，因为该原则由此会在广阔范围内被欧盟法接纳。

21 GEK 草案含有诚实信用原则的定义。与《不公平商业实践指令》[37]类似，草案的起草者使用了“正直的商业交往”的概念。但这两个概念被 GEK 指令草案第 2 条 b 的一个统一定义所囊括：

▶ GEK 条例草案 [38] 第 2 条（定义）

本指令中的

（……）

（b）“诚实信用和正直的商业交往”是一种行为准则，其特点是在交易或法律关系有争议时秉持诚实、公开的态度并考虑对方当事人的利益；

（……）◀

建立在这一原则基础上的合同法从逻辑上应当受当事人合作之要求的引领。因此，这里的合同法不以当事人的尖锐对立为主导思想，而是力图使当事人共同关照利益，以实现合同的目的。

22 GEK 草案规定，当事人的行为应当符合诚实信用和正直的商业交往的要求（GEK 草案第 2 条第 1 款）。GEK 草案第 2 条第 1 款规定了违反该义务的后果。据此，如果一方当事人违反此义务，则原则上不得行使其权利、救济和抗辩。此外，他还可能要为因违反诚实信用原则而造成的损失承担责任。该条文因此确定了诚实信用原则的双重效果。一方面，该条文明确，诚实信用构成行使主观权利的边界。法条的第一句在某种程度上可以与英

[35] GEK 条例草案立法理由第 3 项、第 2 条 b；GEK 草案第 2 条、第 23 条第 1 款、第 48 条第 1 款 b iii)、第 49 条第 1 款和第 3 款、第 59 条 h、第 68 条第 1 款 c、第 83 条第 1 款、第 86 条第 1 款 b、第 170 条第 1 款；就此见 Schmidt-Kessel, GEK-E Kommentar 和 Schulze, CESL Commentary 对相关规范的评注。

[36] 边码 3。

[37] 就此见 Riesenhuber, EU-Vertragsrecht, § 7 Rn. 8–11.

[38] 欧洲议会在其修改建议第 37 项中对 GEK 条例草案进行了重组，希望把“诚实信用”规定在 f 中，见 Stellungnahme EP vom 26.2.2014, Abänderung 37, S. 108 f.

国法中的禁反言制度相联系，该制度可能暂停或者完全阻碍权利的行使。[39]根据这一理念，按照诚实信用原则行事之要求，是“盾”而非“剑”。它原则上不是权利义务的独立来源。但该条文的第二句修正了这种保守的理念。如果损害了完全出自诚实信用的权利和义务，也将会导致“责任”的产生。该原则也相应地被用作“剑”。然而，第二句的表述不够清楚，即此处所说的“损失”（Verlust）在多大程度上与损害（Schaden）相一致。另一方面，没有被说明的是，违背诚实信用原则是否会导致违反义务时其他救济途径的适用。但在先合同领域，缔约过失可以产生责任，这是清楚的。基于可选择机制的性质，只有当 GEK 被有效地选择并因此对合同适用时，这一责任才产生。由此，先合同阶段也被整合进了合同责任领域。

此外应当强调的是，GEK 草案区分了两种情况下的先合同信息义务，即经营者与消费者的合同，以及经营者之间的合同。对于经营者与消费者之间的合同，GEK 草案第 13 条规定了先合同的信息义务，而没有援用诚实信用原则。 23

但是，GEK 草案第 23 条第 1 款规定如下： 24

▶ GEK 条例草案第 23 条（关于商品和相关服务的公开义务）

（1）在经营者缔结关于商品买卖、订购数字内容或提供相关服务的合同之前，如果卖方、供应方以及服务提供方拥有或者应当拥有关于出售的商品、订购的数字内容以及提供的相关服务的基本特征的信息，则他有义务根据情况以适当的方式，向另一方经营者公开，只要该信息未向另一方当事人公开可能违背诚实信用要求以及正直商业交往的原则。

（……）◀

该条文抛出了一个问题，即消费者合同中的信息告知义务是否不能单单以诚实信用的要求为根据。对于纯粹的经营者间的合同，对诚实信用原则的参引为信息义务的范围提供了灵活的规定。消费者合同则主要是大规

[39] Peel, Treitel on the Law of Contract, 2007, Rn. 3-077-3-086; Whittaker, Theory and Practice of the “General Clause” in English Law: General Norms and Structuring of Judicial Discretion, in: Grundmann/Mazeaud, General Clauses and Standards in European Contract Law – Comparative Law, EC Law and Contract Law Codification, 2006, S. 57, 69.

模使用的标准合同。因此，有可能用一个详尽的列表来穷尽所有的信息义务。这也符合经营者的利益，因为他由此获得了确定性，能够合规地履行对消费者负有的义务。[40] 即使消费者协会和主管机构会监管消费者保护法规是否得到遵守，这种确定性对于经营者也具有极大意义。然而，在某些情况下可能会出现自相矛盾的结果，即经营者之间在具体情形下的信息义务比消费者合同的信息义务的范围还要广。由于从诚实信用原则和正直商业交往要求中难以推导出这种广泛的信息义务，所以这种悖论仅仅是理论上的考虑。但是，经营者间的义务原则上可能比消费者合同中具体列明的义务更广的情况表明，诚实信用的标准对个体关系的适用更为恰当。遵守诚实信用意味着极大的灵活性和关注个案的要求，这不太适合大范围的标准合同。因此，尽管可以原则上承认诚实信用原则对消费者合同的适用性，但不可否认的是，不应当从该原则中推导出其他信息义务。草案中规定的信息义务目录应当被视为穷尽性的列表。

### 5. DCFR 中的先合同义务与诚实信用

25 DCFR 的文本对于 GEK 草案的行文有着重大影响。[41]DCFR 将不同的规则文本群堆叠在一起：经修订的《Acquis 原则》的文本与《欧洲法原则》的文本，间接地与以 PECL 为基础的文本交织在一起。[42]DCFR 试图为差别甚大的传统找到公因式。在先合同以及诚实信用原则领域，这样的交织表现得更为突出，因为这方面的不同传统发展各异。尽管对 GEK 草案有很大的影响，但 DCFR 对诚实信用原则的使用要比前者谨慎许多。DCFR 第 III.-1:103 条第 1 款确定了这一义务，即在履行义务时，在行使要求履行的权利时，在就不履行寻求救济时，以及在行使终止合同的权利时，应当以符合诚实信用原则的方式行事。DCFR 第 III.-1:103 条第 3 款规定了对诚实信用原则效力的限制。根据该条文，一方当事人在另一方当事人违反诚实信用以及正直商业交往原则时，没有法律救济。但是，违反原则的当事人可能会在行使其拥有的其他权利，或者在行使对权利之存在的信赖权利时受到阻碍。该条文再一次地实现了英美法所熟知的禁反言概念，此概念与

[40] 参见边码 12 及 13。

[41] 参见 KOM(2011) 636 endg., 1.2., S. 6 f.

[42] Acquis Group/Ajani/Schulte-Nölke, Contract II, 2009, Preface, S. xiii f.

诚实信用原则在此方面相近，并且以这一预设为前提，即该原则仅仅是防御手段，而不是“剑”。根据 DCFR 第 III.- 1:103 条的字面表述，该条只涉及双方当事人在合同缔结后的关系。因此，这里的诚实信用原则的范围较窄，损害该原则的后果也相当有限。这些都清楚地表明，诚实信用原则不能作为先合同义务的一般性来源。[43]

DCFR 第 III.-1:103 条中使用了与 GEK 相同的定义。此外，该条第 2 款 26
规定，如果一方当事人的行为与其在先的陈述或行为不一致，而另一方当事人又可以信赖在先的陈述或行为，则构成对诚实信用和正直的商业交往的违反。第 2 款也可以适用于先合同阶段；但只有当合同缔结时，该款在实践中才具有相关性。在这种情况下，DCFR 第 III.-1:103 条第 1 款可能类推适用。但是，可能无法在这一基础上论证损害赔偿责任。因此，缔约过失责任在实践中被排除。尽管可以考虑把 DCFR 中的一般侵权法作为这一责任的基础，但这样做的后果是，DCFR 第 III.-1:103 条将失去意义。DCFR 排除关于缔约过失的广泛责任的事实也可以从另外两个规定缔约过失责任特殊情形的条文中推知。DCFR 第 II.-3:301 条第 2 款规定了磋商时的责任以及违背诚实信用和正直商业交易之要求的磋商中断的责任。该条第 4 款把没有缔结合同意图时的合同磋商作为违背原则之行为的特殊情形。[44]

DCFR 所规定责任的第二种案例类群涉及违反对磋商时获知的机密信 27
息的保密义务（DCFR 第 II.-3:302 条）：

▶ DCFR 第 II.-3:302 条（违反保密义务）

（1）如果一方当事人在合同磋商过程中提供了机密信息，则无论最终是否缔结合同，另一方当事人都不得泄漏或为自身目的使用该信息。

（2）本条中的“机密信息”是指根据其类型或获取时的情势，该信息的受领人知道或者应当知道，该信息对另一方当事人而言是秘密性质的。

（3）如果一方当事人可以合理地担忧保密义务将被违反，他可以申请法庭决定以禁止对保密义务的违反。

---

[43] Zoll in Gebauer/Teichmann (Hrsg.), Europäisches Privat- und Unternehmensrecht (EnzEuR Bd. 6), 2016, § 9 Rn. 71.

[44] V. Bar/Clive (Hrsg.), DCFR Full Edition, S. 66.

（4）如果一方当事人违反保密义务，则他对另一方当事人因此产生的损失承担责任，并且可以被指令向另一方返还因违反义务而获得的利益。◀

28 DCFR 明确规定了两种责任基础，同时又从狭义的角度理解诚实信用原则。这表明，对于违反从诚实信用原则产生的义务而言，无论从侵权法还是从合同法角度，原则上都不能找到广泛的缔约过失责任的基础；同时，这样一种责任只有在有条文明确规定时才能产生。

### 6.《Acquis 原则》中关于违反出自诚实信用原则之义务时的先合同责任

29 如上所述，《Acquis 原则》就违反诚实信用的责任规定了相对宽泛的基础。[45]《Acquis 原则》不仅规定，双方当事人在先合同阶段应当按照诚实信用的要求行为（ACQP 第 2:101 条），而且设定了经营者先合同义务的具体标准。根据 ACQP 第 2:102 条，经营者的行为必须具备消费者可以合理期待的专业知识和谨慎。ACQP 第 2:103 条还规定了磋商违背诚实信用要求时的责任。

30 学术上的问题在于，事实上能否在现行共同体法中为这样一种责任找到充足的基石。[46] 现行共同体法中没有任何法源直接规定了这种情况下的责任。但欧洲法院的判决却清楚地提示，这样一种责任基础对于欧盟法并不陌生。Embassy Limousines[47] 一案的判决认可了共同体法中存在这种责任。从当时适用的《欧共体条约》中衍生出该责任的侵权法律基础。[48]

31 扬森和齐默尔曼对《Acquis 原则》的这种表述提出了批评意见，他们指出，消费者法上的撤回权在不同的情况下存在。[49] 根据他们的看法，如

---

[45] 见本书第二章边码 98 及以下。

[46] 参见 Jansen/Zimmermann, Grundregeln des bestehenden Gemeinschaftsprivatrechts?, JZ 2007, S. 1113, 1122.

[47] Urteil des EuGH v. 17.12.1998, Rs T-203/96 (Embassy Limousines & Services/Europäisches Parlament), Slg 1998, II-4239.

[48] 法院以条约的第 215 条第 2 款为基础，见 Urteil des EuGH v. 17.12.1998, Rs T-203/96 (Embassy Limousines & Services/Europäisches Parlament), Slg 1998, II-4239, Rn. 45.

[49] Jansen/Zimmermann, Grundregeln des bestehenden Gemeinschaftsprivatrechts?, JZ 2007, S. 1113, 1120–1125.

果消费者以先前的意图缔结合同，然后又遵守期限地撤回，则 ACQP 第 2:103 条可能成为成立消费者责任的依据。[50] 他们认为，这与欧盟法的精神不相符合。考虑到这里讨论的是一个不生效力的草案，如果我们不在这里处理上述问题，则这一观点应当更为优先：撤回权的行使也有可能构成权利滥用，这一滥用可能会间接导致对消费者的不利后果。即便不同意这种观点，关于撤回权的条文也可能被视为一种特别法（lex specialis）。

### 7. 现行共同体法中的信息义务

现行欧盟法中有一系列条文要求一方当事人在缔结合同前，向另一 32
方当事人告知不同的信息。消费者法是欧洲立法者发展信息义务最为强劲的领域。信息权自始就被视为消费者法发展的基石和理由。消费者最明显的弱点就是信息情势的不对称。[51] 欧盟法试图通过设定经营者的信息义务来扭转这种不对称。[52] 但是信息义务并非仅仅覆盖消费者法领域，它也延伸到其他具有与人相关的适用领域的情形。《服务指令》在实践中没有适用人群的限制。服务合同缔结的事实就已经足以激活信息义务。[53] 在电子商务领域，信息义务也与参与人的身份归属无关。[54] 但是，在电子商务中是否可以约定变更或排除信息义务，则取决于客户是否具有消费者特征。[55] 投资交易中的个人属性也会影响信息义务是否可以被约定所改变或排除。

信息义务服务于不同的目的，包括确证当事人身份，说明实施法律上 33
为重大的行为的意图、缔结合同程序的技术细节、合同标的、履行合同必备或有益的情形、合同缔结可能给当事人带来的风险、合同的内容或者一般交易条款的内容以及一方当事人可能享有的特别权利，如撤回权等。一些指令还规定，应当告知关于贯彻权利、争端解决方式以及可适用

---

[50] 参见 Jansen/Zimmermann, Grundregeln des bestehenden Gemeinschaftsprivatrechts?, JZ 2007, S. 1113, 1123.

[51] 参见边码 4。

[52] 参见边码 4 及以下；也参见 MünchKommBGB/Emmerich, 7. Aufl. 2016, § 311 Rn. 104.

[53] 参见《服务指令》第 22 条。

[54] 参见《电子商务指令》第 5—7 条。

[55] 见《电子商务指令》第 10 条第 1 款。

法律的信息。[56]

34 直到《服务指令》的颁行，尤其是在《消费者权利指令》颁行前，这种信息义务的规定极为分散，而且仅与特定情形相关。《服务指令》规定服务提供者有义务告知该指令第 21 条列明的信息。服务合同的概念非常宽泛，[57]以至于可以认为此处规定了一般性的信息义务，尤其是因为这一义务不是仅仅向消费者履行。新的《消费者权利指令》也引入了内容广泛的信息义务。[58]该指令区分了两种情况下的信息义务：在营业场所外缔结的合同（上门交易和远程销售）以及其他合同。上门交易和远程销售时的信息义务是完全协调化措施。[59]成员国不得规定进一步的信息义务。[60]对于其他情形下的信息义务，成员国则有权利规定或维持进一步的信息义务。

35 对于不属于上门交易或远程销售的合同，如果涉及日常生活的交易，且在合同缔结时立即履行，则成员国可以免除经营者的信息义务（《消费者权利指令》第 5 条第 2 款）。这一限制是必要的，否则卖方在日常交易中（如在超市）也有义务告知信息，而这在实践中完全不可行。

### 8. 先合同信息义务与公平交易法之间的关系

36 先合同信息义务同样被引入了《不公平商业实践指令》：[61]

[56] 例如，关于撤回权的信息义务见《远程销售指令》第 4 条第 1 款 f，《上门交易指令》第 4 条，《消费者信贷指令》第 5 条第 1 款 o、第 10 条第 2 款 p，《消费者权利指令》第 6 条第 1 款 h，GEK 草案第 17 条第 1 款；此外，范围广泛的信息义务见于《消费者信贷指令》第 10 条第 2 款 q、r（关于行使该指令第 15 条 q 规定的权利），《消费者权利指令》第 5 条第 1 款 f（关于解除无期限合同的条件），GEK 草案第 16 条 b、第 19 条第 3 款 e（关于合同终止的条件）、r（关于提前偿还的程序）和 s（关于解除的模式），《消费者信贷指令》第 10 条第 2 款 t、《消费者权利指令》第 6 条第 1 款 t 以及 GEK 草案第 13 条第 1 款 g 涉及争议解决的方式，GEK 条例草案第 8 条第 1 款结合第 9 条第 1 款涉及可适用的法律；就此见 Schulze, CESL Commentary und Schmidt-Kessel, GEK-E Kommentar 对各个规范的评注。

[57] 参见《服务指令》第 4 条第 1 项的定义以及第 2 条第 2 款的限制。

[58] 《消费者权利指令》第 5 条和第 6 条。

[59] 见《消费者权利指令》立法理由第 5 项。

[60] 《消费者权利指令》中相应的完全协调化，参见 Loos, Full harmonisation as a regulatory concept and its consequences for the national legal orders. The example of the Consumer rights directive, Centre for the Study of European Contract Law Working Paper Series No. 2010/03, S. 5, 6; 链接为 http://papers.ssrn.com/sol3/papers.cfm?abstract_id=1639436（2016 年 12 月 9 日调阅）.

[61] Riesenhuber, EU-Vertragsrecht, § 7 Rn. 16–51.

▶《不公平商业实践指令》第 7 条（具有误导性的不作为）

（1）在考虑到所有事实情况和通信媒介局限的情况下，如果平均消费者根据具体情况需要基本信息，以便能够在充分知情的条件下作出交易决定，而某一商业实践不予告知该信息，并导致或可能导致平均消费者（Durchschnitt Verbraucher）作出在知情时将不会作出的交易决定，则该商业实践是误导性的。

（……）◀

本指令涉及的不是关于单个的合同关系的法律，而是按照公平原则调 37
整整个市场。[62] 但在实践中，个体合同法和市场秩序法之间的界限难以明辨。[63] 上述条文确定了一般性的信息义务，因此有利于消费者。该义务的前提是，“平均”消费者在作出决定时必需该信息。

## 9. 信息义务履行的标准化

不断设定新的信息义务并非总能改善权利人的信息状况。面对向其提 38
供的巨量信息，有权获知信息的人难以消化和进行评估与筛选。[64] 经营者也越来越难以判断，哪些信息是为了履行义务而必须提供的。为了解决这个问题，新的指令引入了某些信息表单（Informationsformulare），如《消费者信贷指令》[65] 和《金融机制市场指令》。[66] 这些表单应当确保经营者履行其义务。消费者也可以以更为简便的方式获得信息，并且能够更轻松地比较不同经营者的信息。[67]

## 10. GEK 中的先合同信息义务

在先合同义务方面，GEK 草案延续了《消费者权利指令》的方案， 39
仅仅对结构做了改变。但与《消费者权利指令》不同的是，GEK 草案在

[62] 参见《不公平商业实践指令》第 1 条。

[63] Zoll, Culpa in Contrahendo in European Contract Law – A Useful Concept?, In: Schulze/Perales Viscasillas, The Formation of Contract, 2016, S. 47-49.

[64] Howells ua, Handbook of Research on International Consumer Law, S. 142 f.

[65] 见《消费者信贷指令》附件 II 中的《欧洲消费者信贷标准信息》。

[66] 规定在 2004/39/EG 指令第 19 条第 3 款的最后一句。

[67] 按照《欧洲消费者信贷标准信息》的例证对此进行的详述以及成员国对标准信息的批评意见，参见 Lawrynowicz, The Implementation of the Consumer Credit Directive, Studie für das Europäische Parlament, 2012, S. 31 f.

一开始规定了远程销售或在营业场所外缔结合同时的信息义务（GEK草案第13条至第19条），之后才是适用于其他合同的一般性信息义务（GEK草案第20条）。该草案也规定了经营者合同的信息义务（GEK草案第23条）。最后一种情形的信息义务从诚实信用原则中衍生出来（GEK草案第23条第1款）。

40 经营者与消费者间的信息义务按照各种信息的功能被划分。GEK草案第13条规定的是关于合同标的（字母a、b）、识别经营者身份特征（字母c）的信息、关于依照GEK草案第16条确定合同的信息（字母d）以及关于根据GEK草案第17条的撤回权信息（字母e）。其他信息义务涉及担保、投诉时的特别处理程序以及不同的客户服务（字母f）；此外，还应当告知争端解决的各种可能性（字母h）以及数字内容所涉及的特定技术条件（字母i、j）。之后的条文对这些信息义务予以具体化。这种规则技术多少令人惊讶，因为GEK草案第20条规定的是上门交易和远程销售之外的合同，但其内容却重复了GEK草案的第13条。与《消费者权利指令》一样，在缔结合同时几乎同时履行的日常生活交易不适用信息义务。

41 GEK关于先合同义务的规定存在一个基本问题，它与该机制的可选择性质相关。可选择机制中的先合同领域的规定自相矛盾。首先，欧洲买卖法的适用（假如它以目前的形式颁行）以有效选择该法律为前提（GEK条例草案第8条第1款）。因而，先合同领域根本未得以调整，因为被选择适用的法律在被选择前没有效力，这是显而易见的。对这一见解可以反驳说，当事人在先合同阶段的权利和义务可以随着法律的选择而回溯确定。然而，这又提出了一个问题：假如最终未选择可选择机制，那么其条文根本无法适用。

42 经营者必须知道他根据何种规则行事。即便最终没有缔结合同，履行先合同义务仍兹事体大。这在消费者法领域尤为重要，因为经营者通常要接受主管机关的严格审查，以确定其是否遵守了消费者法。尽管上述问题尚无令人满意的回答，但可以认为，可选择机制对于确定先合同阶段权利义务的效力仅仅取决于被声明的意图，即在GEK的适用下缔结合同。就此而言，我们可以认为可选择机制具有直接效力。

### 11.《Acquis 原则》和 DCFR 中的先合同信息义务

43 《Acquis原则》是对先合同义务进行体系化的首次尝试。在商品和服务营销阶段产生的义务也被纳入体系中（ACQP 第 2:202 条）。《Acquis 原则》在不同指令的基础上发展出一般原则，[68] 所以它包含了与特定合同情势无关的信息义务。此外，《Acquis 原则》也规定了适用于特定情势的特别信息义务，这种特定情势使得某些信息成为必要。ACQP 第 2:202 条的一般条款与特别信息义务之间的关系不能简单地用一般法与特别法的关系来描述。举例而言，ACQP 第 2:E-01 条说明，履行该条详细列举的信息义务可以证明这一推论的成立，即 ACQP 第 2:202 条的一般性信息义务得到了履行。这种规则构造试图在安全性和灵活性之间寻求平衡。

DCFR 的先合同义务原则上以《Acqius 原则》为范本。由于 DCFR 的结构较保守，受现行共同体法的发展影响较少，DCFR 的第 II.-3:101 条至第 II.-3:108 条仅规定了一般性的信息义务。如果暂且不论嵌入这种一般性结构的第 II.-3:103 条至第 II.-3:105 条，那么 DCFR 缺少适用于特定情况的特别信息义务。DCFR 也规定了单个的特别信息义务，但它们是按照传统的方式与特殊合同类型相结合的。 44

### 12. 违反信息义务的后果

长期以来，现行共同体法原则上把对违反信息义务的制裁交给成员国来规定。原生自现行共同体法的少数制裁措施之一就是延长撤回权期间。赋予消费者以撤回权的各个指令包含关于撤回权延长的不同规定。[69] 这种差异也导致一些欧洲法院判决引起了重大关注，如 Heininger 案 [70] 和 Hamilton 案。[71] 新的《消费者权利指令》至少在远程销售和上门交易领域摒除了这种没有理由的差异。此外，我们也可以看到其他指令中的差异正在被消除的趋势。 45

《Acquis 原则》和以此为范本的 DCFR 详细规定了对违反信息义务的制裁。与 Acuqis 小组的方法相适应，效用原则（effet utile）授权填补欧盟法中缺失的制裁措施。但《Acquis 原则》第 2:208 条第 1 款首先规定了关于撤回权的统一公式，它成为《消费者权利指令》和 GEK 草案的摹本。欧盟法在 46

[68] Acquis Group/Dannemann, Contract II, 2009, Introductory Part, S. xxxvi.

[69] 参见边码 118。

[70] Urteil des EuGH v. 13.12.2001, Rs C-481/99 (Heininger), Slg 2001, I-9945.

[71] Urteil des EuGH v. 10.4.2008, Rs C-412/06 (Hamilton), Slg 2008, I-2695.

此领域内不甚协调的规则可以由此得到优化。另外两种制裁方式迄今为止未由欧盟法明确规定，但确实在现行欧盟法范围内活动。《Acquis 原则》第 2:208 条第 2 款规定，如果一方当事人的信息情况受到损害，则可以根据其正当期待来调整合同内容。这一理念为基于意思瑕疵的撤销提供了替代选择。依照正当期待进行的合同内容调整排除了因违反信息义务而潜在造成的错误。《Acquis 原则》第 2:208 条第 3 款明确了基于信赖的损害赔偿请求权。此外，《Acquis 原则》在此处参引了关于不履行之损害赔偿的规则。显而易见的是，违反信息义务可与不履行债务关系等量齐观。DCFR 的第 II.-3:109 条极为类似，它源自《Acquis 原则》。但与《Acquis 原则》不同的是，它包含了关于意思瑕疵的规定。就此而言，DCFR 第 II.-7:201 b iii) 条不同于合同之自我调整的模式。在此，DCFR 中保守部分没有充分适应新的发展。

47 新的《消费者权利指令》中只有少数几个关于违反信息义务的制裁条款。如果不是远程销售和上门交易合同，指令没有规定违反信息义务时的制裁措施。制定规则的任务再次被交给内国立法者。在远程销售和上门交易的情况下，指令的第 6 条第 6 款规定了违反信息义务时不应当由消费者承担的费用。此外，按照《Acquis 原则》第 10 条的范本，指令也规定了未说明撤回权时的后果。

48 GEK 草案的规定比《消费者权利指令》更为精确。GEK 草案第 29 条第 1 款和《Acquis 原则》一样规定了损害赔偿请求权。如果未履行告知相关费用的义务，则另一方当事人免予承担该费用。此外，关于意思瑕疵的规定适用 GEK 草案第 29 条第 3 款。GEK 草案第 42 条第 2 款规定了未说明消费者撤回权的后果，这与《Acquis 原则》以及《消费者权利指令》类似。GEK 草案也没有采纳合同调整的模式。由此，在给付障碍法和意思瑕疵法之前存在紧张关系。在违反信息义务之制裁的规定方面，起草者在之前的草案（可行性研究）中还表明了要遵循《Acquis 原则》的意图，但最终却选择了更保守的方式，实在令人惋惜。

## 二、合同缔结

### 1. 总览

#### （1）引言

49 通过缔结合同，具有专门权利和义务的特别法律关系在当事人之间成立。尽管对当事人之间先合同关系的关注越来越多，但关于合同缔结的方式和时间的规定仍然在所有欧洲国家法律制度中居于中心地位。然而，某些法律规定之间具有重大差异，尤其是在普通法和大陆法之间［例如，关于约因（consideration）的必要性］。[72]此外，国内并且特别是国际商业交易给合同缔结带来新的挑战（除了先合同信息和说明之外，还有其产生的原因尤其是在传统要约和承诺结构之外的合意形式，以及关于电子商务的特别规定），欧洲各国法律以不同的方式来应对这一挑战。正是这种波及所有欧洲国家的新发展增强了对内国法趋同以及统一规则的需求，尤其是在跨境交易领域。因此，有关缔结合同的法律对欧洲私法具有核心意义。

**（2）现行共同体法**

目前为止，现行共同体法还没有形成关于合同缔结的完整规则体，但 50
是有大量规范和法院判决涉及此问题，可以从中识别出一系列高层级的原则。首级法中就已经存在若干基础性的原则，特别是合同自由以及作为其核心组成部分的缔约自由与契约内容自由，[73]以 AEUV 第 10、18 和 19 条及《人权宪章》第 21 条为基础的反歧视，以及关于欧盟单项政策和活动领域的首级法原则（例如根据《人权宪章》第 38 条的消费者保护，它也延伸到了消费者合同的缔结）。

但是对于合同缔结具有深远意义的首先是次级法。大量指令处理合同 51
缔结时不同方面的问题，从寄送未订购的商品[74]，到形式要求和电子确认，[75]再到撤回权。但是，现行共同体法的规则密度与成员国法律相比，呈现出极不均匀的状态。例如，关于通过要约和承诺缔结合同的单个一般条件，在指令中鲜有具体规则，[76]而通过电子和电话途径缔结合同的某些问题却有相对详细的规定。与之相应，在成员国关于合同缔结的法律中，协调化程度高的部分领域（但某些部分是以最低协调化的形式）与较少或没有受协调化影响的法律材料（尤其是关于合意瑕疵的）混合在一起。

尽管存在这种碎片化性质，欧盟关于合同缔结的规定中还是凸现出若 52
干基本特征，某些部分不同于以 19 世纪法典化为基础的合同缔结传统模

[72] 也见边码 62。

[73] 对此详述见本书第二章边码 83 及以下。

[74] 关于未订购的商品：《消费者权利指令》第 27 条。

[75]《电子商务指令》第 11 条第 1 款；《消费者权利指令》第 8 条。

[76] Acquis Group/Schulze, Contract II, Art. 4:102 Rn. 3.

式。其中不仅包括对合同缔结的新媒介的关注，尤其是互联网和其他远程通信手段，以及关于作为合同对待给付之数据的未来规定；[77]欧盟合同法还以“大规模交易”以及相应的合同标准化的视角扩大为特质。[78]这以当今合同缔结的现实为基础，即合同通常不是双方当事人进行单独协商的结果。相反，一方当事人（甚至是各方当事人）使用自己的标准合同文本，并期望对方不经协商就予以接受，这不同于传统的合同缔结模式。[79]

53 此外，现行共同体法的特征还包括，在合同缔结和未来的合同之内容方面，先合同行为具有重大意义。尤其是欧盟指令创设了应当在合同缔结前或缔结之时履行的多样的信息义务。这些义务有时使得先合同阶段和合同缔结之间的界限不那么确定。因此，在关于合同缔结与合同内容的意思形成方面，信息义务与有关因意思瑕疵导致合同无效或撤销的传统理论之间的关系是合同缔结理论所要面对的新挑战。关于意思瑕疵法“经典”的核心领域，如错误、胁迫或恶意欺诈的后果等，现行共同体法几乎未作规定。但是，欧洲指令中广泛的信息义务在转化成内国法律时，却与这些规定不期而遇，并且必须相互调和。所以这里的任务是，在考虑两种路径的前提下发展出一套总体性理论，以处理合同缔结时信息缺失、不完整或错误时的风险分配问题。[80]

54 不单单是意思形成时的瑕疵和信息风险的分配问题，我们还要在现行共同体法的基础上考虑合同内容和合同缔结的时间规定的出发点问题。比如，对于卖方根据买卖合同向消费者承担哪些义务的问题，广告用语和类似先合同的公开声明本身可能就是决定性的；由此，在先合同阶段的行为对合同内容产生直接作用。[81]《包价旅游指令》把先合同信息称为“包价旅游合同不可或缺的组成部分”（《包价旅游指令》第 6 条第 1 款），以此强调先合同信息对于确定合同内容的地位。对于当事人达成合意后的阶段，关于撤回权的指令条文修正了对合同成立的原初理解。这些条文带来的结

[77] 边码 74 及以下；关于把数据作为合同对价的规定见本书第五章边码 16。

[78] 见本书第二章边码 34。

[79] 对此见本书第四章边码 64 和 78 及以下。

[80] Schulze, The Formation of Contract: New Features and Developments in Contracting, in: Schulze/Perales Viscasillas, The Formation of Contract, New Features and Developments in Contracting, 2016, S. 9-24; Rn. 97 ff.

[81] 对此见边码 83 及以下。

果是，一个合同在某些保护情形下仅仅是“未决地”有效，弱势一方当事人有权事后从合同中退出。[82] 如果我们在现行共同体法范畴内对以上所有路径进行整体观察，就可以看到对合同缔结的一种带有创新性的理解：合同的成立不再仅仅取决于这一“魔法时刻”，[83] 即两个一致的意思表示使合同成立，还需要考量合同成立的程序性特征，即从先合同信息和表示，到通过考虑期延迟合同缔结（根据《住房信贷指令》第 14 条第 6 款），再到通过撤回权对已经达成的合意进行事后纠正。[84]

**（3）学术草案和立法草案**

（a）现行共同体法关于合同成立的原则中的很大一部分在《Acquis 原则》中得到再现。[85] 对于现行共同体法没有处理的领域和法律问题，在相同基础上起草的 PECL、作为 PECL 之延续的 DCFR 以及法国的 Pricipes Directurs 成为欧洲合同缔结法律进一步发展的基础。[86] 除了大部分成员国都规定的传统主题外，PECL 中关于合同缔结的规定——即使仅有少数条文 [87]——没有划分成要约、承诺以及单方允诺。欧盟法律需要完成一些法律材料，而《Acquis 原则》已经注意了作为这些法律材料之补充来源的其他规则体中的若干规定。[88] 此外，DCFR 第二编就合同缔结的几乎所有重要法律领域提出规则建议，它把从法律比较中得出的原则和现行共同体法的原则结合在一起，具有深远的意义。 55

（b）欧盟委员会关于 GEK 的建议案延续了 DCFR 的这种综合路径。 56
关于合同缔结的一章构成 GEK 草案“有约束力的合同之成立”的核心，该章之前是先合同义务，之后则是撤回权和合意瑕疵。此外，GEK 草案其他部分的若干条文涉及合同缔结的特殊问题，例如缔结消费者合同时，关

---

[82] 对此见边码 128。

[83] Pfeiffer, New Mechanisms for Concluding Contracts, in: Schulze, New Features in Contract Law, 2007, S. 161–168, 167.

[84] Acquis Group/Schulze/Lehmann/Schulte-Nölke/Busch, Contract II, zum Vertragsschluss insbesondere Kap. 4, S. 181-231.

[85] Acquis Group/Schulze/Lehmann/Schulte-Nölke/Busch, Contract II, 关于合同缔结尤其见第 4 章，S. 181-231.

[86] Fauvarque-Cosson/Mazeaud, European Contract Law – Materials for a Common Frame of Reference: Terminology, Guiding Principles, Model Rules, 2008, S. 421–422.

[87] PECL 第 2:101 条。PECL 第 2:201 条是关于要约的规定，第 2:204 条是关于承诺的规定。

[88] 例如对要约的具体要求（ACQP 第 4:103 条）以及单方允诺的约束力（ACQP 第 4:109 条第 1 款）。

于适用 GEK 之约定的特别表示的必要性（GEK 条例草案第 8 条第 2 款）以及先合同声明对合同内容的影响（GEK 草案第 69 条）。由此，GEK 既有以成员国法律为基础的传统规则调整对象（如关于合同通过要约和承诺成立的规定），也有以现行共同体法为基础的新路径（如规定消费者合同时先合同声明和撤回权）。

57 之前提到现行共同体法的创新路径主要以一般化的形式纳入 GEK 之中，尤其是关于提供数字内容的规定。但是，GEK 中的特别细化规定还不足以承载数字内容的特征。以 GEK 为基准点，关于《数字内容指令建议案》的欧盟委员会草案才具备了更大的规则密度（例如，该指令第 6 条关于数字内容特别给付特征的目录对与合同相符的概念予以具体化，该指令第 13 条涉及与数字内容相关的返还清算规则）。关于其他法律材料，GEK 之前的规则体在法律比较或现行共同体法的基础上提出了创新路径，但 GEK 并没有全部采纳。其原因主要在于 GEK 的可选择性特征。例如，寄送未订购之物[89]或单方允诺[90]的后果不能由根据当事人协议才得适用的合同法来调整。一些法律材料尽管在实践中具有重要意义，但成员国立法和司法以及学术界的处理还不够充分。从某些角度看，GEK 在纳入这样的材料时显得保守和谨慎。尤其在欧洲私法进一步发展的过程中，在要约和承诺的传统区分之外，加强对合同缔结之多样形式的关注可能是可取的。

### 2. 合意

#### （1）合意的原则

58 欧洲合同法中合同缔结的基础是当事人的合意（Einigung）。合意是合同成立及当事人享有权利并承担义务的前提。就此而言，欧洲合同法遵循的是当事人通过合意接受合同约束的观念，这一观念基本上是在 17、18 世纪自然法理论关于以下立场的探讨中形成的：当事人的承诺是其相互义务的基础。[91] 根据这一理论传统，当事人双方的合同约束原则上以其共识（Konsens）为基础，共识体现为当事人关于缔结合同之表示的内容一

[89] 《消费者权利指令》第 27 条；原《远程销售指令》第 9 条；在此基础上的 ACQP 第 4:106 条。

[90] PECL 第 2:107 条；ACQP 第 4:10 条；DCFR 第 II.-1:103 条。

[91] Kötz, Europäisches Vertragsrecht, 2. Aufl. 2015, S. 24 f.

致（Übereinstimmung）。正如对欧盟的合同概念的分析[92]所展示的那样，现行共同体法尽管没有这样明确的一般性规定，但是从一系列不同的法源中可以看到，欧盟法采纳了该合同缔结的原则，[93]但也在一些方面加以继续发展和修正。[94]承接 PECL、《Acquis 原则》和 DCFR，[95]GEK 的第 30 条给作为合同缔结之前提的合意设定了三个条件：当事人达成合意；他们有使该合意在法律上有效的意思（法效意思）；从合意的内容和确定性中足以产生法律效果。GEK 草案第 30 条第 1 款原则上确定了合同缔结的三个核心要素。该条的下列几款以及关于合同缔结一章的其他条文（GEK 草案第 31 条至第 38 条）则是进一步的具体化和补充。

▶ GEK 草案第 30 条（合同缔结的要求）

（1）合同在下列条件下缔结：

（a）当事人达成合意，

（b）他们意欲赋予其合意以法律效果，且

（c）该合意具有充足的内容并足够确定，从中可以获知法律效果，在必要时通过《欧洲共同买卖法》的条文予以填补。

（2）一个合意由对要约的承诺达成。承诺可以明确地或通过其他表示或行为作出。

（3）应当从当事人的表示和行为中推断其是否有赋予其合意以法律效果的意思。

（4）如果一方当事人使合同的缔结取决于关于某要素的合意，则只有当达成关于该要素的合意时，合同才成立。◀

### （2）关于合同缔结要求的详细论述

（a）关于合意的成立，欧洲合同法在学术上和立法草案中主要以合同 59
缔结的传统模式为出发点，即要约和承诺。[96]要约和承诺不必明确表示出来，也可以通过行为作出，只要该行为具有的对应表示是受领人可以识别

[92] 对此详述见本书第二章边码 1 及以下。

[93] Acquis Group/Schulze, Contract II, Art. 4:101 Rn. 4–6.

[94] 本书第二章边码 6、18。

[95] PECL 第 2:101 条；ACQP 第 4:101 条；DCFR 第 II.-4:101 条。

[96] 见边码 4。

的（“可推断之行为”）。[97] 此外，草案对当事人合意的要求作了补充，即当事人赋予某一事件以特殊意义，合同的成立与之相关（参见 GEK 草案第 30 条第 4 款）。通过这一方式，一些通常不重要的问题可以根据当事人的意思而对合同缔结具有决定意义。[98] 这一条文保障了当事人缔结合同和确定其内容的自由，在个人观念和评估并非常见时也是如此。

60 （b）根据不同的欧洲合同法规则体，对于合同缔结同样不可或缺的是，当事人使其合意具有法律效果的意思。[99] 对法效意思的要求尤其可以把关于合同约束的合意与单纯的好意施惠行为（绅士协议；acte de complaisance）区分开来，后者不具有法律上受约束的意思。[100] 但是，主要在单方承担义务的合同中，通常难以进行这种区分并可能会造成严重后果（例如 A 向 B 承诺，将 B 的投注单交给投注站，但是 A 忘记了，B 要求 A 赔偿其可以获得的奖金）。当事人无需明确表明其法效意思。相反，应当从当事人的表示和行为中一并推断其是否意欲赋予其合意以法律效果。[101]

61 （c）合同缔结的另一个前提是，合意充分确定。应当可以从合意中足够清楚地确定当事人的义务，以保障合同的执行。关于这个统一的目标，不同规则体却在细节上有所出入。[102] 与 ACQP 第 4:101 条普遍适用的前提相比，GEK 草案第 30 条第 1 款从三个角度进行了精细化操作。首先明确的是，除了合意之外，GEK 的条文应补充适用，以便确定是否存在充分的合意。这里不仅涉及 GEK 第三部分关于确定合同内容的条文，而且涉及该规则体的所有部分（也就是从其后第四部分至第八部分关于当事人义务

---

[97] 参见 PECL 第 2:204 条；DCFR 第 II.-4:204 条；GEK 草案第 30 条第 2 款第 2 句和第 34 条第 1 句关于要约的规定；以上条文反过来排除了要约的存在，可能与 GEK 草案第 6 条和第 10 条的价值与目的相悖；对 GEK 草案第 30 条第 2 款的重复和表述的批评见 Schulze/Terryn, CESL Commentary, Art. 30 Rn. 13.

[98] Looschelders, Das allgemeine Vertragsrecht im Common European Sales Law, AcP 212 (2012), S. 581–693, 606; J. Schmidt, Der Vertragsschluss, 2013, S. 270; Schulze/Terryn, CESL Commentary, Art. 30 Rn. 12; v. Bar/Clive (Hrsg.), DCFR Full Edition, S. 279.

[99] 参见 PECL 第 2:102 条；DCFR 第 II.-4:102 条；GEK 草案第 30 条第 1 款 b。

[100] Harvey/Schillig, Conclusion of Contract, in: Dannemann/Vogenauer, The Common European Sales Law in Context, 2013, S. 248–293, 263–265; Deshayes, Formation du Contrat, in: Deshayes, Le Droit Commun Européen de la Vente, 2012, S. 95, 112.

[101] PECL 第 2:102 条；DCFR 第 II.-4:102 条；GEK 草案第 30 条第 3 款。

[102] 参见 PECL 第 2:103 条第 1 款；DCFR 第 II.-4:103 条第 1 款；ACQP 第 4:101 条；GEK 草案第 30 条第 1 款。

的条文)。其次，合意在内容上应当充分并且确定，[103]在此，一方面应当注意当事人(并通过 GEK 条文填补)所确定的效果范围，另一方面应当注意其清晰度(同样注意 GEK 的解释规则)。最后，内容和确定性应当"充分"，GEK 的表述是，"从中可以获知法律效果"(英文为："to be given legal effect")。这一表述自然缺少说服力，需要根据之前提到的指导思想予以填补，即当事人的义务应当可确定，以便合同执行得到保障。[104]卖方履行其根据 GEK 草案第二章所承担的广泛的先合同信息义务时(尤其是消费者合同的情形)，通常就已经满足了这一要求。[105]

**(3)其他要求?**

(a)GEK 和在前的其他欧洲合同法规则体中都没有关于缔结合同的其他要求。PECL 第 2:101 条和《Acquis 原则》第 II.-4:101 条明确了这一点。从 GEK 草案第 30 条的字面表述及其产生过程[106]中也可以看到，没有提到其他的要求。GEK 对合意无其他方面要求的定位，不仅反映了较早的学术规则体对合同缔结的理解，而且按照《Acuqis 原则》再现了以欧盟合同法为基础的评估。[107]欧洲合同法中合同的有效性与约因(如英国法中的 consideration、目前法国法中的 cause 或者和西班牙法中的 causa)无关。[108]但是，欧洲合同法对合意要求的定位目前辐射至内国法，例如法国债法改 62

---

[103] 英文版本为"sufficient content and certainty"。

[104] 但是无需明确所有的义务。相反，当合意确定了用以明确当事人义务的标准或机制(如将管辖移交给第三人)既已足够；例如，参见 Huber/Mullis, The CISG, 2007, S. 73–75; Schlechtriem/Schroeter, Internationales UN-Kaufrecht, 5. Aufl. 2013, Rn. 244 f.

[105] Schulze/Terryn, CESL Commentary, Art. 30 Rn. 7 f. 提示了这一可能性，即对于经营者之间的合同，CISG 第 14 条第 1 款也可以作为借鉴。

[106] Schmidt-Kessel/Gebauer, GEK-E Kommentar, Art. 30 GEK-E Rn. 17 f.; Schulze/Terryn, CESL Commentary, Art. 30 Rn. 10.

[107] ACQP 第 4:101 条；Acquis Group/Schulze, Contract II, Art. 4:101 Rn. 9；就此见本书第二章边码 30。

[108] 关于这两个理念见 Farnsworth, Comparative Contract Law, in: Reimann/Zimmermann, The Oxford Handbook of Comparative Law, 2006, S. 908-910; Gordley, Consideration, in: Smits, Elgar Encyclopedia of Comparative Law, 2. Aufl. 2012, S. 180–186; Kadner Graziano, Comparative Contract Law, 2009, S. 101–120 und 121–149; Ranieri, Europäisches Obligationenrecht, 3. Aufl. 2009, S. 76–100, 1049, 1153–1179; 关于约因(consideration)见 Whittaker/Riesenhuber, Conceptions of Contract, in: Dannemann/Vogenauer, The Common European Sales Law in Context, 2013, S. 120–159, 129 f.

革最近就放弃了对 cause 的要求。[109]

63 （b）此外，在形式要求方面，欧洲合同法规则体遵循的是形式自由原则。[110] 据此原则，不必以某种形式缔结或证明合同，只要特别法没有作出其他规定。[111]

### 3. 合同缔结的各种形式

#### （1）通过要约和承诺缔结合同

64 （a）当事人通常以这种形式就合同达成一致，即一方当事人向另一方提出要约，另一方对该要约予以承诺。作为合同约束之基础的共识体现在要约以及与之相关的承诺表示的内容一致。因此，为了描述合同缔结的过程以及合意的组成部分，要约和承诺不仅是成员国法律传统上的核心概念，[112]而且欧盟法律文本和欧洲法院的判决[113]也认为，合同通过要约以及对要约的承诺而缔结。[114] 相应的条文见《Acquis 原则》的第 4:102 条第 1 款。然而，迄今为止，从现行欧盟法律中仅能发现少数关于通过要约和承诺缔结合同的具体规定。与之相反，PECL 第 2:201 条及以下和以其为摹本的 DCFR 第 II.-4:201 条及以下则详细地处理了该问题（部分地借鉴了《联合

---

[109] Journal officiel de la République française n° 0035 du 11 février 2016, texte n° 26, Ordonnance n° 2016-131 du 10 février 2016 portant réforme du droit des contrats, du régime général et de la preuve des obligations, 链接 https://www.legifrance.gouv.fr/affichTexte.do?cidTexte=JORFTEXT000032004939&categorieLien=id (2016 年 3 月 31 日调阅); Colloque Revue des contrats, La réforme du droit des contrats: quelles innovations?, hors série 2016; Schulze/Wicker/Mäsch/Mazeaud (Hrsg.), La réforme du droit des obligations en France, 5èmes Journées franco-allemandes, 2015.

[110] PECL 第 2:101 条第 2 款; ACQP 第 1:304 条; DCFR 第 II.-1:106 条第 1 款; GEK 草案第 6 条。

[111] 如 GEK 草案第 19 条第 4 款及第 25 条第 2 款在通过电子途径缔结远程销售合同方面对形式自由原则的限制；对此见边码 74 及以下。对于协调法而言，也存在对成员国法律中形式自由原则的限制，例如《消费者权利指令》第 8 条第 6 款关于通过电话缔结的远程销售合同的规定。

[112] Kötz, Europäisches Vertragsrecht, 2. Aufl. 2015, S. 23-25; Lando/Beale (Hrsg.), PECL, Parts I and II, S. 161; 参见 Kadner Graziano, Comparative Contract Law, 2009, S. 49–93; Ranieri, Europäisches Obligationenrecht, 3. Aufl. 2009, S. 176–228 und 290–309; v. Bar/Clive (Hrsg.), DCFR Full Edition, S. 294 f.

[113] 欧洲法院在 Rudolf Gabriel 一案中明确把合同成立建立在对要约之承诺的基础上（C-96/00, Rn. 48, 49）。

[114] 例如，《上门交易指令》（已经被《消费者权利指令》所取代）第 1 条第 3 款和第 4 款以及欧盟委员会推荐的“欧洲电子数据交换示范协议（Europäische EDI-Mustervereinbarung）”（94/820/EG）第 3 条第 3 款已经采纳了该模式。

国国际货物买卖合同公约》并与《国际商事合同通则》一致）。[115]GEK 草案第 31 条及以下条文继续沿用这一范式，以便细化和补充关于通过要约之承诺达成合意的一般规则。这些条文不仅包括要约的概念、撤回和拒绝（GEK 草案第 31 条至第 33 条），而且包括承诺（GEK 草案第 34 条、第 36—38 条）、合同缔结的时间（GEK 草案第 35 条）以及相互冲突的标准条款（GEK 草案第 39 条）。

（b）GEK 草案第 31 条和第 32 条提出了关于要约的两个问题，现行共同体法迄今为止对此尚无明确回答：要约与潜在合同当事人在可能的合同缔结前阶段的其他声明或行动的区分，以及在承诺前撤回要约。 65

▶ GEK 草案第 31 条（要约）

（1）一项提议在下列条件下构成要约：

（a）在此意图下提交，即对它的承诺导致合同的缔结，以及

（b）它有充分的内容并足够确定，由此可以缔结合同。

（2）要约可以向一个或多个特定人作出。

（3）一个向全体人发出的提议不构成要约，除非根据情势有不同的状况。◀

▶ CISG 第 14 条（要约）

（……）

（2）一个不是向一个或多个特定人提出的建议仅被视为要约邀请，除非提出建议的人明确表示这是一个要约。◀

▶ PECL 第 2:201 条[116]（要约）

（……）

（3）如果专业供应者在公开广告或目录中，或者通过展示货物做出一个关于以确定价格交付货物或提供服务的提议，则该提议在有疑义时被视

[115] Lando/Beale (Hrsg.), PECL, Parts I and II, S. xxv-xxvii; Lando, Das neue Schuldrecht des Bürgerlichen Gesetzbuchs und die Grundregeln des europäischen Vertragsrechts, RabelsZ 2003, S. 235; Vogenauer/Kleinheisterkamp/Vogenauer, Commentary on the UNIDROIT Principles of International Commercial Contracts (PICC), 2009, Introduction, Rn. 22.

[116] Schulze/Zimmermann, Basistexte, III.10.

为以该价格出售货物或提供服务的要约，直到货物库存或提供服务的能力被用尽。◀

66 要约与其他为合同准备而做出的表示和行为（vertragsvorbereitende Erklärungen und Handlungen）之间的界分具有重大实践意义。[117]如果是要约，则对方当事人只需要做出承诺表示，合同即成立，双方当事人根据合同享有权利并承担义务。相反，一方当事人准备性的表示处于要约的门槛之下，另一方当事人的承诺没有约束力。一方当事人的提议是否已经包含了要约，或者仅仅是邀请对方提出要约（invitatio ad offerendum），当事人的利益和意图在这一问题中通常差异很大。举例而言，如果卖方向许多受领人寄送商品目录，那么各个受领人都发出要约就不符合卖方的利益，因为卖方的商品库存仅能满足部分客户的需要。另一方面，如果商品目录的受领人必须发出要约，然后合同是否缔结处于不确定的状态中，直到卖方作出反应，则不符合受领人的利益。

67 内国法和国际规则文本对这种利益冲突提供了不同的解决方案。在要约的一般性前提方面，《联合国国际货物销售合同公约》、PECL 和 DCFR 都要求受约束意思的核心要素以及足够的确定性；[118]GEK 草案第 31 条延续了这一做法。但是，对于如何对通过公开广告、目录等向不确定人群发出的提议进行定性的问题，这些规则文本中的标准并不统一。CISG 第 14 条第 2 款规定，在有疑义时，这种提议仅仅被视为要约邀请。这一方案对商品销售方以及消费者合同中的经营者更为有利。但 PECL 第 2:201 条第 3 款和 DCFR 第 II.-4:201 条第 3 款没有采纳这一路径，而是规定，以确定价格提供商品或服务的建议在有疑义时被视为以该价格为准的要约，但若经营者以公开的广告或目录，或者以展示货物的方式做出该要约，则以经营者的库存为限。ACQP 第 4:103 条把这一规定作为欧盟既有法律的补充规则，因为从现行共同体法中找不到关于此问题的统一规定。然而，根据《Acquis 原则》的规定，补充性规则可以被用于澄清合同是否以及何时成立，以及在单个情形下欧盟法的（保护性）规定是否为一方当事人的利益而适用。

---

[117] Illmer, Vertragsschluss, in: Handwörterbuch Bd. II, 2009, S. 1697.

[118] 关于各个文本的具体规定，一方面参见 CISG 第 14 条第 1 款，另一方面参见 PECL 第 2:201 条第 1 款和 DCFR 第 II.-4:201 条第 1 款。

关于 PECL 和 DCFR 中解决方案的参考，《Acquis 原则》在引用欧洲法来解决合同缔结时之公开表示的其他问题方面起了决定作用。[119] 此外，这一解决方案也符合《不公平商业实践指令》[120] 的价值判断。尽管现行共同法中有这一不同价值判断的依据，但是 GEK 草案在此问题上并没有遵循 DCFR 提供的路径。《联合国国际货物销售合同公约》提供的方案是推定存在要约邀请，只要提议人没有明确作出相反的表示，GEK 草案的推定也与之不同。GEK 草案的路径是，向公众发出的提议不构成要约的推定被推翻的可能性更为宽泛。在此起作用的不仅仅是提议人所表达的，还要一般性地根据"情势"来判断，即提议人没有表达的，并在单个情形下根本没有注意的事实和进程。此外，这种"情势"不以"明确"说明的额外要求为前提，只要满足通知的一般性标准（GEK 草案第 10 条）即可。即使 GEK 没有遵从 DCFR 第 II.-4:201 条第 3 款提供的均衡路径，它也与对供应方极为有利的《联合国国际货物销售合同公约》有很大的区别。

是否以及在何种条件下可以在对要约进行承诺前撤回要约，欧盟合同法目前为止对这一问题没有定论，[121] 成员国法律的规定也各不相同。[122] 许多国家的法律规定，可以在另一方当事人作出承诺表示前撤回要约。其他法律则认为，要约到达另一方当事人时，要约方即受约束（除非他排除这一约束力，参见《德国民法典》第 145 条）。[123] 现行共同体法中没有支持某种解决方案的一般性说明。相反，从某些单个规定中可以看出，欧盟法认可成员国法的这两种方案，自己则在此问题上不作定论。[124] 因此，《Acquis 原则》 68

---

[119] Acquis Group/Schulze, Contract II, Art. 4:103 Rn. 1 mit Bezug auf Art. 2 Abs. 2 lit. d und Abs. 4 und Art. 6 Abs. 1 Verbrauchsgüterkauf-RL, Art. 3 Abs. 2 Satz 2 Pauschalreise-RL; Møgelvang-Hansen, The Binding Effects of Advertising, in: Schulze, New Features in Contract Law, 2007, S. 169–179.

[120] Richtlinie 2005/29/EG des Europäischen Parlaments und des Rates vom 11. Mai 2005 über unlautere Geschäftspraktiken im binnenmarktinternen Geschäftsverkehr zwischen Unternehmen und Verbrauchern; 详见 Schulze/Terryn, CESL Commentary, Art. 31 Rn. 10.

[121] 该术语在此方面不统一：GEK 草案第 32 条使用的是"Rücknahme"，而 CISG 第 16 条和 PECL 第 2:202 条使用的则是"Widerruf"（CISG 第 15 条使用的"Rücknahme"涉及的是要约到达相对人为止的这一时间段）。

[122] Kadner Graziano, Comparative Contract Law, 2009, S. 150–190; Zweigert/Kötz, Einführung in die Rechtsvergleichung, 3. Aufl. 1996, S. 351-357.

[123] Lando/Beale (Hrsg.), PECL, Parts I and II, S. 166 f.; v. Bar/Clive (Hrsg.), DCFR Full Edition, S. 304–307; Zweigert/Kötz, Einführung in die Rechtsvergleichung, 3. Aufl. 1996, S. 350–358.

[124] 参见《消费者权利指令》立法理由第 14 项。

对此问题未作规定。与之相反，CISG 第 16 条、PECL 第 2:202 条以及在此基础上的 DCFR 第 II.-4:202 条遵循了大部分欧洲国家的做法，即允许在另一方当事人声明承诺之前撤回要约。GEK 原则上也采纳了这种把风险分配给要约受领人（例如由于市场价格波动或第三方要约导致利益状态的改变）的方案：根据 GEK 草案第 32 条第 1 款，如果撤回要约的表示在要约受领人声明承诺前到达，则该要约可以撤回。在通过行为予以承诺的场合（GEK 草案第 34 条），在合同以此种方式缔结之前，参照适用上述规则。向公众发出的要约，应当以与其发出要约相同的方式撤回（GEK 草案第 32 条第 2 款[125]）。但是，要约可撤回的原则受到三种例外的限制：在要约中明确其不得被撤回；要约包含承诺的确定期限；或者受领人基于其他原因可以合理地信赖该要约不可被撤回，并已经根据对要约的信赖而行事。最后一个例外构成要件是正当信赖保护原则[126]的体现，它显著减轻了对受要约约束模式的冲击。

69 （c）PECL、DCFR 和 GEK 以同样的结构规定了对要约的承诺。承诺可以以任意形式通过表示作出，只要该表示明确对要约予以同意，但是沉默或不作为本身不构成承诺。[127] 如果要约受领人沉默，则必须有其他情势（例如，在之前的磋商中已经有相关声明、当事人相应的框架协议或者当事人之前关于相应活动的协议），[128] 才能被视为承诺。确定承诺期限首先要看要约人在要约中确定的期限。[129] 如果没有确定期限，则适用作出承诺后的合理期限。如果发出要约的形式使受领人无需通知要约人即可以以行为做出承诺，或者根据当事人之前的惯例或者习惯，受领人可通过行为做出承诺且无需通知要约人，[130] 则受领人应当在确定的期限或合理的期限内采取作为承诺基础的行为。但是，迟延的承诺仍可有效，只要要约人立即通知另一方当事人，该承诺有效。此外，如果从相关消息中可知，一个迟延的承诺按照其做出时的情势通常应当及时到达，则该迟延的承诺也有效，只

[125] PECL 第 2:202 条第 2 款、DCFR 第 II.-4:202 条第 2 款同样如此。

[126] 详见本书第二章页边码 10。

[127] PECL 第 2:204 条；DCFR 第 II.-4:204 条；GEK 草案第 34 条。

[128] Lando/Beale (Hrsg.), PECL, Parts I and II, S. 169; Schulze/Terryn, CESL Commentary, Art. 34 Rn. 5 f.; v. Bar/Clive (Hrsg.), DCFR Full Edition, S. 310 f.

[129] PECL 第 2:206 条；DCFR 第 II.-4:206 条；GEK 草案第 36 条。

[130] PECL 第 2:205 条第 3 款；DCFR 第 II.-4:205 条第 3 款；GEK 草案第 35 条第 3 款。

要要约人没有立即告知受领人，该要约已经失效。[131] 如果受领人对要约的回复包含了对合同内容的重大变更或补充，则为对要约的拒绝，并构成新的要约。[132] 大部分成员国法律中都有类似的原则，GEK 草案的规定更为详细，并在某些方面不同于若干内国法，尤其是 GEK 草案包含了这一推定，即如果是对特定内容（如价格、支付、商品的质量和数量、交付的时间和地点、责任范围或者争议解决；GEK 草案第 38 条第 2 款）的补充或改变，则视为重大变更。[133]

（d）对要约的承诺即导致合同缔结。承诺表示必须到达要约人。[134] 如 70
果通过行为对要约做出承诺，则合同在要约人知晓该行为时成立。但是，如果另一方当事人可以通过行为对要约做出承诺且无需通知要约人，[135] 则其采取行为之时，合同成立。[136]

### （2）无要约与承诺之划分的合同缔结

（a）尽管对要约的承诺不是实践中缔结合同的唯一形式，但迄今为止， 71
无要约和承诺之划分的合同缔结在欧盟合同法中并没有得到充分关注。例如，双方当事人意图缔结合同的表示可能会在邮寄路途上相遇。在这种情况下，合同的缔结不再划分成要约以及对要约的承诺。假如两个表示包含相同的合同条款，则根据共识理念与合意原则，不存在否认合同的实质性理由。相反，与渐次发出要约以及对要约的承诺之情形相同，合意在这种情况下已经存在。因此，与共识理念取向一致的是，UNIDROIT 原则第 2.1.1 条规定，在此情况下，当事人表示一致即已足够。与该规则、若干成员国

---

[131] PECL 第 2:207 条；DCFR 第 II.-4:207 条；GEK 草案第 37 条。

[132] PECL 第 2:208 条第 1 款；DCFR 第 II.-4:208 条第 1 款；GEK 草案第 38 条第 1 款。

[133] 对这一问题的详述以及 GEK 中其他条文的不同回答见 Gebauer, Der Vertragsschluss im Eu-Kaufrecht (Artt. 30-39 GEKR), in: Schmidt-Kessel, Ein einheitliches europäisches Kaufrecht?, 2012, S. 121, 142–144; Schulze/Terryn, CESL Commentary, Art. 38 Rn. 2–7, 12 f.

[134] PECL 第 2:205 条第 1 款；DCFR 第 II.-4:205 条第 1 款；GEK 草案第 35 条第 1 款；可以从 GEK 第 10 条关于通知的一般规定中看到承诺声明之到达的具体前提，以及关于合同成立及合同缔结时间的具体前提；对此见本书第二章页边码 33 及以下。

[135] 边码 59。

[136] PECL 第 2:205 条第 2 款和第 3 款；DCFR 第 II.-4:205 条第 2 款和第 3 款；GEK 草案第 35 条第 2 款和第 3 款；Lando/Beale (Hrsg.), PECL, Parts I and II, S. 172 举了这样的例子，即新聘任的歌剧演唱家已经在歌剧导演的指导下开始排练，但其余的合唱团成员正在巡回演出且无法联系上。

的法律适用[137]以及《联合国国际货物销售合同公约》的运用[138]相一致的是，PECL 第 2:211 条、ACQP 第 4:102 条第 2 款以及 DCFR 第 II.-4:201 条都规定，如果合同缔结的过程不划分为要约和承诺，则关于要约和承诺的规定参照适用。GEK 也同样规定，关于要约和承诺的条文参照适用于交叉表示（kreuzende Erklärungen）。假如 GEK 没有和上述欧洲规则文本一样明确要求这种参照适用，则不能认为 GEK 的起草者作出了相反的决定。相反，这只能表明起草者的谨慎态度，未来可以基于 GEK 草案第 30 条及之后关于合同缔结的条文中的原则，通过学说和判例对这一较新的领域作出规定。

72 （b）对于"交叉表示"的认可也应当适用于其他此类过程（Abläufe），即不划分为要约和承诺，但导致关于合同缔结的充分合意。经济需求催生出大量这样的形式，它们被描述为"渐进式"（schrittweise）或"扩张式"（gestreckt）的合同缔结。这种合同缔结的特征是，借助意向书（letter of intent）、草约（Punktation）、非约束性框架协议（Heads of agreement）以及谅解备忘录（Memorandum of understanding）等法律机制[139]逐渐强化和巩固合同约束力和合同内容，并通过一方当事人或第三方形式多样的权利和义务，在不同时间点一步或多步地部分明确或巩固合同内容。[140]即便现行共同法目前还没有对这种"扩张式"的合同缔结作出一般性规定，也不能就此认为欧盟法完全忽视了该问题。同样地，虽然欧盟法规定明确指向要约

[137] 例如，关于德国的情况：Staudinger/Bork, BGB, 2015, § 146 Rn. 7；关于意大利的情况：Bianca, Diritto Civile, Bd. 3: Il contratto, 2. Aufl. 2000, S. 238.

[138] 参见 Schlechtriem/Schwenzer/Schroeter, Kommentar zum Einheitlichen UN-Kaufrecht, 6. Aufl. 2013, Vorb. zu Art. 14–24 Rn. 15–45.

[139] 关于合同缔结前和缔结时的这些机制与其他机制见 Cordero-Moss, The Function of Letters of Intent and their Recognition in Modern Legal Systems, in: Schulze (Hrsg.), New Features in Contract Law, 2007, S. 139–159; Heussen, Letter of Intent, 2. Aufl. 2014; Thümmel, Letter of Intent (Absichtserklärung), in: Schütze/Weipert/Rieder, Münchener Vertragshandbuch, Bd. 4, 7. Aufl. 2012, S. 1-17; Weick/Basse, Recht des internationalen Handels- und Wirtschaftsverkehrs, 2013, S. 85-89.

[140] 详见 van Erp, Contract als Rechtsbetrekking, 1990; Fontaine, Offre et acceptation, approche dépassée du processus de formation des contrats, in: Mélanges offerts à Pierre Van Ommeslaghe, 2000, S. 115–133; Schlechtriem/Schwenzer/Schroeter, Kommentar zum Einheitlichen UN-Kaufrecht, 6. Aufl. 2013, Vorb. zu Art. 14–24. Rn. 23 f.; Schulze, Formation of Contract, in: DiMatteo/Janssen/Magnus/Schulze, International Sales Law, Contract, Principles & Practice, 2016, Kap. 8, S. 203-241; Siems, 'Unevenly Formed Contracts': Ignoring the 'Mirror of Offer and Acceptance', ERPL 2004, S. 771–788.

与承诺的顺序，[141]但不能就此推论出不允许其他的合同缔结方式。相反，现有的规则已经明确表明，先合同声明对于合同缔结具有深远意义，或者可以成为一方当事人在合同缔结后撤回的理由。[142]另外，效用原则要求，在合同缔结时保护一方当事人的欧盟法规则不能因为合同不是以要约和承诺的方式成立的就失去效力。相反，应当在个案中审查，对于并非划分为要约和承诺的合同缔结过程，涉及合同成立的欧盟法规则是否可以参照适用（例如，在"扩张式"的合同缔结之场合，受保护当事人关于渐进约束力的声明）。

对于GEK而言，和交叉意思表示[143]一样，相同的理由也支持关于合同缔结的条文可以参照适用。"扩张式"合同缔结在跨境经济往来中的意义也日渐增长，但欧盟委员会草案却没有抓住这一时机，通过特别的明确规定来对现代合同法的需求做出创新性的回应。然而，其原因首先在于，理论的发展被经济实践甩在了身后，因此无法给立法提供太多支持。因此，不仅是对于交叉意思表示，而且对于整个不划分要约和承诺的合同缔结领域而言，没有明确规定不代表着只允许以要约和承诺的方式缔结合同。相反，这一任务被交给理论界，尤其是关于未来欧洲合同缔结法的学术发展。在参照适用合同缔结条文时有关"适当调整"[144]的一系列问题（例如合同缔结过程中单个表示的可撤回性，以及各个合同义务的产生时间点[145]）亟待澄清。 73

**（3）通过远程通信手段缔结合同**

（a）现行欧盟合同法（以及GEK）不是仅仅按照传统方式区分在场时和不在场时的合同缔结。[146]相反，通过特别规定，它支持当事人不用同时在场就可通过多种现代通信方式缔结合同。在此，用于预备和缔结合同的 74

[141]　边码64。

[142]　参见边码53。

[143]　边码72。

[144]　参见PECL第2:211条。

[145]　在"扩张式"缔结合同时，承诺是否仍然为合同成立的"魔法时刻"，关于这一问题见Pfeiffer, Der Vertragsschluss im Gemeinschaftsrecht, in: Schulze/Ebers/Grigoleit, Informationspflichten und Vertragsschluss im Acquis communautaire, 2003, S. 103, 110 f.; Pfeiffer, New Mechanisms for Concluding Contracts, in: Schulze (Hrsg.), New Features in Contract Law, 2007, S. 161, 165–168;Schulze, The New Challenges in Contract Law, in: Schulze (Hrsg.), New Features in Contract Law, 2007, S. 3, 18 f.

[146]　例如，参见《德国民法典》第130条第1款和第147条；《瑞士债法典》第4条和第5条。

通信手段的一个极为广泛的谱系包含了远程销售合同的概念。[147] 考虑到通信科技领域的迅猛发展，欧洲立法者希望“面向未来”地构建这一概念，[148] 包括在内的有传统信邮、电话、电子邮件以及电信和媒体服务等。[149] 到合同缔结之时，如果仅仅使用一种或多种远程通信手段，则为远程销售合同。但是，相关指令和 GEK 并非适用于所有以远程通信形式缔结的合同，而是把远程销售合同的概念限制于消费者合同，该合同在为远程销售而安排的经销或服务体系的范畴内缔结。[150]

75　（b）在预备和缔结合同时，当事人经常使用远程通信手段，以便在当事人不到场的情况下实现“实时”的直接联系，且无时间损失（尤其是电话和特定互联网服务）。尽管存在物理距离，但这种通过媒介在场的形式使得在场与不在场时缔结合同之间的区分不再明显。[151] 关于这一领域的规则的指导思想是，借助这一通信手段的经营者在缔结合同时通常采取主动，在开始建立联系时应当显明其身份和会谈的商业目的。除了《电子商务指令》第 6 条（涉及作为信息社会服务一部分或者构成这一服务的商业通信）之外，《远程销售金融服务指令》第 3 条第 3 款 a、《消费者权利指令》第 8 条第 5 款以及相应的 GEK 草案第 19 条第 1 款尤其属于保护性规定。根据 GEK 草案第 29 条第 1 款，如果经营者在建立联系时没有履行这一义务，则应当对消费者的所有损失承担赔偿责任。[152]

76　（c）由于电子交易往来对于内部市场的意义，欧盟法尤其要推动在此领域的合同缔结，[153] 就此可参见《电子商务指令》第 10 条和第 11 条的特别

[147] 参见《远程销售金融服务指令》第 2 条 a;《消费者权利指令》第 2 条第 7 项；GEK 条例草案第 2 条 p；现在，《在线商品交易指令》第 1 条第 1 款和第 2 条 e 也有规定。

[148] 《远程销售金融服务指令》立法理由第 15 项。

[149] 详见 Schulze/Wendehorst, CESL Commentary, Art. 2 CESL Regulation Rn. 32–36; Palandt/Grüneberg, BGB, 75. Aufl. 2016, § 312c, Rn. 2 f.

[150] 但是按照欧洲议会的建议，GEK 中概念的使用不应被限制于消费者合同；Stellungnahme EP vom 26.2.2014, Abänderung 49, S. 113.

[151] 关于此概念以及实时远程通信的不同类型见 Sieber, Technische Grundlagen, in: Hoeren/Sieber/Holznagel, Handbuch Multimedia-Recht, 42. Ergänzungslieferung 2015, Teil 1, Rn. 116–130.

[152] 如果违反了实时远程通信时特殊的信息义务，《Acquis 原则》规定，消费者可以撤回合同并要求损害赔偿（ACQP 第 4:104 条第 4 款）。

[153] 《电子商务指令》立法理由第 1 项以及第 1 条第 1 款；参见 Glatt, Vertragsschluss im Internet, 2002, S. 69.

信息义务以及形式要求。[154] 作为对《电子商务指令》的补充,《消费者权利指令》包含了对通过电子渠道缔结的远程销售合同的特别形式要求(《消费者权利指令》第 8 条第 2 款至第 7 款)。这些规定旨在使信息义务的建构与某种媒体的技术性限制相适应(例如,一些移动电话只能显示数量有限的符号)。[155] 相应要求也见于 GEK 草案第 13 条第 3 款、第 19 条第 1 款和第 25 条。[156] 考虑到电子商业来往的新发展,有关信息和表示在合同缔结前或在合同缔结时到达的原则也需要具体化和续造。例如,欧洲法院在"Content Services"[157] 一案的判决中就体现了这一点。该案件的主题是,仅仅通过发送网页链接来进行撤回权告知。[158] 上述需求也适用于未来欧洲立法和司法。这对于大量实践中的问题亦同,这些问题源自以电子方式缔结合同时的安全性需求以及证据难题。《关于电子化身份识别和信托服务的条例》[159] 只处理其中的一部分,其规定自 2016 年 7 月 1 日开始在成员国适用。使用者对数据安全性、机密性和完整性的信赖以及通信伙伴的同一性是否会得到加强,以及电子商业往来是否也会因此而加强,还有待观察。[160]

(d)根据《消费者权利指令》第 8 条第 6 款的规定,对于通过电话缔 77
结的远程销售合同,成员国可以就合同对消费者的约束力设置额外的条件,即消费者还需要在要约上签字或者向经营者传输其对合同的书面同意。成员国这一选项的目的在于,通过签字和书面声明的警示功能为消费者提供额外保护,并强化证据情况。GEK 草案第 19 条第 4 款纳入了这一可选择规定的范本,并把它作为通过电话缔结消费者合同时的强制规定。在此,签字或书面同意的要求不仅仅是合同对消费者具有约束力的前提(如指令

[154] ACQP 第 4:105 条与之极为一致,但是与《电子商务指令》的区别在于,ACQP 把撤回权和损害赔偿确立为制裁机制。

[155] 《消费者权利指令》立法理由第 36 项。

[156] 一些条文设置了在电子交易往来中缔结合同前和缔结合同时的特别要求,详述见边码 74 及以下。

[157] Urteil des EuGH v. 5.7.2012, Rs C-49/11 (Content Services Ltd).

[158] 对此见本书第二章边码 37 和 38。

[159] Verordnung (EU) Nr. 910/2014 des Europäischen Parlaments und des Rates vom 23. Juli 2014 über elektronische Identifizierung und Vertrauensdienste für elektronische Transaktionen im Binnenmarkt und zur Aufhebung der Richtlinie 1999/93/EG.

[160] 批评意见 Spindler/Rockenbauch, Die elektronische Identifizierung – Kritische Analyse des EU-Verordnungsentwurfs über elektronische Identifizierung und Vertrauensdienste, MMR 2013, S. 139–148; Roßnagel, Neue Regeln für sichere elektronische Transaktionen, NJW 2014, S. 3686-3692.

中的情况)，而且是合同有效的前提。因此，上面提及的保护目的，尤其基于预防理由，通过在单个情形下法定（ipsoiure）合同无效的严格制裁而得以强化，这一制裁与消费者对合同之存续存有利益无关。这一有效要件出现在 GEK 草案关于向消费者负有的先合同信息义务的章节，这体现了先合同阶段与合同缔结的交织关系；但是从体系的角度看，这种处理方式不是必需的。

### 4. 先合同的公开表示

#### （1）一方合同当事人的表示

78 （a）除了一方当事人在合同缔结前或合同缔结时向另一方当事人作出的表示之外，一方当事人在合同缔结前的公开表示也可能会决定合同内容。[161]欧洲合同法特别地基于两部指令构建出这一原则:《消费品买卖指令》第 2 条第 2 款 d 和第 6 条第 1 款规定，广告、标签和保证声明中的陈述可能会决定卖方合同义务的内容。《包价旅游指令》第 6 条第 1 款和第 5 条第 1 款对于包价旅游的举办方及中介方的先合同陈述作了类似的规定。[162]这些指令的规定体现了欧洲合同法发展的创新亮点，反映了商业实践中这样一种常态的需要，即关于商品和服务的决定性说明往往不是在合同缔结时才告诉对方当事人的；相反，卖方在和单个潜在买方建立联系并就缔结具体合同进行磋商之前，已经主要通过电视、互联网、报纸或商品目录等媒介上的广告来影响大面积的人群。在合同磋商时，客户可能不会再提及合同标的的重要问题（如汽车销售时的发动机功率或油耗），因为他在先合同广告说明中已经获知相关信息。以上指令注意到经营者对客户期待之产生所负有的义务，并因此要求经营者受其先合同声明的约束。

79 （b）根据《消费品买卖指令》，这种约束在两种情况下产生：如果经营者提出产品或服务保证，则他不仅受到保证声明中保证条件的约束，而且受到从相关广告中得出的保证条件的约束（第 6 条第 1 款）；如果经营者在广告或标签上有公开声明，则该声明是判断所交付商品是否符合合同的一

[161] 详细阐述见 Møgelvang-Hansen, The Binding Effects of Advertising, in: Schulze (Hrsg.), New Features in Contract Law, 2007, S. 169–179.

[162] 考虑到新的沟通手段，《包价旅游指令》旧版第 3 条第 2 款第 2 句对广告说明书中说明的特别指明在 2015 年 11 月 25 日的新版中被取消；参见《包价旅游指令》立法理由第 26 项。

个标准（第2条第2款）。但是，如果经营者证明，其公开声明在合同缔结时已经被更正，或者对方的购买决定没有受到该声明的影响，则他不受公开声明的约束。因此，具有决定性的并非买方事实上的知晓，而是他是否能够知晓。有鉴于复杂的广告策略对意见形成的多样影响，在个案中难以重建买方意见形成的类型和时间，以上规定就是对这一难题的回应。通常而言，客户在收到商品时根本不知道，作为其购买基础的广告说明通过何种途径在何时出现。

在旅游合同法中，按照《包价旅游指令》第5条的要求，旅游举办方以及必要时的旅游中介方应当向旅游者提供的大量先合同信息具有约束力。[163]这里尤其包括旅游给付的基本特征（如目的地、旅程、逗留时间和交通工具等）、旅游总价、支付模式、举办旅游所必需的最低人数以及关于旅游者支付一定费用以终止合同的权利的说明。举办者和中介者应当按照该指令附件I的模式使用标准化的信息页（使用超链接的情形和其他情形中以不同的版本形式）。《包价旅游指令》第6条指出，先合同说明是包价旅游合同不可分割的一部分。根据该条文的规定，先合同说明具有极强的约束力，以至于只有通过合同当事人“明确的”约定才能被修改。因此，旅游举办者和中介者的先合同说明在很大程度上决定了合同内容。此外，在合同缔结之前对先合同说明的修改本身也要满足透明度要求：必须“清楚、易懂和明确地”告知旅游者（《包价旅游指令》第6条第1款第2句）。但是，在存在大量先合同信息的背景下，这样一种对消费者透明的目标能否实现，尚存疑问。 80

（c）《消费品买卖指令》和《包价旅游指令》所提供的保护仅仅面向购买商品的消费者以及包价旅游的旅游者。虽然有这种特殊的情况，但这些条文却确立了一般性原则：经营者在缔结合同之前关于商品和服务特征的广告说明或类似公开声明决定了根据合同负有的给付，它不必在经营者与单个客户关于具体合同缔结的磋商中被提及。这样一种先合同声明的目的通常是，影响客户关于缔结合同的意思形成，并且因此成为客户正当期待的理由，即作为此后所缔结合同之标的的商品和服务的特性，应当与经营者在先合同阶段的说明相一致。相应地，《消费品买卖指令》和《包价旅游指令》规定经营者的先合同声明具有约束力的理由 81

[163] 2015年11月25日的新版《包价旅游指令》取代了旧版第3条第2款的规定。

在于，经营者的先合同行为促成客户对于合同标的的正当期待。但是，经营者的这一责任基础并非仅仅存在于指令所规范的合同类型之中，它普遍存在于关于商品和服务的合同之中。当经营者通过公开表示推销其产品时，他必须知道自己唤醒了相应的客户期待，他必须在缔结合同时也考虑到公开表示。因此，ACQP 的第 4:107 条是关于经营者在缔约前公开表示的一般规则。

82 （d）GEK 草案第 69 条基本上遵循了上述方案。该条的前两款一般性地覆盖了经营者的先合同表示（消费者合同和经营者之间的合同）。根据 GEK 的规定，一方当事人的先合同表示可能会对合同内容具有约束力，而不必包含在向另一方当事人单独发出的要约中，另一方当事人在缔约时也不必知道该先合同表示的存在。关于先合同声明和另一方当事人正当期待之间的联系，GEK 草案第 69 条第 1 款承接了《消费品买卖指令》第 2 条第 3 款和第 4 款以及《包价旅游指令》第 6 条第 1 款，并作了些许改变。[164] 当另一方当事人知道或在具有必要的谨慎时应当知道公开表示不正确时，或当另一方当事人在作出缔约决定时根本不能受到公开表示的影响时，该公开表示不能导致正当期待的产生。

▶ GEK 草案第 69 条（从特定先合同表示中推导出的合同条款）

（1）如果经营者在合同缔结前向另一方当事人或公众就其根据合同应交付之商品或服务的特性作出表示，则该表示是合同的组成部分，除非

（a）另一方当事人在合同缔结时已知或应当知晓，该表示错误或他不能信赖这样的合同条款，或者

（b）另一方当事人关于缔结合同的决定不能被该表示所影响。

（2）为了第 1 款之目的，受经营者委托进行广告或经销之人所作出的表示视同经营者作出的表示。

（3）如果另一方当事人是消费者，则为了第 1 款之目的，在缔约前由生产商或他人，或根据生产商或他人之委托作出的表示视同经营者作出的

[164] 尤其是通过额外的限制性要件，即另一方当事人知道或者应当知道“自己不能信赖这样的合同条款”；就此见 Schulze/Kieninger, CESL Commentary, Art. 69 Rn. 5.

表示，除非经营者在缔结合同时不知或不必知晓该表示。[165]

（4）在经营者和消费者之间的关系上，当事人不得排除本条的适用、改变本条或其效力，以对消费者不利。◀

### （2）第三方表示

83 （a）此外，来自第三方的先合同公开表示可能会使一方当事人向另一方当事人负有义务。在现行共同体法中，《消费品买卖指令》第2条第2款d就规定了生产者或其代理人关于买卖标的具体特性的（特别是在广告中或标签上的）先合同说明。《包价旅游指令》也把这一情形作为类似理念的基础，即旅游者与（《包价旅游指令》第3条第9项意义上的）中介方缔约，但是旅游举办方通过预制好的标准表单告知先合同标准信息。GEK草案第69条第3款含有相应的消费者合同规定。

84 由此，先合同公开表示的约束力原则在欧洲私法中也涉及第三人的特定表示。合同权利义务相对性原则在此范围内受到限制，即一方当事人的义务不仅来自其与对方当事人的关系，而且被第三人的行为所决定。在推销商品和服务时广泛运用的是分工制：通常而言，特别是在大规模产品销售的情况下，不仅仅由终端销售方采取面向最终购买者的广告、标签和类似经销手段，生产者、进口商或中间经销商也会进行这些举措，甚至主要是由他们来进行。因此必须考虑到，第三方的措施可能会对终端买方就缔约和对合同内容的设想起到决定性影响。终端卖方从这种影响中获益，也必须容忍这一影响作为他与终端买方之间合同关系的构建因素对他产生不利的效果。

85 （b）在关于第三方先合同公开表示的条文对人的适用范围方面，PECL和《Acquis原则》为欧洲合同法作出了示范规定，但是GEK却走上了殊途。根据PECL第6:101条第3款的规定，先合同公开说明应当被作为合同义务的来源，只要这一说明由为合同一方当事人进行广告或推销的人作出，

[165] 英文版的表述为："Where the other party is a consumer then, for the purposes of paragraph 1, a public statement made by or on behalf of a producer or other person in earlier links of the chain of transactions leading to the contract is regarded as being made by the trader unless the trader, at the time of conclusion of the contract, did not know and could not be expected to have known of it." 德文版在此有所省略，因此没有明确地要求，"他人"必须处于销售链中；对此见Schmidt-Kessel/Looschelders/Makowsky, GEK-E Kommentar, Art. 69 GEK-E Rn. 20.

或者由处于该合同当事人所经营的业务链的上游的人作出。只要该合同当事人是“职业供货方”（即当下欧盟法术语中所称的经营者），则该规定原则上囊括所有合同的缔结（并不仅仅是消费者合同）。对于制造商、制造商和终端消费者之间经销链上的任何人、推销经营者的产品或服务或进行广告宣传的任何人的公开陈述，ACQP 第 4:107 条和第 4:108 条规定，关于商品或服务特性方面的陈述具有约束效力，不论商品供应方或者服务提供方的合同当事人是经营者还是消费者（只要供货商服务提供方本身是经营者）。与之相反，《消费品买卖指令》仅为经营者和消费者之间的买卖合同规定了先合同公开表示的约束力，但是这与该指令的适用范围一般性地限制在消费品买卖[166]相一致，而且不能由此得出结论，认为该指令的规定所依凭的原则仅仅适用于消费者合同。相反，现行共同体法中该原则更为普遍的相关性已经由此得到证明，即《包价旅游指令》第 5 条和第 6 条也涉及旅游举办方或中介方的先合同标准信息义务，这些条文充实了上述原则。根据《包价旅游指令》第 3 条第 6 项，如果经营者与包价旅游举办方或中介方缔结合同，则他也可以援引该先合同信息义务。[167]

86 GEK 草案第 69 条第 3 款把关于第三方公开的先合同表示的条文对经营者的适用明确地限制在如下情形中，即另一方当事人是消费者。只有满足这一条件，由生产者或根据生产者的委托，或者由引发合同的经营链中的其他人在先合同阶段作出的公开表示才被视为经营者作出的。[168]如果另一方当事人不是消费者，则只有在满足 GEK 草案第 69 条第 2 款的情况下，第三方表示才被视为缔结合同的经营者之表示，并因此具有约束力。GEK 草案第 69 条第 3 款关于在经营者合同中排除第三方表示的约束力的规定在多大程度上能够被弱化，首先取决于对前提条件的解释，即表示人必须受经营者的“委托”采取广告或经销措施。然而，如 GEK 这样一般性地局限于消费者合同，却缺少必要理由。卖方、服务提供方或业务链上游成

[166] 《消费品买卖指令》第 1 条。

[167] 《包价旅游指令》早期版本使用的是“消费者”，但是根据旧版第 2 条第 4 项的定义，“消费者”一词包含了以职业或经营目的而缔结的经营者（如预定公司集体出游或者为员工培训的会议旅行），这与欧盟法中普遍意义上的消费者概念不同。

[168] 详见 Looschelders/Makowski, Inhalt und Wirkungen von Verträgen, in: Schmidt-Kessel, Ein einheitliches europäisches Kaufrecht?, 2012, S. 227, 238; Schulze/Kieninger, CESL Commentary, Art. 69 Rn. 11; Wendehorst, Regelungen über den Vertragsinhalt, in: Wendehorst/Zöchling-Jud, Am Vorabend eines Gemeinsamen Europäischen Kaufrechts, 2012, S. 87, 94.

员的广告举措可能会对合同另一方关于合同标的的期待产生决定性影响，不论合同另一方是经营者还是消费者（如《包价旅游指令》）。在分工制的经销结构下，其他参与人的广告措施或其他公开表示对卖方有利，不论客户是消费者还是经营者。在成员国法中也可以注意到对《消费品买卖指令》进行转化时的相应扩张。[169] 把适用范围限制在消费者合同领域的做法没有充分考虑到这一事实，即生产者、进口商或业务链中的其他第三人通常（与终端卖方分工，但没有受终端卖方的委托）组织安排推销活动，即使终端买方不是消费者，而是经营者（或者同等面向这两类人群）。在经营者之间的关系上，先合同表示的约束力可以约定废弃，而在消费者合同中，先合同表示约束力因为消费者保护的目的而具有强制性特征。经营者间的交易与消费者交易的区分已经由此得到充分考虑，一般性限制于消费者合同的方案可以被取代。

### 5. 单方允诺

#### （1）约束力

欧洲合同法对于这一问题尚未充分厘清：不仅是缔结合同义务，单方允诺（einseitiges Versprechen）以何种方式、在何范围内以及以何种后果导致义务的产生。GEK 对此未作规定，因为它的适用以未来合同当事人的约定为前提（GEK 条例草案第 8 条），因此仅面向以合同为基础的债务关系。相反，PECL 和延续其路径的《Acquis 原则》(以及 DCFR 第 II.-1.103 条第 2 款）为这一问题提出了基础规则的建议，即除了合同之外，单方允诺是具有法律约束力之义务的另一个来源。 87

▶ PECL 第 2:107 条（无需承诺即具有约束力的允诺）

如果一个允诺无需承诺即应具有法律上的约束力，则该允诺有约束力。◀

▶ ACQP 第 4:109 条（单方允诺的约束效力）

（1）如果生效的单方允诺或保证无需承诺即应具有法律上的约束力，则其对作出该允诺或保证的人具有约束力。

---

[169]　根据《德国民法典》第 434 条第 1 条第 3 句，《消费品买卖指令》第 2 条的适用范围从消费品买卖扩展至所有买卖合同。

（2）如果一个单方允诺具有约束力，则保护特定当事人的合同法规定为该当事人的利益应得到适用。◀

88 单方允诺在一系列成员国以及国际法律交往实践中取得重大意义[170]（例如保证、利润承诺、有价证券交易[171]以及合同准备和“隐藏的”合同缔结[172]等），以上列举的规则文本反映了这种情况。然而，在 17、18 世纪关于合同和允诺理论[173]的争论中，大部分欧洲国家的法律学说对这一主题关注相对较少。作为义务基础的单方允诺却在北欧国家法律中扮演了重要角色。根据其法律中的允诺理论（Løfteteori），如果一方当事人通过允诺承担了义务，则该允诺也可以成为合同义务的基础。根据这一理论，作为允诺的要约约束要约人，并通过承诺转化成合同义务（即回溯自承诺人知晓之时）。[174]从欧盟法的单个条文中也可以看到单方允诺的约束力。根据《消费品买卖指令》第 6 条第 1 款，如果某人在保证声明和相关广告中作出保证（Garantie），则该保证条件对其具有约束力。保证的效力不以买方对保证提供人作出承诺表示为前提，且并非仅涉及卖方和买方的关系，它也涉及生产者和其他第三方的保证。[175]虽然《消费品买卖指令》明确了保证的约束力，但它还不能为这一假设提供充分的依据，即欧盟法普遍地赋予单方允诺以约束力。[176]

**（2）对单方允诺人的保护**

89 尽管现行共同体法中没有关于单方允诺之约束力的一般规则，但考虑

---

[170] 例如英国 Carlill v. Carbolic Smoke Ball Company [1893] 1 Q.B. 256；《德国民法典》第 657 条（悬赏广告）和第 661a 条（中奖承诺；在转化《远程销售指令》时的规定）；对此见 Schulze, The Formation of Contract: New Features and Developments in Contracting, in: Schulze/Perales Viscasillas, The Formation of Contract, New Features and Developments in Contracting, 2016, S. 9-24.

[171] Kleinschmidt, Unilateral contract und einseitiges Versprechen, Jura 2007, S. 250; Treitel, The Agreement in: Beale, Chitty on Contracts, 31. Aufl. 2012, 2-081-2-086.

[172] 如意向书（letterofintent）；关于此类在合同缔结时的（单方和双方的）表示见边码 71 和 72。

[173] 见边码 58。

[174] Møgelvang-Hansen, in: Dahl/Melchior/Tamm, Danish Law in a European Perspective, 2. Aufl. 2002, S. 238 f.

[175] Atiyah/Adams/Macqueen, Atiyah's Sale of Goods, 12. Aufl. 2010, S. 290–291; Micklitz, Die Verbrauchsgüterkauf-Richtlinie, EuZW 1999, S. 485, 488; Riesenhuber, EU-Vertragsrecht, § 11 Rn. 35.

[176] 相应地，ACQP 第 4:109 条第 1 款不是以既有的共同体法律，而是以 PECL 第 2:107 条为基础；参见 Acquis Group/Schulze, Contract II, Art. 4:109 Rn. 1.

到这种根据成员国法生效的允诺，应当注意的是，欧盟合同法在特定保护情形中对弱势一方就其义务的承担提供保护。这种保护规定的目的通常在于，一方当事人在义务之形成和履行过程中相对于另一方当事人会面对某些不利，故而应提供保护。如果义务不是根据合同，而是由于单方允诺而形成的，这种保护需求也不会降低。当值得受保护的当事人愿意受单方允诺的约束时（例如按照准备更充分或经济上居于优势地位的另一方当事人的建议），这种保护目的就很容易被规避。因此，保护规定的目的以及效用原则[177]要求，除了合同义务之外，欧盟法在义务之形成和履行时提供的保护还面向基于单方允诺产生的义务，只要欧盟法律和成员国法律允许义务的单方面产生。如果欧盟法的相关保护规定依其字面表述仅仅针对合同义务，但是单方允诺根据欧洲或内国法具有约束力，则应考虑在此参照适用合同法的保护条文（ACQP 第 4:109 条第 2 款）。

### 6. 未订购的商品和服务

#### （1）原则

如上所述，[178]对于欧洲私法的合同概念，关于交付未订购之商品和服务的指令条文具有重大意义；对于缔约实践和成员国法关于债法义务的司法判决也是如此。《远程销售金融服务指令》第 9 条和《消费者权利指令》第27条[179]为消费者在面对不正当的付款要求和侵略性的销售手段时确立了广泛的保护。根据以上规定，消费者在收到未订购的商品或服务时未作反应，不得被视为对合同要约的承诺，消费者也不承担任何给付对价的义务。这些条文以 1975 年欧洲理事会的基本决议为基础，这一关于消费者保护政策[180]的决议针对的是经营者要求消费者为未订购的商品或服务付款。[181]ACQP 第 4:106 条从指令条文及其立法理由中推导出更为深远的一般性原则。如果经营者向消费者交付他没有订购的商品或者提供他没有订购的服务，则 90

[177] 见边码 72。

[178] 对此见本书第二章边码 19 及以下。

[179] 之前为《远程销售指令》第 9 条第 2 破折号项。

[180] ABl. EG Nr. C 92 vom 25.4.1975, S. 1, Nr. 18 und 19 Anhang der Entschließung des Rates vom 14. April 1975 für eine Politik zum Schutz und zur Unterrichtung der Verbraucher, S. 5;《远程销售指令》立法理由第 5 项对此做了参引。

[181] Howells/Weatherill, Consumer Protection Law, 2. Aufl. 2005, S. 370 f.; Ranieri, Europäisches Obligationenrecht, 3. Aufl. 2009, S. 310–322.

从消费者未作反应的情况中不产生任何义务。[182]

### （2）功能

91 关于未订购的商品和服务的条文以特别显著的方式展现出双重功能，这也是欧洲消费者法中的保护条文通常所具有的：它们把在各个具体情形中对单个消费者的保护与这一目标联系起来，即对提供方市场行为的一般性调控。[183] 这些规定带来的效果是，如果出现不被期待的市场行为，那么消费者支付对价的义务根本不存在。从字面表述中尚不能明确确定在多大范围内排除消费者的义务。但是，这种义务的排除不仅涉及合同的不成立，而且涉及所有可以列入"提供对待给予"的义务。根据 ACQP 第 4:106 条和 DCFR 第 II.-3:401 条的解释以及成员国中的通说，以上条文包括了民法的所有规定，只要它们可能就消费者为获得、使用、销毁、损坏或对商品或服务的其他处理行为而设定义务。[184] 这里尤其包括（根据各个内国法律体系）侵权法、不当得利法、无因管理以及所有权人和占有人之间的法律关系。这种深远的法律后果以提升的保护需求为正当理由，因此，该保护需求仅限制在消费者与经营者之间特别不对等的关系中，其他当事人缔结合同时不存在这种保护需求。

### （3）前提

92 除了消费者概念[185]，"未订购"（unbestellt）或"未要求"（unaufgefordert）的给付是以上条文的核心前提。[186] 如果消费者事先向经营者发出了要约，以便缔结关于该商品或服务的合同，那么商品或服务的提供就不是未订购

---

[182] 对此以及DCFR中相关条文的分析见本书第二章页边码10及以下；GEK中没有相应的规定，因为交付未订购的商品或服务恰恰是缺少合同基础的体现，因此不属于GEK的适用范围。

[183] 尤其是重申了1975年理事会决议中关于保护买方免受未订购商品之场合的付款要求以及侵略性销售方式的损害，这明确体现了一般性预防的保护目的（《远程销售指令》立法理由第 5 项；Anhang zur Entschließung des Rates vom 14. April 1975 betreffend ein Erstes Programm der Europäischen Wirtschaftsgemeinschaft für eine Politik zum Schutz und zur Unterrichtung der Verbraucher, ABl. C 92 vom 25.4.1975, S. 5, Nr. 18 und 19）。

[184] Acquis Group/Schulze, Contract II, Art. 4:106 Rn. 5, 9; Bülow/Artz, Verbraucherprivatrecht, 5. Aufl. 2016, Rn. 633–641; MünchKommBGB/Finkenauer, 7. Aufl. 2016, § 241a Rn. 25–34; v. Bar/Clive (Hrsg.), DCFR Full Edition, S. 257–261.

[185] 对此见本书第二章边码 126 及以下。

[186] 《远程销售金融服务指令》第 9 条；《消费者权利指令》第 27 条。

或未要求的。假如消费者发送的不是要约，而仅仅是要约邀请，[187]则应区别对待：如果消费者知道或根据情势应当知道经营者交付商品或服务与要约相联系，则商品和服务就不是未订购的；[188]如果消费者不能预见这种情况，则为未订购的给付。

如果经营者和消费者已经缔结了合同，且一方当事人通过撤回或解除等法律救济终止合同，则合同约定的经营者给付不能因此事后地变成未订购的给付。如果依内国法的法律救济使得合同自始无效（如 GEK 和多个内国法规定的撤销之溯及既往的效力[189]），亦同。[190]如果是因疏忽大意寄送给错误的受领人，或者因错误认为有订购而寄送，则至少在消费者知晓该错误或具有足够谨慎时应当知晓该错误时，关于未订购给付的条文不适用。[191]考虑到单个消费者以及对市场行为的一般性调控，在上述情形中也没有通过未订购给付条文提供保护的必要性。 93

### （4）法律效果

（a）指令条文明确规定，对于未订购的给付，“未作答复”不得被视为“同意”（《消费者权利指令》第 27 条）[192]或者“许可”。[193]就此而言，这些条文强化了此原则，即当事人的合意是缔约的基础。[194]商品及服务的提供或许可以成为关于缔结合同的（可推断）的要约。如果作为受领人的消费者对要约未作反应，则没有对该要约的承诺；合同因此没有成立。成员国法律在某些情况下认可一方当事人的沉默足以成立合同，[195]但是根据指令的标准，这种处理方式不能转用在未订购给付时的消费者和经营者的关系上。消费者单纯使用或消费商品或服务也不能被视为对经营者要求（可推断的）承诺，只要个案中的其他情况不能显明消费者愿意受合同约束的意 94

---

[187] 对此见边码 66。

[188] Acquis Group/Schulze, Contract II, Art. 4:106 Rn. 8; v. Bar/Clive (Hrsg.), DCFR Full edition, S. 258.

[189] 如《德国民法典》第 142 条；《荷兰民法典》第 3:53 条第 1 款。

[190] Acquis Group/Schulze, Contract II, Art. 4:106 Rn. 8.

[191] 如《德国民法典》第 241a 条第 2 款；《奥地利一般民法典》（ABGB）第 864 条第 2 款；波兰法见于 ustawa z dn. 2 marca 2000 r. o ochronie niektórych praw konsumentów (tj. Dz.U. 2012 poz. 1225) 的第 15 条。

[192] 相应规定已经见于《远程销售指令》第 9 条第 2 破折号项。

[193] 《远程销售金融服务指令》第 9 条。

[194] 参见边码 58。

[195] Ranieri, Europäisches Obligationenrecht, 3. Aufl. 2009, S. 151–160.

图。因为按照条文规定的字面意义和目的，这样一种非指向外部的行为不是指令条文意义上消费者对经营者的“反应”或“答复”。[196]

95 （b）此外，在未订购给付的情况下，消费者“免于提供对待给付的义务”（《消费者权利指令》第 27 条）并免于“所有义务”（《远程销售金融服务指令》第 9 条）。“对待给付”的概念在此并不限于合同相互关系中的给付义务，如买卖价款或其他合同约定的价款。根据条文的保护目的，“对待给付”还包括经营者因提供商品和服务而可能向消费者要求的其他给付，如使用费或毁损灭失的赔偿等。[197]因此，按照目的解释的原则，消费者因收到、使用或销毁未订购的商品或服务而产生的所有义务原则上都可能被排除，这些义务根据欧洲法或内国法是合同性的或非合同性的则在所不问[198]（尤其是支付商品和服务的价款、迟延或物之毁损灭失的赔偿、使用补偿和返还收益，基于物权、不当得利、侵权或其他法律基础皆同）。[199]但问题是，这种对经营者请求权的排除是否也包括返还未订购而交付的物之本身。根据流行观点，关于未订购之给付的保护规定具有完全的排除效力，所以，经营者既不能根据所有权法也不能根据不当得利法或其他债法规范要求返还所交付的商品。[200]但仍需要考虑的是，有鉴于首级法律中的所有权保护，持久性排除所有权人对其物的占有和使用是否适当。对收益返还和赔偿之请求权的排除就已经导致经营者需要承担高风险，对于有效调控市场行为而言，再排除返还请求权几乎不是必要的。[201]认可返还请求权并不会给消费者造成重大的法律不利，因为消费者无论如何都不承担保管商品的义务，并且在故意毁损商品时也不受制于赔偿请求权。

96 （c）根据关于未订购之给付的条文，只要消费者愿意缔结合同，则缔约的可能性不被排除。如果未订购商品的寄送与经营者缔结合同的要约相

[196] Acquis Group/Schulze, Contract II, Art. 4:106 Rn. 9; v. Bar/Clive (Hrsg.), DCFR Full Edition, S. 259; 关于德国法见 MünchKommBGB/Finkenauer, 7. Aufl. 2016, § 241a Rn. 26; 不同观点见 Casper, Die Zusendung unbestellter Waren nach § 241a BGB, ZIP 2000, S. 1602, 1607.

[197] 《远程销售金融服务指令》第 9 条的规定更加明确，因为它排除了“所有义务”。

[198] V. Bar/Clive (Hrsg.), DCFR Full Edition, S. 260.

[199] 对此见本书第二章边码 19 及以下和其他引证。

[200] V. Bar/Clive (Hrsg.), DCFR Full Edition, S. 260; 见本书第二章边码 21。

[201] HK-BGB/Schulze, 9. Aufl. 2016, § 241a Rn. 7 f.

关联，则消费者不必通过普遍标准下的相应表示对该要约作出承诺。[202]但是在此应当谨慎审查，消费者事实上是否对经营者表示承诺，或者仅是使用商品，但未作这样的表示。在后一种情况下，关于未订购之给付的保护条文排除经营者的合同及非合同请求权。但是在前一种情况下，消费者和经营者的合同关系产生，该合同关系具有根据一般性适用于（消费者）合同的规定的权利和义务。

### 7. 合意瑕疵

#### （1）对无瑕疵决定之保护的替代性理念？

作为私法自治总体理念的重要组成部分，意思瑕疵法是欧洲大陆法律 97
传统的核心。作为个人自由之表达的私法自治把自由和自知的意思形成之条件作为前提，这种意思形成不得被错误观念所扭曲。意思瑕疵的法律相关性受制于法律安全的需要。[203]不同欧陆国家的法律试图以不同的方式来权衡这些价值，并保障适合的交易安全，要么通过为法律上相关的意思瑕疵设置严格条件，要么通过诉讼法律上的限制（如仅有法院可以取消受意思瑕疵影响的法律行为），要么通过在特定情况下赋予撤销权相对人以损害赔偿请求权。在普通法的自由传统中，只有特定的符合条件的意思瑕疵类型（如虚假陈述，misrepresentation）才能成为合同具有可撤销性的（voiddability）正当理由。[204]如果先不看欧洲国家法律中的这些差异，[205]则必须首先强调，意思瑕疵规则的体系主要以单个合同的观念为基础。现行共同体法的情况却相反，合同法的特征以大规模交易为基础，它与单个合同的图景相去甚远。因此，现行共同体法试图发展出其他机制来保障自由决定，尤其是消费者的自由决定。[206]欧洲立法者同时努力创设具有市场规制

[202]　参见边码 59。

[203]　Schulze/Pfeiffer, CESL Commentary, Art. 48 CESL Rn. 1.

[204]　Stone/Devenney, Text, Cases and Materials on Contract Law, 3. Aufl. 2014, Kapitel 8.4.1, S. 367; zum Vergleich zwischen Civil Law und Common Law siehe Dalhuisen, Dalhuisen on Transnational, Comparative, Commercial, Financial and Trade Law, Contract and Movable Property Law, 2. Aufl. 2013, 1.4.2.

[205]　Martens, Einigungsmängel im EU-Kaufrecht, in: Schmidt-Kessel, Ein einheitliches europäisches Kaufrecht?, 2012, S. 179, 189; Schmidt-Kessel/Martens, GEK-E Kommentar, Art. 48 GEK-E Rn. 1.

[206]　KOM(2011) 635 endg., 1.1., 1.2., S. 4, 7; Jansen/Zimmermann, Grundregeln des bestehenden Gemeinschaftsprivatrechts?, JZ 2007, S. 1113, 1115.

功能的机制。这些机制首先包括先合同信息义务[207]和撤回权。[208]它们旨在保证有权当事人在充分知情的条件下作出决定的可能性。经营者在交易中使用各种经销技术，以求最大限度地影响客户的决定，而上述机制是要促进自由的意思形成。因此，消费者仅在远程销售或上门交易等特定情况下才享有撤回权。

98 这些出自欧盟法的制度与传统意思瑕疵法之间存在紧张关系。消费者法上的撤回权还要履行合意瑕疵法所承担的任务。但消费者在撤回时无需说明理由。陷入错误或者在衡量期间改变了想法，都不重要。[209]这一特别适合大规模交易的法律制度的目的就已经说明了这一点。但是，撤回的可能是否限制因错误而撤销？履行信息义务的经营者是否可以享有交易安全，即在撤回期间经过后，不得再根据错误撤销法律交易？欧洲法律在具备完整的合同法体现之前，无法给这些问题提供答案。

99 在欧洲法中还可以看到另一方面的发展，它可以作为意思瑕疵法的替代方案，即根据作为债权人的消费者的正当期待[210]来变更合同内容。这里涉及使信息或第三人表示成为合同组成部分的条文规定：

▶旧版《包价旅游指令》第 3 条（说明书）

（1）举办方或中介方向消费者作出的关于包价旅游的描述、价格和其他合同条件不得含有误导性说明。

（2）如果向消费者提供说明书，该说明书应当包含明晰可读、清楚和精确的价格说明以及在必要时的如下说明：

（……）

说明书中包含的说明对举办方和中介方具有约束力，除非

——在缔结合同前向消费者明确告知改变；说明书中对此有明确提示；

——合同当事人后来就改变作出约定。◀

[207] 参见 GEK 草案第二部分第 2 章。

[208] 参见 GEK 草案第二部分第 4 章。

[209] 见边码 116；Schulze, Die Widerrufsrechte im Vorschlag für ein Gemeinsames Europäisches Kaufrecht, in: Schulte-Nölke ua, Der Entwurf für ein optionales europäisches Kaufrecht, S. 151, 162 f.

[210] 关于正当期待之原则见 Micklitz, Perspektiven eines europäischen Privatrechts, ZEuP 1998, S. 253, 263 f.

▶《消费品买卖指令》第 2 条（与合同相符）

（1）卖方有义务向消费者交付与合同相符的商品。

（2）在下列情况下，推定消费品与合同相符，

（……）

（d）如果考虑到消费品的特性，并在必要时考虑到特别是由卖方、生产者或其代理人在广告中或标签上作出的关于消费品具体特性的公开表示，该消费品展现出同类商品普遍具有的并且是消费者可以合理期待的质量和功效。◀

乍看起来，这些规定与意思瑕疵法没有什么关系。但在事实上，它们 100
确定了这一机制，即按照消费者的正当期待对合同内容加以纠正和调整。由此，消费者的错误从一开始就失去了重要性，因为合同自动根据错误人的潜在设想被变更。对于传统意思瑕疵法的常规解决方案而言，这种自我纠正内置的体系是一种有前途的替代选择。

**（2）现行共同体法中的合意瑕疵——对输入错误的纠正**

尽管现行欧盟法中没有属于经典意思瑕疵法的规则，却有特别的法律 101
制度，直接用于预防意思瑕疵——也就是电子服务提供商有义务向其客户提供改正输入错误（Eingabefehler）的机制。

▶《电子商务指令》第 10 条（信息义务）

（2）成员国应当确保，服务提供商向用户提供适当、有效和可获得的技术手段，以便用户在发出订购前可以识别并修改输入错误，非消费者的当事人之间有不同约定的除外。◀

这一义务在《电子商务指令》的体系中被设计成信息义务。但它其实 102
是一种技术可能性，[211] 能够在通知发出之前相应获知内容并予以改正。这一规定也显示了欧盟法的特征，即发展标准化的预防措施，具体消费者是否事实上做出受错误影响的表示在此并不重要。但必须强调的是，《电子商务指令》没有规定违反此义务时的制裁。制裁措施的引入交给内国立

[211] Acquis Group/Lehmann, Contract II, Art. 4:105 Rn. 1.

法者处理。[212]

103 《Acquis 原则》[213]尝试提出一个完整的规范，它规定了违反义务时的制裁——消费者的撤回权：

▶ ACQP 第 4:105 条（电子化的合同缔结）

（3）如果通过电子途径并在无单个通信的情况下缔结合同，则经营者应当在另一方当事人发出要约或对要约作出承诺以前提供以下信息：

（c）识别和纠正输入错误的技术手段；

（……）

（4）如果经营者没有履行第 2 款和第 3 款规定的义务，则另一方当事人有权撤回合同。该撤回权应当在合同缔结后的一年内，并在双方当事人履行合同之前行使。另一方当事人有权因违反义务要求损害赔偿。◀

104 这里有疑问的是，Acquis 小组在第 4 款规定了制裁，这是否超出了他们的方法论[214]界限。尽管 Acquis 小组主要基于现行共同体法的部分规则来起草完整的规范，但也提出关于制裁措施的建议，这种制裁尽可能契合欧盟法律义务的性质。[215]《Acquis 原则》的特征之一就是根本没有意思瑕疵的体系。当经营者违反其关于修改输入错误之技术手段的义务时，撤回权的赋予与客户是否做出受错误影响的表示无关。该规定后面隐藏的是一个以调控市场行为为首要目的的体系，法律后果与独立的个案情况少有关联。[216]

105 在关于修改输入错误之义务的规定方面，DCFR 选择了另一条道路，并创设了与意思瑕疵的直接关联：

▶ DCFR 第 II.-7:201 条（错误）

（1）在下列情况下，一方当事人可以基于在合同缔结时存在的事实或

[212] 《电子商务指令》立法理由第 54 项；关于德国法在转化时的自由处理空间见 Spindler, E-Commerce in Europa: Die E-Commerce-Richtlinie in ihrer endgültigen Fassung, MMR-Beil. 2000, 4, S. 12.

[213] 对 ACQP 第 4:105 条的相应评注见 Acquis Group/Lehmann, Contract II, 2009.

[214] KOM(2003) 68 endg., 4.1., S. 18–25; Schulte-Nölke, Function of Contracts in EC Private Law, in: Schulze/Ebers/Grigoleit, Informationspflichten und Vertragsschluss im Acquis communautaire, 2003, S. 85, 93.

[215] KOM(2003) 68 endgültig, S. 4.1., S. 18 f.

[216] Acquis Group/Lehmann, Contract II, 2009, Art. 4:105 Rn. 7.

法律错误撤销合同：

（……）

（b）另一方合同当事人

（iii）由于违反先合同信息义务或者提供修改输入错误之技术手段的义务而导致合同在错误的情况下缔结；或者

（……）◀

DCFR 因此遵循了一个不同于《Acquis 原则》的理念。对确保修改输入错误可能性之义务的违反仅仅是撤销的众多前提条件之一。首先必须存在错误。但有疑问的是，这一规则是否有助于实现作为其基础的《电子商务指令》[217] 的诉求，即为大规模交易提供一个机制，以便调控经营者的市场行为。

**（3）错误与反不公平商业实践**

欧洲立法者通过创设一些不公平行为的类型来禁止对消费者的误导， 106
并由此为消费者无错误的决定形成提供支持。[218]

▶《不公平商业实践指令》第 5 条（不公平商业实践之禁止）

（1）不公平的商业实践应被禁止。

（……）

（4）不公平的商业实践尤其是指

（a）具有第 6 款和第 7 款意义上的误导性

（……）◀

▶《不公平商业实践指令》第 6 条（具有误导性的行为）

（1）如果一项商业实践包含错误说明并因此是不真实的，或者即使其说明事实上正确，但以任何方式，包括其实施时的所有情势，在有关下述一项或多项内容方面欺骗或可能欺骗平均消费者，并且在任何一种情况下导致或可能导致他作出本不会作出的交易决定，则该商业实践具有误导性：

（……）◀

---

[217] V. Bar/Clive (Hrsg.), DCFR Full Edition, S. 268.

[218] 《不公平商业实践指令》第 1 条以及立法理由第 4 项、第 6 项、第 8—10 项及第 12 项；Schmidtke, Unlautere geschäftliche Handlungen bei und nach Vertragsschluss, 2011, S. 30.

▶《不公平商业实践指令》第 7 条（具有误导性的不作为）

（1）在考虑到所有事实情况和通信媒介局限的情况下，如果平均消费者根据具体情况需要基本信息，以便能够在充分知情的条件下作出交易决定，而某一商业实践不予告知该信息，并导致或可能导致平均消费者作出在知情时本不会作出的交易决定，则该商业实践具有误导性。

（……）◀

107 这些规定尽管不直接属于合同法，而属于公平交易法，[219]但《不公平商业实践指令》没有规定具体合同或意思表示可以撤销。它更多的是一种集体性制裁，即便成员国有权规定直接所涉的消费者可以行使的其他制裁措施：[220]

▶《不公平商业实践指令》第 11 条（执行）

（1）成员国为消费者的利益应确保具有反不公平商业实践的适当、有效的手段，以便遵守本指令的规定。

这些手段包括通过法律规定允许根据成员国法对反不公平商业实践具有正当利益的人或组织（包括竞争者），

（a）对不公平商业实践采取法律行动

以及 / 或者

（b）将不公平商业实践呈交负责对申诉作出决定或启动适当法庭程序的行政机关。

（……）◀

108 《误导性和比较性广告指令》[221]也采取了这种预防性的不公平交易法措施，这些措施应当防止客户在受错误观念影响的情况下作出决定：

[219] Begründung des Entwurfs der Bundesregierung v. 20.8.2008 (BT-Drs. 16/10145), S. 10.

[220] Klug, Die Umsetzung der Richtlinie über unlautere Geschäftspraktiken in Spanien, 2014, S. 243–245. 也见 Zoll, Culpa in Contrahendo in European Contract Law – A Useful Concept?,In: Schulze/Perales Viscasillas, The Formation of Contract, 2016, S. 47-49.

[221] Richtlinie 2006/114/EG des europäischen Parlaments und des Rates vom 12. Dezember 2006 über irreführende und vergleichende Werbung.

▶《误导性和比较性广告指令》第 1 条

本指令的目的是就误导性广告及其不公平的影响向经营者提供保护，并确定被允许的比较性广告的条件。◀

欧盟法中存在一个尝试通过现代的方式来创设自由决定之条件的体系，避免受到错误影响的公平交易法制度是这个体系不可或缺的一部分。与先合同信息义务、撤回权以及上述根据消费者正当期待之标准对合同进行自我更正的机制一起，该体系致力于改变传统的合同法。[222] 未来需要解决的问题则是，传统的意思瑕疵法是否还有存在空间。 109

**（4）GEK 中的合意瑕疵**

尽管 GEK 也囊括了先合同信息义务、撤回权以及按照客户的正当期待变更合同的制度，但其体系中存在传统的意思瑕疵法，在上述背景下，这种安排可能会令人吃惊。但 GEK 的起草者认为，没有意思瑕疵规则的合同法是不完整的。[223] 其希望创建一个近乎完整的体系，目的是提供一个统一的合同法，而非引领一场革命。没有关于意思表示瑕疵的规定，外部漏洞的问题也可能继续存在。然后人们必须试图通过成员国法律来弥补漏洞，并因此错过所追求的统一化效果。尽管 GEK 建议案被撤回，但从另一个角度了解一下意思瑕疵问题的解决方案总是值得的，这样才能讨论现行共同体法可能的发展方向。 110

GEK 列举了作为撤销理由的四种意思瑕疵：错误（GEK 草案第 48 条）、恶意欺诈（GEK 草案第 49 条）、胁迫（GEK 草案第 50 条）以及不公平利用（GEK 草案第 51 条）。除了少数例外，这一体系主要以 DCFR 的样板为基础，而后者试图根据法律重述的方法[224] 综合不同的模式。[225]GEK 草案第 49 条及以下规定的意思瑕疵的后果是合同的可撤销性。撤销以向另一方当事人通知的方式为之。 111

[222] Zoll, Culpa in Contrahendo in European Contract Law – A Useful Concept?, In: Schulze/Perales Viscasillas, The Formation of Contract, 2016, S. 50-53.

[223] 关于作为欧洲合同法重要组成部分的撤销法的意义见 Schmidt-Kessel/Martens, GEK-E Kommentar, Art. 48 GEK-E Rn. 1; Schulze/Pfeiffer, CESL Commentary, Art. 48 CESL Rn. 1–3.

[224] Riedel, Vereinheitlichung des EU-Vertragsrechts in Europa, 2004, S. 141–147; Schwartze in: Riesenhuber, Europäische Methodenlehre, 2. Aufl. 2010, § 4 Rn. 27.

[225] Martens, Die Regelung der Willensmängel im Vorschlag für ein Gemeinsames Europäisches Kaufrecht, AcP 211 (2011), S. 845, 853.

▶ GEK 草案第 52 条（撤销通知）

（1）通过向另一方当事人通知的方式行使撤销。

（2）撤销通知仅在下列期间内表示才有效：

（a）错误时六个月内以及

（b）恶意欺诈、胁迫和不公平利用时一年内，起算时间为行使撤销的当事人知晓决定性情势或者他可重新自由行事之时。◀

112 这一规定说明，为了排除合同的效力，有权当事人不必诉至法院以取消合同。相反，如德国法律的规定[226]一样，一个相关的表示既已足够。[227]GEK 草案第 17 章（“返还清算”）明确了撤销对被撤销合同下相互债权的效力（见 GEK 草案第 172 条）。GEK 草案第 54 条规定了撤销的一般效力：[228]

▶ GEK 草案第 54 条（撤销的效力）

（1）可撤销的合同直到撤销都有效，但随着撤销回溯地无效。

（2）如果撤销理由仅涉及单个合同条款，则撤销的效力以这些条款为限，除非维持合同其他部分是不恰当的。

（3）一方当事人是否有权要求返还根据合同移转或交付的物，或者是否有权要求支付等同的金钱款项，应当根据第 17 章关于清算的条文决定。◀

113 该条文规定，受合意瑕疵影响的合同保有效力，除非有权的一方当事人撤销合同。这意味着，即使是在重大合意瑕疵的情形下，合同也不依法律而无效。因此，这里不是法国法中的绝对无效（nullité absolue）之情形。[229]该条文规定部分有效的原则具有特殊性，因为这在意思瑕疵方面几乎没有法律比较成果的基础。在意思瑕疵情况下适用部分无效也不是不

---

[226]《德国民法典》第 143 条第 1 款。

[227] GEK 第 52 条第 1 款；关于作为形成权的撤销见 Schmidt-Kessel/Martens, GEK-E Kommentar, Art. 52 GEK-E Rn. 1 f.; Schulze/Pfeiffer, CESL Commentary, Art. 52 CESL Rn. 1, 9–14.

[228] 关于撤销的一般效力见 Schmdit-Kessel/Martens, GEK-E Kommentar, Art. 54 GEK-E; Schulze/Pfeiffer, CESL Commentary, Art. 54 CESL.

[229] 就此见 Beckmann, Nichtigkeit und Personenschutz, 1998, S. 111 f.; Bénabent, Droit civil – Les obligations, 11. Aufl. 2007, Rn. 208; Stadler, Gestaltungsfreiheit und Verkehrsschutz durch Abstraktion, 1996, S. 160.

言而喻的。[230] 根据 GEK 草案第 48 条第 1 款 a 的规定，错误必须是重大的（wesentlich）[231]——如果有这样的合同条款，当事人本不该缔结合同。部分无效导致合同的变更。假如存在重大错误且有权当事人因此撤销了合同，则该合同应当无效。但是根据 GEK 草案第 54 条的规定，撤销却导致对合同的变更：合同内容缩减至不受撤销理由影响的条款。这体现了意思瑕疵体系欠缺协调性。这种情况是如下观念的结果，即合同成立的前提是以某内容缔结合同的意思，即使这一前提仅受意思瑕疵法律条文的制裁。这种情况下的部分无效意味着，法律行为被单方意思表示（撤销）所变更。在条款控制之场合（GEK 草案第 79 条第 2 款），尽管单个条款无效，但合同其余部分仍有效力。[232] 客户最终应当获得给付。但是，意思瑕疵法无关合同的正当性，而是对自由意思建构的保护。因此，部分无效的制裁与这一基本理念不符。

此外，GEK 就撤销权人所受损害规定了损害赔偿法上的制裁：[233] 114

▶ GEK 草案第 55 条（损失的赔偿）

如果一方当事人根据本章有权撤销合同，或者在因期间经过或确认而丧失该权利之前有权撤销合同，则他就因错误、恶意欺诈、胁迫或不公平利用而遭受的损失有权要求另一方当事人赔偿，只要另一方当事人知晓或应当知晓决定性的情势，该请求权与合同是否被撤销无关。◀

这一规定是缔约过失责任类型。[234] 考虑到责任基础，从不同的内国法律角度观察，它涉及侵权法规范。GEK 因此在其适用范围里也触及了成员国的侵权法。这就意味着，GEK 对于内国法律功用的影响可能会超过预期， 115
因为 GEK 的选择适用不仅排除了内国合同法。

GEK 草案中的意思瑕疵规则还应当被看作一种尝试，即为不同的欧洲

---

[230] Martens, Einigungsmängel im EU-Kaufrecht, in: Schmidt-Kessel, Ein einheitliches europäisches Kaufrecht?, 2012, S. 179, 196.

[231] 就此见 Schmidt-Kessel/Martens, GEK-E Kommentar, Art. 48 GEK-E Rn. 4–7.

[232] Schmidt-Kessel/Möslein, GEK-E Kommentar, Art. 79 GEK-E Rn. 29; Schulze/Mazeaud/Sauphanor-Brouillaud, CESL Commentary, Art. 79 CESL Rn. 8.

[233] 对损害赔偿法上制裁的一般论述见 Schmidt-Kessel/Martens, GEK-E Kommentar, Art. 55 GEK-E; Schulze/Pfeiffer, CESL Commentary, Art. 55 CESL.

[234] Schulze/Pfeiffer, CESL Commentary, Art. 55 CESL Rn. 1 f.

法传统尽可能地提取公因式，以便通过这种方式使法律的统一化更具吸引力。但是，欧盟合同法主要面向大规模交易，意思瑕疵在此意义上并没有那么重要。因此，合同法未来的发展将会使至少作为合同法核心机制的意思瑕疵法变得无足轻重。

## 三、撤　回

### 1. 总览

#### （1）引言

116 拥有撤回权的一方当事人可以在不说明理由的情况下从合同或旨在缔结合同的表示中解脱（例如《消费品买卖指令》第 9 条；GEK 草案第 40 条）。因此，撤回权限制合同当事人受合意之约束的原则（有约必守）。[235] 多个欧洲指令[236]和 GEK 为某些作为构成要件被明确规定的情形安排了属于强制性权利的撤回权，在这些情形中，一方当事人（通常是消费者）在缔结合同时通常具有保护需求。[237] 在 1985 年的《上门交易指令》首次在欧洲层面上引入消费者撤回权[238]之后，由于适用范围在短时间内迅速扩大，撤回权发展成为欧洲合同法的核心要素以及欧盟消费者保护的共同特征。[239] 在过去几年，撤回权从最小限度协调化到最大限度协调化的过渡一直在推进，[240]

---

[235] Howells/Weatherill, Consumer Protection Law, 2. Aufl. 2005, S. 362; Loos, Rights of Withdrawal, in: Howells/Schulze (Hrsg.), Modernising and Harmonising Consumer Contract Law, S. 237, 241; Micklitz/Stuyck/Terryn, Cases, Materials and Text on Consumer Law, 2010, S. 240; Terryn, Het herroepingsrecht als instrument van consumentenbescherming, 2005, S. 51 f.

[236] 尤其是《远程销售金融服务指令》《分时使用指令》《消费者信贷指令》《消费者权利指令》；根据《人寿保险指令》第 35 条第 1 款的规定，人寿保险合同的撤回权不仅由消费者享有，因此与其他指令中的撤回权不同；对此见 Acquis Group/Møgelvang-Hansen/Terryn/Schulze, Contract II, Art. 5:101 Rn. 3.

[237] Schulze, Die Widerrufsrechte im Gemeinsamen Europäischen Kaufrecht, in: Schulte-Nölke ua, Der Entwurf für ein optionales europäisches Kaufrecht, S. 151–168.

[238] 但是在当时的德文版本中仍然使用的是“解除（Rücktritt）”；《上门交易指令》第 5 条。

[239] 关于成员国在最低协调化范围内对指令转化的概览见 Schulte-Nölke/Twigg-Flesner/Ebers (Hrsg.), EC Consumer Law Compendium, 2008. 最新的德文版本的下载链接为：http://ec.europa.eu/consumers/archive/rights/docs/consumer_law_compendium_comparative_analysis_de_final.pdf（2016 年 4 月 6 日调阅）。

[240] 对分时使用合同自 1994 年开始；这一趋势在《消费者权利指令》中开始呈现；一开始就已经规定在 2002 年《金融服务指令》中，2008 年也为消费者信贷合同引入了撤回权。

这更加强化了上述趋势。但是，最近的《住房信贷指令》在撤回权之外采取了另外一种具有相同功能的路径。根据该指令第 14 条第 6 款，应当给予消费者至少 7 天的期间，以便其“比较报价、评估影响并作出有牢固基础的决定”。为此，成员国应当赋予消费者该期间内的撤回权，或者相应的“缔结信贷合同前的考虑期”（或者两者兼具），合同的缔结因“考虑期”被推迟。

此外，对于远程销售合同和在营业场所外缔结的合同下的撤回权，GEK 草案在很大程度上与调整后的成员国法律一致。2011 年的《消费者权利指令》把在两部指令[241]中特别规定的撤回权集合在一个统一的规则文本中，以求达到完全协调化的目标。与最初的方案不同，这部指令没有纳入不公平条款和买卖瑕疵担保等内容，[242]因为这些领域的完全协调化可能意味着对内国法律进一步的干预。对于另外一些可以限制范围的领域，欧洲立法本来就预制了其在内国法律体系中的发展，如消费者的撤回权（以及先合同信息义务），因此完全协调化已经体现出来。欧盟委员会就 GEK 寻求与《消费者权利指令》中撤回权条文的同步一致：在选择可选择机制时，这样一种消费者保护水准应当得以确保，即与根据《消费者权利指令》的完全协调化而在所有成员国存在的保护水准一致。但是在涉及若干规定时，GEK 比指令更加精确，体系化更强。另外，GEK 撤回权的规则完全嵌入了合同法体系中，而《消费者权利指令》的完全协调化仅包括从成员国（消费者）合同中不同的体系中截取的片断。 117

**（2）总则的诞生**

在单个指令中，在术语、[243]期间、行使模式以及影响方面，撤回权的规定极为不同，并非总能为这种不同找到实质性理由。[244]由于规则不一目了然，甚至相互冲突，一些成员国试图从多个或所有指令中总结出撤回 118

[241] 《上门交易指令》;《远程销售指令》。

[242] 对此见本书第一章边码 33。

[243] Pozzo, Harmonisation of European Contract Law and the Need of Creating a Common Terminology, ERPL 2003, S. 754, 764–766; 例如，《人寿保险指令》中存在术语使用上的不同，它使用的是“解除（Rücktritt）”。

[244] Loos, Review of the European Consumer Acquis, 2008, S. 49; Mankowski, Widerrufsrecht, in: Handwörterbuch Bd. II, 2009, S. 1791–1795.

权的总体性规定。[245] 在欧洲层面上，首先是《Acquis 原则》，然后是很大程度上遵循《Acquis 原则》的 DCFR 就撤回权之行使和影响提出了关于一般规则的建议。不同合同类型下的特别规则则被安排在相应的各个章节中。

119 现在，《消费者权利指令》和 GEK 建议案也在其各自适用范围内——消费者合同、在营业场所外缔结的合同或远程缔结的合同——采纳了这种处理方式。[246] 在关于不同保护情形的特别规则（《消费者权利指令》第 9 条第 1 款；GEK 草案第 40 条第 1 款）之外，这两个规则文本都有类似"总则"的部分，它原则上适用于所有保护情形。[247] 总则尤其规定了撤回权的行使期间（包括未告知撤回权时的期间）以及撤回的效果、撤回时当事人的义务以及撤回对于附从合同的后果（《消费者权利指令》第 9—16 条；GEK 草案第 40—46 条）。这个学术性的"总则"现在也具有立法培训（legislatorische Ausbildung）效果，它的出现表明，欧洲合同法中的撤回权机制广泛地建立在相同或类似的原则之上，因此可以被划归为一个统一的法律制度。

## 2. 功能

### （1）保护功能

120 根据指令的立法理由，撤回权首先建立在这一设想之上，即在一些特定的情势下，相对于另一方当事人，一方当事人在作出关于合同缔结及其内容的决定时，总是处于弱势地位（例如由于上门交易和远程销售时准备合同的方式，或者由于消费者信贷、分时使用和人寿保险合同标的的复杂性）。[248] 在所涉当事人终局性地受合同约束前，撤回权赋予当事人以单方的额外时间（撤回期间），由此部分地消除上述设想的不利。当事人之间的

[245] 例如，《德国民法典》第 355 条及以下；波兰 ustawa z dn. 2 marca 2000 r. o ochronie niektórych praw konsumentów (tj. Dz.U. 2012 poz. 1225) 的第 7 条。

[246] 参见 Schulze/Morgan, The Right of Withdrawal, in: Dannemann/Vogenauer, The Common European Sales Law in Context, 2013, S. 294, 297.

[247] 由于《远程销售金融服务指令》、《人寿保险指令》、《分时使用指令》以及《消费者信贷指令》各自的适用范围有限，因此把内容区分为总则和与具体情形相关的分则并不必要。但是，其规定具有相似性。

[248] 例如，见《远程销售金融服务指令》立法理由第 23 项；《分时使用指令》立法理由第 11 项；《消费者权利指令》立法理由第 37 项。

不平等应当通过这种方式被减弱，从而保障理性的、受自我利益引领的缔约决定。[249]

弱势一方当事人的保护需求可能产生自信息不对称（例如，当消费者在合同缔结前不能获得关于产品特性的充分信息）。[250]就此而言，撤回权的目的在于，通过扩大的信息可能性来消弭合同缔结时在信息方面的不对等性。但是，有权当事人在缔约时欠缺信息不是撤回权的必要前提。[251]例如有这种情形，消费者通过之前的订购已经知道产品特性，或者在远程销售或在营业场所之外缔结合同之前就已经在实体商店寻找和测试产品。[252]消费者可能会利用（或者从一开始就想利用）撤回权来寻找更便宜的报价，这原则上并不妨碍消费者享有撤回权。[253]作为合同缔结时典型不利状况的补偿，撤回权保障相关当事人有额外的时间来思考是否缔约，正如英文所使用的“冷静期”（cooling-off-period）这一称谓所表达的那样。[254]对于消费者为了事后获得更优惠的价款或者条件而使用撤回权的情况，不能一概以权利滥用论之，并因此排除撤回权。[255] 121

### （2）信赖构建功能

撤回权传统上具有有利于相关消费者的保护功能，同时对市场行为具有调控功能。但是，随着成立撤回权的构成要件逐步扩大，赋予撤回权的 122

---

[249] Twigg-Flesner/Schulze, Protecting rational choice, in: Howells ua, Handbook of Research on International Consumer Law,S. 145.

[250] Micklitz/Stuyck/Terryn, Cases, Materials and Text on Consumer Law, 2010, S. 240; Terryn, Het herroepingsrecht als instrument van consumentenbescherming, 2005, S. 461 f.; Twigg-Flesner/Schulze, Protecting rational choice, in: Howells ua, Handbook of Research on International Consumer Law, S. 132–134.

[251] Howells/Weatherill, Consumer Protection Law, 2. Aufl. 2005, S. 362.

[252] 就此见 Eidenmüller, Die Rechtfertigung von Widerrufsrechten, AcP 210 (2010), S. 67, 75 ff.（对远程销售合同中撤回权的强制性提出批评）；关于违背目的利用撤回权以及限制此类“机会主义”与撤回权效用之间的紧张关系的问题，详见 Höhne, Das Widerrufsrecht bei Kaufverträgen im Spannungsverhältnis von Opportunismus und Effektivität, 2016.

[253] Urteil des BGH v. 16.3.2016 – VIII ZR 146/15; NJW 2016, 1951.

[254] 参见 Weatherill, EU Consumer Law and Policy, 2. Aufl. 2013, S. 114.

[255] Mankowski, Verbraucherschützendes Widerrufsrecht und Rechtsmissbrauch, JZ 2016, 787-792, 792. 一般性的支持对撤回权的此类使用，认为对于经营者“低价担保”之情形“才是有理的”（并指出，经营者通过商品回寄费用的承担及价值赔偿的规定已经获得足够的保护）。

其他目的及其影响的问题就凸现出来。[256]对于特定交易类型，尤其是特定的经销形式，撤回权在此具有的特殊意义是增强消费者的信赖。撤回权提供了纠正缔结决定的可能性，这不仅给有权当事人提供了免遭不利缔约的保护，而且这种保护在合同缔结之前就已经增强了他对相关供应方、合同标的、经济分支或者经销形式的信赖，并增强他缔约的意愿。由于这种促进交易的效用，经营者在无法定义务时仍然赋予交易相对人以撤回权的情况并非罕见。在分时使用或消费者信贷合同之场合，法律规定了赋予撤回权的义务，在给消费者提供免遭不利缔约保护的同时，消费者对这种交易方式的信赖也得到提升，这与自愿赋予的撤回权相类似。从推动内部市场的角度来看，撤回权这一功能对于远程销售合同也具有重大意义，因为远程销售的经销形式（如商品目录寄送、电话订购系统，特别是在线交易）在很大程度上以较低的成本为消费者提供了跨境交易，并因此利用内部市场潜力的可能性。就此而言，对有约必守之原则的限制不仅仅是为了给特定缔约情形下的较弱一方当事人提供保护，而且通过信赖构建，这种限制也对特定的交易类型具有积极塑造功能。[257]在此方面，撤回权的效果绝不是限制经济，而是成为某行业或交易类型的竞争优势。

**（3）单个的保护情形**

123 在各个法律举措中，保护情形的确定以迥异的需求和法政策评估为基础。[258]若是在营业场所外缔结的合同（如上门交易），则消费者处于在受到“突袭”的状态下作出缔约决定的情形（Überrumpelungssituation），因此有保护的需求。[259]对于远程销售合同，欧洲立法者认为，与双方当事人在实体店面里缔结合同的传统形式相比较，消费者的劣势在于，他们通常不能获得对合同标的以及合同相对方的直观印象。[260]在分时使用合同之场合，

---

[256] Loos, Rights of withdrawal, in: Howells/Schulze (Hrsg.), Modernising and Harmonising Consumer Contract Law, S. 237, 244 f.; Terryn, The Right of Withdrawal, in: Schulze, CFR and Existing EC Contract Law, S. 143, 148–151.

[257] 关于经营者一方的相应利益：Stellungnahme der Federation of European Direct Selling Associations in der Public Consultation bezüglich des Green Paper on policy options for progress towards a European Contract Law（http://ec.europa.eu/justice/news/consulting_public/0052/contributions/143_en.pdf）(2016 年 4 月 6 日调阅）。

[258] Howells/Weatherill, Consumer Protection Law, 2. Aufl. 2005, S. 359.

[259]《消费者权利指令》立法理由第 37 项。

[260]《消费者权利指令》立法理由第 37 项；也见边码 120。

它所通常具有的外国相关性以及其他缔约时的情势会产生特殊风险。[261] 信贷合同和人寿保险合同基于其性质会给消费者带来持久的负担，但是，由于这类合同的内容极为复杂，消费者在缔约时通常无法立即认识到这一负担的范围以及未来的后果。[262] 两种（或多种）不同的保护需求通常会在同一个合同缔结过程中出现。例如，当通过远程手段或在营业场所之外缔结信贷合同或人寿保险合同时，就会出现“双重的”保护需求。

在单个指令根据以上保护目的逐步引入撤回权之后，当前的《消费者权利指令》把《上门交易指令》和《远程销售指令》中的撤回权整合在一个规则文本中，其他的保护情形仍然由各自独立的法律举措予以规定。GEK 以《消费者权利指令》为范本，因此也基本延续了关于撤回权的保护领域的规定。相对于《上门交易领域》，这两个规则文本都显著扩大了保护范围，因为它们原则上纳入了在经营者的营业场所外，以经营者和消费者同时物理在场的方式所缔结的所有合同[263]（例如在大街上或公共交通工具上缔结合同[264]）。在远程销售合同的场合下，保护原则上覆盖所有合同，只要它是在经营者和消费者不同时物理在场的情况下，在有组织的远程销售系统的范围内，仅采用远程通信手段缔结的。[265] 结果上出现相似的扩展保护，就如 ACQP 第 5:A-01 条建议为在营业场所外缔结的合同规定了统一的构成要件。[266] 124

然而，指令和 GEK 通过大量的例外构成要件限制消费者在各个保护 125

[261] 对此详见《分时使用指令》立法理由第 9 项和第 11 项；Heiderhoff, Europäisches Privatrecht, Rn. 432 f.; Loos, Rights of withdrawal, in: Howells/Schulze (Hrsg.), Modernising and Harmonising Consumer Contract Law, S. 237, 246.

[262] 《远程销售金融服务指令》立法理由第 23 项；《消费者信贷指令》立法理由第 27 项。

[263] 《消费者权利指令》第 9 条第 1 款并结合第 2 条第 8 项 a；第 2 条第 8 项 b、c 和 d 则为类似情况提供补充，这些类似情况也应被视为在经营者的营业场所之外缔结合同；GEK 条例草案第 40 条第 1 款并结合第 2 条 q。

[264] 例如，德国立法者把《上门交易指令》中的最低协调化规定扩展并转化进旧版《德国民法典》第 312 条。

[265] 《消费者权利指令》第 9 条第 1 款并结合第 2 条第 7 项；GEK 条例草案第 40 条第 1 款并结合第 2 条 p；关于互联网拍卖的问题见 Riefa, A Dangerous Erosion of Consumer Rights: The Absence of a Right to Withdraw from Online Auctions, in: Howells/Schulze (Hrsg.), Modernising and Harmonising Consumer Contract Law, S. 177–187; Neubauer/Steinmetz, Internetauktionen, in: Hoeren/Sieber/Holznagel, Multimedia-Recht, 42. Ergänzungslieferung 2015, Teil 14 Rn. 73–89.

[266] ACQP 第 5:A-01 条所使用的“在营业场所外缔结的合同”之概念较《消费者权利指令》及 GEK 更为宽泛，因为它不仅指当事人均物理在场时缔结的合同，也包括远程销售合同。

情形下的撤回权。[267]这些例外规定的主要目的在于，避免在特定事实条件下给经营者造成不适当的负担，并且降低权利滥用的风险。例如，根据客户需要专门定制的商品通常无法再次出售，或者某些商品的价值尤为依赖于市场条件，因此对消费者所面临的投机风险不应提供保护。[268]

### 3. 法律性质

#### （1）形成权

126 （a）撤回权在合同缔结时提供的保护应当保障自我确认的理性决定，并因此保障"实质"意义上的合同自由。[269]根据许多成员国的法律，对利用缔约时不对等地位的特别情形（例如暴利，参见《德国民法典》第 138 条第 2 款；合同标的违背善良风俗，参见《法国民法典》旧版第 1133 条并结合第 1131 条；[270]类似情况如未遵守形式规定，该形式规定是为了保护免遭交易操之过急而带来的不利，参见《德国民法典》第 311 条 b 第 1 款）则适用合同依法无效的规定。因此，考虑到上述目的，撤回权是一种较温和的手段。合同的"自动"无效阻碍合同的效力，即使这有悖于双方当事人的利益和意愿。而撤回权却可以给有权当事人提供可能性，使他在规定的保护情形出现时，可以在撤回期间内决定是否要维持合同。就此而言，为了一方当事人的利益，缔约之自由超越缔约本身的时间点，并相应限制合同的约束力。

127 （b）因此，一种三元结构对于撤回权至关重要：首先，特定保护情形的前提条件必须存在；其次，有权当事人必须在撤回期间内有效行使撤回权；最后，只有在上述条件下，撤回的效果才发生，即当事人履行合同的义务消灭。法定的保护情形并不必然导致撤回的效果出现；相反，一种灵活的、程序性的"形成权"模式是撤回产生效果的基础。[271]

---

[267] 如《远程销售金融服务指令》第 6 条第 2 款、《消费者权利指令》第 16 条和 GEK 草案第 40 条第 2 款和第 3 款都包含有大量例外情形；ACQO 第 5:A-01 条第 3 款至第 5 款类似。

[268] 《消费者权利指令》第 16 条 c；GEK 草案第 40 条第 2 款 d。

[269] Canaris, Wandlungen des Schuldvertragsrecht – Tendenzen zu seiner „Materialisierung", AcP 200 (2000), S. 276, 344 f.; Schulze, Die Widerrufsrechte im Vorschlag für ein Gemeinsames Europäisches Kaufrecht in: Schulte-Nölke ua, Der Entwurf für ein optionales europäisches Kaufrecht, S.151; 165 f.

[270] 在法国债法改革后，新版本中的相应条款放弃了原因（cause）这一法律制度。在某些场合，合同可能不违反公共秩序，例如《法国民法典》第 1162 条。

[271] 对此见边码 120 及以下。

128 所以，在撤回期间进行时，合同并非终局性的有效，即使当事人对合同条款的合意已经存在。相反，合同在这一阶段仅仅是“未决的有效”（schwebendwirksam）：[272] 只要未声明撤回，至少经营者一方应当履行合同给付（《消费者权利指令》第 9 条第 3 款；GEK 草案第 41 条）。由此可以确保的是，在对经营者的给付请求权方面，消费者不会比没有撤回权时处于更坏的境地。消费者可以在撤回期间内通过行使撤回权终结合同的有效性，因此双方当事人最初的给付义务也消灭了。如果消费者没有声明撤回，这种“未决状态”在撤回期间到期时结束。合同因此终局性有效。

**（2）与其他终结合同之权利相比的特征**

129 （a）欧洲合同法规则文本[273]规定了撤回要约的权利，成员国关于缔结合同之要约的法律规范在此方面各有差异。[274] 与要约之撤回相比，撤回权在几个方面表现出不同：撤回权在合同缔结后也可以行使，局限于单个保护情形，因此仅由在相关情形下有保护需求的当事人享有。撤回权的行使不仅在合同成立前使得缔约的表示无效，而且也使得合同在缔约后终结。

130 《包价旅游指令》第 12 条规定的解除权（Rücktrittsrecht）[275] 尽管也能使已经缔结的合同终结，但它与撤回权的区别在于，对该解除权不适用撤回不得使权利人承担费用之原则。根据《包价旅游指令》第 12 条第 1 款的规定，如果旅游者解除合同，则旅游举办方可以要求其支付合理和有依据的解除费用。《包价旅游指令》第 12 条第 2 款尽管也规定了无需支付解除费用的合同解除，但是其前提条件是旅游在可实施性方面存在特别理由，而指令中的撤回权之行使无需说明理由。此外，上述两款规定都要求在旅游之前行使解除权，而撤回权则受制于指令规定的别种限制。[276]

---

[272] Acquis Group/Møgelvang-Hansen/Terryn/Schulze, Contract II, Art. 5:105 Rn. 4; Meller-Hannich, Verbraucherschutz im Schuldvertragsrecht, 2005, S. 155–157;HK-BGB/Schulze, 9. Aufl. 2016, § 355 Rn. 2; Twigg-Flesner/Schulze, Protecting rational choice, in: Howells ua, Handbook of Research on International Consumer Law, S. 152.

[273] 就此见边码 68。

[274] 例如《德国民法典》第 130 条、第 145 条;《法国民法典》第 1328 条。

[275] 这一权利在该条款的标题中被称为“包价旅游前的撤回权利”（Recht zum Widerruf vor der Pauschalreise），但在条文中使用的却是“解除”（zurücktreten）一词；英文版本中分别使用的是“right of withdrawal”和“terminate”。

[276] 参见《消费者权利指令》第 9 条第 2 款。

131 与终结合同的其他权利（如《消费品买卖指令》第3条第2款、第5款和第6款的合同解除以及GEK草案第114条及以下、第134条及以下、第155条及以下的合同终止[277]）相比，撤回权的特征在于，它不需要以违反合同的行为或者其他给付障碍为前提。撤回权与意思瑕疵同样没有太多关联（如从PECL到GEK规定的撤销权以及成员国法律中相应的撤销规定）。[278]根据相关指令的字面表述，撤回一方当事人无需给出撤回的理由。[279]因此，指令中的撤回规定通常建立在这样一种推测上，即在相关保护情形下，享有撤回权的一方当事人的意思形成受到潜在损害；在具体案件中真的存在损害则不是必要条件，因此也无需说明理由，这与撤销权显然不同。[280]当保护情形的各个条件成就时，就可以行使撤回权，以便给一方当事人因基于假设所遭受的损害提供补偿。[281]

132 （b）撤回权的体系归属也显示出其相对于其他终结合同之权利的特征，正如《Acquis原则》和DCFR所建议的那样。[282]根据这一范本，GEK草案在其“有约束力的合同之成立”部分中用单独一章规定了撤回权，即在“合同缔结”一章之后，在“合意瑕疵”一章之前。[283]

### （3）强行性特征

133 （a）当事人可以根据合同自由约定撤回权，特别的任意法规定也可以强制性规定撤回权。欧洲指令通常在消费者法领域规定撤回权，并基于消费者保护目的而赋予其强制性。这种强行性特征的理由在于这一观念，即缔约时的不利地位是撤回权的基础，如果把是否有撤回权交由当事人决定，那么缔约时不利地位也通常会对关于撤回权的磋商谈判产生影响。例如，如果关于缔约的自我决定之意思形成因严重的信息不对称而受到损害，

[277] 见本书第六章边码61及以下。

[278] 见边码116。

[279] 例如《远程销售金融服务指令》第6条第1款；《分时使用指令》第6条第1款；《消费者信贷指令》第14条第1款；《消费者权利指令》第9条第1款。

[280] Eidenmüller, Die Rechtfertigung von Widerrufsrechten, AcP 210 (2010), S. 67 ff., 71.

[281] 关于这些区分的详述见Schulze, Die Widerrufsrechte im Vorschlag für ein Gemeinsames Europäisches Kaufrecht, in: Schulte-Nölke ua, Der Entwurf für ein optionales europäisches Kaufrecht, S. 151, 162.

[282] ACQP第5章；DCFR第二编第5章。

[283] 例如《德国民法典》中的撤回权一般规定没有出现在总则关于合同缔结的部分，而是被安排在债法中，与解除的规定形成体系关联（《德国民法典》第355条及以下）。

那么这一推测就是显而易见的：这种不对等同样会影响关于撤回权的决定。就此而言，通过撤回权来实现"实质意义上"的合同自由之保护应当以这种权利保障的强行性特征得到延续。从撤回权的信赖构建功能角度来看，相对于可选择的撤回权，关于所涉交易类型或经销形式的一般性强行规则能够给消费者带来更多的法律确定性，并因此创设更坚实的信赖基础（也由于消费者在一些交易中，主要是小型交易中通常不能和不愿获知交易条件）。特定经销形式（如远程交易）的消费者撤回权已经标准化，由于其强行性特征，撤回权将强化消费者信赖并由此推动该领域的经济发展，这也与撤回权的目的一致。[284]

（b）对于远程销售合同，有观点从不同的角度反对撤回权的强行性特 134
征，[285]但是这些观点对目前的法律状态的挑战都不能令人信服。在远程销售的情况中，由于消费者不能直接检视买卖标的物，所以有保护的需求。但是，这种需求因互联网上广泛的比较及其他获得信息的可能而减弱。在"数字时代"的背景下，获得信息的新的可能性不仅存在于网上缔约的情形，而且由于现代通信技术，也存在于其他经销形式中（即使是借助智能手机在门店即兴购物）。但是这种可能性不能消除远程销售相对于门店购买在获知合同标的及相对人方面的特殊信息劣势。和关于撤回权之选择可能的相对较容易的处理（例如在网上购物时点击选项[286]）一样，自愿约定撤回权以及这种自愿撤回权的传播在消费者保护和信赖支持方面，没有一般性的强制条文更为有效（也由于标准化的普遍优势[287]）。相反，对可选择的撤回权可提出的疑问是，关于作出决定的实质基础（特别是因合同标的和相对人而产生的风险，它使得撤回权有存在的理由），消费者是否通常能获得充足的信息，以及在相应决定场合下，获得这些信息需要哪些费用（如果

---

[284] 在结论上的不同立场见 Eidenmüller/Faust/Grigoleit/Wagner/Jansen/Zimmermann, Der Gemeinsame Referenzrahmen für das Europäische Privatrecht, JZ 2008, S. 529 ff.; Wagner, Mandatory Contract Law: Functions and Principles in Light of the Proposal for a Directive on Consumer Rights, Erasmus Law Review 2010, S. 47 ff.; Eidenmüller, Die Rechtfertigung von Widerrufsrechten, AcP 210 (2010), S. 67 ff., 77f., 但是他完全承认标准化对其支持的"强制的可选择模式"的优势。

[285] Eidenmüller/Faust/Grigoleit/Wagner/Jansen/Zimmermann, Der Gemeinsame Referenzrahmen für das Europäische Privatrecht, JZ 2008, S. 529 ff.; Wagner, Mandatory Contract Law: Functions and Principles in Light of the Proposal for a Directive on Consumer Rights, Erasmus Law Review 2010, S. 47 ff.

[286] 参见 Eidenmüller, Die Rechtfertigung von Widerrufsrechten, AcP 210 (2010), S. 67 ff.

[287] 见边码 133。

费用过大，理性的选择可能是不就撤回权作出决定）。如此，在缔约时这种关于自我确信之决定的亏空没有减少，而且与既有的法律状态相比，这种风险反而会增加，即消费者鲁莽地放弃通过撤回权来纠正其决定之可能性。合同自由被称为可选择撤回权的基本优势，[288]它似乎给消费者带来了增益，但是最终却导致关于缔约之决定可能的损失，也就是“实质性合同自由”的损失。

4. 撤回的行使

135 **（1）在撤回期间内通知**

▶ ACQP 第 5:102 条（撤回权的行使）

撤回由有权一方当事人向另一方当事人通知才发生效力。通知时不必说明理由。合同标的之返还视为撤回通知，除非根据情势另有不同的结论。◀

▶ ACQP 第 5:103 条（撤回期间）

（1）撤回权应当在依第 5:104 条合同缔结和撤回权教导说明之后的 14 日内行使，最迟不得长于合同缔结后一年，另有规定除外。如果合同标的为物之交付，则该期间的结束不得早于获得该物后的 14 日。

（2）撤回通知在该期间内发出即为遵守了期间。◀

▶《消费者权利指令》第 9 条（撤回权）

（1）消费者享有期间为 14 日的撤回权，与第 13 条第 2 款和第 14 条之规定不同，他可以在该期间内撤回远程或在营业场所之外缔结的合同，并无需说明理由和承担其他费用，只要不存在第 16 条规定的例外情形。

（……）◀

▶《消费者权利指令》第 11 条（撤回权的行使）

（1）消费者在撤回权期间届满前通知经营者其撤回合同的决定。为此，消费者可以

---

[288] 参见 Eidenmüller, Die Rechtfertigung von Widerrufsrechten, AcP 210 (2010), S. 67 ff.

（a）使用附件 I 部分 B 的撤回表单范本或者

（b）以其他任意形式发出相应的声明，从该声明可以明确得知其撤回合同的决定。

除了附件 I 部分 B 之外，成员国不得为撤回表单范本规定其他的形式条文。

（2）如果消费者在撤回期间届满前发出关于行使撤回权的通知，第 9 条第 2 款和第 10 条所称的撤回期间即得到遵守。◀

《Acquis 原则》为撤回权的行使以及决定性期间提出了一般性规则的建议，它们原则上适用于所有的撤回构成要件。[289]《消费者权利指令》以及相应的 GEK 草案第 40 条至第 42 条采纳了这一方式，即为各自所规定的合同设置了统一的 14 日撤回期间[290]（和《分时使用指令》及《消费者信贷指令》相同），并且包含了行使撤回权的总体规则。关于买卖合同的撤回期间，《消费者权利指令》和 GEK 的规定是，原则上从消费者“物理上占有”商品时起算。但是，它们又规定了补充性标准，造成了分化，特别是在分期交付和特定合同标的之场合（《消费者权利指令》第 9 条第 2 款；GEK 草案第 42 条第 1 款）。除了以无形式要求的通知经营者之外，消费者还有两种可能来作出撤回表示：使用标准的撤回表单或者在经营者的网站上作出电子化声明（后一种仅在经营者额外赋予这一可能性时才可行使；《消费者权利指令》第 11 条第 1 款和第 3 款；GEK 草案第 41 条第 2 款和第 3 款）。但这里仍然存在一个漏洞，即是否和 ACQP 第 5:102 条的规定一样，单纯寄回买卖标的物就已经可以被视为明确的撤回表示。[291] 136

### （2）发出原则

对于撤回期间之遵守至关重要的不是撤回表示到达（Zugang）经营者，而是撤回表示的发出（Absendung）。消费者在撤回期间届满前发出撤回表 137

---

[289] 基本上被 DCFR 第 II.-5:102 条所采纳。

[290] 与之不同的是，在最低程度协调化的范围内，《上门交易指令》第 5 条第 1 款规定的撤回期间为至少 7 日，《远程销售指令》第 6 条第 1 款规定的期间为至少 7 个工作日；《住房信贷指令》第 14 条第 6 款的规定也是 7 日。一些成员国已经规定了 14 日的撤回期间，如丹麦、葡萄牙和捷克；参见 Schulte-Nölke/Twigg-Flesner/Ebers (Hrsg.), EC Consumer Law Compendium, 2008, S. 347.

[291] 对此见 Schulze, The Right of Withdrawal, in: Schulte-Nölke/Tichy, Perspectives for European Consumer Law, 2010, S. 13, 20.

示，即为及时地声明撤回（例如《消费者信贷指令》第 14 条第 3 款 b；《消费者权利指令》第 11 条第 2 款；GEK 草案第 41 条第 4 款）。这一规则保障消费者可以利用整个撤回期间来考虑和作决定。但它仅涉及撤回的及时性，而非有效性。在大部分成员国法律[292]以及欧洲合同法规则体系中，决定撤回有效性的是到达原则（DCFR 第 I.-1:109 条第 3 款；GEK 草案第 10 条第 3 款）。[293]但是，只要表示已经根据到达原则的标准生效，即使消费者仅仅在期间届满前发出其表示，撤回声明就是及时的，不管该表示在何时到达经营者。关于及时发出以及合乎规定的行使撤回权的其他标准，由经营者承担举证责任（明确规定如《消费者权利指令》第 11 条第 4 款；GEK 草案第 41 条第 5 款）。

**（3）关于撤回权的信息**

138 与撤回期间紧密关联的是经营者就撤回权对消费者充分告知的要求。经营者与消费者之间被推测具有不对等地位，这是在特定缔约情形下赋予撤回权的原因。通常而言，考虑到撤回权成立以及行使撤回权的模式与期间上的信息不对称，这种不对等关系仍在延续。因此，ACQP 第 5:104 条和 DCFR 第 II.-5:103 条把单个指令中的相关规定[294]集结为一般规则，即另一方当事人应当适当提醒有权当事人注意其撤回权，并在永久数据载体上通过文本形式，以简单易懂的语言告知有权当事人关于撤回权的存在、撤回期间以及撤回相对人的名称和地址。[295]《消费者权利指令》和 GEK 草案把告知撤回权行使的条件、期间和程序整合进经营者的先合同义务目录[296]（《消费者权利指令》第 6 条第 1 款 h、GEK 第 17 条第 1 款）。此外，《消费者权利草案》和其他指令以及 GEK 包含与合同相适应的撤回指导说明范

---

[292] Ferrari, Offer and acceptance inter absentes, in: Smits, Elgar Encyclopedia of Comparative Law, 2. Aufl. 2012, S. 625, 642 f.; Kötz, Europäisches Vertragsrecht, 2. Aufl. 2015, S. 30 ff.; Zweigert/Kötz, Einführung in die Rechtsvergleichung auf dem Gebiete des Privatrechts, 3. Aufl. 1996, S. 357.

[293] 见本书第二章边码 33。

[294] 如（已经被《消费者权利指令》所取代的）《上门交易指令》第 4 条；《远程销售指令》第 4 条第 1 款 f；《远程销售金融服务指令》第 3 条第 1 款第 5 项；《分时使用指令》第 5 条第 4 款。

[295] 根据欧洲法院 2012 年 7 月 5 日关于 Content Services Ltd 一案的判决（Rs C-49/11），网页不应被视为“永久数据载体”；此外，超链接不能满足信息义务的要求；Schulze/Morgan, The Right of Withdrawal, in: Dannemann/Vogenauer, The Common European Sales Law in Context, 2013, S. 294, 322 f.

[296] 对于经营者未告知这些信息的情形，《消费者权利指令》第 6 条第 6 款、GEK 草案第 17 条第 2 款并结合第 45 条第 2 款规定，消费者不必承担寄回商品的费用。

本。[297]如果经营者合乎规定地填写该范本，则根据《消费者权利指令》、《消费者信贷指令》和 GEK，该信息义务得到履行。[298]尽管存在语言障碍，跨境交易也因此对经营者变得较为容易。

信息义务之履行[299]应当补偿消费者在其撤回权方面可能具有的信息匮缺，并且赋予消费者在常规 14 日撤回期间内，在获得充分信息的情况下，就是否行使撤回权作出决定的可能。如果经营者没有正常履行其信息义务，[300]消费者因此欠缺作出决定的必要基础，则消费者的撤回权可能不受 14 天期间的限制。因此，当先合同信息义务未被履行时，《远程销售金融服务指令》第 6 条第 1 款和《消费者信贷指令》第 14 条第 1 款规定，撤回期间不开始起算。这样一种结合关系原则上可带给消费者在时间上无限制的撤回权。欧洲法院在 Heininger 一案中确定，成员国在这种情况下也不得限制撤回权。[301]与之相反，(已经失效的)《远程销售指令》规定行使撤回权的最长期间为 3 个月。以《Acquis 原则》和 DCFR 为借鉴（ACQP 第 5:103 条第 3 款；DCFR 第 II.-5:103 条第 3 款），《消费者权利指令》第 10 条第 1 款和 GEK 草案第 42 条第 2 款 a 现在的规定是，在未履行相关信息义务的情况下，固定了最长为 1 年的撤回期间，按照常规的撤回期间起算。[302]如果事后在 1 年内补充履行了信息义务，撤回期间在消费者获知信息之后的 14 日到期(《消费者权利指令》第 10 条第 2 款；GEK 草案第 42 条第 2 款 b)，因此最长的撤回期间为 1 年零 14 天（如《分时使用指令》第 6 条第 3 款 139

---

[297] 《分时使用指令》附件 V；《消费者信贷指令》附件 III. 6；《消费者权利指令》附件 I；GEK 草案附件 1。

[298] 《消费者权利指令》第 6 条第 4 款、《消费者信贷指令》第 5 条第 1 款第 3 句以及 GEK 草案第 17 条第 4 款。在《消费者权利指令》颁布之前已有的类似内国法规定如《德国民法典》第 360 条第 1 款和第 3 款并结合第 355 条第 3 款，以及《民法典施行法》第 246 节第 2 条第 3 款第 1 句的附录 1 中的撤回权告知模板。

[299] 关于电子商业来往中必要通知的范围和类型见 EuGH 5.7.2012, Rs C-49/11 (Content Services Ltd)；就此见边码 76 和本书第二章边码 37。

[300] 这在竞争法上违反了《不公平商业实践指令》第 7 条第 1 款

[301] Urteil des EuGH v. 13.12.2001, Rs C-481/99 (Heininger), Slg 2001, I-9945, Rn. 43；对此参见 Rott, The Effects of the Consumer's Withdrawal from the Contract, in: Straetmans/Terryn/Colaert, Landmark Cases of EU Consumer Law, 2013, S. 523, 526.

[302] 对此详述见 Schulze/Morgan, The Right of Withdrawal, in: Dannemann/Vogenauer, The Common European Sales Law in Context, 2013, S. 294, 327.

的明确规定)。[303]这一最长期间把未决的生效之合同转化为确定生效之合同，并由此保护经营者免受长期持续的不确定（如可能的返还清算方面）所造成的不利。[304]

5. 撤回的效果

**（1）返还清算制度**

140 在《消费者权利指令》和 GEK 草案颁布之前，相关指令仅就撤回后果中的几个问题作了规定。[305]因此，对于已履行给付的返还、收益或价值减损的补偿以及损害赔偿而言，在更深远的程度上有必要诉诸相应的内国法律制度，尽管各国的体系定位和规则构造相当不一致（如关于解除的可适用规定、[306]不当得利或者合同损害赔偿[307]）。鉴于各国差异，ACQP 第 5:105 条仅限于若干核心问题，因为指令条文和欧洲法院判决为其提供了支持，ACQP 没有规定返还清算的一般制度。相反，DCFR 第 II.-5:105 条第 2 款走得更远，它明确，DCFR 第 III.-3:510 条及以下关于返还清算的一般规定（“restitution”）可参照适用于撤回权。然而，GEK 草案中的撤回规定又没有明确提到对第 172 条及以下返还清算一般条文的参引。因此，一般规定是否以及如何补充关于撤回法律效果的特别规定，还有待回答。但是，与《Acquis 原则》及 DCFR 相比，《消费者权利指令》和随后的 GEK 已经明显拓宽和细化了关于撤回效果的条文。

**（2）最初给付义务的消灭**

141 指令和 GEK 规定，撤回的首要效果在于，双方当事人履行合同的义务终止（《分时使用指令》第 8 条第 1 款；《消费者权利指令》第 12 条 a；

---

[303] 在《消费者权利指令》颁布之前，《远程销售指令》和《分时使用指令》就为撤回权的行使规定了最长为 3 个月的期间，但《上门交易指令》没有这些规定（关于在《上门交易指令》的适用范围内，内国立法者不得设定这样的最长限制见 EuGH 13.12.2001, Rs C-481/99 (Heininger), Slg 2001, I-9945）；此后，ACQP 第 5:103 条第 1 款以及 DCFR 第 II.-5:103 条第 3 款建议，在经营者未提供信息之场合，撤回权行使的最长期间一般性地确定为 1 年。

[304] Koch, Rechte des Unternehmers und Pflichten des Verbrauchers nach Umsetzung der Richtlinie über die Rechte der Verbraucher, JZ 2014, S. 758, 760.

[305] 例如，《远程销售金融服务指令》第 7 条规定，就撤回合同前所提供的服务付款。

[306] 例如，参见德国法中旧的法律情况，《德国民法典》旧版第 357 条及以下和第 346 条及以下。

[307] Terryn, The Right of Withdrawal, in: Schulze, CFR and Existing EC Contract Law, S. 143, 164 f.

GEK 草案第 43 条 a）。因此，双方当事人在合同下的最初的给付义务随着撤回而消灭。[308]这里没有明确说明，以合同为基础的债务关系本身是否也消灭。[309]因此尚不明确的是，已履行给付的返还清算是在双方当事人之间的一个特殊的、因缔约而产生的关系之内还是之外执行。[310]如果是在这种关系的范畴内，则撤回仅仅改变合同关系的初始内容，即以返还义务、价值减损弥补义务和损害赔偿义务来代替最初的给付义务（转化为“返还关系”）。[311]按照《分时使用指令》第 11 条第 1 款、《消费者信贷指令》第 15 条第 1 款、《消费者权利指令》第 15 条第 1 款和 GEK 草案第 46 条第 1 款的文义，至少可以明确的是，撤回终结合同关系，因为根据以上规定，撤回“也”使关联合同“自动”结束。这一表述不能必然排除当事人之间的关系转化为“返还债务关系”。假如在此基础上认定合同结束，而当事人之间不存在特殊的债务关系，则当事人关于返还清算的义务只能从法律规定中产生（类似于不当得利返还，它从一开始就没有合同基础）。

除此之外，可以在合同缔结前即有效表示之前撤回。这种情况的结果 142
是，消费者不再受其做出的要约的约束（《消费者权利指令》第 12 条 b；GEK 草案第 43 条 b）。[312]这一法律效果限制了一些内国法关于受要约约束的规定，[313]并且修订了 GEK 关于要约撤回之无效的一般性规定（GEK 草案第 32 条第 3 款）。[314]

---

[308] 根据《人寿保险指令》第 35 条第 1 款的规定，合同的撤回及解除向未来产生效力（exnunc），即消费者从未来产生自人寿保险合同的所有义务中解脱。

[309] ACQP 第 5:105 条第 1 款同样如此；但是 DCFR 第 II.-5:105 条的规定不同：“撤回终结合同关系……（Withdrawal terminates the contractual relationship…）”。

[310] 关于欠缺“合同解除法技术”方面的欧洲规定见 Lorenz, Die Lösung vom Vertrag, insbesondere Rücktritt und Widerruf, in: Schulze/Schulte-Nölke (Hrsg.), Die Schuldrechtsreform vor dem Hintergrund des Gemeinschaftsrechts, 2001, S. 329-355, 336.

[311] 关于德国法见 HK-BGB/Schulze, 9. Aufl. 2016, § 357 Rn. 2; Palandt/Grüneberg, BGB, 75. Aufl. 2016, § 355 Rn. 12 f.

[312] 该条文在“双方当事人……缔结合同的义务”一句后以撤回终结，这种表述不甚完善，因为合同通过对要约的承诺而成立，这样的一种义务无关紧要。

[313] 见边码 68；《德国民法典》第 145 条；Offer and acceptance inter absentes, in: Smits, Elgar Encyclopedia of Comparative Law, 2. Aufl. 2012, S. 625, 637 f.; Zweigert/Kötz, Einführung in die Rechtsvergleichung, 3. Aufl. 1996, S. 350–358.

[314] 也参见 DCFR 第 II.-4:202 条第 3 款。

### （3）当事人在撤回权行使后的义务

143 对于撤回后的返还清算具有决定意义的原则是，消费者不得因撤回权的行使而承担费用（《远程销售金融服务指令》第6条第1款和第7条第1款;《分时使用指令》第8条第2款；根据《消费者权利指令》第9条第1款，在商品交付时回寄的直接费用除外；GEK草案第40条第1款）。[315]经营者原则上有义务立即（但最迟为自其被消费者告知撤回之决定之日后的特定期间内[316]）偿还其从消费者处获得的所有支付。其中也包括消费者为商品寄送所付的金额（《消费者权利指令》第13条第1款；GEK草案第44条第1款）。[317]在商品买卖的情形下，消费者应当在同样的时间段内寄回商品并承担寄回的直接费用，只要经营者不承担该费用，或者已经告知消费者该费用应由消费者承担（《消费者权利指令》第14条第1款；GEK草案第45条第1款和第2款）。

144 消费者仅在下列情况下就商品的价值减损承担责任，即他不是以检验商品状态、特性和功能[318]所必需的、在实体门店中也会被允许采取的方式来对待商品。[319]此外，经营者应当已经合乎规定地说明撤回权（《消费者权利指令》第14条第2款；GEK草案第45条第3款）。GEK草案第45条第4款还规定，消费者无需就在撤回权期间内对商品的使用进行赔偿。[320]在这一最重要的问题上，GEK草案不同于《消费者权利指令》。后者没有相同的规定，因此，就撤回期间内正常使用的赔偿没有从第14条第2款的消费者之赔偿义务中被排除。就此而言，《消费者权利指令》落后于欧洲法院在Pia Messner[321]一案中就《远程销售指令》第6条所确立的消费者保

---

[315] 就此见Schlussanträge GA Trstenjak v. 18.2.2009, Rs C-489/07 (Pia Messner), Slg 2009, 7317, Rn. 79.

[316] 《消费者权利指令》和GEK中为14日，《消费者信贷指令》和《远程销售金融服务指令》中为30日。分时使用合同存在特殊性，即禁止在撤回期间内要求消费者付款，参见《分时使用指令》第9条。

[317] 之前已经有Urteil des EuGH v. 15.4.2010, Rs C-511/08 (Heinrich Heine), Slg 2010, I-3047;《消费者权利指令》第13条第2款和GEK草案第44条第2款将其限制为最便宜的普通交付的费用。

[318] 如《消费者权利指令》第14条第2款；但GEK草案第45条第3款使用的是“功能能效（Funktionstüchtigkeit）”；这两个条文的英文版本使用的都是“functioning”。

[319] 《消费者权利指令》立法理由第47项。

[320] 也见《分时使用指令》第8条第2款，该条规定，消费者不必偿还给付价值。

[321] Urteil des EuGH v. 3.9.2009, Rs C-489/07 (Pia Messner), Slg 2009, I-7315.

护水平。相反，GEK 全面地遵循了这一判决的指导理念，即消费者原则上免于承担赔偿义务，但一般性地受制于诚实信用原则（GEK 草案第 2 条第 1 款）。

▶欧洲法院 2009 年 9 月 3 日判决，Rs C-489/07 (Pia Messner), Slg I 2009, 7356

对欧洲议会和理事会 1997 年 5 月 20 日《关于远程缔结合同时消费者保护的 97/7/EWG 指令》的第 6 条第 1 款第 2 句以及第 2 款应当这样解释：如果内国法律规定，消费者使用了通过远程缔结合同所购买的商品，在消费者于期限内行使其撤回权的情况下，卖方可以要求消费者就商品使用承担一般性的价值赔偿，则该内国法律和指令相抵触。

但是，如果消费者以一种违反如诚实信用等民法原则或不当得利的方式使用商品，则关于消费者承担使用商品价值赔偿的义务与指令不相抵触，只要该指令的目的以及撤回权的有效性和效果不受损害；内国法院就此作出判断。◀

欧洲法院在 Pia Messner 一案中明确提出了这一紧张关系的两面，它们在大量的个案问题中亟待澄清：一方面是要保障消费者根据自己的利益和喜好行使撤回权的自由；另一方面是保护经营者免受权利滥用的侵害。这不仅仅涉及在这一面上对诚实信用原则进行具体化的标准，以及不当得利法按照该判决的标准可得适用的进一步前提；[322] 而且它可以提供一个契机，即考虑到被允许的撤回权行使和权利滥用之间的临界情况，就合同返还清算费用的分配进行全面考量。[323] 同样需要澄清的是，实践中所谓的消费者“黑名单”在多大范围上是被允许的。[324] 如果一名消费者经常行使撤回权，经营者或经营者协会因此把他列入“黑名单”，今后可能拒绝与这名消费 145

[322] 参见在 GEK 基础上的处理：Weller, Widerrufsrecht bei Fernabsatz- und Haustürgeschaften, in: Schmidt-Kessel, Ein einheitliches europäisches Kaufrecht?, 2012, S. 147, 170.

[323] 广泛论述见 Höhne, Das Widerrufsrecht bei Kaufverträgen im Spannungsverhältnis von Opportunismus und Effektivität, 2016, 如第 144 页及以下关于“Showrooming”时返还清算的费用。

[324] 参见 Watson, Withdrawal Rights, in: Twigg-Flesner (Hrsg.), Research Handbook on EU Consumer and Contract Law, 2016, S. 241 ff.

者再订立合同。原则上，这样一种黑名单可以以合同自由原则[325]为基础。但是，经营者这样一种制裁措施限制了消费者行使其撤回权的自由，因此也触及了消费者保护其合同自由的权利。

### （4）服务合同

146 与物之买卖合同不同的是，服务合同下的撤回期间原则上与缔约相关联（《消费者权利指令》第9条第2款；GEK草案第42条第1款e）。服务合同撤回后的费用承担有特别规定。适用特别规定的前提是，撤回权没有因为某些服务种类的例外构成要件被排除（例如，满足《消费者权利指令》第16条h和GEK草案第3条e的紧急维修和维护工作，以及满足《消费者权利指令》第16条a的已经完全提供的服务[326]）。如果存在撤回权且消费者也合法行使了撤回权，则在下列两个条件之一成就的情况下，他不必为在撤回期间内的服务承担费用：服务在撤回期间内开始，消费者没有明确表示同意；或者经营者没有符合规定地告知消费者撤回权以及提前开始服务时的付费义务（《消费者权利指令》第14条第4款；GEK草案第45条第6款）。[327]根据《分时使用指令》第8条第2款的规定，对于在撤回期间提供的给付，消费者一般性地不承担付费义务，就此而言，《分时使用指令》的消费者保护水平更高。

### （5）附从合同

147 合同的撤回同时会导致附从合同（akzessorischer Vertrag）或关联合同（verbundener Vertrag）的结束（《消费者权利指令》第15条第1款；GEK草案第46条第1、2款）。《消费者信贷指令》第14条第4款和《分时使用指令》第11条也有相关规定。一个在经济上应被视为一体的交易可能会被划分成多个合同，以上规则的目的就是保护消费者免遭因此带来的风险（尤其是一项分期付款交易被拆分成关于商品交付的现金交易，或者一方面是其

[325] 边码50。

[326] 服务不属于GEK的适用范围，仅有与买卖或数字内容提供相关的服务。在提供相关服务之场合不排除撤回权。消费者同样应当被告知他可能要承担的费用，消费者应当就提供关联服务开始的时间做出明确的同意（GEK草案第17条第1款和第3款、第18条第2款、第19条第6款以及第45条第6款a）。

[327] 对于数字内容的提供，GEK草案第45条第6款b含有类似的评判。

他给付，另一方面则是提供融资的消费信贷合同）。[328]如果为了给汽车买卖提供融资而与银行签订信贷合同，而银行为签订信贷合同而使用了汽车经销商，则汽车买卖和信贷是经济上应被视为一体的交易。指令和 GEK 以不同的方式把“附从”合同的各个定义纳入其适用范围内，《Acquis 原则》则包含一个关于关联合同的一般性定义。[329]

▶ ACQP 第 5:106 条（关联合同）

（1）如果消费者就经营者交付商品或提供服务的合同行使撤回权，则撤回的效力延伸至关联合同。

（2）如果客观上构成一个经济整体，则为关联合同。

（3）如果一个合同部分或全部地通过信贷合同融资，则它们构成经济上的整体，尤其是：

（a）当交付商品或提供服务的经营者就该给付向消费者提供融资；或

（b）当信贷提供方为缔结信贷合同使用商品或服务提供方；或

（c）当信贷合同涉及通过该合同融资的特定商品或服务，并且商品或服务的提供方或信贷提供方提出两个合同之间的这种关联，只要从相关情形中不能认为这两个合同不构成经济上的整体。◀

在所述条文规定的条件下，有效撤回合同也包括关联或附从合同（“撤回穿透”，Widerrufsdurchgriff）并导致其终止，无需进一步的法律行动。消费者不因附从合同的终止而承担费用（《消费者权利指令》第 15 条第 1 款；GEK 草案第 46 条第 1 款）。此外，根据 GEK 草案第 46 条第 2 款的规定，有关撤回后返还清算的条文也准用于附从合同。 148

[328] Gebauer/Wiedmann/Welter, Zivilrecht unter europäischem Einfluss, 2. Aufl. 2010, Verbraucherkredit, S. 641; Rott, Die neue Verbraucherkredit-Richtlinie 2008/48/EG und ihre Auswirkungen auf das deutsche Recht, WM 2008, S. 1104, 1112; v. Bar/Clive (Hrsg.), DCFR Full Edition, S. 381–384.

[329] 基本上被 DCFR 第 II.-5:106 条第 2 款 d 采纳。

# 第四章　不公平条款

**文献：** Baier, Europäische Verbraucherverträge und missbräuchliche Klauseln, Die Umsetzung der Richtlinie 93/13/EWG über missbräuchliche Klauseln in Verbraucherverträgen in Deutschland, Italien, England und Frankreich, 2004; Howells/Schulze, Modernising and Harmonising Concumer Contract Law, 2009; Jansen, Klauselkontrolle im europäischen Privatrecht. Ein Beitrag zur Revision des Verbraucheracquis, ZEuP 2010, S. 69–106; Kötz, Vertragsrecht, 2. Aufl. 2012; Loos, Standard Contract Terms Regulation in the Proposal for a Common European Sales Law. Comment to Jansen, ZEUP 2012, S. 776–796; Pecyna, Nieuczciwe postanowienia umowne w projekcie dyrektywy o prawach konsumenta, Zasadach *Acquis* i DCFR. Różne środki do tego samego celu, Transformacje Prawa Prywatnego 1-2/2009, S. 91–128; Ranieri, Europäisches Obligationenrecht, 3. Aufl. 2009; Research Group on the Existing EC Private Law (Acquis Group), Contract II – General Provisions, Delivery of Goods, Package Travel and Payment Service (Contract II), 2009; Riesenhuber, EU-Vertragsrecht, 2013; Schulte-Nölke ua, Der Entwurf für ein optionales europäisches Kaufrecht, 2012; Schulte-Nölke/Twigg-Flesner/EbeRs, EC Consumer Law Compendium, 2008; Steinmetz/Calais-Auloy, Droit de la consommation, 7. Aufl. 2004; Twigg-Flesner, EU-Consumer and Contract Law, 2016; Ulmer/Brander/Hensen, AGB-Recht, Kommentar zu den §§ 305–310 BGB und zum UKlaG, 12. Aufl. 2016; Wolf/Lindacher/Pfeiffer, ABG-Recht Kommentar, 6. Auflage, 2013; Zoll, Unfair Terms in the Acquis Principles and Draft Common Frame of Reference: A Study of the Differences between the Two Closest MembeRs of One Family, Juridica International 2008.

## 一、总 览

### 1. 作为合同法核心领域的不公平条款法

欧洲立法者为消费者合同中的不公平条款法制定了广泛的规则，它们涉及欧盟国家合同法的核心领域。在当今经济生活的现实中，消费者合同只有在例外情况下才不属于《不公平条款指令》[1]的适用范围。《不公平条款指令》属于欧洲合同法最为重要的法律举措。它在实践中发挥着可观的作用——没有哪一部欧洲合同法领域的指令和它一样如此频繁地成为欧洲法院判决的主题。出现大量判决的原因并不是该指令本身过多的不足之处，而是由于指令条文与其他成员国法律的复杂关系以及该指令所涉问题与现实生活关联密切。《不公平条款指令》本身不构成独立的微观体系。相反，从这一法源中产生的正当性要求只能通过成员国的内国法律体系来实现。该指令协调化的程度取决于内国法律体系。该指令为成员国提供了一个工具箱，但是它在很大程度上需要用内国法律制度的价值来填充。这个工具箱也不是价值中立的。它把关于诚实信用的欧洲理念传输进内国法律体系。但同时又必须与成员国的诚实信用概念相适应。因此，在适用《不公平条款指令》的过程中，欧洲法与成员国法的互动带来了具体规范的发展。欧洲法与内国法如何不可分割地交织在一起，《不公平条款指令》正是例证。 1

但《不公平条款指令》不是唯一涉及不公平条款控制的法律举措。《支付迟延指令》也规定了不公平条款的控制，即便它仅限制在支付期间方面。这种情况下仅仅是对商事领域（双方当事人都必须是经营者）中的条款的控制。 2

本章将讨论这两部指令。首先概述《不公平条款指令》的结构以及一般条款（Generalklausel）与作为指令附件的被禁条款清单的关系。关于一般条款，将阐述欧洲和内国法关于诚实信用概念间关系的问题。由于金融危机以及由此导致的融资业务问题，欧洲法院也必须处理大量融资交易问题。在这一背景下，出现了考虑透明度要求和条款不公平之后果的难题。经济危机增加了有关不公平条款判决的数量，作为《不公平条款指令》之 3

---

[1] Richtlinie 93/13/EWGdesRatesvom 5. April 1993 übermissbräuchlicheKlauselninVerbraucherverträgen.

基础的某些观念也被审视。这种变化对指令功能的影响也将被详细讨论。就此而言，欧洲法院的判决涉及的是指令的可执行性。尽管该指令本身主要属于实体法，但令人惊讶的是，欧洲法院的许多判决也涉及不公平条款控制的程序法方面。

## 2. 根据《不公平条款指令》的不公平条款法

### （1）指令的结构

4 《不公平条款指令》是多个法律传统，尤其是德国和法国传统之间妥协的结果。[2] 因此，差异极大的法律观念同时出现，导致指令规则文本一定程度的不协调。[3]

5 《不公平条款指令》的中心规范是第 3 条，它确定了内容控制（Inhaltskontrolle）的原则。该条文的第 1 款明确了确定不公平性（Missbräuchlichkeit）的标准。《不公平条款指令》第 3 条第 2 款规定，经协商的条款不受审查。以成员国现行有效的条文为基础的条款同样不受审查（《不公平条款指令》第 1 条第 2 款）。

6 《不公平条款指令》第 4 条第 1 款规定了在不公平评判时应当注意的其他标准，如商品的类型、合同标的、与缔约相伴的情形等。该条第 2 款把涉及合同主义务和权利的条款从审查范围中排除了，除非这些条款不透明。除透明度原则（Transparenzgebot）外，指令第 5 条是一条解释规则，它规定，在有疑义时应当以符合消费者利益的方式进行解释。该规则在对事上的适用范围也被明确（在对条款抽象控制时不适用）。

7 《不公平条款指令》第 6 条第 1 款规定了不公平条款的后果。该条第 2 款是一项冲突法规则，目的是使消费者在法律选择时不会失去指令提供的条款审查保护。此外，指令要求成员国创设抽象条款审查，以便将不公平

---

[2] Schulte-Nölke/Twigg-Flesner/Ebers (Hrsg.), EC Consumer Law Compendium, 2008, S. 197, 204; Pecyna, Nieuczciwe postanowienia umowne w projekcie dyrektywy o prawach konsumenta, Zasadach *Acquis* i DCFR. Różne środki do tego samego celu, Transformacje Prawa Prywatnego 1–2/2009, S. 91, 95, 下载链接 http://biedronne.home.pl/transformacje/wp-content/uploads/2010/05/tpp-1-2-2009_pecyna.pdf (2016 年 12 月 9 日调阅); Ranieri, Europäisches Obligationenrecht, 3. Aufl. 2009, S. 404; Zoll, Unfair Terms in the Acquis Principles and Draft Common Frame of Reference: A Study of the Differences between the Two Closest Members of One Family, Juridica International 2008, XIV, S. 69, 71.

[3] 参见 Nebbia, Unfair Contract Terms in European Law, 2007, S. 3; Ranieri, Europäisches Obligationenrecht, 3. Aufl. 2009, S. 405 mwN.

条款从法律交易中排除（《不公平条款指令》第7条）。指令第8条确定了最低程度的协调化。该指令的其他条文涉及其适用的技术问题。指令的附件含有一个关于条款禁止的指示性（indikativ）清单。该附件由两大部分组成：第一部分列举了在有疑义时应当为被视为不公平的条款；第二部分是对第一部分的条款禁止范围的限制。

**（2）一般条款的审查标准**

《不公平条款指令》第3条的一般条款是条款控制体系的核心，[4]它原则上划定了一个范围，在此范围内进行的合同塑造是被许可的。 8

▶《不公平条款指令》第3条（诚实信用要求）

（1）如果一个未经单独协商的合同条款违反诚实信用的要求，导致合同当事人之间合同权利与义务的显著和不正当失衡而损害消费者利益，则该条款应当被视为不公平。

（2）如果一个合同条款被事先拟定，消费者因此不能对其内容施加影响，则该条款始终被视为未经单独协商，尤其是事先拟定的格式合同中的条款。

合同条款的特定要素或者单个条款经过单独协商不排除本条对合同其他部分的适用，只要该合同根据整体评估仍然是事先拟定的格式合同。如果经营者声称某标准合同条款经过了单独协商，则他就此承担举证责任。

（3）附件含有一个提示性且未穷尽的条款清单，它们可以被认为是不公平的。◀

该规范的内容主要受诚实信用概念的影响。[5]附件中有一个“指示性”清单，它包含了在“有疑义时”应被禁止的合同条款。[6]清单对上述条文进行具体化。欧洲法院的判决逐渐澄清了这一问题，即条款控制在多大范围内应当遵循欧洲标准，而内国的评判标准又应当在多大程度上确定控制 9

[4] Stuyck, Unfair Terms, in: Howells/Schulze, Modernising and Harmonising Concumer Contract Law, 2009, S. 115, 116.

[5] Nebbia, Unfair Contract Terms in European Law, 2007, S. 143.

[6] Stuyck, Unfair Terms, in: Howells/Schulze, Modernising and Harmonising Concumer Contract Law, 2009, S. 115, 116.

的结果。[7]

### （3）与德国法的区别

10 乍看起来，《不公平条款指令》以类似于德国法解决方案的结构为基础。[8]一般条款、特别的条款禁止以及不清楚时的解释规则让人很容易想到德国旧的《一般交易条款法》（AGB-Gesetz），其内容经由债法现代化被纳入《德国民法典》之中。[9]两者尽管有相似性，但是也存在不同，因为指令的条款禁止仅仅意味着对诚实信用原则潜在的违背，而不构成最终性的禁止，这与《一般交易条款法》不同。[10]指令也没有规定纳入控制（Einbeziehungskontrolle），而是把透明度要求和知晓条款内容的要求集成在内容控制的统一体系内。[11]

### （4）进一步发展的方法

11 欧盟委员会的改革计划旨在为欧洲发展出一部更加协调的合同法，在此也包括革新不公平条款法的任务。[12]欧盟委员会在关于消费者法改革的绿皮书中提出了关于该法律分支改革的基本问题。欧盟委员会也想借此绿皮书了解，是否应当通过所谓的黑色清单和灰色清单（绝对和相对条款禁止）来规定条款禁止，以及经协商的条款是否也应纳入控制范围。[13]还要考量的问题是，《不公平条款指令》中原则上不受控制的涉及主给付义务的条款是否能够纳入控制体系。此外，欧盟委员会仅仅就不公平条款一般性地提出了完全协调化方法的问题。[14]《不公平条款指令》一开始规定了最

---

[7] Urteil des EuGH v. 1.4.2004, Rs C-237/02 (Freiburger Kommunalbauten), Slg 2004, I-3403; Urteil des EuGH v. 27.6.2000, Rs C-240/98 (Océano Grupo Editorial SA/Rocío Murciano Quintero); Rs C-241/98 (Salvat Editores SA gegen José M. Sánchez Alcón Prades); Rs C-242/98 (José Luis Copano Badillo), Rs C-243/98 (Mohammed Berroane) und Rs C-244/98 (Emilio Viñas Feliú), Slg 2000, I-4941; 就此也见 Schulte-Nölke/Twigg-Flesner/Ebers (Hrsg.), EC Consumer Law Compendium, 2008, S.197, 202; Ranieri, Europäisches Obligationenrecht, 3. Aufl. 2009, S. 438–448.

[8] Nebbia, Unfair Contract Terms in European Law, 2007, S. 119.

[9] 《德国民法典》第 305 条至第 310 条。

[10] 参见 Baier, Missbräuchliche Klauseln. Die Umsetzung der Richtlinie 93/13/EWG über missbräuchliche Klauseln in Verbraucherverträgen in Deutschland, Italien, England und Frankreich, S. 38; Ulmer/Brandner/Hensen/Ulmer, AGB-Recht, Einl. Rn. 91.

[11] 见《不公平条款指令》第 3 条。

[12] KOM(2006) 744 endg., S. 14, 20–23.

[13] 同脚注 12，S. 14, 20 f.

[14] 同脚注 12，S. 16 f.

低程度的协调化，成员国可以自由选择保留或引入比《不公平条款指令》的最低限度保护更加有利于消费者的规定。[15] 由于这一体系不能有效对抗欧洲进一步的法律碎片化，欧盟委员会建议改变为完全协调化的体系。但这一建议最终未被采纳，所以《不公平条款指令》第 8 条继续赋予成员国规定更高水准保护的自由。

欧盟委员会在经咨询后提出了《消费者权利指令》的建议案。[16] 该建议案也包含了关于条款控制的新规定。[17] 令人惊讶的是，建议案完全复制了现行《不公平条款指令》的内容。[18] 主要区别在于条款禁止清单和协调化的方法。迄今为止在《不公平条款指令》中的最低程度协调化应当被完全协调化取代。[19] 但是，在关于指令建议案的讨论中，以完全协调化的方式把重要部分转化为内国法律被认为是几乎不可能的。[20] 和其他一些材料一样，有关不公平条款法的建议案没有被《消费者权利指令》的最终版本所采纳。部分私法学者也拒绝了完全协调化，这是欧洲立法者放弃不公平条款法新规则的原因之一。[21] 但这并不意味着，关于不公平条款法的改革方案因此变得无关紧要。相反，改革以及对该法律领域在对人之适用范围方面的新理念塑造仍然是可取的。关于可选择机制的工作提供了下一个时机。[22]《不公平条款指令》中的条款控制体系仅仅涉及消费者法。[23] 关于商事法律关系中的内容控制，现行共同体法中仅对相对较小的领域有所规定： 12

[15] 《不公平条款指令》立法理由第 12 项。

[16] KOM(2006) 614 endg.

[17] 同脚注 16，S. 3.

[18] 同脚注 16，S. 11.

[19] 同脚注 16，S. 3, 6, 7.

[20] Staudinger/Martinek, BGB, Eckpfeiler des Zivilrechts, 5. Aufl. 2014, Rn. 194 简述了完全协调化的问题。

[21] 参见 Entschließung des Europäischen Parlaments vom 23.6.2011 über den Vorschlag für eine Richtlinie des Europäischen Parlaments und des Rates über Rechte der Verbraucher，在该决议中，《上门交易指令》和《远程销售指令》被组合在一起，但是不包括《不公平条款指令》。

[22] 详见边码 14 至 16。

[23] 见《不公平条款指令》第 1 条；关于条款控制局限于消费者合同这一主题的内容，广泛的阐述见 Loos, Standard Contract Terms Regulation in the Proposal for a Common European Sales Law. Comment to Jansen, ZEuP 2012, S. 776, 788–790；对这种对人的适用范围的限制的批评还有 Riesenhuber, Europäisches Vertragsrecht, 2006, § 7 Rn. 207；但是在 Riesenhuber, EU-Vertragsrecht, § 10 Rn. 2, 6 中，他又没有任何批评地描述了《条款指令》的适用范围，并仅仅对协商的问题进行了讨论。

2000年的《迟延支付指令》以及2011年新的《迟延支付指令》中的控制体系涉及了这样的约定，即以不合理的方式推迟就已完成对待给付进行支付的期间。[24] 但是与消费者领域的条款控制相比，《迟延支付指令》的条款控制竟然还包括经协商的合同条款，因此它可以作为欧盟法缺少协调性的例证。

### 3.《Acquis 原则》和 DCFR 中的不公平条款法

13 欧洲学术工作团队也进行了重新设计欧洲不公平条款法的尝试，其成果反映在DCFR和《Acquis原则》中。这两个文本中关于不公平条款的规则都受到了现行共同体法的启发。尽管有相同和明确的灵感来源，两个文本在许多地方仍然不同于指令。虽然立基于欧盟法上的《Acquis原则》是起草DCFR各个文本领域的基础，因此两个文本间有着紧密关联，但是这两者间也有显著区别。就此而言也可以看出，在发现欧洲不公平条款法的最佳规则方面，学术讨论的任务还远没有结束。

### 4. GEK 中的不公平条款法

14 被撤回的GEK建议案也规定了条款控制。[25] 其控制体系延续了《不公平条款指令》已经预先表明的发展趋势。[26] 尽管非协商的标准仍然适用于判断经营者间合同条款是否接受控制，但是一般交易条款概念的使用被完全放弃了（GEK草案第86条第1款a）。其控制的结构接近最初的（并在条款控制领域失败的）《消费者权利指令》草案。就消费者合同的条款控制有一个一般条款，并配备有特别的条款清单（GEK草案第83—85条）。

▶ GEK草案第83条（经营者与消费者之间合同中“不公平”的含义）

（1）在经营者与消费者的合同中，如果一个在第7条意义上未经协商的[27]、由经营者提出的条款违反诚实信用原则和正直的商业交往，在合同当

---

[24] 2000年《支付迟延指令》第3条第3款；2011年《支付迟延指令》第7条。

[25] GEK草案第八章。

[26] Loos, Standard Contract Terms Regulation in the Proposal for a Common European Sales Law. Comment to Jansen, ZEuP 2012, S. 776, 778; Riesenhuber, EU-Vertragsrecht, § 10 Rn. 2.

[27] 欧洲议会在其修改建议中删去了“非单独协商”的表述（Stellungnahme EP vom 26.2.2014, Abänderung 155, S. 156），但是在这种情况下不代表内容的改变。

事人的合同权利与义务方面造成显著不平衡，损害消费者利益，则该条款根据本节是不公平的。

（2）根据本节审查合同条款的不公平性时应当注意下列事项：

（a）经营者是否履行第82条规定的透明义务，

（b）合同标的，

（c）合同缔结时的情势，

（d）合同其他条款，以及

（e）决定该合同的其他合同的条款。◀

以《消费者权利指令》第一草案为范本，GEK草案的起草者加入了条款禁止的“灰色”清单（GEK草案第84条）和“黑色”清单（GEK草案第85条）。GEK草案也为商事合同规定了条款控制，这一控制以一般条款为基础（GEK草案第86条），但是在确定不公平性时的要求更高。 15

▶ GEK草案第86条（经营者之间合同中“不公平”的含义）

（1）在经营者之间的合同中，仅当一个条款（a）是第7条意义上未经协商的合同条款的组成部分，并且（b）其使用违反诚实信用原则和正直的商业交往，严重偏离良好商事实践时，该条款才根据本节是不公平的。

（2）根据本节审查合同条款的不公平性时应当注意下列事项：

（a）合同标的，

（b）合同缔结时的情势，

（c）合同其他条款，以及

（d）决定该合同的其他合同的条款。◀

禁止条款清单不适用于双方都是经营者的交易。

假如GEK得以颁行，则条款控制不仅在当事人选择适用可选择机制时获得意义，而且，（按照Stürner恰如其分的见解[28]）对于《不公平条款指令》的解释也具有意义。因为，可选择机制的条款目录有益于对一般条款内容（《不公平条款指令》第3条第1款）进行具体化和精细化。在不公 16

[28] Stürner, Das Verhältnis des Gemeinsamen Europäischen Kaufrechts zum Richtlinienrecht, in: Schulte-Nölke ua, Der Entwurf für ein optionales europäisches Kaufrecht, 2012, S. 79–80.

平条款范围内，GEK 将为欧洲合同法带来本质性的变化。至少在某些领域，具有正当之内涵的真正欧洲规范本可以取代成员国的规范。这将给欧洲法的角色带来可见的改变，也意味着欧洲法走向“独立”的决定性一步。然而，这种观点可能正是 GEK 被封存的原因之一。

## 二、法律比较基础

17 《不公平条款指令》是关于条款控制两种不同的基本理念的妥协的产物。[29]简单来说，该指令试图在德国和法国解决方案中找到共同因素。此外，欧洲还有条款控制的其他模式。这里首先要提到的是盎格鲁撒克逊以及斯堪的纳维亚传统，在起草《不公平条款指令》时对它们的关注较少。

### 1. 德国法中条款控制的发展

18 德国法发展出一般交易条款的概念，它包含了为多次使用而事先拟定的某些条款。[30]这种事先拟定条款的使用者可以把准备成本分摊在多个顾客头上，特定的某次合同缔结的成本也因此降低。[31]相反，如果另一方当事人事实上想影响或者仅仅审核条款文本，则他要面对高出许多的成本，而且这种成本仅仅针对他一人。在通常情况下，合同关系消极发展的风险应当被降低，这样，承担这种成本才能被正当化。使用一般交易条款缔结合同时的这种结构性特征让使用者可以很容易地把许多合同风险转嫁给合同另一方。如果不使用一般交易条款，则这种典型的不平衡结构不存在，这样一种风险转嫁几乎不可能。当不公平条款法还完全由内国立法者所掌

[29] Nebbia, Unfair Contract Terms in European Law, 2007, S. 34; Ranieri, Europäisches Obligationenrecht, 3. Aufl. 2009, S. 404; Zoll, Unfair Terms in the Acquis Principles and Draft Common Frame of Reference : A study of the Differences between the Two Closest Members of One Family, Juridica International, XIV/2008, S. 69, 71.

[30] Ulmer/Brandner/Hensen/Ulmer, AGB-Recht, Einl. Rn. 1–3; vgl. auch Schmidt-Salzer, Recht der AGB und der mißbräuchlichen Klauseln, JZ 1995, S. 223.

[31] Jansen, Klauselkontrolle im europäischen Privatrecht. Ein Beitrag zur Revision des Verbraucheracquis, ZEuP 2010, S. 69, 84–86; Kötz, Vertragsrecht, 2. Aufl. 2012, § 6 Rn. 242; Kötz/Schäfer, Judex oeconomicus - 12 höchstrichterliche Entscheidungen kommentiert aus ökonomischer Sicht, 2003 S. 228–231 也是如此；关于起草一般交易条款的成本数额与其质量之间的相互作用见 Adams, Ökonomische Theorie des Rechts. Konzepte und Anwendungen, 2004, S. 127, 128; 以及 Akerlof, The Market for Lemons: Qualitative Uncertainty and the Market Mechanism, Quaterly Journal of Economics, Vol. 84, 1970, S. 488–500.

控的时候，德国法发展出了条款控制的机制，最初是通过学说和判例，后来也通过了立法。这一机制旨在限制使用者事实上单方的合同塑造自由。[32]对一般交易的条款控制原则上与顾客是经营者还是消费者无关。如果顾客是经营者，仅仅会导致法定控制机制更为灵活的适用范围。在1976年《一般交易条款法》的逻辑体系中没有消费者概念的空间。条款控制的正当性与特别值得保护的人的范畴无关，而是立基于这样一种论断，即仅仅是使用一般交易条款就已经构成对顾客的危险。[33]实体法中的条款控制原则上在三个阶段上实现：纳入控制、[34]通过有利于顾客的解释的控制[35]以及内容控制[36]。这一体系的核心是内容控制，而条款公平性控制的中心基础又是一般条款。[37]

▶ 1976年《一般交易条款法》第9条

（1）如果一般交易条款中的规定违背诚实信用原则，不适当地对使用者的合同相对方不利，则该规定不生效力。

（……）◀

除本条外还有两个条款禁止清单：一个清单中的概念较模糊，在进行不公平控制时，评断可能性可以提供一定自由裁量的空间；[38]另一个清单包含的是无评断可能性的条款，它们至少在理论上是绝对不生效力的。[39]当有问题的一般交易条款不属于两个清单时，一般条款才有适用的余地。对于经营者之间合同的情况，虽然司法判决也运用了两个条款禁止的清单， 19

[32] Hommelhoff/Wiedemann, Allgemeine Geschäftsbedingungen und unausgehandelte Klauseln in Verbraucherverträgen. Grundsätzliches zur Transformation der EG-Klauselrichtlinie ins deutsche Recht, ZIP 1993, S. 562, 565; Kötz, Vertragsrecht, 2. Aufl. 2012, § 6 Rn. 244.

[33] Kötz, Vertragsrecht, 2. Aufl. 2012, § 6 Rn. 243–245; vgl. Hommelhoff/Wiedemann, Allgemeine Geschäftsbedingungen und unausgehandelte Klauseln in Verbraucherverträgen. Grundsätzliches zur Transformation der EG-Klauselrichtlinie ins deutsche Recht, ZIP 1993, S. 562, 565; 也参见 Adams, Ökonomische Theorie des Rechts. Konzepte und Anwendungen, 2004, S. 119.

[34] 1976年《一般交易条款法》第2条，《德国民法典》第305条。

[35] 1976年《一般交易条款法》第5条，《德国民法典》第305c条第2款。

[36] 1976年《一般交易条款法》第9—11条，《德国民法典》第307—309条。

[37] 1976年《一般交易条款法》第9条，《德国民法典》第307条。

[38] 1976年《一般交易条款法》第10条，《德国民法典》第308条。

[39] 1976年《一般交易条款法》第11条，《德国民法典》第309条。

但内容控制只根据一般条款进行。故应当在任意法中寻找具体化一般条款的材料，这些材料反映的是立法者的正义观念。[40]

20 纳入控制旨在确保顾客在缔约前知晓一般交易条款的内容。由此，一般交易条款法与传统合同学说建立起关联。

21 有一条传统的解释规则对该体系予以了补充。[41]在解释一般交易条款时，应当以不利于条款使用者的方式来解释疑义（in dubio contra proferentem）。

22 《不公平条款指令》的文本用一种简单的形式再现了这种结构。基于这一理由，在理解欧洲层面上的不公平条款法时，对德国法的理解很重要。德国法对于指令具有参照功能，有助于领会欧盟这一法律领域的发展。

### 2. 条款控制的法国体系

23 即使《不公平条款指令》的结构明显受德国法的影响，但内容上仍以条款控制的法国体系为基础。在法国法传统中，人们对于一般交易条款现象的熟悉程度不如德国法。法国法中的讨论更多集中于附属合同（contrat d'adhésion）[42]的现象，由于当事人事实上的不对等，较弱一方当事人对于合同规则建构不能施加影响。[43]从该出发点发展出对消费者合同内容的控制。在这一体系中无关紧要的是，消费者与经营者之间的合同是否经过协商，或者完全是由经营者提出的，[44]没有保障消费者建构条款的某些自由空间。由于这一体系原则上不从条款的特殊性质上寻找条款控制的正当基础，而是以一方当事人的结构性弱势为理由，[45]所以，仅为一次性使用的条款也是控制的对象。法国法体系中的控制概念最初是行政法上的，经过最高法院

---

[40] Stoffels, Gesetzlich nicht geregelte Schuldverträge: Rechtsfindung und Inhaltskontrolle, 2001, S. 98–100.

[41] 1976年《一般交易条款法》第5条，《德国民法典》第305c条第2款。

[42] HK-BGB/Schulte-Nölke, Vorb. zu §§ 305–310 Rn. 6.

[43] 对此详述 Brock, Der Schutz der Verbraucher vor mißbräuchlichen Klauseln im französischen Privatrecht, 1998, S. 53–55; Nobis, Missbräuchliche Vertragsklauseln in Deutschland und Frankreich, 2005, S. 60–61; Nebbia, Unfair Contract Terms in European Law, 2007, S. 34.

[44] Brock, Der Schutz der Verbraucher vor mißbräuchlichen Klauseln im französischen Privatrecht, 1998, S. 5–6; Nobis, Missbräuchliche Vertragsklauseln in Deutschland und Frankreich, 2005, S. 92.

[45] 毋宁说这一控制聚焦于消费者个人，见 Steinmetz/Auloy, Droit de la consommation, 2006, S. 204; auch Aubert, Le contrat. Droit des obligations, 2010, S. 82–84; 也参见 Brock, Der Schutz der Verbraucher vor mißbräuchlichen Klauseln im französischen Privatrecht, 1998, S. 5–6; Nebbia, Unfair Contract Terms in European Law, 2007, S. 34, 38–40.

判决的确认，逐渐发展成为司法控制。

### 3. 盎格鲁撒克逊和斯堪的纳维亚体系中的条款控制

除了上述两种基本模式外，盎格鲁撒克逊和斯堪的纳维亚体系也发展出了条款控制。在第一种模式中，摒除某些特别不利的条款的方式是：这些条款明显是顾客“不希望”的，因此不在当事人合意的范围内。[46] 由于一方当事人结构性的优势，弱势当事人对条款不能施加影响，[47] 而对这种条款的内容控制也在合同缔结层面上被谈论。[48] 在转化《不公平条款指令》之后，英国法的这一特性也在关于必要改革的进一步讨论中受到关注。在这一控制体系后的考量是，控制的需求以顾客不充分的意思为正当性基础。它减轻了内容控制与纳入控制的概念纠缠。 24

在斯堪的纳维亚法律传统中，法院拥有广泛的权能[49] 来审查所有的合同，而当事人在该合同缔结时的个人状况以及合同是否经过协商在所不论。 25

## 三、作为折中方案的《不公平条款指令》

法国模式[50] 在《不公平条款指令》的第一个建议案中显然居于上风。[51] 控制的对象是所有条款，只要其不直接涉及主给付义务。消费者合同中仅使用一次的条款也可以接受审查。[52] 另外，人们还有意根据法国模式，把经协商的条款也纳入控制体系中。但是，对这样一种涉及面广泛的《不公 26

---

[46] 也参见苏格兰法律委员会 2002 年 8 月 7 日的报告，链接为：http://www.scotlawcom.gov.uk/publications/news-releases1/（2016 年 12 月 9 日调阅）。

[47] Schulte-Nölke, Fünf Jahre AGB-Richtlinie 93-13-EWG – Weitere Rechtsetzungspläne der Kommission?, NJW 1999, 3176.

[48] 对此详述 Baier, Missbräuchliche Klauseln. Die Umsetzung der Richtlinie 93/13/EWG über missbräuchliche Klauseln in Verbraucherverträgen in Deutschland, Italien, England und Frankreich, 2004, S. 126–128.

[49] MünchKommZPO/Micklitz, 4. Aufl. 2013, Vorb. §§ 1 ff. UklaG, Rn. 41.

[50] 对此 Calais-Auloy/Steinmetz, Droit de la consommation, 6. Aufl. 2003, Rn. 176–196.

[51] 也见 Schulte-Nölke/Twigg-Flesner/Ebers (Hrsg.), EC Consumer Law Compendium, 2008, S. 197, 204; Zoll, Unfair Terms in the Acquis Principles and Draft Common Frame of Reference: A study of the Differences between the Two Closest Members of One Family, Juridica International, XIV/2008, S. 69, 71.

[52] Baier, Europäische Verbraucherverträge und missbräuchliche Klauseln. Die Umsetzung der Richtlinie 93/13/EWG über missbräuchliche Klauseln in Verbraucherverträgen in Deutschland, Italien, England und Frankreich, 2004, S. 7.

平条款指令》建议案并未达成一致。最终版本中的折中路线有所不同。与法国法相同，不公平条款的控制也包括仅为一次使用的条款。[53]但与法国法不同的是，[54]经协商的条款不受审查。[55]人们试图通过这种方式把条款控制的两种不同论证路径结合起来：一方面是一方当事人的结构性弱势，典型化为“消费者”；另一方面是缺少对合同内容施加影响的可能性，私法自治因此没有得到足够实现。

## 四、指令的一般条款以及通过禁止条款清单的具体化

27 条款控制体系的核心是一般条款，它确定了合同条款不公平的判断标准。[56]根据《不公平条款指令》第3条第1款，如果合同条款违反诚实信用的要求，导致合同当事人之间合同权利与义务的显著和不正当失衡而损害消费者利益，则该条款应当被视为不公平。指令附件中非穷尽性的清单对不公平的标准予以具体化，《不公平条款指令》的第3条第3款参引了该清单。这种指示性清单中所列举的条款在有疑义时应当被视为不公平。该条款禁止必须和《不公平条款指令》第3条第1款所称的标准放在一起使用。清单用语表述模糊，并向法律适用者说明，欧洲立法者旨在打击什么样的合同建构。因此，指示性的清单也是内国立法者的指路牌。清单的约束力也由此极大地被局限。成员国不必转化清单。欧洲法院在委员会诉瑞典一案[57]中得出了这一结论。[58]但内国立法者在通常情况下都引入了这一清单，即使是为了满足内国特定的需求而具有与指令不同的内容。

---

[53] 也见 Schulte-Nölke/Twigg-Flesner/Ebers (Hrsg.), EC Consumer Law Compendium, 2008, S. 197, 204.

[54] Callais-Auloy/Steinmetz, Droit de la consommation, 6. Aufl. 2003, Rn. 179.

[55] Schulte-Nölke/Twigg-Flesner/Ebers (Hrsg.), EC Consumer Law Compendium, 2008, S. 197, 204; Zoll, Unfair Terms in the Acquis Principles and Draft Common Frame of Reference: A study of the Differences between the Two Closest Members of One Family, Juridica International, XIV/2008, S. 69, 71.

[56] 见边码8、9。

[57] Urteil des EuGH v 7.7.2002, Rs C-478/99 (Kommission der EG/Königreich Schweden), Slg 2002, I-4147.

[58] Stuyck, Unfair Terms, in: Howells/Schulze, Modernising and Harmonising Consumer Contract Law, 2009, S. 115, 119.

▶欧洲法院 2002 年 5 月 7 日判决，Rs C-478/99 (Kommission der EG/Königreich Schweden), Slg 2002, I-4147[59]

93/13/EWG 指令附件清单中包含的条款可以被视为不公平。由于该清单仅仅具有提示性作用，且是列举性质的，因此，在转化为内国法时，把清单完全纳入转化指令法律中易于参引的材料即已足够。◀

28 在此背景下，从欧盟法的角度产生了有关条款控制体系的中心问题。对《不公平条款指令》第 3 条第 1 款一般条款的具体化究竟是否属于现行共同体法？对《不公平条款指令》第 3 条第 1 款使用的诚实信用原则到底能否在欧洲范围内统一理解，或者对《不公平条款指令》第 3 条第 1 款一般标准的具体化，以及对合同条款能否通过公平性审查的回答完全属于内国法的主题？

29 人们最初完全没有意识到这种区分的必要。随着指令的颁行，不公平条款的内容控制成为共同体法的组成部分：这样一种认定看上去已经足够了。因此，在解释《不公平条款指令》第 3 条第 1 款的一般条款时必须注意附件中的条款清单，因为这是欧洲立法者意图的表达。由此产生的结果是，一般条款的解释问题以及对诚实信用原则的理解和具体化成为欧洲法的问题，因此处于欧洲法院的解释权能之下。

30 欧洲法院起初也认为自己在此方面有解释权能，这从 Ocèano 案[60]中可以发现。[61]欧洲法院的判决明确：

▶欧洲法院 2000 年 6 月 27 日判决，Rs C-240/98 (Ocèano), Slg 2000, I-4941

(……)

22. 如果一个合同条款规定，产生自合同的所有法律争议都由经营者营业所在地的法院管辖，且该条款迫使消费者认可该法院的排他管辖权，

[59]　Pfeiffer 对该案判决的评议，Umsetzung der Richtlinie über missbräuchliche Klauseln, EuZW 2002, S. 465, 466.

[60]　Urteil des EuGH v. 27.6.2000, Rs C-240/99 (Océano Grupo Editorial SA/Rocío Murciano Quintero) und Rs C-241/98 (Salvat Editores SA/José M. Sánchez Alcón Prades, Rs C-242/98 (José Luis Copano Badillo), Rs C-243/98 (Mohammed Berroane) und Rs C-244/98 (Emilio Viñas Feliu), Slg 2000, I-4941.

[61]　Stuyck, Unfair Terms, in: Howells/Schulze, Modernising and Harmonising Consumer Contract Law, 2009, S. 115, 120.

而该消费者的居所可能与该法院相距遥远，则可能会阻碍消费者出席法庭并阻止其走上法律途径或进行辩护。因此，这样的条款属于指令附件数字1字母q下所称的条款类群，它们以此为目标或会造成这样的后果，即使得消费者不能或者难以向法院寻求法律救济。

（……）

24. 因此，如果消费者和经营者之间的合同有未经单独协商的法院地条款，该条款规定经营者营业所在地的法院具有排他管辖权，则该条款应当根据指令第3条是不公平的，因为它违反诚实信用的要求，导致合同当事人之间合同权利与义务的显著和不正当失衡而损害消费者利益。◀

欧洲法院在这一判决中认为，法院可以从欧洲法的角度根据诚实信用原则来确定某个具体的合同条款是否不公平。[62] 此外，人们经常这样理解 Océano 案的判决，即法院在任何情况下都应当认为本案中有争议的法院地条款是不公平的。由此，欧洲法院的判决为欧洲条款禁止的黑色清单奠定了基础。DCFR[63] 和《Acquis 原则》[64] 中的相应条文也采纳了这一观念。

31 然而，从 Océano 案的判决中并不能必然得出该结论，即法院地约定应被绝对禁止。[65] 判决也强调，法院地约定属于指令附件中所称的条款。但该附件包含的并不是绝对条款禁止，而是仅仅提示，在个案中哪些是根据《不公平条款指令》第3条第1款的标准必须扩大的条款禁止。该清单其实要提示的是，法院并没有完全排除一般条款范围内其他评价的可能性。但毫无疑问的是，欧洲法院明确认为，法院地条款不符合诚实信用原则。

32 欧洲法院的这一观点给理论和实践都提出了问题。欧洲法院能否用在全欧洲具有普遍约束力的材料来填充诸如诚实信用这样的概念？立法者使用诚实信用这样的表述，是为了确保法律适用时必要的灵活性。所以，是否真的可能在全欧洲用相同的内容来对该原则进行具体化？诚实信用的内容受法律之外规则的影响很强烈，这些规则旨在尊重各个社会的共同生

[62] Augi/Baratella 对 Océano 判决的评议，Neue Entwicklung in der Rechtsprechung des Europäischen Gerichtshofs zur direkten Anwendbarkeit von Gemeinschaftsrichtlinien, EuLF 2000, S. 83, 86–88.

[63] DCFR 第 II.-9:409 和第 II.-9:410 条。

[64] ACQP 第 6:304 条和第 6:305 条。

[65] Zoll, Die Grundregeln der Acquis-Gruppe im Spannungsverhältnis zwischen acquis commun und acquis communautaire, GPR 2008, S. 106, 113.

活，并对该社会的凝聚至关重要。[66] 这一原则的运用说明，欧洲立法者希望给地方价值的培育创造某些自由空间。与之相应的是，不公平审查应当与这些价值保持一致。欧洲法院的一体化并不意味着，也不应当意味着欧洲的文化多样性应当由此被抛弃。文化多样性在合同关系的各种文化里同样发挥作用，并获得间接的法律意义。诚实信用原则是一扇门，文化多样性通过这扇门也汇入了协调化的或一体化的法律。在此意义上，欧洲法院在 Océano 一案中走得太远。这一理论上的问题并非仅仅来自 Océano 案的判决。[67] 假如法院踏上的道路是正确的，那么法院就会面临在现有结构内难以克服的问题，即对大量初步裁决请求做出回应。从欧洲视角来看，欧洲的每一次条款审查都会面临诚实信用原则的解释问题，这将导致欧洲法院永久瘫痪。

但是，欧洲法院不久后就认识到了 Océano 案判决所带来的问题。我们在后续的判决中可以看到在条款控制实体法方面对 Océano 一案立场的翻转，这一态度虽未展开阐述，却是清楚可查的。在弗莱堡市政建设案（Freiburger Kommunalbauten）[68] 中，德国联邦法院向欧洲法院提出了如下问题： 33

▶欧洲法院 2004 年 4 月 1 日判决，Rs C-237/02 (Freiburger Kommunalbauten), Slg 2004, I-3403[69]

在卖方的一般交易条款中含有一个条款，该条款规定，当卖方已经向购买待建建筑物的买方提供了一家金融机构的保证书，用于确保买方因合同瑕疵履行或未履行时享有的金钱请求权，则买方应当向卖方支付全款，与建筑进度无关。该条款是否应当被视为欧洲理事会 1993 年 4 月 4 日《关于消费者合同中不公平条款的 93/13/EWG 指令》第 3 条第 1 款意义上的不公平？◀

[66] 关于德国法见 Huber, Der Inhalt des Schuldverhältnisses, in: Staudinger, Eckpfeiler des Zivilrechts, 2005, S. 125 f.; Lurger, The Common Frame of Reference, in: Wilhelmsson/Paunio/Pohjolainen, Private Law and the Many Cultures of Europe, S. 189.

[67] 关于该判决见 Zoll, Die Grundregeln der Acquis-Gruppe im Spannungsverhältnis zwischen acquis commun und acquis communautaire, GPR 2008, S. 106, 113.

[68] UrteilsdesEuGH v. 1.4.2004, Rs C-237/02 (Freiburger Kommunalbauten)Slg 2004, I-3403.

[69] Freitag 对该案的评议，Keine Missbrauchskontrolle konkreter AGB-Klauseln durch EuGH („Freiburger Kommunalbauten“), EWiR 2004 S. 397, 398.

34 欧洲法院对此问题的答复是：

▶欧洲法院 2004 年 4 月 1 日判决，Rs C-237/02 (Freiburger Kommunalbauten), Slg 2004, I-3403

对于作为初始程序对象的合同条款，应当由内国法院来确定其是否符合标准，以便根据欧洲理事会 1993 年 4 月 4 日《关于消费者合同中不公平条款的 93/13/EWG 指令》第 3 条第 1 款来判定其为不公平。◀

这一立场与 Océano 案几乎迥异。欧洲法院在弗莱堡市政建设案中强调，其本身没有权能根据诚实信用原则来评价某个具体的条款。[70] 诚实信用原则也无法在全欧洲范围具体化。这是内国法院的任务。但是，欧洲法院试图在本案中维持这一印象，即两个判决在这一方面没有本质差别。欧洲法院在参引 Océano 案时的认定是，Océano 案中所审查的条款显然是不公平的，因为它仅对经营者有利，且无对待给付。该条款的不公平性可以以此理由认定，无需“审查缔约时的所有情势并在对该合同适用的内国法范围内评估与该条款相关的优缺点”[71]。因此，欧洲法院在弗莱堡市政建设案中尝试把条款分为两组：一组是明显违背诚实信用原则的条款，应当在欧洲范围内被禁止，这种条款禁止是现行共同体法的组成部分；另一组条款只能在内国被评价为不生效力，欧洲法院仅能确定一个进行评价的范围。[72]

35 但问题是，应当用什么标准来定义第一组在全欧洲有效的条款禁止。该进路本身是可以理解的，因为欧洲有很多共同的价值。但同时也存在大量地方性差异。按照某一体系以两种不同的方式来解释诚实信用原则，这在理论上或许可行。我们也许可以一方面按照欧洲标准，另一方面按照内国标准来确定诚实信用的概念。这在技术上将意味着，诚实信用的概念一部分属于现行共同体法，一部分属于内国法。这种诚实信用概念具有双重内容的构想虽然吸引人，但是在实践中几乎无法实现。由此会产生条款的“欧洲”内容与“内国”内容的界分问题，而该问题无解。欧洲法院可能

[70] 特别见本案判决理由的第 21 至 24 项。

[71] 见本案判决理由的第 23 项。

[72] Rott, What is the Role of the ECJ in the EC Private Law – A Comment on the ECJ Judgements in Oceano Grupo, Freiburger Kommunalbauten, Leiter and Veedfalt, HLR, 2005, S. 5, 12.

必须一再明确，对诚实信用原则违背的全欧洲普遍性和地方性之间的界限在哪里，这是极其困难的。Océano 案中的条款或许违背了诚实信用，因此是不公平的。这一法院地条款在弗莱堡市政建设案中被视为不公平，无需额外评价。这对所有成员国都应当同样适用。

但是，对于诸如 Océano 案中的法院地条款，是否应当不管缔约时相 36
伴的情势而始终视其为不公平，对此仍有疑问。显然，这类条款涉及的主要是这样一类消费者：他们的居住地和争议条款中确定的法院地距离极为遥远。我们当然也可以想到，对于在条款使用者所希望的法院地附近居住的人而言，这一条款的问题就不太大，因此不必被视为不公平。欧洲法院在进一步的判决中正是就此角度弱化了之前的观点。在 Pannon 案[73]中，欧洲法院判决，应当由内国法院来确定一个合同条款（在本案中也是法院地约定）是否符合标准，以便根据《不公平条款指令》第 3 条第 1 款来判定其为不公平。[74]在该判决中，欧洲法院远离了在 Océano 案中的立场，即法院地约定是绝对不公平的。

▶欧洲法院 2009 年 6 月 4 日判决，Rs C-243/08（Pannon）Slg 2009, I-4713 37
（……）

3. 对于作为初始程序对象的合同条款，应当由内国法院来确定其是否符合标准，以便根据 93/13 指令第 3 条第 1 款来判定其为不公平。内国法院在此应当注意的是，如果消费者与经营者之间合同中未经协商的条款规定经营者营业地法院具有排他管辖权，则该条款可能是不公平的。◀

该判决主文第 3 项对法院地协议问题的处理不同于 Océano 案的判决。弗莱堡市政建设案判决的原则被重申，即判断条款是否违反诚实信用原则是内国法院的任务。但是，该判决还是再一次提示，法院地约定具有典型的不公平性（但不应理解为，它这一认定是自动和无条件的）。

欧洲法院在最新判决中踏上了一条居于 Océano 案和弗莱堡市政建设 38

---

[73]　UrteilsdesEuGH v. 4.6.2009, RsC-243/08 (Pannon GSM Zrt./Erzsébet Sustinkné Györfi), Slg 2009, I-4713.

[74]　见 UrteilsdesEuGH v. 4.6.2009, RsC-243/08 (Pannon GSM Zrt./Erzsébet Sustinkné Györfi), Slg 2009, I-4713.Rn. 32；另一个判决也是如此 UrteilsdesEuGH v. 26.4.2009, RsC-472/10(Nemzeti Fogyasztóvédelmi Hatóság/ Invitel Távközlési Zrt).

案之间的道路。原则上，欧洲法院不对每个条款的不公平性作出最终的判断，但是，其确定了诚实信用的“欧洲框架”。欧洲法院在 Invitel 案中的判决可以作为例证：

▶欧洲法院 2012 年 4 月 26 日判决，Rs C-472/10（Invitel）

1. 如果一般交易条款规定，经营者可以单方变更与所提供服务相关的费用，无需明确描述价格变更的模式或说明变更的切实理由，在经内国法指定的机构为公众利益以消费者的名义提起不作为之诉的情况下，应当由内国法院在该程序中根据欧洲理事会 1993 年 4 月 5 日《关于消费者合同中不公平条款的 93/13/EWG 指令》第 3 条第 1 款来判定其不公平性。在进行评判时，该法院尤其应当审查的是，根据争议条款所属的消费者合同一般交易条款，以及调整可能添加到所涉一般交易条款所规定的权利义务的内国法律规定，改变与所提供服务相关的费用的原因和模式是否清楚和可以理解，以及消费者在必要时是否有终止合同的权利。

（……）◀

欧洲法院在该判决中明确了一个标准，内国法院可以据此对诚实信用要求进行具体化。但是内国法院也必须按照内国法，并以与欧洲法院的说明相一致的方式来使诚实信用原则与个案需求相适应。

39 透明度要求在不公平条款的控制程序中发挥着不可低估的作用。《不公平条款指令》就在两处明确提到了透明度要求。

▶《不公平条款指令》第 4 条（评判）

（……）

（2）对条款不公平性的评判既不涉及合同的主标的也不涉及价格价款与作为对待给付的服务和商品之间的适当性，只要这些条款是清楚和可理解的。◀

▶《不公平条款指令》第 5 条（可理解性）

如果合同中的所有条款或其中若干条款以书面形式提供给消费者，则它们必须始终是清楚和可理解的。

（……）◀

《不公平条款指令》第 5 条第 1 句明确了透明度的要求。书面条款的撰写必须是清楚和可理解的。根据《不公平指令条款》第 4 条第 1 款第 2 句，这是对涉及主给付义务之条款进行审查的积极条件。

40 透明度要求规定在内容控制的范畴内。[75] 乍看起来可能会让人惊讶。文本清楚的要求更多直接涉及的是有意识的决定的问题，也就是缔约问题。[76] 但是，在现代合同法中，合同缔结、内容确定以及给付履行的区分不再清晰。同时，不公平条款法对于保障市场行为的公平性具有意义。对于为大规模交易量身打造的欧洲合同法而言，《不公平条款指令》由此具有代表性。

41 欧洲法院在 Kásler 案 [77] 中明确提出，应当在内容控制的范畴内注意透明度要求。

▶欧洲法院 2014 年 4 月 30 日判决，Rs C-26/13（Kásler）

（……）

（68）因此，清楚和可理解的要求在任何情况下均适用，即使一个条款属于第 93/13 指令第 4 条第 2 款所称情形，并因此不接受该指令第 3 条第 1 款的公平性评判。

（……）◀

该判决对透明度要求的理解极为宽泛。这里不仅仅是对使用者的语言清晰性的控制，而且还涉及对因条款产生的风险的认识。欧洲法院强调：

▶欧洲法院 2014 年 4 月 30 日判决，Rs C-26/13（Kásler）

（……）

对 93/13 指令第 4 条第 2 款应当解释如下，在诸如原初程序所称的合同条款之场合，对合同条款清楚和易于理解之要求的理解应当是，所涉合同条款不仅仅在语法方面对消费者是可理解的，而且必须以透明的方式说

[75] Pfeiffer, in: AGB-Recht Kommentar, Wolff/Lindacher/Pfeiffer, 6. Aufl., 2013, 7. Teil, Art. 5, Rn. 5.

[76] Pflug, Allgemeine Geschäftsbedingungen und „Transparenzgebot", AG 1992, S. 1, 17 f.

[77] Rott, Unfair contract terms, in: Twigg-Flesner, EU-Consumer and Contract Law, 2016, S. 287, 295.

明所涉条款涉及的外国货币换算程序的具体功能，以及该程序与由其他放贷所涉条款规定的程序之间的关系，以便使所涉消费者能够在精准和可理解之标准的基础上评估由此产生的经济后果。◀

该判决赋予了透明度要求另一个任务，即保护消费者的严肃想法和期待。本案也间接反映了消费者正当期待在欧洲合同法中的引领地位。

42 涉及合同主标的的条款不受内容控制。《不公平条款指令》第 4 条第 2 款已经明确地表达了这一原则。从中可以明确看出，审查价格与对待给付之间的关系不是指令的任务。指令的目的不是保障消费者能够缔结最优惠的交易。确保“合理”价格（iustum praetium）是市场的任务，而非法院的任务。但是，这一观念显然是受买卖合同图景的深刻影响。合同构建与这一图景的差别越大，对主从义务的界分就越困难。

43 21 世纪头十年末期的经济危机加剧了这种界分困难。对给付的描述要么复杂，要么包含通常具有投机性质的要素。随着危机的降临，隐藏在这些条款中的风险爆发，损害了消费者的利益。许多法院的判决都反映了这一问题。上述 Kásler 案尤其如此。[78]

▶欧洲法院 2014 年 4 月 30 日判决，Rs C-26/13（Kásler）

1. 对欧洲理事会 1993 年 4 月 5 日《关于消费者合同中不公平条款的 93/13/EWG 指令》第 4 条第 2 款应当解释如下：

——如原初程序所述，如果在经营者和消费者之间的外币借贷合同中包含未经协商的条款规定，在计算贷款还款金额时适用该货币的出售牌价，则“合同主标的”仅在该条件下才包括这一条款，即提交案件的法院在注意到合同性质、体系和条文及其法律和事实背景的情况下，经过审查认定，相关条款确定了合同的一个主给付，该主给付使合同具有其特征；

——从该条款中产生消费者的财务义务，即在偿还贷款的范围内支付由外币售价和买价之间的差额，从该义务中不能得出结论认为它包括了“报酬”，根据 93/13 指令第 4 条第 2 款，该“报酬”作为借贷方所提供之

[78] Rott, Unfair contract terms, in: Twigg-FLesner, EU-Consumer and Contract Law, 2016, S. 287, 295.

给付的对待给付的适当性不是不公平性评判的对象。

（……）◀

由此可以清楚地看到，主给付义务概念越来越狭窄。这也与复杂合同中涉及主给付的条款经常欠缺透明度有关。由此，从教义学上界分这些条款的问题变得不那么尖锐。

此外应当注意的是，《消费者权利指令》以不同的方式来解决这一 44
问题：

▶《消费者权利指令》第 22 条（额外付款）

在消费者受合同或要约约束之前，经营者应当就任何额外付款获得消费者的明确同意，只要该付款超过就经营者的主给付义务所约定的报酬。如果经营者没有获得消费者的明确同意，而是通过这种方式取得同意，即经营者使用默认选项，消费者如果想避免额外支付就必须拒绝默认选项，则消费者有权要求偿还该付款。◀

该条文其实也涉及透明度的问题。欧洲立法者在此没有用内容控制机制来保护消费者；相反，条文规定了消费者一方的有效同意所必需的条件。因此，该问题再次被转移到缔结合同的规则领域。

为了能够审查条款，对条款的解释不可或缺。《不公平指令条款》只 45
在第 5 条第 2 句规定了有利于消费者的解释规则：

▶《不公平条款指令》第 5 条（可理解性）

（……）

如果对条款的内容有疑义，则适用有利于消费者的解释。该解释规则不适用于第 7 条第 2 款规定的程序。

（……）◀

该条是条款控制的一个古老规则。[79] 消费者也应当通过解释得到保护。 46
但是欧洲立法者也看到，有利于消费者的解释原则并非总是对消费者具有

[79] Jansen, Klauselkontrolle im europäischen Privatrecht, ZEuP 2010, S. 69, 72 f.

积极效果。在条款控制的抽象程序（即以经营者事先拟定的条款为审查对象的程序，与该条款是否已经成为具体合同的内容无关）中，一个理论上对消费者有利的解释通常会导致这一后果，即根据严格解释本应被视为不公平的条款仍然被视为有效，并因此继续危及市场上消费者的利益。

47 在欧盟委员会诉西班牙一案[80]中，欧洲法院要处理的问题是，在转化指令时，如果没有根据《不公平条款指令》第 5 条第 2 句排除有利于消费者的解释在抽象程序中的适用，则其是否违反了成员国的转化义务。

▶欧洲法院 2004 年 9 月 9 日判决，Rs C-70/03（Kommission gegen Spanien），Slg 2004, I-07999

1. 由于西班牙王国没有把欧洲理事会 1993 年 4 月 5 日《关于消费者合同中不公平条款的 93/13/EWG 指令》第 5 条和第 6 条第 2 款按照要求转化为内国法，因此违反了其义务。◀

但是，这一对义务违反的认定并非没有问题。看上去对消费者友好的解释（verbraucherfreundliche Auslegung）可能对消费者存在潜在不利，这一问题也出现在偶发的程序中。因此，假设执行一种与内容控制相结合的双重程序：首先进行对消费者不利的解释，如果条款被证明是不公平的，则其不生效力；如果在进行对消费者不利解释的情况下，条款仍然经受住了内容控制，则再对其进行对消费者有利的解释。[81]因此，考虑到内容控制，必须在这两者间进行区分：对消费者友好的解释之要求和最终对消费者更有利的解释（das Gebot der am Ende vorteilfafterern Auslegung für den Verbraucher）。如果遵循这一解释，则本案中的判决就是不正确的。[82]考虑到内容控制，对消费者友好的解释之要求必须被理解为对消费者更有利的解释之要求。本案的判决没有澄清《不公平条款指令》第 5 条的误导性用语，反而使得对该条的正确解释更加困难。

48 《不公平指令条款》的第 6 条第 1 款规定了条款经审查被认定为不公

---

[80] Urteil des EuGH v. 9.9.2004, Rs C-70/03 (Kommission gegen Spanien), Slg 2004, I-07999.

[81] Ulmer, in: Ulmer/Brandner/Hensen, AGB-Recht, 2016, § 5 Rn. 7 f.

[82] Gorzko, Transformacje Prawa Prywatnego 1/2013, ISSN 1641–1609, Do Wyroku Europejskiego Trybunału Sprawiedliwości z Dnia 9 Września 2004 r. w Sprawie Komisja UE Vs. Królestwo Hiszpanii C-70/03, S. 7, 19.

平的后果。

▶《不公平条款指令》第 6 条（内国转化）

（1）成员国应规定经营者与消费者所缔结的合同中的不公平条款对于消费者没有约束力，并在其内国法律条文中为此确定条件。成员国还应规定，如果合同没有不公平条款仍可存在，则合同对双方当事人仍有约束力。

（……）◀

欧洲立法者认为，有问题的条款对消费者没有约束力。这是一种不对称的制裁。经营者不得诉诸条款的不生效力性。[83] 但是合同继续存在，只要它在没有不公平条款的情况下仍可继续成立。欧洲立法者希望避免因进行条款控制而导致整个合同不生效力，消费者因此失去其企望的给付。

由此产生的问题是，欧洲法是否禁止所谓的维持有效之限缩 49
（geltungserhaltende Reduktion）。[84] 它是指法院把一个不公平条款限缩至一个许可的（即使对消费者仍然不利）程度的权能。欧洲法院在两个判决中回应了这个问题。在 Banco Español de Crédito SA 一案的判决中，法院明确表态反对维持有效之限缩的可能性。

▶ 欧洲法院 2012 年 6 月 14 日判决，Rs C-618/10（Banco Español de Crédito SA）

（……）

2. 对 93/13 指令第 6 条第 1 款应当解释如下：根据 2007 年 11 月 16 日《关于批准消费者保护的一般法典及附属法典的 1/2007 号皇家法令》（Real Decreto Legislativo 1/2007 por el que se aprueba el texto refundido de la Ley General para la Defensa de los Consumidores y Usuarios y otras leyes complementarias）第 83 条的规定，如果内国法院确定经营者与消费者之间合同中不公平条款无效，则该法院可以通过改变该条款的内容来变更合同。该条规定与 93/13 指令第 6 条第 1 款相悖。◀

[83] Pfeiffer, in: Wolf/Lindacher/Pfeiffer, AGB-Recht Kommentar, 6. Auflage 2013, 7. Teil, Art. 6, Rn. 3.

[84] Uffmann, Das Verbot der geltungserhaltenden Reduktion, 2010, S. 1.

50 通过这一方式表述的对维持有效之限缩的禁止也可以在透明度要求中找到正当理由。该禁止还具有预防功能，即应当防止经营者在拟定对消费者不利的条款时抱有投机心态，希望其条款至少有一部分可以通过审查，这样消费者最终还是比适用任意法规范处于更不利的地位。[85]但是，内容控制越来越多地干涉合同主标的，这导致由于条款不生效力而产生的漏洞无法被填补。欧洲法院在 Kásler 案中明确允许使用任意法来取代被宣布不生效力的条款：

▶欧洲法院 2014 年 4 月 30 日判决，Rs C-26/13（Kásler）

如原初程序中的情况，经营者与消费者之间的合同由于不公平条款的无效而不能执行，在此情况下对 93/13 指令第 6 条第 1 款应当解释如下：如果内国法允许内国法院通过用内国法任意法条文来取代不公平条款，以此弥补不公平条款的无效，则该内国法规定不违反 93/13 指令第 6 条第 1 款。◀

51 但是问题并没有解决。即使维持有效之限缩对消费者有利，欧洲法院仍然反对这种做法。法院可以为了消费者的利益宣告整个合同无效，尽管维持该合同存续在技术上是可能的。这从 Perenič ová 一案的判决中可以看出：

▶欧洲法院 2012 年 3 月 15 日判决，Rs C-453/10（Pereničová）

对欧洲理事会 1993 年 4 月 5 日《关于消费者合同中不公平条款的 93/13/EWG 指令》第 6 条第 1 款应当解释如下：处理该案的法院在评价这一问题时，即如果一个经营者与消费者缔结的合同包含一个或多个不公平条款，则该合同在没有这些条款时是否能够成立，不能仅仅以所涉合同整体不生效力对一方当事人，在本案中为消费者，具有某些好处为基础。但是，指令并不阻止成员国在与欧盟法一致的情况下规定，包含一个或多个不公平条款的经营者和消费者之间合同在整体上无效，只要这样可以更好地保护消费者。

（……）◀

---

[85] Urteil des EuGH v. 14.6.2012 – Rs C-618/10 (Banco Español de Crédito), Rn. 69.

欧洲法院的许多判决涉及不公平条款控制的程序执行问题，也就是，法院在多大程度上也可以保护消极的消费者。欧洲法院在很多判决中强调了依职权（ex officio）原则，即使成员国法律条文规定，消费者积极起诉是必要的。大量判决处理了不同的程序阶段。 52

这一系列判决中的第一个是上文已经引述的Ocèano案，它有关西班牙的警告程序（根据西班牙法，只有当事人提出申请，法院才审查是否有管辖权）： 53

▶欧洲法院2000年6月27日判决，Rs C-240/98（Ocèano），Slg 2000，I-4941

（……）

1. 欧洲理事会1993年4月5日《关于消费者合同中不公平条款的93/13/EWG指令》给消费者提供的保护要求，当内国法院审查起诉的合法性时，可以依职权审查，呈递给该法院的合同中的条款是否不公平。

2. 对于在本指令之前或之后颁行的内国法律条文，内国法院在适用时必须尽可能在考虑到本指令的文义和目的的情况下进行解释。合指令性解释尤其要求内国法院优先适用这一解释，即使法院能够依职权否认不平等条款约定的管辖权。

（……）◀

欧洲法院在此非常深入地干涉了内国法。它要求对内国法律条文规定进行程度极深的合指令性解释，以确保消费者不会失去实体法所提供的保护。

欧洲法院在Mostaza Claro（C 168/05）案[86]中作出了类似的判决。该案涉及的是一个仲裁条款的有效性，它在仲裁程序中未受质疑（通常导致不得再对其有效性提出异议）： 54

▶欧洲法院2006年10月26日判决，Rs C-168/05（Mostaza Claro），Slg

[86] Schroeder/Keller对欧洲法院2006年10月26日判决的评议，Aufhebung eines Schiedsspruchs bei Nichtigkeit der Schiedsvereinbarung wegen missbräuchlicher Klausel zulasten des Verbrauchers auch bei Geltendmachung der Nichtigkeit erst im Aufhebungsverfahren, EWiR 2007, S. 215, 216 f.

2006, I-10421

对欧洲理事会1993年4月5日《关于消费者合同中不公平条款的93/13/EWG号指令》应当解释如下：如果内国法院应当就撤销仲裁裁决的起诉作裁定，则当仲裁协议含有不利于消费者的不公平条款时，法院要审查该仲裁协议的无效性并撤销仲裁裁决，即使消费者没有在仲裁程序中，而是在撤销之诉的程序中才提出异议。◀

欧洲法院要求内国法院审查有问题的仲裁条款，即使消费者一方完全消极行事。消费者保护不应出于程序经济的理由而受到损害。

55 甚至在强制执行程序中，欧洲法院也没有排除条款控制的必要性。但是在这种情形下，成员国法律中必须存在实质审查的程序法可能性。

▶欧洲法院2009年10月6日判决，Rs C-40/08（Asturcom Telecomunicaciones），Slg 2009, I-09579

对欧洲理事会1993年4月5日《关于消费者合同中不公平条款的93/13/EWG指令》应当解释如下：如果依据在消费者缺席的情况下作出的生效仲裁裁决向内国法院提起强制执行申请，若存在必要的法律和事实基础，则该内国法院就有义务依职权审查仲裁条款的不公平性，只要根据内国程序法，在内国类似申请的范围内可以进行这种评判。如果是这种情形，则内国法院应当考虑从内国法律产生的所有后果，以确保该条款对消费者没有约束力。◀

56 《不公平条款指令》还要求成员国规定抽象审查程序，以便从交易中去除不公平条款：

▶《不公平条款指令》第7条（内国法律保护）

（1）成员国应确保，为了消费者和经营竞争者的利益，有适当和有效的手段使经营者停止在其与消费者缔结的合同中使用不公平条款。

（2）第1款中所称的手段也应当包括这种法律条文，即依内国法律对保护消费者存有正当利益的个人和组织依据该法律条文，能够按照内国法律规定诉诸法律或主管行政机关，以便后者可以判定一个合同条款在为普遍使用而拟定的角度上是否不公平，并且使用适当和有效的手段以停止该条款的使用。

（3）在考虑各内国法律条文的情况下，第2款中所称的法律手段可以单独或者共同针对同一经济部门中的多个经营者或其团体，只要其使用相同的普遍性合同条款或类似条款，或推荐使用这样的条款。◀

指令留给成员国以自由空间来具体设计程序。第2款中规定的是对这种程序的最低标准。但欧洲法院必须要回答的问题是，如果在这种程序中作出的裁决具有普遍约束力，是否违背了指令。这是 Invitel 案的问题之一： 57

▶欧洲法院 2012 年 4 月 26 日判决，Rs C-472/10（Invitel）

（……）

2. 对 93/13 指令第 6 条第 1 款并结合第 7 条第 1 款应当解释如下：

——由内国法律所指定的机构为了公众利益并以消费者的名义对经营者提出本指令第 7 条规定的不作为之诉，消费者合同中，一般交易条款中的不公平条款在该诉讼中被确定为无效，如果该裁决根据内国法对和该经营者缔结合同的所有消费者具有效力，包括并非该不作为之诉程序的当事人的消费者，只要对该合同适用相同的一般交易条款，则该裁决不违反指令；

——如果在这样的程序中认定一般交易条款中某条款为不公平，则内国法院在未来也应当依职权适用内国法中所规定的所有法律后果，以便使该条款对和该经营者缔结合同的消费者没有约束力，只要对该合同适用相同的一般交易条款。◀

欧洲法院认定这样一种普遍效力不违背欧盟法，这是正确的。但是如果从中得出对普遍效力的要求，则属于对该判决的过度解释。[87]

## 五、《支付迟延指令》中的条款控制

现行共同体法对不公平条款的控制不仅体现在消费者合同领域，在经营者合同领域也有一个狭窄的适用范围。在 2000 年《迟延支付指令》旧 58

[87] Mathiak 对欧洲法院 2012 年 4 月 26 日判决的评议，Rechtswirkung der Feststellung der Missbräuchlichkeit einer AGB-Klausel, EuZW 2012, S. 786, 789.

版中就已经规定了对过分推迟支付期间之约定的控制。[88] 对这一条款的控制与其是否经过协商无关。[89] 新的《迟延支付指令》采纳并拓宽了这一体系。对涉及支付期日、支付期间、适用于迟延利息的利率或者收账费用的偿还的条款和实践，该指令第 7 条规定，如果它们对债权人构成重大不利，则成员国应确保这样的条款和实践无法执行，或者在此情况下成立损害赔偿请求权。与《不公平条款指令》相比，《迟延支付指令》规定的是一个完全不同的条款控制体系。对合同条款的控制以与当事人间的商事实践相类似的方式进行，即在《不公平商事实践指令》规定的禁止行为的层面上来评判是否滥用合同自由。这里也存在对合同传统理解的背离。欧洲立法者在《不公平商事实践指令》[90] 中明确该指令对合同的有效性没有影响，由此试图清晰地区分合同与商事实践。[91] 但这一认定似乎离生活现实极为遥远，因为在实践中无法严格地分隔这两个领域。[92] 这两者在《迟延支付指令》中被合并。

59 《迟延支付指令》中使用的对债权人重大不利之标准由其他标准进行补充。指令第 7 条第 1 款第 2 分款中“严重偏离良好商事实践，这种偏离违反诚信和正直的原则”之标准扮演着极为重要的角色。这一标准在《迟延支付指令》中仅仅起到对“重大不利”进行具体化的作用，但是在学术草案（ACQP 第 6:301 条、DCFD 第 II.-9:405 条）和欧洲共同买卖法立法项目（GEK 草案第 86 条）中都获得了独立的意义。

▶《迟延支付指令》第 7 条（不利的合同条款和实践）

（1）成员国应当确保，如果涉及支付期日、支付期间、适用于迟延利息的利率或者收账费用的偿还的条款和实践对债权人构成重大不利，则这

---

[88] 2000 年《支付迟延指令》第 3 条第 3 款。

[89] 从 2000 年《支付迟延指令》第 3 条第 3 款和 2011 年《支付迟延指令》第 7 条反推出的结论。

[90] Richtlinie 2005/29/EG des Europäischen Parlaments und des Rates vom 11. Mai 2005 über unlautere Geschäftspraktiken im binnenmarktinternen Geschäftsverkehr zwischen Unternehmen und Verbrauchern und zur Änderung der Richtlinie 84/450/EWG des Rates, der Richtlinien 97/7/EG, 98/27/EG und 2002/65/EG des Europäischen Parlaments und des Rates sowie der Verordnung (EG) Nr. 2006/2004 des Europäischen Parlaments und des Rates（《不公平商事实践指令》）。

[91] 《不公平商事实践指令》第 3 条第 2 款。

[92] 关于这一问题也见 Leistner, Richtiger Vertrag und lauterer Wettbewerb, 2007, S. 450–454.

样的条款和实践应当无法执行，或者在此情况下应成立损害赔偿请求权。

在判断合同条款或实践是否为第1分款意义上对债权人的重大不利时，应当审查所有情势，包括以下方面：

（a）严重偏离良好商事实践，这种偏离违反诚信和正直的原则；

（b）商品或服务的类型；以及

（c）对于偏离支付迟延时的法定利率，或者偏离第3条第5款、第4条第3款a、第4条第4款及第4条第6款所称的支付期间，或者偏离第6条第1款规定的一揽子金额，债务人是否有客观理由。

（2）如果合同条款或实践排除迟延利息，则它应当被视为第1款意义上的重大不利。

（……）◀

## 六、《Acquis 原则》中的条款控制理念

由于《Acquis 原则》的目的是对现行共同体法进行系统化并建立其内部的协调，[93] 所以条款控制的体系主要以《不公平条款指令》为基础并不奇怪。[94] 但这里并不是对指令的简单复制。在拟定控制体系时也参考了别的指令（例如2000年《迟延支付指令》）。此外，成员国立法也不是完全被无视。德国一般交易条款法带来的启发一目了然。[95] 另外，与 Acquis 小组的工作方法相一致的是，该规则文本建议，对欧盟法中被狭窄界定但在其内容上可以扩展的法律结构进行普遍化。《不公平条款指令》是欧盟消费者法的一部分。但条款控制问题不是消费者法的真正问题。合同塑造自由也可能在其他与个人相关的情况下受到损害。《Acquis 原则》注意到了这一点并扩展了条款控制的适用范围。[96] 所以，以下情况都被囊括在内：经营者 60

[93] Acquis Group/Dannemann, Contract II, Introductory Part, S. vi, xxv; siehe auch Zoll, Unfair Terms in the Acquis Principles and Draft Common Frame of Reference: A Study of the Differences between the Two Closest Members of One Family, Juridica International, XIV/2008, S. 69.

[94] Zoll, Unfair Terms in the Acquis Principles and Draft Common Frame of Reference: A study of the Differences between the Two Closest Members of One Family, Juridica International, XIV/2008, S. 69, 72.

[95] Zoll, Unfair Terms in the Acquis Principles and Draft Common Frame of Reference: A study of the Differences between the Two Closest Members of One Family, Juridica International, XIV/2008, S. 69, 72.

[96] Acquis Group/Pfeiffer/Ebers, Contract II, Art. 6:101 Rn. 6.

与消费者的合同、经营者之间的合同以及其他合同（如经营者与既非消费者也非经营者的当事人——如非营利性社团——之间的合同）。但这并不意味着，条款控制在所有情形中的设计安排都是一样的，且当事人的个人情况没有意义。

61 《Acquis 原则》也对仅为一次使用而拟定的条款进行控制，就此而言，指令的模式得到遵循。通过这种方式，一般交易条款对于这一规制理念的意义大为降低。它仅在多个合同当事人使用相冲突的一般交易条款时有意义（ACQP 第 6:204 条）。[97] 此外，《Acquis 原则》还在这一方面借鉴了指令，即仅有非单独协商条款应接受控制（ACQP 第 6:301 条）。但是，把条款控制扩展到经营者和消费者合同之外的领域并不是单纯地把指令的适用范围扩大而已。如上所述，现行共同体法中也存在对商事合同进行条款控制的观念。[98]《迟延支付指令》在一个狭小的范围内规定了这一类型的条款控制。[99]《迟延支付指令》中的控制标准也影响了《Acquis 原则》中相应的条款控制标准。

62 《Acquis 原则》以传统方式划分条款控制，即规定了控制的三个单独类型：纳入控制、[100] 解释控制 [101] 以及最重要的机制——内容控制。[102]

63 ACQP 第 6:201 条规定的纳入控制尽管以各国法律的长期传统为基础，但是它没有采纳《不公平条款指令》的表述。《Acquis 原则》尝试以传统的方式来严格区分条款的纳入控制和内容控制。[103] 相反，《不公平条款指令》采取了另一种方式，通过比较 ACQP 第 6:201 条和指令附件第 1 款 i 就可以清楚看到。根据 ACQP 第 6:201 条第 3 款，消费者在合同缔结前不能真正知晓的条款无效；而指令则把这一问题交给内容控制来解决。上述指令附件文本以及纳入规定的缺失也暗示了这一结论。

▶ ACQP 第 6:201 条（对非单独协商条款的知晓）

（1）如果一方当事人不知未经单独协商的合同条款，则仅当条款使用

---

[97] 该规定来自 DCFR 第 II.-4:209 条的“灰色规则”。

[98] Zoll, Unfair Terms in the Acquis Principles and Draft Common Frame of Reference: A study of the Differences between the Two Closest Members of One Family, Juridica International, 2008, S. 69, 71.

[99] 见本书第二章边码 131。

[100] Acquis Group/Pfeiffer/Ebers, Contract II, Art. 6:101.

[101] Acquis Group/Pfeiffer/Ebers, Contract II, Art. 6:203.

[102] Acquis Group/Pfeiffer/Ebers, Contract II, Art. 6:101.

[103] Acquis Group/Pfeiffer/Ebers, Contract II, Art. 6:101 Rn. 10.

方在合同缔结前或缔结时以适当的方式提醒该当事人注意此条款时，该条款才对此当事人具有约束力。

（2）如果仅仅提示在合同文件中的条款，则条款使用方未以适当的方式提醒另一方当事人注意，即使另一方当事人签署了文件。

（3）如果以电子手段缔结合同，则合同条款对另一方当事人没有约束力，除非条款使用方使另一方当事人获得书面文本。

（4）如果消费者在合同缔结前没有知晓条款的充分可能，则该条款对他没有约束力。◀

《Acquis 原则》规定的是一般性的纳入控制，不受合同当事人的法律身份的限制。如果使用了未经单独协商的条款，而另一方当事人不知情，则该条款的使用者应当提醒另一方当事人注意条款的存在（ACQP 第 6:201 条第 1 款）。如果是以电子手段缔结合同，则另一方当事人必须能获得条款的书面文本（ACQP 第 6:201 条第 2 款）。客户的消费者身份意味着更严格的纳入条件：条款在此情况下的有效纳入取决于在缔约前充分知晓条款的可能性（ACQP 第 6:201 条第 4 款）。 64

因偏离一般交易条款概念所产生的问题在这一条文中再次显现。关于纳入控制的规则只有在涉及特定现象，如一般交易条款时才有意义。在使用一般交易条款时出现的问题是，为大规模交易拟定的合同条款如何成为单个合同的组成部分。在为单次使用而拟定条款的情况下，在合同缔结的通常程序之外，并没有安排额外纳入规则的需求。《Acquis 原则》在此方面也显示出法律发展在这一领域的不确定性。针对一般交易条款法所发展出的框架成为条款控制的基础，尽管一般交易条款的特性已经不再是控制的前提条件。 65

《Acquis 原则》的其他部分类似于《不公平条款指令》的条款控制结构。差异则存在于对人的适用范围扩展至商事合同以及不必划定当事人身份的合同。 66

控制体系的中心是一般条款（ACQP 第 6:301 条第 1 款）[104]，它也参考了《不公平条款指令》中的标准。[105] 67

[104] 关于一般条款见 Acquis Group/Pfeiffer/Ebers, Contract II, 2009, Art. 6:301.

[105] Acquis Group/Pfeiffer/Ebers, Contract II, 2009, Art. 6:301 Rn. 1, 12.

▶ ACQP 第 6:301 条（条款的不公平性）

（1）如果一个未经单独协商的合同条款违背诚实信用原则，造成当事人合同权利义务的重大失衡，因此对另一方当事人不利，则该条款应被视为不公平。在不影响集体诉讼程序的情况下，在评判一个合同条款的不公平性时应当注意合同应交付的商品或提供的服务的种类、在缔约时相伴的所有情势以及该合同的其他条款或决定该合同的其他合同。

（……）◀

68 当一个条款违背诚实信用原则，造成当事人合同权利义务的重大失衡，因此对顾客不利时，该条款不公平。不同于《不公平条款指令》的是，《Acquis 原则》中的一般条款不仅仅适用于消费者合同。如果顾客既不是消费者也不是经营者，一般条款仍然同等适用。在双方都是经营者的情况下，《Acquis 原则》以《迟延支付指令》为范本，为不公平性的确定规定了补充标准：偏离良好的商事实践（ACQP 第 6:301 条第 2 款）。[106]

▶ ACQP 第 6:301 条（条款的不公平性）

（……）

（2）经营者之间的合同中如果有未经单独协商的条款，则仅当该条款的适用严重偏离良好商事实践时，才应被视为不公平。◀

和《迟延支付指令》[107] 的规定不同，违背"良好商事实践"的特征成为一个补充性但独立的标准。这一补充标准旨在说明，对于商事合同而言，对条款不公平性的审查应当尤为谨慎，因为更灵活的合同设计在商事关系中不可放弃。

69 但是，不同类型合同当事人之间的区别不可忽视。两个条款禁止清单适用于消费者合同，即灰色清单（ACQP 第 6:305 条）和黑色清单（ACQP 第 6:304 条）。黑色清单仅含有一条出自 Océano 案判决[108]的条款。[109]但可以

[106] Acquis Group/Pfeiffer/Ebers, Contract II, 2009, Art. 6:301 Rn. 14.

[107] 参加边码 57 和 58 以及本书第二章的边码 131。

[108] Urteil des EuGH v. 27.6.2000, Rs C-240/98 (Océano), *Slg* 2000, I-4941.

[109] Acquis Group/Pfeiffer/Ebers, Contract II, Art. 6:304 Rn. 1.

把它作为例证来描述一个带有黑色清单的条款控制体系看上去是怎样的。根据《Acquis 原则》的理念，其他合同类型的条款控制只以一般条款为基础。在《Acquis 原则》规定的总共三种合同形态中，控制的开展各不相同。对消费者合同中的条款，适用一般条款以及条款禁止的灰色清单（在这种情况下令人惊奇地被称为“指示性清单”）和黑色清单。[110]商事合同的条款控制仅按照一般条款进行，不公平性的标准更为严苛。条款禁止的两个清单都不适用于商事合同。对于其他合同则适用一般条款，但不包括“背离良好商事实践”这一运用于商事领域的标准。特别条款禁止的两个清单在此情形下同样不适用。

## 七、DCFR 中的条款控制理念

共同参考框架的学术草案以现行共同体法为基础，与《Acquis 原则》 70
的文本相近，并使用了同样的方法，即对既有欧盟法的重述和体系化。[111]《Acquis 原则》在此是 DCFR 相应表述的基础。尽管如此，两部规则文本的差异仍然令人吃惊。[112]首先，基本结构是相似的，即纳入控制和内容控制。即使考虑到两个条文在编辑上的差别，初看起来，DCFR 第 II.-9:103 条和 ACQP 第 6:201 条的内容几乎一样。但这一想象中的近似具有欺骗性。通过仔细审阅可以发现两个文本间的重大区别。这两个条文一方面涉及透明度要求，即以清晰语言拟定非协商条款的义务（DCFR 第 II.-9:402 条），另一方面则是，在进行不公平性控制时应当注意与缔约相伴的情势，尤其是消费者在缔约前欠缺知晓条款的可能性（DCFR 第 II.-9:407 条第 2 款）。

《Acquis 原则》尽管也规定了透明度要求（ACQP 第 6:302 条），但是 71
表述极具一般性，且没有关于违反义务时的制裁规定。依据 DCFR 第 II.-9:401 条第 2 款，透明度要求明确地被视作内容控制的一个方面。根据该条规定，经营者与消费者之间的合同条款可能会仅因为违背透明度要求就被视为不公平。DCFR 第 II.-9:407 条规定，在确定消费者合同条款的不公平性时应注意与缔约相伴的所有情势，包括消费者在缔约前是否能够知晓

[110] Acquis Group/Pfeiffer/Ebers, Contract II, Art. 6:304 Rn. 4, Art. 6:305.

[111] V. Bar/Clive/Schulte-Nölke (Hrsg.), DCFR Outline Edition, S. 7.

[112] Zoll, Unfair Terms in the Acquis Principles and Draft Common Frame of Reference: A study of the Differences between the Two Closest Members of One Family, Juridica International, 2008, S. 69, 73.

该条款的内容。该条文源自在有疑义时为不公平的条款之理念，这一理念来自《不公平条款指令》，[113]力图从知晓可能性的欠缺来论证条款的不公平。DCFR 条款控制的核心是内容控制。在此也纳入了不直接涉及经营者和消费者权利义务关系，而是涉及顾客决定过程的因素。根据这一理念，对条款控制结果具有意义的还包括顾客获知条款内容和意义的潜在可能以及影响条款内容之可能性的程度。DCFR 的起草者就此问题没有达成一致，即是否至少在消费者合同领域，经协商的合同条款也可以成为控制的对象。DCFR 第 II.-9:403 条中的括号说明了起草者们的观点差别。[114] 但是，DCFR 系统在消费者法领域显现出这一趋势，即更有力地保护意思形成自由和自我责任，以及不单纯凭借合同权利义务内容的客观方面来进行审查。消费者合同条款未经协商的一般性推定也见于 DCFR（第 II.-1:110 条第 4 款）。DCFR 因此区别于《不公平条款指令》，后者仅就使用一般交易条款适用这一推定。[115] 由于《Acquis 原则》在此方面完全遵循了指令（ACQP 第 6:101 条第 4 款），所以与 DCFR 也不相同。[116]

72　DCFR 把消费者法领域之外的条款内容控制限制于一般交易条款，即为多次使用而事先拟定的条款（DCFR 第 II.-9:404 条、第 II.-9:405 条并结合第 II.-1:109 条）。这是与《Acquis 原则》相比较后又一令人诧异的区别。因此，DCFR 在消费者法领域之内和之外的条款控制基本建立在不同的原则和价值上，即使这两个控制体系有部分相同或近似。

73　DCFR 还在一般交易条款控制的领域内进行了区分。两个一般条款（DCFR 第 II.-9:404 条、第 II.-9:405 条）的区别在于背离"良好商事实践"这一额外特征，它是商事合同情形下的补充性标准。

▶ DCFR 第 II.-9:404 条（非经营者之间合同中"不公平"的含义）

在双方都不是经营者的合同中，如果某条款是一方提出的一般交易条款的组成部分，并且违背诚实信用和正直交易往来的要求，对另一方当事

---

[113] V. Bar/Clive/Schulte-Nölke (Hrsg.), DCFR Outline Edition, S. 7.

[114] Zoll, Unfair Terms in the Acquis Principles and Draft Common Frame of Reference: A study of the Differences between the Two Closest Members of One Family, Juridica International, 2008, S. 69, 73.

[115] 《不公平条款指令》立法理由第 20 项。

[116] Stuyck, Unfair Terms, in: Howells/Schulze, Modernising and Harmonising Consumer Contract Law, 2009, S. 115, 127.

人严重不利，则该条款根据本节为不公平。◀

▶ DCFR 第 II.-9:405 条（经营者之间合同中“不公平”的含义）

在经营者之间的合同中，如果某条款是一方提出的一般交易条款的组成部分，并且使用该条款违背诚实信用和正直交易往来的要求，严重背离良好商事实践，则该条款根据本节为不公平。◀

这一补充标准表明，在对经营者合同进行条款控制时，应当为商事关系留有必要的塑造合同的空间。DCFR 在此遵循了《Acquis 原则》的做法。[117]

和《Acquis 原则》类似，DCFR 规定了两个被禁条款的清单：灰色清单（DCFR 第 II.-9:410 条）和黑色清单（DCFR 第 II.-9:409 条）。黑色清单中仅有一个条款。被禁的或者说“受怀疑”的条款清单仅仅适用于消费者合同。这和《Acquis 原则》也几乎一致。 74

## 八、改革的努力

2007 年欧盟委员会关于消费者法领域欧盟法发展的绿皮书也包括条款控制体系。[118] 欧盟委员会想知道的是，是否要保留条款禁止的指示性清单，或者作为条款控制基础的一般条款应当由一个黑色清单（绝对被禁止的条款）或一个灰色清单（在有疑义时被禁止的条款）来补充，或由这两个清单同时补充。此外，欧盟委员会希望研究控制的范围：经协商的条款是否也要接受控制，还是保留只有非单独协商的条款才接受控制的体系。此外，欧盟委员会还权衡了条款控制的扩展。按照指令的体系（也反映在 DCFR 和《Acquis 原则》中），确定主给付义务的条款不受审查，除非它不透明（《不公平条款指令》第 4 条第 2 款）。对价格和给付关系的控制应当交给自由市场。但是，在实践中区分确定主给付义务的条款与应受审查的从属条款极为困难。这在某些合同（如保险）中会导致法政治上不希望的内容控制之收缩。因此，欧盟委员就是否要废除这一前提条件进行了权衡。 75

欧盟委员会最主要考虑的一个步骤涉及欧盟消费者法的普遍问题，但 76

---

[117] Stuyck, Unfair Terms, in: Howells/Schulze, Modernising and Harmonising Consumer Contract Law, 2009, S. 115, 126.

[118] KOM(2006) 744 endg., 4.4.-4.6., S. 20-22.

在条款控制方面具有特别的影响：未来的消费者法是否不应当通过一个完全协调化的指令来规定。成员国将不再被赋予消费者保护水平方面的调整空间。也就是说，与指令规定相比，成员国既不得颁布对消费者更不利的条文，也不得颁布更有利的条文。但是，条款控制是成员国合同法的一部分，不排除内国法体系中对合同内容进行干涉的传统机制。许多内国法把善良风俗及诚实信用原则，或者其他类似的标准确立为合同自由的一般边界。如果对条款控制条文进行完全协调化，内国立法者对各自内国合同法进行独立规制的权能被剥夺，将会引发巨大的疑虑。假如控制被限制在非单独协商条款的范围内，将会导致悖论的出现：内国立法者就单独协商的条款可以作出更严格的规定，因为它处于协调化的欧盟法范围之外。因此，触及合同法核心领域的完全协调化理念尚无法在实践中转化。

## 九、《消费者权利指令》中条款控制的失败

77 欧盟委员会于 2008 年提交了《消费者权利指令》建议案。[119] 其中也规定了条款控制，以取代旧的《不公平条款指令》。[120] 建议案的规定仅在少数几个方面区别于现行的《不公平条款指令》。基本方案得到保留。仅有非单独协商的条款是控制的对象，确定主给付的透明条款继续被排除在控制体系之外。最大的创新则是两个被禁条款清单，即黑色清单和灰色清单。指令中的“指示性”清单由此被取代。[121] 尽管这一改革极为保守且鲜有创新，最初的建议案还是未获认同。失败的原因是计划中的完全协调化。不能忽视的问题是，如果决定实施完全协调化，那么成员国还可以规定什么？例如，假设黑色清单完全协调化，那么是否还能允许成员国颁布限制合同自由但不仅适用于非单独协商条款的强制性规范？广泛的批评[122] 导致欧盟委员会对指令的调整范围进行了极大缩减。条款控制由此从草案中被删除。

---

[119] KOM(2008) 614 endg.

[120] 《消费者权利指令》立法理由第 1 项和第 2 项。

[121] Stuyck, Unfair Terms, in: Howells/Schulze, Modernising and Harmonising Consumer Contract Law, 2009, S. 115, 128.

[122] 批评意见如 Graf, Richtlinienentwurf und Allgemeine Geschäftsbedingungen, in: Jud/Wendehorst, Neuordnung des Verbraucherprivatrechts in Europa?, 2009, S. 141, 143 f.

## 十、GEK 中的条款控制

被撤回的 GEK 建议案中的条款控制规则在内容上最接近《Acquis 原则》。[123]而对条款未经协商的推定以及把透明度要求明确纳入内容控制体系则更受 DCFR 的影响。[124]GEK 草案第 70 条规定了纳入控制，它与 ACQP 第 6:201 条完全一致。[125] 78

▶ GEK 草案第 70 条（提示非单独协商合同条款的义务）

（1）如果一方当事人提出第 7 条意义上的非单独协商的合同条款，则仅当另一方当事人已经知晓该条款，或者提出该条款的当事人在合同缔结前或缔结时，以适当的方式提醒另一方当事人注意此条款时，该当事人才能诉诸此条款的约束力。

（2）为本条之目的，在经营者与消费者的关系中，如果仅仅通过合同文件提示消费者注意该合同条款，则对消费者的提示不充分，即使相关当事人签署了文件。

（……）◀

GEK 草案区分了经营者和消费者之间合同的条款控制（GEK 草案第 83 条）[126]以及经营者之间合同的条款控制（GEK 草案第 86 条）。[127]因此，计划中可选择机制应当适用的所有与人相关的情况[128]都被囊括在内。但在两种情形下的控制对象都是未经协商的条款。[129]草案在此方面没有追随 79

---

[123] Schulze/Kieninger, CESL Commentary, Art. 70 CESLRn. 3.

[124] Schulze/Kieninger, CESL Commentary, Art. 70 CESL Rn. 2.

[125] 关于 GEK 中的纳入控制也见 Möslein, Kontrolle vorformulierter Vertragsklauseln, in: Schmidt-Kessel, Ein einheitliches europäisches Kaufrecht?, 2012, S. 255, 274; Schmidt-Kessel/Looschelders/Makowsky, GEK-E Kommentar, Art. 70 GEK-E; Schulze/Kieninger, CESL Commentary, Art. 70 CESL.

[126] 见边码 14。

[127] 见边码 15。

[128] 关于对人的适用范围的补充说明见 Möslein, Kontrolle vorformulierter Vertragsklauseln, in: Schmidt-Kessel, Ein einheitliches europäisches Kaufrecht, 2012, S. 255, 266; Schulze/Mazeaud/Sauphanor-Brouillaud, CESL Commentary, Art. 83 CESL.

[129] Möslein, Kontrolle vorformulierter Vertragsklauseln, in: Schmidt-Kessel, Ein einheitliches europäisches Kaufrecht?, 2012, S. 255, 267; Schmidt-Kessel/Looschelders/Mankowsky, GEK-E Kommentar, Art. 70 GEK-E Rn. 1; Schulze/Kieninger, CESL Commentary, Art. 70 CESL Rn. 1.

DCFR 的做法。在商事交易中仅为一次使用而拟定的条款也要接受控制（GEK 草案第 86 条第 1 款 a）。如果不看与此相关的未经协商之推定，则一般交易条款的概念在此没有意义。在消费者合同情形下也保留了这一未经协商的许可标准（GEK 草案第 83 条第 1 款）。确定主给付义务的条款在两种情形下都不受审查，除非它不符合透明度的要求（GEK 草案第 80 条第 2 款）。[130] 与指令、DCFR 和《Acquis 原则》相比，这一条文被重新表述，意图对例外情况进行限制性解释。

80 一般条款构成控制的核心（GEK 草案第 83 条和第 86 条），[131] 分别适用于两种合同类型（经营者合同与消费者合同）。

▶ GEK 草案第 83 条（经营者与消费者之间合同中"不公平"的含义）

（1）在经营者与消费者之间的合同中，如果由经营者提出的条款是第 7 条意义上的未经单独协商，当该条款违背诚实信用和正直交易往来的要求，在合同当事人的合同权利义务方面造成严重失衡，对消费者不利，则该条款根据本节为不公平。

（2）为本节之目的，在审查合同条款的不公平性时应当注意：

（a）经营者是否履行第 82 条规定的透明度义务；

（b）合同标的；

（c）缔结合同时的情势；

（d）该合同的其他条款；以及

（e）决定该合同的其他合同条款。◀

▶ GEK 草案第 86 条（经营者之间合同中"不公平"的含义）

（1）为本节之目的，经营者之间合同中的某条款仅在下述情况中为不公平：

（a）它是第 7 条意义上的未经单独协商条款的一部分；且

（b）使用该条款违背诚实信用和正直交易往来的要求，严重背离良好商事实践。

[130] 关于 GEK 草案第 80 条的例外情形见 Möslein, Kontrolle vorformulierter Vertragsklauseln, in: Schmidt-Kessel, Ein einheitliches europäisches Kaufrecht?, 2012, S. 255, 270–272.

[131] 见边码 14 和 15。

（2）为本节之目的，在审查合同条款的不公平性时应当注意：

（a）合同标的；

（b）缔结合同时的情势；

（c）该合同的其他条款；以及

（d）决定该合同的其他合同条款。◀

对于消费者合同而言，条款具有不公平性的决定性标准是违背诚实信用原则和正直交易的规则，引起当事人权利义务的重大失衡。[132] 适用于经营者合同的条文则不那么具体（未使用失衡的标准）。除了诚实信用和正直的商业交往之外，背离良好商事实践的标准作为补充。DCFR 和《Acquis 原则》的规定再一次成为范本，以便相对谨慎地设计商事领域的条款控制，为经营者提供更大的自由空间来安排合同。[133] 81

GEK 草案第 83 条第 1 款一般条款的表述与《不公平条款指令》第 3 条、《Acquis 原则》第 6:301 条第 1 款和 DCFR 第 II.-9:404 条及第 II.-9:405 条有所不同。GEK 草案的一般条款更多地指向整个合同，而非具体的条款。这种区分在理论上可能会允许减少对被审查条款的限制，但有疑问的是，正式实践中是否会导致对消费者的保护减少。GEK 草案也为消费者合同规定了两个清单：黑色清单（GEK 草案第 84 条）[134] 和灰色清单（GEK 草案第 85 条）。[135] 但与 DCFR 和《Acquis 原则》相比，黑色清单的长度大大缩短了。[136] 82

DCFR 中的一些创新（例如，对消费者在缔结前不能获知的条款的控制）在 GEK 草案中没有得到继续发展。为人熟知和具有实践性的解决方案基本上被保留下来，因此，现行共同体法自《不公平指令条款》以来就在这一领域存在的矛盾也被容忍。尽管采取了这一克制的方法，但 GEK 的颁行本来将会是一场真正的革命，因为在现行共同体法的核心领域内会 83

---

[132] Schulze/Mazeaud/Sauphanor-Brouillaud, CESL Commentary, Art. 83 CESL Rn. 7.

[133] Möslein, Kontrolle vorformulierter Vertragsklauseln, in: Schmidt-Kessel, Ein einheitliches europäisches Kaufrecht?, 2012, S. 255, 284.

[134] 关于 GEK 草案第 84 条的条款禁止见 Schmidt-Kessel/Möslein, GEK-E Kommentar, Art. 84 Rn. 10–20; Schulze/Mazeaud/Sauphanor-Brouillaud, CESL Commentary, Art. 84 CESL.

[135] 关于 GEK 草案第 85 条的条款禁止见 Schmidt-Kessel/Möslein, GEK-E Kommentar, Art. 85 Rn. 4–11.

[136] Schulze/Mazeaud/Sauphanor-Brouillaud, CESL Commentary, Art. 84 CESL Rn. 3.

由此出现一个自带正当性要求的独立体系，即便 GEK 是可选择机制，这一独立体系也会辐射整个欧洲法。这本来会是朝着现行共同体法自治迈出的重要一步。

# 第五章　给付义务

**文献**：De Franceschi (Hrsg.), European Contract Law and the Digital Single Market, The Implications of the Digital Revolution, 2016; Lorenz, Das Kaufrecht und die damit verbundenen Dienstverträge im Common European Sales Law, AcP 212 (2012), S. 702–847; Research Group on the Existing EC Private Law (Acquis Group), Contract II – General Provisions, Delivery of Goods, Package Travel and Payment Service (Contract II), 2009; Schmidt-Kessel, Der Entwurf für ein Gemeinsames Europäisches Kaufrecht – Kommentar, 2014; Schulze, Common European Sales Law – Commentary, 2012; v. Bar/Clive (Hrsg.), DCFR Full Edition, 2010.

## 一、给付义务

### 1. 现行共同体法

（a）一方当事人或双方当事人根据合同有义务向另一方当事人或者第三人为给付。给付义务的内容五花八门。合同自由原则在表达为合同内容自由时，首先保障的是当事人能够自己决定合同给付义务。这一原则在成员国法律和欧盟合同法中都得到肯认。[1] 原则上，成员国法律中的强制条文仅仅规定了给付义务领域中的某几个调整对象。大量的规定是任意法，尤其涉及给付义务模式（如给付地点和时间）和单个合同类型下的给付义务，如果当事人没有不同约定，则补充适用。[2] 与之相反，现行共同体法中没有类似关于给付义务的大范围规则体。现行欧盟合同法仅规定了若干方面，它们对于内部市场的发展以及欧盟的其他任务具有特别意义。欧盟法在此要实现的是诸如保护消费者和中小企业的目标，而转化欧洲指令的 1

[1] 就此见本书第一章边码30；关于成员国对这一原则的肯认见 v. Bar/Clive (Hrsg.), DCFR Full Edition, S. 131 f.

[2] 详见本书第二章边码88至94。

首要目的就是，扩大成员国法律中关于给付义务安排的强行法。

2 （b）但是，欧盟法中给付义务的确定不必然导致这一结果，即确保另一方当事人拥有要求依合同履行的第一性请求权（primärer Anspruch）。相反，关于给付义务的条文可能额外或者仅仅与其他法律后果相关。大陆法传统承认针对债务人的事实履行（Erfüllung in natura）请求权，而普通法仅在例外时才承认特别履行（specific performance）。欧洲法在此方面则没有清楚的决定。[3]考虑到法律传统不同的背景,《联合国国际货物销售合同公约》已经指明了一条道路，即把履行给付义务的请求权设计为法律救济手段（CISG 第 45 条及以下）。PECL 为欧洲合同法延续了这一路径，即履行请求权不是独立的第一性给付请求权，而是各个法律救济手段中的一种（第 9:101 条、第 9:102 条）。[4]因此，欧洲合同法中的给付义务——即使没有第一性的给付请求权——可以在对方不履行的情况下成为如补充履行和合同终止等法律救济的基础。[5]

3 （c）在规定特别领域的给付义务的指令条文中,《消费者权利指令》第 18 条第 1 款和《消费品买卖指令》第 2 条第 1 款具有突出的地位。根据后一个条文的规定，买方有义务向消费者交付符合合同的商品。因此，给付义务的内容不仅仅是交付义务，还包括被交付商品必须“符合合同”这一要求。由此，通过买卖物的交付［区别于完全未履行（Ausbleibender Leistung），即狭义上的不履行］来提供给付还不足以履行给付义务。给付义务还包括以符合合同的方式（区别于违反合同的给付以及不良履行）提供给付。就此而言,《消费品买卖指令》采取了《联合国国际货物销售合同公约》的方式，即符合合同给付之义务的上位概念，以及与之相应的对不履行的另一种理解，成为法律救济规定的依据。[6]

4 《消费者权利指令》第 18 条第 1 款对于向消费者交付商品时的给付义

---

[3] Kötz, Europäisches Vertragsrecht, 2. Aufl. 2015, S. 290–300; Stathopoulos, Probleme der Vertragsbindung und Vertragslösung in rechtsvergleichender Betrachtung, AcP 194 (1994), S. 543–571; Zweigert/Kötz, Einführung in die Rechtsvergleichung auf dem Gebiete des Privatrechts, 3. Aufl. 1996, S. 467–484; grundlegend dazu Ranieri, Europäisches Obligationenrecht, 3. Aufl. 2009, S. 747; 也见本书第六章边码 40 及以下。

[4] 相应的是 DCFR 第 3:301 条和第 3:302 条以及 GEK 草案第 155 条第 1 款 a。

[5] 见本书第六章边码 33 及以下；关于作为合同法制度的制裁见本书第六章边码 1。

[6] 详述以及该限制见本书第六章边码 14 至 31。

务具有重大意义。它就该指令的适用范围，把交付商品的义务[7]与到期时间以及向买方移交的方式[8]联系在一起。

▶《消费者权利指令》第 18 条（交付）

（1）如果合同当事人未就交付的时间作出约定，则经营者应当不迟延地把对商品的物理占有或控制移交给消费者，但最迟为合同缔结后的 30 日。

（……）◀

5 《消费品买卖指令》就给付与合同相符发展出一个标准目录，它既包含主观要素，也包含客观要素。[9]根据该指令第 2 条第 1 款，与合同相符在主观角度上和卖方交付与约定相符的商品的义务相联系。该条第 2 款通过可推翻的推定的形式列举了一系列标准。[10]例如，这里一方面要求以消费者所追求的合同目的为依据（《消费品买卖指令》第 2 条第 2 款 b），另一方面则以相类似的商品通常的使用目的以及相同种类商品的质量和性能为依据（《消费品买卖指令》第 2 条第 2 款 c 和 d），主客观标准在此结合。除因消费者知晓而排除违约性以及排除卖方受先合同公开陈述之约束的多个事由外（第 4 款），[11]该欧洲买卖瑕疵担保责任法的中心规范还规定，一些装配错误以及装配指示的瑕疵被视为违约（第 5 款）。

▶《消费品买卖指令》第 2 条（与合同相符性）

（1）卖方有义务向消费者交付符合买卖合同的商品。

（2）消费品在下列情形中被推定为与合同相符：

（a）消费品与卖方的描述相一致并具有与卖方为试用或展样而向消费者出示的商品的特性；

（b）消费品适于消费者所追求的特定目的，消费者在缔结合同时使卖方知晓该目的且卖方同意；

---

[7] 与较早的《远程销售指令》第 7 条第 1 款相联系。

[8] 就此见边码 21 至 32。

[9] Micklitz, Die Verbrauchsgüterkauf-Richtlinie, EuZW 1999, S. 485–493, 486.

[10]《消费品买卖指令》立法理由第 8 项。

[11] 本书第三章边码 1 至 48。

（c）消费品适于使用相类似的商品的目的；

（d）当考虑到商品的特性以及必要时卖方、生产者或者代理人在广告或标签中就商品具体特性所作出的公开表示时，消费品具有同类商品普遍具有的并且是消费者可以合理期待的质量和性能。

（3）当消费者在缔结合同时已经知晓或在合理情况下不应当不知晓消费品与合同不符合，或者消费者提供的材料导致消费品与合同不符时，不存在本条意义上的与合同不符。

（4）卖方在下列情形中不受第 2 款 d 所称的公开表示的约束：

（a）他证明自己不知道或在合理情况下无法知晓相关表示，

（b）他证明相关表示在合同缔结之时已被更正，或者

（c）他证明相关表示不能影响购买决定。

（5）如果装配是关于消费品买卖合同的组成部分，则因消费品不适当的装配造成的瑕疵同等于与合同不符。在应当由消费者进行装配，且装配说明中的错误导致不适当装配时，亦同。◀

6 （d）还有规定涉及其他领域的给付义务的特定方面，例如第 2004/39/EWG 指令第 21 条第 1 款、[12]《包价旅游指令》第 3 条第 1 项（关于旅游给付的概念）、《支付服务指令》第 59 条第 1 款、[13]《商事代理人指令》第 3 条和第 5 条以及一系列关于给付模式的条文。[14]《Acquis 原则》把这些现行共同体法中的单个规定纳入一个与诚实信用相关的统领性原则之中："债务人应当按照诚实信用履行其义务"（ACQP 第 7:101 条第 1 款）。关于给付义务的细化规定为该原则提供补充，不仅仅是商品交付时的给付义务，还特别包括如商事代理人的给付义务（ACQP 第 7:H-03 条及以下）。因此，《Acquis 原则》把现行欧盟法中抽取的规定一般化为超出各个指令适用范围的抽象原则，并在各个合同类型下用具体条文来填补该原则，只要在现行

[12] Richtlinie 2004/39/EG des Europäischen Parlaments und des Rates vom 21. April 2004 über Märkte für Finanzinstrumente, zur Änderung der Richtlinien 85/611/EWG und 93/6/EWG des Rates und der Richtlinie 2000/12/EG des Europäischen Parlaments und des Rates und zur Aufhebung der Richtlinie 93/22/EWG des Rates.

[13] 就此以及其他条文 Acquis Group/Aubert de Vincelles/Machnikowski/Pisulinski/Rochfeld/Szpunar/Zoll, Contract II, Art. 7:101 Rn. 2.

[14] 边码 21 至 32。

共同体法中可以找到其基础。在起草《Acquis 原则》时，现行欧盟法中尤其缺少有关各类服务合同的充分立足点，以便对给付义务进行进一步的特征化。其间，现行共同体法，尤其是新版《包价旅游指令》发展了这一领域。通过旅游给付的概念以及关于先合同信息之约束力和旅游合同文本的规定（《包价旅游指令》第 6 条和第 7 条），该指令把涉及给付义务内容和范围的条文与提供合同规定给付之责任以及违约的单个法律后果联系在一起（通过运用买卖法中常见的概念；参见《包价旅游指令》第 13 条第 2 款至第 4 款）。现在，由买卖法发展出的给付义务概念（包括符合合同给付之义务）也在数字内容之经销时的服务领域得到采纳和调整，《数字内容指令建议案》即表明了这一点。[15]

## 2. 立法计划

### （1）合同典型的给付义务

7 （a）在现行欧盟法之外，GEK 草案建议使用这样的结构，即分别对买卖合同和服务合同的给付义务进行概括规定，部分场合使用目录性的具体规定。但是，数字内容合同下的给付义务条文仍继续仅以买卖合同的相关条文为参考。关于买卖合同（以及数字内容合同）以及服务合同的一般规范之后紧跟的是确定给付模式的条文，以及就符合合同之给付的其他要求进行具体化的条文。在关于所述合同类型下双方当事人义务的条文之后，GEK 草案以《联合国国际货物销售合同公约》为范本安排了当事人在对方不履行时可以使用的法律救济手段。

8 在此范围内，“卖方的主要义务”目录居于买卖合同和关于数字内容合同的规定之首。“主要义务”的称谓表明，它涉及卖方在该合同类型下的典型性义务，但并不就其所有义务进行穷尽性的列明。该“主要义务”也不构成诸如合同义务之“重大不履行”的补充概念。如果违反 GEK 草案第 91 条意义上的主要义务，则通常会被视为构成 GEK 草案第 87 条第 2 款标准上的重大不履行；但这一认定不是绝对的。[16]

---

[15] 边码 12 和 13。

[16] 详见本书第六章边码 27 和 62。

▶ GEK 草案第 91 条（卖方的主要义务）

商品的卖方或数字内容的提供方（在本部分中统称“卖方”）应当

（a）交付商品或提供数字内容，

（b）移转对商品的所有权，包括对应提供数字内容所在有形介质的所有权，

（c）确保商品或数据内容与合同相符，

（d）确保买方有权按照合同使用数据内容，以及

（e）移交代表商品或数字内容或者与之相关的文件，只要合同对此有规定。◀

9 因此，GEK 草案不仅把交付义务自身（以及提供数据内容的义务），也把与合同相符的给付之义务纳入了“卖方的主要义务”。除了作为向买方移转占有的交付[17]之外，所有权的移转是另一项“主要义务”。根据 GEK 草案第 99 条第 1 款，商品或数字内容的数量、质量和类型符合合同要求属于符合合同的标准。GEK 草案第 99 条第 1 款结合第 100 条把判断标准扩大至其他主观要素（如适于消费者所称的特定目的）以及客观要素（如适于同类商品通常使用的目的；以及“买方可以期待”的特征和适用性）。和《消费品买卖指令》一样，GEK 草案第 99 条第 2 款结合第 101 条规定了装配错误以及装配指示的错误。以 CISG 第 41 条和第 42 条为摹本，GEK 草案第 102 条以不同的表述[18]规定了对符合合同的要求，即商品和数字内容必须不受制于“第三人的权利或并非显然无理由的请求权”，并且从知识产权的角度进行了具体化。但是，根据 GEK 草案第 99 条第 2 款的规定，“在当事人没有不同约定时”，第 100、101 和 102 条才是判断是否符合合同的标准。因此 GEK 草案就符合合同首先确立的是一个主观标准。[19]GEK 草案第 99 条第 3 款的规定则表明，只有当缔约时相关“特别情势”为消费者所知，且该消费者对此仍然“作为与合同相符而接受”时，与第 101、102

---

[17] 详见边码 22。

[18] 就此见 Faust, Leistungsstörungsrecht, in: Remien/Herrler/Limmer, Gemeinsames Europäisches Kaufrecht für die EU?, S. 161–187, Rn. 19 f.; Schmidt-Kessel/Remien, GEK-E Kommentar, Art. 102, Rn. 2 ff.

[19] Gsell, Fehlerbegriff und (negative) Beschaffenheitsvereinbarungen im Vorschlag für ein Gemeinsames Europäisches Kaufrecht, in: Schulte-Nölke ua, Der Entwurf für ein optionales europäisches Kaufrecht, S. 229–249, 231; Schulze/Zoll, CESL Commentary, Art. 99, Rn. 26.

和 103 条不一致的、对消费者不利的约定才有效。由此，尽管有上述以主观标准为原则的取向，GEK 草案仍为消费者合同设定了更为客观化的标准。但这一安排能否在协商地位不同时为消费者提供充分保障，仍有疑问。[20]

10 （b）从 GEK 草案的“主义务”目录出发，《在线商品交易指令》（类似于之前的《消费品买卖指令》）仅仅规定了与合同相符的部分领域。在该领域内，指令延续了 GEK 草案的主观标准模式，但是它也要求，对与客观标准不同的约定必须有“明确的”接受，以此来强化消费者保护。在细节上，该指令第 4 条通过主观标准（合同要求；消费者追求的目的；与先合同声明相符的特性等）来细化与合同相符的要求。接着辅之以指令第 5 条进一步确定的客观标准（适于该类商品使用的普遍目的；消费者可以期待的配件交付；通常的质量和适用性等）。此外，正常的装配和无瑕疵的装配说明也属于符合合同的要求（《在线商品交易指令》第 6 条，与《消费品买卖指令》第 2 条第 5 款以及 GEK 草案第 101 条第 1 款一致）；商品还应当不受制于第三人的权利（《在线商品交易指令》第 7 条）。

11 （c）与《在线商品交易指令》不同，《数字内容指令建议案》没有局限于与合同相符的规则，而是整体纳入了提供数字内容合同之给付义务的履行。《数字内容指令建议案》第 5 条首先明确了提供方提供数字内容的义务（依照买卖合同的交付义务并遵循 GEK 草案第 91 条 a）。该义务按照向消费者或者向由消费者确定的第三人提供数字内容来设计，在到期方面也是如此。该条例第 5 条第 2 款就时间方面作出规定：应当“在合同缔结后立即”提供数字内容。这与 GEK 草案第 95 条第 2 款规定的 30 日履行期不同，因为它反映的是互联网交易迅捷性的要求。[21]

> ▶《数字内容指令建议案》第 5 条（数字内容的提供）
>
> 1. 为了履行关于提供数字内容的合同，提供方应将数字内容提供给
>
> （a）消费者；或
>
> （b）消费者为受领数字内容而确定的第三人，该第三人运营物理的或

[20] Gsell, Fehlerbegriff und (negative) Beschaffenheitsvereinbarungen im Vorschlag für ein Gemeinsames Europäisches Kaufrecht, in: Schulte-Nölke ua, Der Entwurf für ein optionales europäisches Kaufrecht, S. 229–249, 237 ff.

[21] Wendland, GEK 2.0? Ein europäischer Rechtsrahmen für den Digitalen Binnenmarkt, GPR 2016, S. 8–19, 14.

虚拟的平台，数字内容在该虚拟平台上供消费者使用，或消费者通过该平台获取数字内容。

2.提供者应在合同缔结后立即提供数字内容，当事人另有不同约定除外。一旦数字内容提供给消费者或在第1款b适用时提供给消费者确定的第三人，则视为完成提供，以首先被提供内容的人为准。◀

12 与在前的规则文本类似，《数字内容指令建议案》就与合同相符问题采取了“混合”路径，即主观和客观标准相互联系。但它同时特别强调了主观方面。首先，主观方面以来自合同和先合同信息之要求以及提供者同意的目的[22]为基础（参见《数字内容指令建议案》第6条第1款[23]）；只有当合同对相关要求没有“清楚和全面”的规定时，指令第6条第2款的客观标准才适用。[24]考虑到高水平的消费者保护，这一条文可能因客观标准的辅助性（Subsidrität）而有问题。因为，客观标准承担了作为维持消费者利益最低标准的功能，但当提供方恰恰凭借其谈判力量设定对自己有利的“清楚和全面”的合同条款时，该客观标准却无法适用。为了限制对消费者不利的合同约定，可以考虑的是《不公平条款指令》中的条款控制，但该指令第4条第2款又限缩了控制范围。对主要从主观方面规定与合同相符的忧虑的理由还在于，在消费者获得的数字内容使用可能性方面，可能由于“终端用户许可协议”（EULA）而存在风险。在与合同相符的视角下，仅能通过对合同条款“清楚和全面”的要求[25]来减弱该风险，因为考虑到个案中复杂的标的，相应的合同条款可能并不清晰易懂。此外还需要考虑的是，是否不能通过（也在欧盟消费者法中常见的）“合理消费者的期待”

[22] 《不公平条款指令》第6条第1款b要求，消费者必须使提供者知晓其追求的目的。批评意见参见Spindler, Verträge über digitale Inhalte – Anwendungsbereich und Ansätze, MMR 2016, S. 147–153, 151.

[23] 原文见本书第二章边码15。

[24] Ostendorf, Geplanter neuer Rechtsrahmen für Online-Warenhandel und Bereitstellung digitaler Inhalte im Europäischen Binnenmarkt, ZRP 2016, S. 69–72, 71; Wendland, GEK 2.0? Ein europäischer Rechtsrahmen für den Digitalen Binnenmarkt, GPR 2016, S. 8–19, 15.

[25] 就此见Spindler, Contract Law and Copyright – Regulatory Challenges and Gaps, in: Schulze/Staudenmayer/Lohsse, Contracts for the Supply of Digital Content: Regulatory Challenges and Gaps (im Erscheinen).

之标准[26]来纠正对主观标准的强烈偏好。

13 尽管有此方面的疑虑，但《数字内容指令建议案》第6条及以下为经销数字内容在许多方面的特殊需求发展出一个值得注意的与合同相符的概念。[27]除了质量和数量外，《数字内容指令建议案》第6条还把功能范围、可操作性、可访问性、持续性以及安全性等纳入与合同相符的特征之中。如果从合同或者从作为合同组成部分的先合同信息义务中可以得出以上特征存在的结论，则它们就是判断的主观标准。从客观角度看，它们与通常使用同类数字内容的目的相关。尤其是使用数字内容的时间纬度在不同方面得到了关注（例如，《数字内容指令建议案》第6条第1款已经把“持续存在”作为给付特征之一；该条第3款对在一定时间段内提供数字内容，设定了与合同相符的特别规则；该条第4款则特别规定了从合同缔结开始更新版本的数字内容的提供；此外指令第15条和第16条分别规定了提供者变更数字内容的权限以及消费者终止合同的权利）。这些条文的大部分所要服务的是已经由GEK草案勾勒出的目标，即确保“买方有权根据合同使用数字内容（GEK草案第91条d）”；但它们现在对数字内容之提供与合同的相符提出了更具体的要求。

14 此外，《消费品买卖指令》第2条第5款以及GEK草案第101条第1款是关于经营者提供装配和装配说明的一般性规定，相似内容见于《数字内容指令建议案》第7条，即由于数字内容不正确地集成进“消费者的数字环境”而造成与合同不一致。《数字内容指令建议案》第8条要求数字内容应不受第三方权利的制约，该规定以之前的规则文本为依据，但也对在一定时间内提供数字内容的情况作了补充。然而，提供方可以通过如下证据来避免这一举证责任倒置，即消费者的数字环境与数字内容的技术要求不兼容，并且在合同缔结前已经使消费者知晓该技术要求。另外，《数字内容指令建议案》第9条第3款规定，消费者有义务配合提供方来确定消费者的数字环境，但限制于技术上可用的、对消费者侵扰最小的手段。

### （2）对待给付义务

15 （a）关于商品或数字内容买方的对待给付义务，GEK草案中也同样有

---

[26] 就此见本书第二章边码7及以下。

[27] Schulze, Supply of Digital Content. A New Challenge for European Contract Law, in: De Franceschi (Hrsg.), European Contract Law and the Digital Single Market, 2016, S. 127–143, 139 ff.

一个“买方主要义务”的列表（GEK 草案第 123 条）。据此，买方应当支付价款、受领商品或数字内容，并在合同中有约定时接收代表或涉及商品或数字内容的文件。[28]GEK 草案就商品或数字内容的受领作了进一步规定，即买方应当采取所有可被期待的行动，以便卖方可以履行其交付义务。例如，买方应当告知卖方交付地点，并确保卖方可以进入。[29] 对于买方有义务受领但不受领商品的情况，GEK 草案没有对卖方因受领迟延的责任减轻作出规定。[30] 但对于卖方有利的是，GEK 草案第 106 条第 5 款规定，如果买方造成不履行，则他的法律救济被排除。根据 GEK 草案第 97 条第 1 款，卖方必须采取适当预防措施来保护和维持商品或数字内容。在该条第 2 款的前提下，卖方可以将商品或数字内容提存或者出售，并在将出售所得支付给买方时扣除己方的费用。如果在约定时间之前交付，或者交付数量略小于约定，则买方仅得在有正当利益时方可拒绝受领（GEK 草案第 130 条第 1 款、第 2 款）。[31]

16 （b）关于《在线商品买卖指令》和《数字内容指令建议案》的欧盟委员会草案没有涉及对待给付义务的类似规定。但是，《数字内容指令建议案》从另外的角度处理了这一主题：该指令适用于这样一种合同，即消费者“积极提供不同于金钱的、以个人相关数据或其他数据为形式的对待给付（《数字内容指令建议案》第 3 条第 1 款）”。把数据原则上评价为对待给付的理由在于，数据对于数字内容提供方可能具有巨大的经济意义，他既可以自己使用，也可以出售给数据收集公司。当顾客把数据交给这样的经营者时，它就会给经营者带来相当大的价值。与所有权或类似的具有财产价值的权利的移让不同，一方获得数据一般不代表另一方失去数据。把数据交给经营者的顾客仍然保有数据；而经营者的财产增加并不必然意味着顾客的财产减损。在此背景下，《数字内容指令建议案》选择了一条中间途径：对待给付的宽泛概念除金钱支付外还包括提供数据。但是指令在

---

[28] 关于后者 Schulze/Dannemann, CESL Commentary, Art. 123 Rn. 12.

[29] 关于 DCFR 中的相应条文 v. Bar/Clive (Hrsg.), DCFR Full Edition, S. 1328.

[30] 对此的批评意见参见 Lorenz, Das Kaufrecht und die damit verbundenen Dienstverträge im Common European Sales Law, AcP 212 (2012), S. 702, 722.

[31] 关于消费者在过多交付时选择留置商品或退回以及根据 GEK 草案第 30 条在消费者合同中故意过多交付时支付价款义务的限制见 Schulze/Dannemann, CESL Commentary, Art. 130 Rn. 13, 19 f.

后一种情形下的适用范围限制于消费者“积极”提供数据的合同。至少就个人数据而言，这种“积极”提供的制约在消费者保护方面存在问题，同时也存在界分的难题。[32]但和这一问题无关的是，从该指令建议案中可以看到，对待给付的概念没有被限制于传统财产价值的移让，它也可以包含数据的移转。

（3）GEK 的其他调整对象

（a）在与买卖合同及提供数字内容合同的“主要义务”的紧密系统关联上，GEK 草案设定了通过第三人履行的基本规则（GEK 草案第 92 条），因为在现代社会分工经济中，卖方通常把买卖合同义务的履行委托给第三人。如果合同没有约定卖方必须亲自履行的义务，则委托第三人履行是允许的。但是卖方仍就履行承担责任。[33] 17

（b）除了罗列买卖合同及提供数字内容合同的“主要义务”之外，GEK 草案还有关于服务的特别规定，并为此区分了两种类型的服务提供方的义务。如果根据合同有实现成果（Erfolg）的义务，则 GEK 草案第 148 条第 1 款要求服务提供方依约实现该成果（类似于《德国民法典》第 631 条关于承揽合同的规定）。GEK 条例草案第 2 条 m 列举了几种这一类型的相关服务，如装配（Montage）、安装（Installierung）和修理（Reparatur）等。[34]如果合同既未明示也未默示地约定实现某一成果，则 GEK 草案第 148 条第 2 款和第 3 款要求，应当以与相关法律规定要求相一致的方式，按照一个理性行事的服务提供方的谨慎和专业标准来提供服务。如果个案中对理性行事的服务提供方的谨慎提出了更高的要求，那么仅仅依照法律条文行事是不够的。[35]GEK 草案第 148 条第 3 款是关于谨慎和专业要求不完全的列举。[36]《消费品买卖指令》把装配错误归类为违约，GEK 草案第 148 条第 4 18

[32] Schulze, Supply of Digital Content. A New Challenge for European Contract Law, in: De Franceschi (Hrsg.), European Contract Law and the Digital Single Market, 2016, S. 127–143, 140 f.

[33] GEK 草案第 92 条第 3 款明确这是消费者合同时的强制性规定。

[34] Schulze/Zoll/Watson, CESL Commentary, Art. 148, Rn. 5 f.

[35] Faber, Dienstleistungsverträge, in: Wendehorst/Zöchling-Jud, Am Vorabend eines Gemeinsamen Europäischen Kaufrechts, 2012, S. 147, 181 f.

[36] 这与 GEK 草案第 148 条第 3 款 a 的字面表述不同，该条的表述不仅涉及消费者对风险的可预见性，也涉及作为顾客的经营者对风险的可预见性，但这显然是编撰时的失误；参见 Farber, Dienstleistungsverträge, in: Wendehorst/Zöchling-Jud, Am Vorabend eines Gemeinsamen Europäischen Kaufrechts, 2012, S. 147, 181 f.

款也为消费者合同做了同样处理。[37]GEK 草案第 149 条把预防损害的谨慎义务嵌入给付义务的规则中。根据此条，服务提供方应当采取合理的预防措施，避免商品或数字内容受到损坏，并因此在提供相关服务或服务成果时避免导致身体损伤或其他损失或损害。因此，这一从属义务不仅关涉对与服务一并交付的商品或数字内容本身的损害，还扩展至对合同相对方其他法益的保护，如人身完整性。[38] 就此而言，它具有保护另一方当事人之法益的合同义务的性质。

19 服务合同顾客的主要义务是支付约定的价款（GEK 草案第 153 条第 1 款）。此外，GEK 草案第 154 条规定，如果是服务提供方提供其服务所必需的，则顾客应当保障其在适当时间进入某场所。

**（4）一般概念的产生**

20 如果我们通观欧洲合同法中给付义务概念的发展，就会发现买卖法中的两个核心概念，即交付义务和依约（与合同相符）交付的义务。对此义务的违反被描述为“不交付”（或更为一般性的“不履行”）以及“违约给付”［或者“不良给付”（Schlechtleistung）］。与这两种对给付义务之违反相联系的是债权人的法律救济。通过对新指令、指令建议案以及 GEK 草案若干条文的总览，我们也可以发现一个趋势，即首先适用于买卖法的与合同相符之概念也适用于服务合同，并因此扩大为普遍适用于欧洲合同法的概念。尤其是《包价旅游指令》第 13 条[39]和《数字内容指令建议案》第 6 条，它们可以在欧洲服务合同法形成的过程中，作为现行共同体法的第一根支柱，欧洲服务合同法采用与买卖法一样的给付义务基本概念。[40] 如果未按约给付时的法律救济也能有相应的发展，[41]将会在给付义务和给付障碍领域

---

[37] 关于服务提供方之义务的其他规定，特别涉及出具账单、告知未预计到或畸高费用的（从属）义务（GEK 草案第 151 条、第 152 条）以及通过第三人履行（GEK 草案第 150 条）；最后一个条文的表述与 GEK 草案第 2 条不同，其理由应当是，有鉴于服务更多具有人身性的一般特征，交由第三人履行应当被限制。批评意见 Schulze/Zoll, CESL Commentary, Art. 92 Rn. 2.

[38] Faber, Dienstleistungsverträge, in: Wendehorst/Zöchling-Jud, Am Vorabend eines Gemeinsamen Europäischen Kaufrechts, 2012, S. 147, 183; Illmer, Related Services in the Commission Proposal for a Common European Sales Law, EPRL 2013, S. 131, 168.

[39] 边码 6。

[40] Schulze, Supply of Digital Content. A New Challenge for European Contract Law, in: De Franceschi (Hrsg.), European Contract Law and the Digital Single Market, 2016, S. 127–143, 142 f.

[41] 本书第六章边码 14 和 15。

形成欧洲合同法的一般性概念，并为欧洲合同法的协调化做出巨大贡献。

## 二、给付模式

### 1. 总览

除关于给付义务的原则性规则外，成员国法律中通常还有涉及提供给付的地点、方式和时间的进一步规定，以便明确债务人履行义务以及债权人在不履行时诉诸法律救济的前提条件。现行共同体法中有关于该给付模式的一系列条文，但是没有形成完整的规则关联。所以，《Acquis 原则》必须部分地采用 PECL 和 DCFR 中法律比较的成果，以填补欧盟法在这一领域的空白。[42]GEK 草案借鉴了这些在先的规则文本，在关于合同当事人义务的章节中安排了有关给付义务的全面规则体。由于合同设计的多样性，实践中就给付模式产生了大量问题，上述规则体自然不能回答所有问题。因此，通常还要诉诸诚实信用等现行共同体法中的一般规定和原则，并顾及消费者的正当期待。[43] 21

### 2. 给付的地点和时间

（a）即使从现行共同体法中不能获得关于给付地点和时间的一般规定，也可以主要在《消费者权利指令》中发现关于交付商品的重要参考依据。该指令不仅规定卖方应向消费者交付商品，而且明确规定了交付的概念，由此在适用范围上超越了之前的《远程销售指令》第 7 条第 1 款以及《消费品买卖指令》第 2 条第 1 款。根据《消费者权利指令》第 18 条第 1 款，卖方通过向买方移转对商品的“物理占有”或者控制来完成交付。[44] 占有是指对买卖物事实上的控制，英文和法文版本的理解也是如此。[45] 控制的意思则是，为了作为所有权人加以使用或再次出售之目的，消费者或由其确定的第三人可以获得该商品。[46] 但是应当在何地进行占有或控制的移转， 22

[42] 尤其是 ACQP 第 7:201 条第 4 款并参照 DCFR 第 III.-2:104 条以及 ACQP 第 7:202 条并参照 DCFR 第 III.-2:101 条。

[43] 见本书第二章边码 7 及以下。

[44] 计划中的《在线商品交易指令》也把物理占有作为确定与合同相符的决定性时间点的联结因素，《在线商品交易指令》第 8 条第 1 款 a 和第 2 款；就此见边码 36 及以下。

[45] “transferring the physical possession of the goods”，“transférant la possession physique”.

[46] 《消费者权利指令》立法理由第 51 项。

指令对此至少没有明确的规定。[47]

23 （b）GEK 显著扩大了这一做法，并把关于商品交付方式的规定与不同情况下给付地的确定联系起来。GEK 草案第 93 条规定当事人的约定优先。对于根据当事人的约定或者情势（如经营者合同中要考虑到国际贸易术语 INCOTERMS[48]）不能确定交付地的情形，该条区分了三种情况：（1）如果是远程销售合同或在营业场所外缔结的合同，则消费者在合同缔结时的居住地为交付地。当消费者合同的卖方有义务运输至买方处时，亦同。（2）在所有其他情况下具有决定意义的是，买卖合同是否规定由承运人来运输。承运人是指独立执行运输的人，即不是卖方的员工，该定义参照了 CISG 的条文。[49] 在此条件下，距第一承运人最近的取货点是交付地。（3）如果买卖合同没有规定独立承运人，则卖方在缔结合同时的营业地为交付地。因此，如果既不是情况（2）条件下的（类似德国法中寄送买卖）承运买卖，也不是情况（1）条件下的消费者合同，往取之债（Holschuld）被规定为商品交付的兜底构成要件（Auffangtatbestand）。但如果是消费者合同，则为消费者之利益规定了赴偿之债（Bringschuld）。

24 关于卖方在交付地如何履行其交付义务的问题，GEK 草案第 94 条为上述三种情况分别作了规定。在第一种情况（赴偿之债）下，卖方应当移转对商品的占有（或者对数字内容的“控制”），这与《消费者权利指令》第 18 条第 1 款的规定一致。在第二种情况（承运买卖）下，应当货交第一承运人以便发送给买方，并在必要时移交买方从承运人受领商品所必需的文件（送赴之债，Schickschuld）。GEK 草案第 96 条对卖方在这种情况下的义务作了具体规定。在第三种情况（往取之债）下，卖方应当将商品或数字内容备好待取（或在有约定时移交代表商品的文件）。[50]

---

[47] Zöchling-Jud, Acquis-Revision, Common European Sales Lawund Verbraucherrechterichtlinie, AcP 212 (2012), S. 550, 568.

[48] Schmidt-Kessel/Remien, GEK-E Kommentar, Art. 93 GEK-E Rn. 2. 国际商会 INCOTERMS 国际贸易术语解释通则 2010 包含了买卖双方重要的义务规则，见 http://www.iccwbo.org/products-and-services/trade-facilitation/incoterms-2010/the-incoterms-rules/（2016 年 4 月 28 日调阅）。

[49] Schmidt-Kessel/Remien, GEK-E Kommentar, Art. 93 Rn. 2; Staudinger/Magnus, CISG, 2013, Art. 31 CISG Rn. 18.

[50] GEK 草案第 94 条第 2 款还明确，关于买方在第一种和第三种情况的规定也适用于第三人，只要该第三人是买方在合同中确定的，且不是 GEK 草案第 93 条和第 94 条意义上的承运人。

（c）《数字内容指令建议案》现在为数字内容合同中的给付类型设置了基础性概念“提供”（Bereistellunug）。指令第2条第10项把“提供”定义为“创设对数字内容的访问可能或将数字内容备好待用”。此概念顾及了这一情况，即数字内容进入消费者的领域（或者按照《消费者权利指令》和GEK中的概念，即消费者的“控制”）时，会要求相应的“数字环境”并通常需要消费者某种形式的行为（如访问数据）。如果消费者指定第三人运营平台，数字内容在该平台上供消费者使用，或消费者通过该平台获取数字内容，则数字内容也可以提供给该第三人（《数字内容指令建议案》第5条第1款b）。 25

（d）现行共同体法中也没有关于金钱债务的给付地的一般规定。只有单个条文就支付方式有特殊规定（例如《消费者权利指令》第13条关于经营者在消费者撤回时的义务；《消费者权利指令》第19条关于向消费者收取与特定支付手段相关的费用；《消费者权利指令》第22条关于消费者在约定款项之外的支付；《远程销售金融服务指令》第7条关于为在撤回前完成的服务付款；《住房信贷指令》第25条关于提前偿付贷款）。《支付服务指令》的（部分相当细致的）条文主要涉及支付服务与其使用者之间的关系，与金钱债务人和债权人之间的关系主要间接相关。《Acquis原则》因此在这一领域的规则有限，需要DCFR第III.-2:101条[51]作为规则模板来填补漏洞。 26

所以，GEK在这一问题上也首先以DCFR为参考。与上述DCFR的条文相一致，GEK草案第125条规定，在买卖合同的情况下，如果不能以其他方式确定支付地，则卖方在缔约时的营业地为支付地。如果有多个营业地，则以与支付义务有最密切联系的营业地为准。GEK草案第124条包含关于支付方式的详细规定，它们部分参考了PECL第7:108条和DCFR第III.-2:10条。根据该条规定，如果没有其他合同约定，则债务人应当以在支付地一般业务来往中，就所涉业务而言普遍的方式来进行支付。从这一基本规则中也可以得出该结论，即应当使用支付地普遍使用的货币。[52]如果通过支票、其他付款指示或付款承诺进行无现金支付，推定这只会在兑现的条件下发生，如果这一条件没有出现，则卖方可以要求强制执行原初 27

[51] 部分依照CISG第31条c和第57条以及PECL第7:101条。

[52] Schulze/Dannemann, CESL Commentary, Art. 124 Rn. 18.

的支付义务。[53]但是，如果卖方基于和第三人的约定而接受该第三人的付款承诺为支付方式，则买方原初的支付义务消灭。[54]GEK 草案第 124 条第 4 款限制了消费者合同情形下经营者把成本转移给消费者，这与《消费者权利指令》第 19 条类似，GEK 由此在现行共同体法中找到了依据。根据该条文的规定，只有经营者为适用特定支付手段的成本可以转嫁给消费者，但不得向消费者收取与该支付手段相联系的其他收费。因此，消费者只承担经营者在具体个案中事实上产生的成本，而诸如经营者内部的一揽子处理费用等则不得加诸消费者。[55]GEK 草案第 90 条第 1 款规定，这一关于价款支付的条文参照适用于其他支付，只要没有不同的规定。[56]

3. 给付的时间

28 （a）债务人应当为给付的时间（到期）在现行共同体法的单个领域以术语“不迟延地”（unverzüglich，英语为 without any undue delay）为标志。例如，《远程销售金融服务指令》第 7 条第 1 款规定，在消费者行使撤回权后，只能要求消费者为事实上受领的给付不迟延地付款。《消费者权利指令》第 18 条第 1 款规定，经营者应当不迟延地向消费者交付商品，但最迟不得超过缔约后 30 日。就此而言，对于早先《远程销售指令》中的 30 日期间，[57]《消费者权利指令》不仅从交付的概念以及未遵守期间和指定宽限期后的终止合同之权利[58]的角度，在交付时间的确定方面也予以了进一步发展。与之不同的是，《消费品买卖指令》第 3 条第 3 款规定的供经营者为补充履行或替代交付的时间段被称为“合理期间”（angemessene Frist，英语为 reasonabletime）。但是，根据《Acquis 原则》，应当被视为欧

[53] 相对于 PECL 第 7:107 条第 2 款第 2 句以及 DCFR 第 III.-2:108 条第 2 款第 2 句，从 GEK 草案第 124 条第 2 款的这一文本中可以看出更大的法律安全性，Schmidt-Kessel/Schaub, GEK-E Kommentar, Art. 124 GEK-E Rn. 4.

[54] 详述以及关于个人信贷安全方面的界分问题 Schmidt-Kessel/Schaub, GEK-E Kommentar, Art. 124 GEK-E Rn. 5 f.

[55] 对这一问题持开放态度的有 Lorenz, Das Kaufrecht und die damit verbundenen Dienstverträge im Common European Sales Law, AcP 212 (2012), S. 702, 806.

[56] 对此 Schulze/Zoll, CESL Commentary, Art. 90 Rn. 1–4.

[57] 《远程销售指令》第 7 条第 1 款。

[58] 关于交付概念的详述见边码 3 和 4，关于合同终止的概念见本书第六章边码 61 至 77。

盟合同原则的是，债务人应当不迟延地为给付，只要合同没有不同的约定（ACQP 第 7:201 条第 1 款）。

《数字内容指令建议案》在确定到期时间时没有使用“不迟延”的概念，但是要求提供方在合同缔结时“立即”（sofort，英语 immediately）提供数字内容，双方另有不同约定的除外（《数字内容指令建议案》第 5 条第 2 款）。如果未能立即提供，则消费者有权立即终止合同（《数字内容指令建议案》第 11 条）。[59]这一规定是按照数字内容经销时特别技术和商业流程量体裁衣，所以不能说明在其他领域偏离了不迟延为给付的原则。 29

（b）GEK 中关于给付时间的规定借鉴了《Acquis 原则》，并在此范围内不同于 CISG 第 33 条，也偏离了 DCFR 第 III.-2:102 条和第 IV.A.-2:202 条不那么一目了然的规定。[60]根据 GEK 草案第 95 条第 1 款，商品和数字内容的交付必须在缔约后不迟延地进行，只要不能以其他方式确定交付时间。尽管 GEK 没有进一步规定如何理解“不迟延”，[61]但通过对 ACQP 第 7:201 条注解的引用，我们可以认为，对该时间段不能一概而论，而是取决于个案具体情势，即相关给付的种类和标的。债务人应当尽快为给付，只要在此情势下对于一个谨慎和组织良好的合同当事人而言是可能的。[62]但在 GEK 草案第 95 条第 1 款中，这一不迟延标准的适用范围被限制于商品和数字内容的交付（而《Acquis 原则》中的相应原则普遍适用于给付义务）。GEK 对付款的到期有特别规定：如果应为某给付支付款项，则该款项在为该给付时到期应付（GEK 草案第 126 条第 1 款、第 90 条第 1 款、第 153 条第款）。应当与到期相区分的是可履行（Erfüllbarkeit）。可履行不涉及债务人何时应当为给付，而涉及他何时被允许为给付。从 GEK 草案第 126 条 30

[59] 然而，当迟延时间极短时仍可立即终止合同，这一未加区分的权利可能对提供方而言过分严厉；在此问题上应当顾及一些特殊情况，并反思欧盟委员会的建议案，例如交付定制化软件，时间上的延迟并不影响其使用，ELI-Statement, S. 27 f.

[60] 但是不同于 ACQP 第 7:201 条，GEK 草案第 95 条第 1 款明确把合同缔结称为时间上的基准点，而 Acquis 原则注解则以（可能难以确定的）义务的产生为准；参见 Acquis Group/Aubert de Vincelles/Machnikowski/Pisulinski/Rochfeld/Szpunar/Zoll, Contract II, Art. 7:201 Rn. 8.

[61] 对于有争议的学术观点 Lorenz, Das Kaufrecht und die damit verbundenen Dienstverträge im Common European Sales Law, AcP 212 (2012), S. 702, 721; Schmidt-Kessel/Remien, GEK-E Kommentar, Art. 95 GEK-E Rn. 1; Schulze/Zoll, CESL Commentary, Art. 95 Rn. 8.

[62] Acquis Group/Aubert de Vincelles/Machnikowski/Pisulinski/Rochfeld/Szpunar/Zoll, Contract II, Art. 7:201 Rn. 10.

第 2 款可以看出，尽管原则上可以在到期前付款，但债权人出于正当利益可以拒绝付款请求。[63]

31 （c）对给付时间进行变更的主要理由可能是，一方当事人有权变更包括给付时间在内的合同条款。例如，在包价旅游的情形中，旅游提供方根据《包价旅游指令》第 11 条第 1 款 b 在严格的条件下可以保留该权利。在满足该条件时，旅游提供方可以变更其为旅游给付的时间，但不得严重偏离合同约定（《包价旅游指令》第 11 条第 1 款 b）。如果有进一步的变更，则旅游者可以选择同意、免费解除合同或者接受其他包价旅游的要约作为替代。举例而言，考虑到包价旅游中说明的出发和到达时间，当变更将会给旅游者造成显著不适或产生额外费用时，这一变更被视为严重偏离约定。[64]

32 此外，“延伸的”或“多层级”给付情况下的给付时间具有特殊性。例如，给付或部分给付可能在事情本身或时间上彼此相关，并应当在此基础上确定各给付时间。如《包价旅游指令》第 7 条第 5 款就规定，旅游者应在包价旅游之前及时收到（详细说明的）旅游文件。因此，该义务的给付时间就取决于作为主要义务的旅游的时间。这两个时间点之间的距离由（根据个案详情予以具体化的）“及时”概念来确定。

## 三、风险转移

### 1. 原则

33 与确定给付模式密切相关的是关于这一问题的条文，即买方在何种条件下仍应当支付价款，即使他没有获得买卖标的或没有获得符合合同的买卖标的。关于价款风险向买方的转移，欧洲合同法在学术上的准备首先主要以 CISG 第 66 条及以下条款为模板。DCFR 中关于风险转移的规则虽然借鉴了 CISG，但是也特别顾及了欧洲合同法的独特性，即纳入了关于消费者买卖合同的特殊规定（DCFR 第 IV.A.-5:103 条）。现行共同体法现在通过《消费者权利指令》第 20 条为实践中极为重要的寄送和承运买卖规定了风险转移规则，它适用于远程销售合同以及在营业场所外缔结的合同：

---

[63] 《住房信贷指令》第 25 条的取向类似，该条尽管没有规定贷款提供方的拒绝权利，但是赋予其在消费者提前还款时的损失赔偿请求权。

[64] 《包价旅游指令》立法理由第 33 项。

当消费者或其指定的第三人获得对商品的占有时，商品毁损灭失的风险转移给消费者。[65] 承运人取得占有仅在此条件下导致风险转移，即消费者自己安排运输，经营者没有提供运输的可能。

GEK 草案第 140 条及以下条文以该规则文本独有的方式为欧洲合同法继续发展了 DCFR 所预设的体系。GEK 的风险转移规则分为三个部分："一般规定"明确了风险转移的效果，并为所有买卖合同和数字内容合同明确了把商品或数字内容确凿无疑地划归为合同交付义务之标的物的要求（GEK 草案第 140 条和第 141 条）。GEK 草案第 142 条是关于"消费者买卖合同下的风险转移"的特殊规定，第 143 条及以下条文则涉及"经营者之间合同下的风险转移"。根据 GEK 草案第 140 条的一般性规定，风险转移的效果在于，风险转移之后，商品或数字内容的毁损灭失并不免除买方支付价款的义务，除非毁损灭失是卖方的行为或不作为造成的。但这一效果产生的前提条件是，依约应交付的商品或数字内容已经被明确地特定化，要么通过缔结合同时的当事人约定（特定物之债，Stückschuld），要么在种类物之债（Gattungsschuld）的情况下通过事后的具体化行为（例如向买方的相应通知）（参见 GEK 草案第 141 条）。[66] 34

### 2. 消费者合同

风险转移的时间原则上以占有移转至买方时为准。《消费者权利指令》第 20 条规定了这一原则，[67]GEK 草案第 142 条则对其进行了更一般的表述和精确化。据此，当消费者或消费者指定的第三人（承运人除外）获得对商品的占有时，风险原则上转移给消费者。对于数字内容合同而言，当数字内容在有形数据载体上备好待用时，占有取得同样是风险转移的时间；除此之外则以消费者获得对数字内容的控制的时间为准。但是，根据 GEK 草案第 142 条第 3 款的规定，当消费者没有履行其受领商品或数字内容的义务，且该义务的不履行不具有 GEK 草案第 88 条规定的正当理由时，上 35

[65] 见边码 22。

[66] 关于具体化的各个案例类群 Schmidt-Kessel/Wiese, GEK-E Kommentar, Art. 140, 141 GEK-E Rn. 8–10［也涉及货物集中运载（Sammelladung）的特殊问题］; Schulze/Zoll/Watson, CESL Commentary, Art. 141 Rn. 6–10; v. Bar/Clive (Hrsg.), DCFR Full Edition, S. 1374 f.

[67] 边码 33。

述原则不适用。[68]

36 2015 年 12 月关于两部指令的欧盟委员会建议案延续了消费者合同领域风险转移一直以来的发展。《在线商品交易指令》尽管没有一般性地规定给付与对待给付的关系，也没有在此关系中一般性地规定风险转移；但是它间接地触及了这一问题，即欧洲合同法的规则文本通常都会把判断与合同相符的决定性时间与风险转移相联系。根据《在线商品交易指令》第 8 条（与《消费者权利指令》第 20 条及 GEK 草案第 142 条一致）的规定，通过远程手段进行商品买卖时，确定与合同相符的决定性时间是消费者或由其指定的第三人获得“物理占有”的时间。其他情况下则以向消费者指定的承运人移交商品的时间为准，只要卖方没有提出关于承运人或承运的建议。在卖方装配的情况下，装配结束等同于获得占有；在消费者装配的情况下则为“适当时间”的经过，但最长为获得占有或移交承运人之后的 30 日。根据《数字内容指令建议案》第 10 条的规定，在经销数字内容的情形中，提供方应当为任何未完成的数字内容提供承担责任，并且为在提供数字内容时存在的任何与合同不符承担责任。如果依约应在一段时间内提供数字内容，则以一段时间取代各个时间点。

37 因此，在《消费品买卖指令》第 20 条及 GEK 草案第 142 条之后，《在线商品交易指令》也主要以获得“物理”占有的时间为准，而《数字内容指令建议案》则以提供数字内容的时间为准。考虑到《数字内容指令建议案》的适用范围，这里再一次反映了 GEK 草案第 142 条已经进行的区分，即使是通过不同的方式：一方面是对有形数据载体上数字内容的占有之获得，另一方面则是经销数字内容其他所有情形下的“控制”之获得。具有数字内容的 DVD、CD 和其他数据载体仅仅是为了向消费者传递数字内容才被使用的，尽管它们也落入《数字内容指令建议案》（而不是《在线商品交易指令》）的适用范围，[69] 但是《数字内容指令建议案》第 5 条关于“提

---

[68] 在此条件下的风险转移应当以此时间点为准，即如果消费者履行其受领义务，则他本可以获得对数字内容的占有或控制的时间（不包括远程销售合同以及在经营场所外缔结的合同；GEK 草案第 142 条第 3 款第 1 句）；关于这一例外以及例外的例外 Schulze/Zoll/Watson, CESL Commentary, Art. 142 GEK-E Rn. 8；批评意见 Faust, Das Kaufrecht im Vorschlag für ein Gemeinsames Europäisches Kaufrecht, in: Schulte-Nölke ua, Der Entwurf für ein optionales europäisches Kaufrecht, S. 251, 273; Schmidt-Kessel/Wiese, GEK-E Kommentar, Art. 142 GEK-E Rn. 12–14.

[69] 参见《数字内容指令》第 3 条第 3 款；《在线商品交易指令》第 1 条第 3 款；《在线商品交易指令》立法理由第 13 项。

供”数字内容的规定不适合永久数据载体上数字内容的经销，也因此不适用于该情形（《数字内容指令建议案》第 3 条第 3 款）。[70] 然而，这一排除的所有后果并非都得到了充分的规定；[71] 最有疑问的是，在这种情况下，哪些条文应当取代《数字内容指令建议案》第 5 条来进一步明确提供方的给付义务，[72] 以及在不诉诸《数字内容指令建议案》第 5 条标准的倾向下，如何通过其他方式来确定《数字内容指令建议案》第 10 条所称的责任的时间点以及风险转移的时间点。

### 3. 经营者合同

与消费者合同情形中相类似的原则也构成经营者合同下的风险转移规则的出发点：根据 GEK 草案第 143 条第 1 款，风险在受领货物或代表货物的文件时转移至买方。[73] 但是，对于一些在实践中经常出现的情况则适用例外规定。在卖方提供货物且买方知情的情况下，当买方本应当依照合同受领货物之时，风险转移至买方，只要买方不拥有 GEK 草案第 113 条的留置权（往取之债；GEK 草案第 144 条）。尤其是对于规定货物运输的合同（符合德国法的寄送买卖），商事来往中的风险转移与消费者合同下的规则显著不同：如果是经营者之间的合同，则风险一般在按照合同货交第一承运人时转移给买方（GEK 草案第 145 条第 2 款）。如果货物在运输过程中被出售，则风险原则上同样在货交第一承运人时转移；但是，如果从情势中可以得出风险应当在缔约时就已经移转的结论，则以此为准。此外，如果卖方在合同缔结时知晓或应当知晓货物毁损灭失，则风险转移规则效力对其不利（GEK 草案第 146 条）。最后，在经营者合同与消费者合同情形下，关于风险转移的所有规定的一个重大区别是其是否有任意法的性质。 38

---

[70] 根据该条，《数字内容指令》第 11 条关于立即终止合同的规定同样不适用。

[71] Working document des Europäischen Parlaments vom 23.6.2016, S. 3.

[72] 尤其是当数字载体不是通过远程手段销售的，因此《在线商品交易指令》不适用时，《消费品买卖指令》的适用可能因为《数字内容指令》第 20 条被排除。

[73] 关于这一尚未澄清的问题，即“受领货物”是否在实质意义上不同于 GEK 草案第 142 条规定的占有的获得（或者主要以此为依托，即 GEK 草案第 142 条借鉴了《消费者权利指令》第 20 条，GEK 草案第 143 条借鉴了 CISG 第 67 条第 1 款以及 DCFR 第 IV.A.-5:102 条）见 Schmidt-Kessel/Wiese, GEK-E Kommentar, Art. 143–146 GEK-E Rn. 3.

## 四、长时合同的特殊性

### 1. 总览

#### （1）类型

39 与之前关于欧洲合同法的研究相比，未来应当给予长期给付合同的原则和规则以更多的关注。在许多经济领域中，这种长时合同（Langzeitverträge）对于经营者之间以及经营者与消费者之间的法律关系具有重大意义，不仅仅是商品交付，还有多种服务（包括金融服务和支付系统）。此处的合同塑造各不相同，尤其是关于当事人之间复杂给付关系的框架合同、在长时间内提供服务的合同以及包含若干在时间上具有先后顺序的相同给付义务的合同（连续给付合同，特别是连续交付合同）。最后一种可能从一开始就包含关于特定总量的给付义务（分期交付合同），但是也可能包括无期限的给付义务，从而不需要确定总量（德国法称之为“真正的继续性债务关系”；[74]特别是长期交付或长期供应合同）。通常而言，长时合同的当事人多于两人，或者多个长时合同构成一个经济或法律整体。考虑到关联合同情况下的撤回权，[75]长时合同在实践中就已经扮演了重要的角色。英语文献中以“关系合同（relational contracts）”为关键词的广泛讨论涉及长时合同的法律和经济意义。[76]如果多个长时合同之间具有复杂的关联，它们也被称为长期合同“网络”。

#### （2）现行共同体法

40 PECL 主要以关于一次性给付交换的合同传统模式为出发点，[77]而现行共同体法中有大量关于长期提供给付的合同的规定。早在共同体法发展之

---

[74] 就此 HK-BGB/Schulze, Vor §§ 311–319 Rn. 24 ff.; Looschelders, Schuldrecht Allgemeiner Teil, 14. Aufl. 2016, Rn. 788 ff.

[75] 就此见本书第三章边码 167 和 168。

[76] MacNeil, Relational Contract: What we do and do not know, Wisconsin Law Review 1985, S. 483–525; Nicklisch, Vorteile einer Dogmatik für komplexe Langzeitverträge, in: Nicklisch (Hrsg.), Der komplexe Langzeitvertrag, Strukturen und Internationale Schiedsgerichtsbarkeit, 1987, S. 17; Schäfer/Ott, Lehrbuch der ökonomischen Analyse des Zivilrechts, 5. Aufl. 2012, S. 688 f.; Staudinger/Martinek, BGB, 2006, Vor §§ 662 ff., Rn. 78.

[77] 长时合同没有规定在独立的章节中，且仅有若干条文涉及其特殊性（特别是 PECL 第 9:302 条关于应当通过部分给付来履行的合同）。

初，欧洲立法者就已经关注了两种长时合同：商事代理人合同[78]与消费者信贷合同。[79]就此而言，长时合同完全被视为建构欧盟合同法的出发点，而对于内国法律以及相关的欧洲合同法比较研究来说，合同法规则的基本模式还是由一次性的给付交换构成的。在现行共同体法的进一步发展过程中，越来越多的法律举措把长时合同列入其中，并在各种单个视角下关注其特殊性。例如，《消费者权利指令》第5条第1款f为无期限合同或自动延长的合同规定了特殊的信息义务。即使是没有明确提及长时合同，也有大量涉及服务的指令在实践中应当主要适用于长时合同，并被相应地设计（如远程销售金融服务指令；在服务部门外的如劳动法方面的指令）。若干指令完全是为通常情况下属于长时合同的合同类型量身打造的，包括《商事代理人指令》、《消费者信贷指令》以及《支付服务指令》。

**（3）数字内容的提供**

考虑到给付义务的时间维度，《数字内容指令建议案》在多个方面发展了欧洲合同法。例如，对于数字内容提供、与合同相符以及提供方责任的规定，该指令对两种给付进行了区分，即应在某时间点提供的给付以及应在某时间段提供的给付。指令在这一基础上明确规定，根据合同应在一定时间段内提供的数字内容，应当在该时间段内与合同相符合，并不得受制于第三人的权利（《数字内容指令建议案》第6条第3款；第8条第2款）。相应地，提供方的责任不再仅局限于提供数字内容之时与合同的不符，而是延伸至该时间段内出现的任何与合同的不符，只要根据合同应在此时间段内提供数字内容（《数字内容指令建议案》第10条b和c）。在后一种情况下，提供方关于与合同相符的举证责任也延伸至整个时间段（参见《数字内容指令建议案》第9条第1款）。此外，对于应当在合同规定的时间段内提供的给付，指令设置了关于提供方的变更权限以及消费者终止合同权利的规定（《数字内容指令建议案》第15条）。本条非穷尽性地列举了一些重要的给付要件，提供方只有在满足下列条件的情况下才能变更：合同规定了变更的可能；在适当的期间内通知消费者；允许消费者在收到通知后至少30日内免费终止合同；给消费者提供技术手段，以便其再次获得 41

[78]《商事代理人指令》

[79]《消费者信贷指令》，2014年2月4日由《住房信贷指令》更改。

已经提供的数字内容。[80] 如果消费者行使了赋予他的终止合同的权利，则提供方应当按照数字内容更改后的时间段的比例退还价款，并且停止使用其基于与消费者的合同关系而获得的数据。[81] 因此，《数字内容指令建议案》提供了一种规制模式供讨论，这种规制模式顾及了在一定时间段内提供给付时，该变更约定的给付内容的需求，并且没有把对相关设计的预先准备完全交给当事人，而是希望为适当的利益交换提供法定框架。

42 根据《数字内容指令建议案》，应在一段时间内提供的给付在概念上应当与“长期合同”（langfristige Verträge）相区分。长期合同仅指应无期限提供数字内容的合同，或者一次持续时间或包括其延长期在内长于 12 个月的合同（《数字内容指令建议案》第 16 条第 1 款）。由此，《数字内容指令建议案》中长期合同的定义是，无期限合同以及长时间的有期限合同，后者的最低长度为 12 个月。指令为长期合同规定了特别终止权，[82] 它与上文所述的变更数字内容时的合同终止权利（《数字内容指令建议案》第 15 条）以及因不履行合同义务时的终止权（根据《数字内容指令建议案》第 11 条不履行给付时立即终止、根据《数字内容指令建议案》第 12 条第 3 款和第 5 款应给付违反合同时的终止）都不同。[83]

### 2. 给付义务与给付障碍

43 长时合同的特殊性不仅仅体现在合同缔结前和缔结时的信息义务以及形式要求[84]（考虑到长期约束以及当事人可能难以发觉的负担，通常为了保护一方当事人），它还涉及合同执行的模式以及给付障碍的后果。如果长时合同的一方当事人不履行其给付义务，就会出现这样的问题，即是否要

---

[80] 但应当考量的是，在提供方保证在某个时间段内提供数字内容，或者数字内容对于相关硬件的使用不可或缺时，继续限缩这一高要求。

[81] 根据《数字内容指令》第 15 条第 2 款 b 的规定，提供方不仅应当停止使用消费者作为数字内容的对待给付所提供的数据，而且应当停止使用提供方为数字内容之提供所收集的其他所有数据，包括由消费者所提供的内容。

[82] 在时效方面，从《数字内容指令》立法理由第 43 项可以看到，关于向提供方问责的具体时间段没有规定；应当诉诸成员国法的时效条文。应当考量扩展该条文，使得成员国时效条文不得短于指令所建议的时间段，尤其是考虑到无期限合同；ELI-Statement, S. 33.

[83] 边码 29。

[84] 例如《商事代理人指令》第 3 条第 2 款 b 以及第 4 条第 2 款 b；《消费者信贷指令》第 5 条和第 6 条；《住房信贷指令》第 13 条及以下。

适用给付障碍的一般规则，以及如何修正该规则。《Acquis 原则》对此没有一般性原则规定。但是，例如在数字内容的特殊领域内，《数字内容指令建议案》现在在长期合同的合同终止权利之外，还就并非在某一时间点、而是在一段时间内提供的给付设置了特殊规定。比如，提供方应就在这一时间段内出现的与合同不符承担责任的基本规则（《数字内容指令建议案》第 10 条 c）。在合同终止问题上，这一基本规则被细化，即消费者只能终止数字内容不符合合同规定的状态的时间段，而提供方只需返还这一时间段的价款（《数字内容指令建议案》第 13 条第 5 款和第 6 款第 2 句）。如果没有这样的为保护一方当事人的条文存在，则关于给付障碍的一般规定[85]原则上适用于分期交付合同（应交付的总量和一次性给付交换一样由合同确定）。在“真正的”继续性债务关系中，由于合同不规定给付义务的总量，所以单个给付障碍总是与单个给付义务相关，该给付义务与总给付义务的比例关系无法确定。因此，关于给付障碍的一般规定只能无限制地适用于单个给付，该给付的提供在单个情况下出现障碍；对于未来的给付义务而言，关于不履行时结束合同的一般规定（解除；合同终止）[86]不再适用，此时需要特殊的法律救济。和内国法律[87]相同，欧洲合同法中继续性交付合同之终止的特殊类型大部分被称为终止（Kündigung）。与基于给付障碍之特殊事由的终止或者基于其他重大理由的基础不同，这种具有面向未来效力的长时合同之结束以约定或法定为基础，与是否存在上述重大事由无关，因此被称为“正常”终止，并通常有一定的终止期间。

### 3. 终止

例如，《商事代理人指令》第 15 条为商事代理人合同的双方当事人规定了这种终止权，并细化了终止期间。《消费者信贷指令》第 13 条第 1 款规定，在与消费者订立无期限信贷合同的情况下，消费者应当被赋予免费的正常终止权，只要双方没有就终止期间达成协议；同时，约定的终止期间最长不得超过一个月。该条还规定，如果信贷提供方与消费者缔结无期 44

[85] 就此见本书第六章边码 14 及以下。

[86] 本书第六章边码 101 及以下。

[87] 德国债法总则如《德国民法典》第 314 条；奥地利法如《奥地利一般民法典》（ABGB）第 859 条；西班牙法如《民法典》（Código Civil）第 1586 条关于服务的规定。

限的信贷合同，在有相应合同约定的情况下，信贷提供方拥有正常终止权，终止期间最短为两个月，且应当通过永久数据载体向消费者通知终止。此外，根据《消费者信贷指令》第 13 条第 2 款之规定，如果有相应的合同约定，则信贷提供方还可基于正当事由取消消费者要求支付信贷款项的权利。[88]《支付服务指令》同样保障支付服务的使用方在缺少当事人约定的情况下正常终止框架合同的权利，而约定的终止期间同样不得超过一个月；该指令还规定，对于长于 12 个月或无期限的框架合同，在 12 个月后行使终止权应当免费（《支付服务指令》第 45 条第 1 款和第 2 款）。《支付服务指令》第 45 条第 3 款则在无期限框架合同的情形下赋予了支付服务提供方以终止权，终止期间为两个月。[89]

45 《Acquis 原则》以现行欧盟法律为基础，在其关于义务内容和履行的章节中设置了“关于继续性或重复性给付的合同之结束的一般规定”。与现行共同体法的主要关注点相同，这些规定主要针对长时合同的正常终止，即遵守一定期间条件下的终止。根据其规定，在继续性或重复性给付的无期限合同的情况下，任何一方当事人均可以在一定期间内通知另一方当事人终止合同，该期间的长度取决于合同的类型、时间长短以及个案的具体情势（ACQP 第 7:301 条）。终止的效果是，当事人免于承担终止生效之后的给付义务（ACQP 第 7:302 条第 1 款）。此外，《Acquis 原则》（仅）在此情况下规定了合同的返还清算，即应当返还在终止生效后的给付（ACQP 第 7:302 条第 2 款）。[90]

46 DCFR 在其第三编（义务与相应的权利）的一般条文中就此主题作了规定。根据 DCFR 第 III.1:109 条的规定，对于继续性或重复性给付的合同，如果没有合同约定，则任意一方当事人均可以在合理期间内终止合同，终止仅对未来产生效力。GEK 在其关于无期限合同的简短规则中明确，终止期间最长为两个月（GEK 草案第 77 条）。但是，GEK 草案第 8 条[91]关于不

[88] 详述见 Reich/Micklitz/Rott/Tonner, European Consumer Law, 2. Aufl. 2014, S. 223; Rott, Die neue Verbraucherkredit-Richtlinie 2008/48/EG und ihre Auswirkungen auf das deutsche Recht, WM 2008, S. 1104–1113, 1110.

[89] 关于保险法中的终止权 Basedow et al. (Hrsg.), Principles of European Insurance Contract Law (PEICL), Art. 2:102 C2.

[90] DCFR 在其第三编“义务与相应的权利”的一般规定中还纳入了终止的前提和效果。

[91] 就此见本书第六章边码 77。

同种类合同结束的一般规则可以补充该条文，在必要情况下，GEK 草案第 117 条关于可分给付的规定亦可提供补充。关于长时合同的这种结构划分或者自成一体的规则是否值得优先考虑，需要在欧洲合同法今后的发展中观察。

▶ DCFR 第 III. 1:109 条（变更或终止）

（1）如果有关权利、义务或关系的条文有此规定，则该权利、义务或关系可以通过一方当事人变更或终止。

（2）任意一方当事人可以在遵守适当期间的条件下终止以继续性或重复性给付为内容的合同义务，只要合同中没有规定合同关系的结束或者排除结束。在判断期间的适当性时应当考虑给付或对待给付的时间间隔。

（3）如果当事人未就终止的后果达成约定，则

（a）终止仅对未来产生效力，且不影响因为义务不履行而要求损害赔偿或约定支付的权利，只要该义务应当在终止前履行；

（b）终止不影响关于争端解决的规定或者其他在终止后仍得适用的规定；以及

（c）就合同义务或合同关系而言，第三章第五节第四分节（返还）的规则参照适用于返还。◀

▶ GEK 草案第 77 条（无期限合同）

（1）以继续性或重复性给付为内容的合同可以由任意一方当事人在最长为两个月的适当期间内终止，只要合同没有规定合同关系何时结束，或者规定可以通过终止结束合同关系。

（2）在经营者与消费者的关系中，双方当事人不得排除、规避本条的适用或改变效力以对消费者产生不利影响。◀

欧盟委员会《数字内容指令建议案》现在根据其“长时合同”[92]的概念而包含有关于终止数字内容合同的期间与效果的详细规定。根据《数字内容指令建议案》第 16 条第 2 款的规定，消费者可以以任意方式向提供方通知结束合同，合同在通知到达提供方的 14 日后结束。其效果原则上面 47

[92]　边码 43。

向未来。因为《数字内容指令建议案》第 16 条第 3 款规定，对于在合同结束前所提供的数字内容，消费者仍有支付价款的义务。提供方可以禁止未来对数字内容的使用，尤其是冻结消费者的使用者账户。就此而言，尽管《数字内容指令建议案》没有使用终止的概念，而是合同结束，但在指令所使用的意义上就是终止。

48 除了面向未来的效力，《数字内容指令建议案》还规定了结束长时合同时返还清算的一些要素，以便尽可能地使合同双方当事人根据合同关系已经进行的数据移交回复到初始状态。例如，提供方应当采取措施，以停止使用其从消费者处获得的数据或因提供数字内容而收集的数据。此外，他还应当向消费者提供技术手段，使消费者能够再次获得储存在提供方处的数据。消费者不仅应当停止使用向其提供的数字内容（包括向第三人提供），而且应当销毁该数字内容副本或使其不可读（《数字内容指令建议案》第 16 条第 4 款）。

49 然而，当消费者根据《数据保护条例》[93] 第 7 条撤回其对使用个人数据的同意时，《数字内容指令建议案》在合同结束的前提与效力方面就会出现漏洞。数据保护法与合同法在此还需要协调一致。在数据保护法上，消费者根据《数据保护条例》第 7 条原则上有权撤回其同意使用个人数据的声明。如果在一份关于经销数字内容的合同中做出了这样的同意声明，数据保护要求通过合同法的相应安排来限制有约必守的合同法原则。例如，根据数据保护法行使撤回权不应当使之前的数据处理变成违法（《数据保护条例》第 7 条第 3 款第 2 句），这显然与已经受调整的具有回溯效力的终止权接近。《数字内容指令建议案》在此方面的规定还有待补充。

50 《数字内容指令建议案》中这些条文的基础是把作为面向未来之合同结束的终止与返还清算的一些要素（通过返还或补偿已经完成的给付）结合起来。尽管这些条文是关于数字内容合同的特殊规定，但这样一种结合在欧洲合同法中绝非个例。在其他领域里也可以找到类似的理念，例如《商事代理人指令》。该指令第 15 条第 1 款规定，任意一方当事人在遵守一定期间的情况下均可以终止无期限合同。该指令第 17 条把这一终止权与商

[93] Verordnung (EU) 2016/679 des Europäischen Parlaments und des Rates vom 27. April 2016 zum Schutz natürlicher Personen bei der Verarbeitung personenbezogener Daten, zum freien Datenverkehr und zur Aufhebung der Richtlinie 95/46/EG（Datenschutz-Grundverordnung，《数据保护基础条例》）。

事代理人在合同关系结束后要求补偿或损害赔偿的请求权结合起来。[94]按照《商事代理人指令》第 17 条第 2 款的进一步规定，补偿请求权的标准是商事代理人在合同有效期内向经营者提供的给付和经营者从中获得的益处，以及补偿的公平性，特别是商事代理人所失去的佣金。因此，商事代理人的补偿请求权以及某些情况下的损害赔偿请求权表明，回溯性效果被纳入了长时合同之终止的法律后果中。《Acquis 原则》仅就单个合同考虑了这一问题（ACQP 第 7:H-16 条关于商事代理人的报酬请求权），而没有设置关于终止效果的一般规定（ACQP 第 7:302 条）。[95]但是，假如《数字内容指令建议案》通过，则在经营数字内容的广泛领域内，现行法律中就有了终止回溯效果的表达，那么问题是，它是否以及通过何种方式能够成为欧盟合同法的原则。

---

[94] 例如，德国和比利时规定的是补偿请求权，而法国规定了损害赔偿请求权；英国则给当事人提供了两种可能；Krusche, Die Berechnung des handelsvertreterrechtlichen Ausgleichsanspruchs in Europa, EWS 2001, S. 523–530, 524 f. 关于请求权内容和范围的详述 Fock, Die europäische Handelsvertreter-Richtlinie, 2001, S. 139 ff.; Hagemeister, Der Handelsvertreter im englischen Recht und seine Ansprüche bei Beendigung des Vertretervertrages, 2004, S. 162 ff.; Saenger/Schulze (Hrsg.), Der Ausgleichsanspruch des Handelsvertreters, Beispiel für die Fortentwicklung angeglichenen europäischen Rechts, 2000.

[95] 边码 45。

# 第六章　不履行的法律后果

## 一、引　言

**文献：** Grabitz/Hilf/Nettesheim, Das Recht der Europäischen Union, 60. Aufl. 2016; Grundmann/Bianca, EU-Kaufrechts-Richtlinie Kommentar, 2002; Lorenz, Das Kaufrecht und die damit verbundenen Dienstverträge im Common European Sales Law, AcP 212 (2012), S. 702–847; Riesenhuber, EU-Vertragsrecht, 2013; Schulte-Nölke/Zoll/Jansen/Schulze, Der Entwurf für ein optionales Kaufrecht, 2012; Schmidt-Kessel, Der Entwurf für ein Gemeinsames Europäisches Kaufrecht – Kommentar, 2014; Schulze, Common European Sales Law – Commentary, 2012; Wagner, Ökonomische Analyse des CESL: Das Recht auf zweite Andienung, ZEuP 2012, S. 797–825.

### 1. 现行共同体法的创新路径

1 关于履行合同给付时的障碍（“给付障碍”[1]）之后果的规定，尤其是关于债权人在合同义务不被履行时在法律上做出反应的可能（“法律救济”[2]）的规定，属于合同法的核心组成部分。合同法就义务不履行时规定的制裁不仅给债权人提供了可能，即对执行合同时已经出现的障碍做出反应；而且，即将产生的制裁具有预防功能，它促使债务人履行其义务，从而确保合同给付安排的实施。合同法领域的欧盟指令把大部分义务不履行时的制裁交给成员国来规定。但是，为了贯彻指令的保护目标，成员国的规定程

[1] 关于此概念见 Fikentscher/Heinemann, Schuldrecht, 10. Aufl. 2006, Rn. 352; 概念的构建见 Stoll, Die Lehre von den Leistungsstörungen, 1936.

[2] 《联合国国际货物销售合同公约》、PECL 和 DCFR 的概念借鉴了英国法中“救济（remedies）”的概念。

度各异，尤其是在消费者法领域，除私法制度外还有行政法上的预防和制裁规定，甚至有刑事法律制裁的条文。[3] 然而，一些指令确实包含了关于债权人在合同义务不被履行时应享有的法律救济的规定，以及关于给付障碍的其他私法后果的规定，即使它们通常并不详尽。这里尤其包括《消费品买卖指令》《消费者权利指令》《包价旅游指令》《支付迟延指令》《支付服务指令》《商事代理人指令》。[4] 例如，在《航空乘客权利指令》[5] 中也能找到这样的规定。尽管它们是碎片化的，但若干这样的欧盟法条文还是代表着给付障碍法的发展，这一发展给一些成员国的传统规则模式带来了一部分的深远改变，有时甚至超出了法律举措本身的规则领域。

欧盟在给付障碍法领域发起或推进的最为重要的此类发展包括——此 2
处仅举数例——形成了一个统一的构成要件作为债权人多个或所有法律救济的出发点。它的基础是以《消费品买卖指令》第 3 条（它又以《联合国国际货物销售合同公约》和 PECL 为典范）为摹本的与合同相符及与合同不符的概念。例如，在德国 2002 年债法现代化改革之际，该指令的模式决定性地促成了义务违反及与合同不符的统一构成要件被引入债法总则，买卖法规定也被集成进该框架中。对于成员国关于合同给付义务之履行与债权人终结合同之权利的关系，以及与其他法律救济措施的关系的规定，《消费品买卖指令》同样发挥了重要的创新作用。在此方面，把不履行到期给付后的履行请求权理解为债权人的法律救济，对于许多成员国而言都是一种崭新的路径。该指令关于给付障碍法的创新元素同样包括卖方在给付与合同不符时“第二次履行”（zweite Andienung）或“补正”（Heilung）的权利，以及事后补充履行对终止合同以及减价之法律救济的优先地位。[6]

---

[3] 例如，爱尔兰的欧洲共同体（消费者信息、取消和其他权利）2013 条例（S.I. No. 484/2013）的第 38 项是为了转化《消费者权利指令》；或者法国《消费者法典》第 L.213-1 条规定的“商品欺诈”的构成要件，该条的目的也是转化《消费品买卖指令》；就此参见 Thissen, Die Verbrauchsgüterkaufrichtlinie und die Haftung des Verkäufers für öffentliche Äußerungen Dritter in Frankreich, 2005, S. 72–74.

[4] RL 86/653/EWG des Rates vom 18. Dezember 1986 zur Koordinierung der Rechtsvorschriften der Mitgliedstaaten betreffend die selbständigen Handelsvertreter.

[5] VO (EG) Nr. 261/2004 des Europäischen Parlaments und des Rates vom 11. Februar 2004 über eine gemeinsame Regelung für Ausgleichs- und Unterstützungsleistungen für Fluggäste im Fall der Nichtbeförderung und bei Annullierung oder großer Verspätung von Flügen und zur Aufhebung der Verordnung (EWG) Nr. 295/91.

[6] 就此见边码 61 及以下和 78 及以下。

在债权人解除或终止合同之权利方面，《消费品买卖指令》规定，法官对于该法律救济的参与并非必要，这对于一些成员国法律亦是创新元素。《消费者权利指令》第 18 条的规定亦同。同样，关于撤回权的指令条文所展示的也是与内国法律传统观念不同的路径，后者认为，对合同关系的单方取消或变更原则上需要法院的判决。[7] 而指令和在此之前的《联合国国际货物销售合同公约》以及 PECL 一样，采用了另外一种模式，即在立法者分配相应的形成权能（Gestaltungsmacht）的情况下，可以通过意思表示来塑造合同关系（“形成权”）。[8]

3 此外，新的欧洲法律条文在极大范围内触及了买卖法中对瑕疵的理解。瑕疵概念不仅被纳入更为一般化的、在买卖法之外亦可适用的与合同相符、与合同不符之理念中。[9] 相较于被广泛认可的传统理念，《消费品买卖指令》还通过对卖方或第三人的先合同公开声明的考量，扩展了与合同相符的标准（类似于在买卖法之外的《包价旅游指令》对旅游组织方和 / 或旅游中介方的声明的考量）。[10] 在商品买卖方面，瑕疵不仅和买卖标的物的实体存在相关，而且也涉及在此环境中的行为，即卖方的安装以及其安装说明（参见《消费品买卖指令》第 2 条第 5 款）。对瑕疵概念的此种设计尤其体现了，合同义务也可以通过对另一方当事人正当期待的考量而得到具体化。[11] 关于另一方当事人正当期待之概念的观点的改变贯穿于给付障碍法关于合同义务规定的始终，并因此把不履行的标准置于一个全新的背景下。

### 2. 体系

#### （1）现行共同体法中的出发点

4 在欧盟现行法律中，关于合同履行时给付障碍的规定仅在若干适用领域内呈现出碎片化状态。它们完全不足以构成给付障碍法的完整体系。尽管如此，从这些条文中还是能发现进行部分体系化的个别出发点。上文提

[7] 见本书第三章边码 136.

[8] Schmidt-Kessel, Remedies for Breach of Contract in European Private Law – Principles of European Contract Law, Acquis Communautaire and Common und Frame of Reference, in: Schulze, New Features in Contract Law, S. 183–196, 185 ff.

[9] 就此见本书第五章边码 5、36。

[10] 本书第三章边码 80。

[11] 本书第二章边码 7 及以下。

及的《消费品买卖指令》中的多个元素即属于此列。例如，与合同不符的统一构成要件是多个法律救济的共同条件、(事后)履行被划归于法律救济措施、各个法律救济措施之前的顺位、事后补充履行被划分为修理和更换，以及把合同解除或终止安排为与减价同一顺位的法律救济措施。[12] 成员国法律对这些关于法律救济设计及其相互关系的指令条文的转化有时会超过指令本身的适用范围，它们甚至还成为买卖法和债法总则新体系的参考——尤其是 2002 年的德国债法现代化改革。[13]

《Acquis 原则》在指令以及欧洲法院相关判决的基础上为欧洲合同法塑造了给付障碍法体系化的开端。其中尤其包括涉及法律救济的前提、行使及其相互关系的原则，以及各个领域的特别原则(例如货物交付或特定服务的提供)对一般原则的补充。[14] 因此，《Acquis 原则》有可能为现行共同体法更为协调的继续发展提供示范，但现在还不能在欧洲合同法的基础上制定一个欧洲给付障碍法完整体系的草案。《Acquis 原则》未涉及一些重要的材料，如合同结束后的返还清算，以及在其他领域由于现行共同体法未作规定而出现的漏洞，都必须参考 PECL 或 DCFR 的相关规定。[15] 5

**(2)《欧洲共同买卖法》**

(a)《欧洲共同买卖法》的计划给欧洲立法者提出了挑战，即考虑到这部买卖法在实践中的功能性，应当在综合性体系下发展出尽可能完整的给付障碍法。为此，GEK 为合同当事人提供了广泛的法律救济目录。它在很大程度上参考了 PECL、DCFR 和《Acquis 原则》的法律救济体系，但在其德语版本中使用了“补救”(Abhilfe)来代替“法律救济”(Rechtsbehelfe) 6

---

[12] 见边码 39。从该指令的条文中是否能够推导出现行欧盟合同法的一般性原则，这在单个情形下仍有疑问；尤其是关于不履行时的法律救济见 Acquis Group/Machnikowski/Szpunar, Contract II, Art. 8:202 Rn. 1 f.; Schmidt-Kessel, Remedies for Breach of Contract in European Private Law, in: Schulze, New Features in Contract Law, S. 183–196, 188; Zoll, The Remedies for Non-performance, in: Schulze, CFR and Existing EC Contract Law, S. 195–209, 197.

[13] 见边码 2。

[14] Acquis Group/Busch, Contract II, Chapter 8, Part A zu „Haustür"-Verträgen, Part B zur Lieferung von Gütern, Part E zu Pauschalreisen, Part G zu Zahlungsdiensten, Part H zu Handelsvertreter-Verträgen.

[15] ACQP 第 8:201 条和第 8:202 条涉及金钱债务以及不指向金钱的义务，对应于 DCFR 第 III.-3:301 条和第 III.-3:302 条；ACQP 第 8:302 条涉及取消合同的告知，对应于 DCFR 第 III.-3:507 条第 1 款；ACQP 第 8:304 条涉及给付留置的权利，对应于 DCFR 第 III.-3:401 条；ACQP 第 8:404 条涉及支付迟延时的利息，对应于 DCFR 第 III.-3:70 条。

（并没有说明令人信服的理由[16]）。GEK 在关于买卖合同一方当事人之义务的条文后安排了关于对另一方的补救措施的单独规定。[17]对于服务合同的当事人，GEK 也同样单独规定了补救，但它们被安排在了一个共同的章节里，[18]位于关于双方当事人义务的章节之后。这种按照合同类型和当事人的划分安排给人带来这样的印象，即如果另一方当事人不履行在前一章节规定的义务，则补救构成了债权人进行反应的可能性。但是，这种安排又造成了重复和频繁的参引，因为涉及多个法律救济共同前提的一般性条文（如不履行、严重不履行以及可免责的不履行）被安排在前面的一章中，[19]而涉及各个合同类型和当事人的损害赔偿及利息的规定则在后面的一章中（以“位于括号之内”的方式）。[20]

7 （b）GEK 草案第 106 条第 1 款包含在“补救”之下规定的法律救济措施目录的基本模式。该条确定了买方在卖方不履行其义务时的法律救济。[21]据此，债权人的法律救济措施有请求履行、留置、合同终止（对应 PECL 中的合同取消）、减价以及损害赔偿请求。[22]关于这些法律救济措施之间的关系，GEK 草案第 106 条第 6 款规定了“在相互兼容”的前提[23]下可并行适用的原则，这一前提需要解释。但是，某些条文明确规定了一些法律救济之间的关系，例如 GEK 草案第 8 条第 2 款（允许合同终止与损害赔偿并行适用）、GEK 草案第 120 条第 3 款（减价和损害赔偿因损失得偿而相互排除）以及 GEK 草案第 8 条第 1 款（合同终止的排除后果）。

---

[16] 同样观点见 Faust, Leistungsstörungsrecht, in: Remien/Herrler/Limmer, Gemeinsames Europäisches Kaufrecht für die EU?, 2012, S. 161, 174.

[17] 第十一章（GEK 草案第 106 条及以下）规定了买方的补救，位于第十章（卖方的义务）之后；第十三章（GEK 草案第 131 条及以下）规定了卖方的补救，位于第十二章（买方的义务）之后。

[18] 第十五章第四节（GEK 草案第 155 条及以下）。

[19] 第九章（GEK 草案第 87 条和第 88 条）。

[20] 第十六章（GEK 草案第 159 条及以下）。

[21] 有利于卖方、服务合同的客户以及服务提供方的相应规定分别见于 GEK 草案第 131 条、第 155 条和第 157 条。

[22] 边码 39 至 105 将详细阐述各个补救措施。

[23] 对此见 Lorenz, Das Kaufrecht und die damit verbundenen Dienstverträge im Common European Sales Law, AcP 212 (2012), S. 702, 754. Zu dem entsprechenden Art. III.-3:102 DCFR v. Bar/Clive (Hrsg.), DCFR Full Edition, S. 777 f.

▶ GEK 草案第 106 条（买方补救一览）

（1）如果卖方没有履行义务，则买方可以：

（a）根据第三节要求履行，包括相关义务的履行、商品或数字内容的修理和更换，

（b）根据第四节留置自己的给付，

（c）根据第五节终止合同并根据第十七章要求返还已经支付的价款，

（d）根据第六节要求减价；以及

（e）根据第十六章要求损害赔偿。

（2）如果买方是经营者，则适用如下规则：

（a）除给付留置外，买方的补救权利在卖方根据第二节就不履行予以补正的前提下存在，以及

（b）买方诉诸与合同不符的权利应当以第七节的审查和告知义务为前提。

（3）如果买方是消费者，则适用如下规则：

（a）买方权利的存在与卖方就不履行的补正无关，以及

（b）第七节的审查和告知义务不适用。

（4）如果卖方就不履行不存在过错，买方可以行使第 1 款所述的补救，履行和损害赔偿请求除外。

（5）如果买方造成卖方的不履行，则他不能行使第 1 款所述的补救。

（6）相互兼容的补救可以并行适用。◀

（c）从 GEK 草案第 106 条可以发现，GEK 中法律救济体系的特征还包括，在经营者合同（不是消费者合同）的情形下，除给付留置外的所有法律救济手段都存在，但受制于卖方就不履行进行的补正（GEK 草案第 106 条第 2 款 a）。就此而言，债务人被赋予权利，在其不履行的情况下再一次提供与合同相符的给付（参见 GEK 草案第 109 条第 1 款），并由此补正其对合同的违反。[24] 因此，履行一方面是债权人在其法律救济范围内的请求权之标的（根据 GEK 草案第 106 条第 1 款 a 的履行请求权），另一方面却是债务人的正当理由（根据 GEK 草案第 109 条以补正的形式进行履行的“第二次履行权”）。GEK 草案第 106 条第 2 款 b 体现了 GEK 法律救济 8

[24]　对此见边码 32 至 38。

体系的另外一个基本特征：在 GEK 草案第 121 条和第 122 条规定的审查和告知义务得到遵守的情况下，才能基于给付与合同不符而行使法律救济。但是这一规定同样只适用于经营者之间的合同，GEK 草案第 106 条第 3 款 b 没有对消费者合同做此要求。[25]GEK 草案第 106 条第 5 款确立了适用于所有法律救济措施的原则，即债务人行为与不履行之间的因果关系。[26]

9 GEK 草案第 106 条第 4 款表明，所有的法律救济都不以债务人的过错为前提，即存在客观责任。由此，GEK 采纳了《联合国国际货物销售合同公约》的模式，后者则借鉴了普通法中对"违反合同"的理解，它不同于欧陆法律体系中的过错概念。但是，当不履行无过错时，GEK 对履行要求和损害赔偿方面的责任（但不包括其他法律救济措施）作了限制。根据 GEK 草案第 88 条第 1 款，无过错的情形是，处于债务人影响领域之外的障碍导致不履行，且不能期待债务人在合同缔结时已经考虑到该障碍，或者他能够避免或克服该障碍或其后果。[27]GEK 把不可预见性塑造为无过错，成为履行和损害赔偿的排除事由。尽管 GEK 在客观责任方面与《联合国国际货物销售合同公约》取向一致，但在不可预见性上存在不同，因为后者仅仅把不可预见性视为应予赔偿之损害的范围的界限（CISG 第 74 条第 2 句）。GEK 的这一条文也以 PECL 和 DCFR 为模板。[28] 但是，当买方对于（迟延的）履行存有利益时，这一排除履行请求权的规定就可能有问题。[29]

10 （d）GEK 的"补救"一章并没有处理行使法律救济的全部后果。尤其是合同终止法律救济的后果主要见于 GEK 草案第 8 条，该条属于规则体的总则部分，对合同的终止作了一般性规定。GEK 关于返还清算的第七部分（GEK 草案第 172 条及以下）则规定了一方当事人在合同终止后是否、在何种范围内以及以何种方式向另一方当事人返还其从该另一方当事人处获得的给付。[30] 这一部分对于欧洲合同法以及许多成员国的法律而言都具有创新性，因为其规定不但涉及合同终止后的返还，而且涉及因合意瑕疵而进行撤销后的返还。因此，从德国法传统角度来看，其规定延伸至撤销后

[25] 对此见边码 54 和 55。

[26] 详见边码 47。

[27] 对此见本书第五章边码 35。

[28] PECL 第 8:101 条第 2 款；DCFR 第 III.-3:101 条第 2 款。

[29] Schmidt-Kessel/Zöchling-Jud, GEK-E Kommentar, Art. 106 Rn. 11 f.

[30] 对此见边码 101—105。

果和不当得利的返还。[31] 所以其规定既不属于合意瑕疵一章，也不属于规定法律救济的部分，而是——也正是从合同“生命周期”的角度[32]来看——属于规则体的倒数第二部分（在时效规定之前）。

**（3）服务**

与买卖法从《消费品买卖指令》到 GEK 的发展历程相类似，服务合同的给付障碍法近来也呈现出体系化的可能性。GEK 通过把相关服务纳入体系中的方式而为此做好了准备。由此，GEK 为把在买卖法中发展出的结构移转到服务部门指明了道路，但是没有在注意其特性的情况下对此领域作出了广泛规定。继续发展主要由《包价旅游指令》以及《数字内容指令建议案》的欧盟委员会建议案来推动，它们把现行共同体法中主要在买卖法领域形成的一些基本结构移植到服务部门的重要领域，同时根据服务的特殊性加以调整。 11

《包价旅游指令》和《数字内容指令建议案》都为各自的适用范围设置了法律救济的目录，（和 GEK 对买卖法的体系化一样）包含事后补充履行、减价、合同终止以及损害赔偿（《包价旅游指令》第 13 条、第 14 条；《数字内容指令建议案》第 12 条及以下）。该结构尽管有特别的构造（例如，根据《包价旅游指令》第 13 条第 3 款的补救义务或者根据《数字内容指令建议案》第 12 条第 1 款的免费提供请求权来进行事后补充履行；根据《包价旅游指令》第 13 条第 5 款、第 6 款以及第 14 条第 1 款的多个单个构成要件或者根据《数字内容指令建议案》第 12 条第 3 款、第 4 款的依比例减价请求权来进行减价），但是《包价旅游指令》还是顾及了其合同标的与商品买卖的不同，因为它没有采用买卖法的事后补充履行模式（修理和更换[33]），而是在旅游瑕疵的补救之外，还规定了提供继续包价旅游之安排的报价作为替代交付，只要约定的旅游给付的重大部分无法提供（《包价旅游指令》第 13 条第 5 款）。然而，在所有的这些修正中，仍然可以看到一致的概念框架，因为《消费品买卖指令》把事后补充履行的优先性作为与合同不符之给付时的买卖法原则，这种优先性在服务部门也以某种方式得以体现［例如《包价旅游指令》第 13 条第 4 款关于向自我实 12

[31] 《德国民法典》第 346 条及以下和第 812 条及以下。

[32] GEK 草案立法理由第 6 项和第 26 项。

[33] 参见《消费品买卖指令》第 3 条第 2 款；GEK 草案第 106 条第 1 款 a。

施（Selbstvornahme）的过渡，《包价旅游指令》第 12 条第 2 款和第 3 款 b 关于向减价或合同终止的过渡，以及《数字内容指令建议案》第 12 条第 3 款 b ]。

13 类似于与合同相符的主题，[34]首先在买卖法领域为法律救济而使用的结构也被移植到服务领域。此概念在上述指令适用范围之外还有哪些相关性，自然有待观察。至少不能否认的是，为某些类型的服务合同采用并调整此概念有助于根据买卖法概念发展出服务合同给付障碍法的一般概念，并由此加强欧洲合同法的协调性。

## 二、不履行

### 1. 总览

14 与合同法的义务规定相比，指令中包含的现行共同体法对给付障碍问题[35]的关注较少。违反义务的后果继续被交由成员国法律来规定。尽管如此，借由欧洲合同法的密集化，欧盟法中也出现越来越多的给付障碍规则。由此产生的问题是，是否可以从中抽取出一个由协调成分所构成的体系，或者由此形成散见于整个现行共同体法的各式规则，它们以逐点的方式处理完全不同的主题。《Acquis 原则》的起草人认为，现有的欧盟私法已经为提取一般性规则提供了充分的材料。不履行的概念见于 ACQP 第 8:101 条。

▶ ACQP 第 8:101 条（不履行的概念）

不履行包括对义务的所有不足履行，包括迟延履行、瑕疵履行以及为完全履行义务的合作有欠缺。◀

15 这一概念遵循的路径是给付障碍及不履行的统一构成要件，[36]因此借鉴了《联合国国际货物销售合同公约》、DCFR 和 PECL。尽管欧洲立法者以此路径为出发点，但另外一种模式也是欧盟法所熟悉的：将对给付障碍的某些类型（如迟延或瑕疵给付）典型化，并以此发展出各个法律救济措施。这也是因为，虽然有相反的声明和表述，但是欧洲立法者不太注重欧

[34] 见本书第五章边码 5、36。

[35] KOM(2011) 744 endg., 4.9., S. 25 f.

[36] Acquis Group/Machnikowski/Szpunar, Contract II, Art. 8:101 Rn. 5.

洲合同法的普遍协调性，而是首先为具体的问题找到适当的解决方案。因此，在现行共同体法中既可以看到欧洲立法者为欧洲一般给付障碍法添砖加瓦的尝试，也可以发现他们根本不寻求这种体系构建之假设的依据。

2. 现行共同体法中给付障碍的统一构成要件

给付障碍统一构成要件不需要将违反义务单个类型典型化，《包价旅游指令》首先提供了一个模板： 16

▶《包价旅游指令》第 3 条（概念）

（……）

本指令中的

（……）

13.“与合同不符”是指不履行或有瑕疵地提供组成包价旅游的旅游给付

（……）◀

《支付迟延指令》中也有给付障碍的一般构成要件： 17

▶《支付迟延指令》第 75 条（不执行或执行错误）

（1）如果支付方委托支付，则在不影响第 58 条、第 74 条第 2 款和第 3 款以及第 78 条的情况下，其支付服务提供方就合规地执行支付程序向支付方承担责任，除非他可以向支付方以及收款方的支付服务提供方证明，作为支付程序对象的金额依第 69 条第 1 款已经到达收款方的支付服务提供方；在此情况下，收款方的支付服务提供方就合规地执行支付程序向收款方承担责任。

（……）◀

以给付障碍统一构成要件之模式为基础的最为重要的指令是《消费品买卖指令》：[37] 18

[37] Grabitz/Hilf/Magnus, Das Recht der Europäischen Union, 40. Aufl. 2009, Sekundärrecht A.15, 1999/44/EG, Art. 3 Rn. 1; Grundmann/Bianca/Bianca, EU-Kaufrechts-Richtlinie Kommentar, 2002, Art. 3 Rn. 3.

▶《消费品买卖指令》第 3 条（消费者的权利）

（1）卖方就交付消费品时与合同的任何不符向消费者承担责任。◀

19 把这一条文称为给付障碍统一构成要件的例证可能会让人意外，毕竟它涉及的是不履行或不良履行的一个特殊情况，即与合同不符。[38] 与合同不符在功能上属于兜底性概念。但是，从《消费品买卖指令》诞生历程中可以看到，支撑该指令的基础概念不同于传统上对物之瑕疵的理解。在该指令形成的过程中就能发现其与《联合国国际货物销售合同公约》的相似性，[39] 而后者正是建立在违约之统一构成要件的基础上。[40] 但使用这样一种给付障碍统一构成要件并不必然导致对不履行和不良履行两个次类型不做区分。《消费品买卖指令》仅仅构成在现行共同体法中尚未完全显明的体系的一个部分。直到 GEK 的出现，这一体系 [41] 才得以完成。

20 《在线商品交易指令》建议案也把与合同不符的一般概念作为买方享有的法律救济的连接点：

▶《在线商品交易指令》第 9 条（消费者在与合同不符时的补救）

1. 在与合同不符时，消费者有权根据第 11 条要求通过修理或替代履行使商品与合同相符，而不必支付费用。

（……）◀

但是在这部指令建议案中可以看到新的给付障碍类型典型化的某些迹象，这些障碍会导致责任产生。上文关于合同概念 [42] 的论述已经引用了该

[38] Grundmann/Bianca/Bianca, EU-Kaufrechts-Richtlinie Kommentar, 2002, Art. 3 Rn. 3.

[39] Grabitz/Hilf/Magnus, Das Recht der Europäischen Union, 40. Aufl. 2009, Sekundärrecht A.15, 1999/44/EG, Art. 3 Rn. 4; Grundmann/Bianca/Grundmann, EU-Kaufrechts-Richtlinie Kommentar, 2002, Einl. Rn. 21.

[40] Schlechtriem/Schwenzer/Stoll/Gruber, Kommentar zum Einheitlichen UN-Kaufrecht, 6. Aufl. 2013, Art. 45 Rn. 5.

[41] GEK 草案第 87 条包含一个不履行构成要件的目录，对此见 Schmidt-Kessel/Schmidt-Kessel/Kramme, GEK-E Kommentar, Art. 87 Rn. 1–11; Schulze/Zoll, CESL Commentary, Art. 87 CESL Rn. 4; 确定给付与合同不相符的基准点是 GEK 第 99—105 条规定的与合同相符，对此见 Schmidt-Kessel/Schmidt-Kessel/Kramme, GEK-E Kommentar, Art. 87 GEK-E Rn. 8; Schulze/Zoll, CESL Commentary, Art. 87 CESL Rn. 18.

[42] 本书第二章边码 1 及以下。

建议案的中心条款，即第 4 条和第 5 条，它们区分了“商品与合同相符”以及商品“与合同相符的要求”。在这些概念后隐藏着主观和客观的瑕疵概念。第 5 条的客观化可能带来瑕疵概念相对于合同概念的独立。但如上所述，[43] 建议案中规定的区分没有特别大的意义。

《数字内容指令建议案》建议案同样使用了与合同不符的概念： 21

▶《数字内容指令建议案》第 12 条（与合同不符时的补救）

1. 在与合同不符时，消费者有权要求数字内容与合同相符，而不必支付费用，除非这不可能实现、不合乎比例或违法。

（……）◀

但建议案也单独规定了狭义上的不履行（即不包括不良给付）。然而，它被称为“未提供（nichterfolgte Bereitstellung）”：

▶《数字内容指令建议案》第 11 条（未提供时的补救）

如果提供方未按照第 5 条提供数字内容，则消费者有权根据第 13 条立即终止合同。◀

指令建议案就这一类型的给付障碍规定了特别的后果，即立即终止合同的权利。[44] 由于该指令要求完全协调化（第 4 条），最终还是要提出的问题是，成员国的立法者是否没有被禁止就此情形规定其他的法律救济途径。该问题再一次使不履行与不良履行之区分的效用范围更加清楚。[45]

### 3. 现行共同体法中给付障碍类型的典型化

欧洲立法者在其他指令和条例中将特定的给付障碍类型典型化，并与 22
相应的法律救济相关联。《消费者权利指令》提供了明显的例证来说明这种案例路径（case approach）取代救济路径（remedy approach，描述了统一

---

[43] 本书第二章边码 68。

[44] 详见边码 61 至 77。

[45] Zoll, The remedies in the proposals of the Directive for the Online and Distance Sales Contracts and the Directive on the Supply of Digital Content, EuCML 2016, S. 250-254.

构成要件的方法）的复兴：

▶《消费者权利指令》第 18 条（交付）

（……）

（2）如果经营者在其与消费者约定的时间，或者在第 1 款所称期间内没有履行其交付商品的义务，则消费者可以要求其在与情势相适应的额外期间内交付。如果经营者在此额外期间内未交付商品，则消费者有权解除合同。

（……）◀

23 该条文规定了给付迟延的类型，并在设定额外履行期间仍未果时赋予消费者以解除权。《消费者权利指令》第 18 条第 2 款规定的迟延类型与过错无关。内国立法者可以选择是否把这一条文转化纳入统一的违反义务条款中。但没有改变的是，在迟延的特别构成要件具有相关性时，特别的法律救济（解除）以及创造性的法律制度——设定宽限期间（Nachfristsetzung）适用。就此而言，这一给付障碍法的组成部分来自另一个体系，而非《消费品买卖指令》的体系（即使内国立法者可以融合这两个体系）。

24 在运输法领域有关乘客权利的条例中也有这种给付障碍的典型化，即《关于轨道交通乘客的权利与义务的第 371/2007 号条例》[46]和《关于在航班不运输和取消或者重大延误时对乘客的补偿与支持的共同规则的第 261/2004 号条例》[47]：

▶《关于轨道交通乘客的权利与义务的第 371/2007 号条例》第 16 条（退款或通过更改的路线继续行程）

如果必须合理地认为，到达运输合同约定的目的地将迟延超过 60 分钟，则乘客应当立即选择：

---

[46] VO (EG) Nr. 1371/2007 des Europäischen Parlaments und des Rates vom 23. Oktober 2007 über die Rechte und Pflichten der Fahrgäste im Eisenbahnverkehr.

[47] VO (EG) Nr. 261/2004 des Europäischen Parlaments und des Rates vom 11. Februar 2004 über eine gemeinsame Regelung für Ausgleichs und Unterstützungsleistungen für Fluggäste im Fall der Nichtbeförderung und bei Annullierung oder großer Verspätung von Flügen und zur Aufhebung der Verordnung (EWG) Nr. 295/91.

（a）根据支付票价时的条件获得全额票价的退款，包括未执行的行程部分，以及已经执行的行程部分，只要该行程根据乘客的原初旅行计划已经无意义，并在必要时尽快获得回到第一个起点的返程服务。退款应当在与第 17 条规定的赔偿相同的条件下进行；

（b）尽快获得继续行程或者在同等运输条件下通过更改的路线继续行程直到目的地；或者

（c）根据乘客的选择，在以后的时间获得继续行程或者在同等运输条件下通过更改的路线继续行程直到目的地。◀

《航空旅客指令》规定了更多的给付迟延特殊类型，如不运输（第 4 条）、取消航班（第 5 条）和延误（第 6 条），并将之与其他法律后果相关联。基于严格的责任和给付的特殊性质，一个共同的给付障碍条款无法满足欧洲立法者的要求。

#### 4. GEK 中给付障碍的统一构成要件

随着 GEK 建议案的出现，欧洲法第一次有机会创设一个近乎完整的合同法体系。该建议案也提出了自己的给付障碍法概念： 25

▶ GEK 草案第 87 条（不履行和重大不履行）

（1）义务不履行是义务之履行的任何欠缺，与是否有过错无关并包括：

（a）不交付或迟延交付商品，

（b）不提供或迟延提供数字内容，

（c）交付与合同不符的商品，

（d）提供与合同不符的数字内容，

（e）不支付或迟延支付价款，以及

（f）与合同不符的任何其他所声称的履行。

（2）一方当事人的义务不履行在以下情形中为重大：

（a）该不履行剥夺了另一方当事人根据合同可期待所得的显著部分，除非不履行的一方当事人在合同缔结时没有且不能预见到该后果，或者

（b）该不履行清楚地表明，另一方当事人不能信赖不履行的一方当事人在未来会履行。◀

26 此条文清楚地规定了给付障碍的统一构成要件[48]并在清单中示范性地列举了给付障碍的类型。该清单的目的还在于为典型的疑难情形提供明确的指引。[49]不履行的概念在两种意义下被使用：一是上位概念并因此作为给付障碍[50]或违反义务的同义词；二是在狭义上作为完全不给付[51]以及给付欠缺的称谓。尽管这种用法不太成功，但是不履行概念清楚地说明，完全的不给付也被囊括在给付障碍的统一构成要件之中。在此基础上，作为多个法律救济措施之一的要求履行的权利也可以被纳入其中。[52]因此，GEK 没有就出自合同的第一性权利和第二性权利做出区分。

27 GEK 草案第 87 条第 2 款引入了“重大不履行”[53]的额外范畴，它对应于《联合国国际货物销售合同公约》中的“重大合同违反”[54]。[55]这一额外范畴是对统一的给付障碍构成要件的重要补充。因为所有的法律救济措施原则上在给付障碍的任何类型下都可适用，因此需要另外的手段来防止合同被轻易地终止。[56]这一功能是通过在将给付障碍类型典型化（例如给付迟延或给付不能）时，把导致合同结束的法律救济（如解除）与给付障碍的特定种类相关联来实现的。在 GEK 的体系中，一个合同原则上仅能在不给付为重大时被终止。但是 GEK 也规定了一个重要的例外，它是对《消费品买卖指令》第 3 条第 6 款解决方案的重述：

---

[48] Schopper, Verpflichtungen und Abhilfen der Parteien eines Kaufvertrages oder eines Vertrages über die Bereitstellung digitaler Inhalte, in: Wendehorst/Zöchling-Jud, Am Vorabend eines Gemeinsamen Europäischen Kaufrechts, 2012, S. 107, 108.

[49] Schulze/Zoll, CESL Commentary, Art. 87 CESL Rn. 4.

[50] 见 Zöchling-Jud, Rechtsbehelfe des Käufers im Entwurf eines Gemeinsamen Europäischen Kaufrechts, in: Schmidt-Kessel, Ein einheitliches europäisches Kaufrecht?, 2012, S. 327.

[51] Schulze/Zoll, CESL Commentary, Art. 87 CESL Rn. 2.

[52] Zöchling-Jud, Rechtsbehelfe des Käufers im Entwurf eines Gemeinsamen Europäischen Kaufrechts, in: Schmidt-Kessel, ein einheitliches europäisches Kaufrecht?, 2012, S. 327, 332.

[53] Schmidt-Kessel/Schmidt-Kessel/Kramme, GEK-E Kommentar, Art. 87 GEK-E Rn. 12.

[54] CISG 第 25 条；见 Schlechtriem/Schwenzer/Schroeter, Kommentar zum Einheitlichen UN-Kaufrecht, 6. Aufl. 2013, Art. 25.

[55] Schopper, Verpflichtungen und Abhilfen der Parteien eines Kaufvertrages oder eines Vertrages über die Bereitstellung digitaler Inhalte, in: Wendehorst/Zöchling-Jud, Am Vorabend eines Gemeinsamen Europäischen Kaufrechts, 2012, S. 107, 110; 不同观点见 Schmidt-Kessel/Schmidt-Kessel/Kramme, GEK-E Kommentar, Art. 87 GEK-E Rn. 13.

[56] 同样观点见 Schmidt-Kessel/Schmidt-Kessel/Kramme, GEK-E Kommentar, Art. 87 GEK-E Rn. 12.

▶ GEK 草案第 114 条（因不履行而终止）

（1）当卖方对合同的不履行为第 87 条第 2 款之意义上的重大时，买方可以根据第 8 条终止合同。

（2）如果是消费者买卖合同或者经营者与消费者间关于提供数字内容的合同，则当商品与合同不符，因此存在不履行时，消费者可以终止合同，除非商品与合同不符不显著。◀

根据 GEK 的规定，当商品与合同不符时，同样可以终止消费者买卖合同以及关于提供数字内容的合同，即使该不履行还没有达到重大的程度。但这仅仅关涉不履行的一个变种，即交付与合同不符的商品。在此情况下，只有当与合同不符不显著时（经营者承担举证责任），才不得终止合同。 28

此外，GEK 就某些法律救济规定了不履行的限制性构成要件： 29

▶ GEK 草案第 106 条（买方补救一览）

（……）

（4）如果卖方就不履行不存在过错，买方可以行使第 1 款所述的补救，但履行和损害赔偿请求除外。

（……）◀

GEK 草案对不履行的无过错定义如下： 30

▶ GEK 草案第 88 条（无过错的不履行）

（1）如果处于不履行一方当事人影响领域之外的障碍导致不履行，且不能期待该当事人在合同缔结时已经考虑到该障碍，或者他能够避免或克服该障碍或其后果，则该当事人就义务的不履行无过错。

（2）如果障碍仅暂时存在，则该不履行在障碍存续的时间内无过错。如果迟延构成重大不履行，则另一方当事人可以把该迟延作为重大不履行对待。◀

对英文表述“excusednon-performance”的德文翻译（entschuldigte Nichterfüllung）相当不成功，因为它间接地把“过错”设定为责任前提。但这是不恰当的。当处于债务人控制之外的障碍导致不履行时，才能对债 31

务人免责。这是客观情势，与过错的关系不大。[57]

## 三、第二次履行权

### 1. 现行共同法中就提前取消合同时的保护

32 现行共同体法在两处规定了结束及取消合同的权利，即《消费品买卖指令》第 3 条第 5 款[58]以及《消费者权利指令》第 18 条第 1 分款[59]。

▶《消费品买卖指令》第 3 条（消费者的权利）

（……）

（5）消费者在以下情形中可以要求适当减少买价或者解除合同

——消费者既没有修理请求权也没有更换请求权；或

——卖方未在合理的期间内完成补救；或

——卖方完成补救造成消费者并非不显著的不便。◀

▶《消费者权利指令》第 18 条（交付）

（……）

（2）如果经营者在其与消费者约定的时间，或者在第 1 款所称期间内没有履行其交付商品的义务，则消费者可以要求其在与情势相适应的额外期间内交付。如果经营者在此额外期间内未交付商品，则消费者有权解除合同。

（……）◀

第一种情形是卖方就商品与合同不符而向消费者承担的责任[60]，第二种

---

[57] Schopper, Verpflichtungen und Abhilfen der Parteien eines Kaufvertrages oder eines Vertrages über die Bereitstellung digitaler Inhalte, in: Wendehorst/Zöchling-Jud, Am Vorabend eines Gemeinsamen Europäischen Kaufrechts, 2012, S. 107, 113 f.; Schulze/Zoll, CESL Commentary, Art. 88 CESL Rn. 8.

[58] Grabitz/Hilf/Magnus, Das Recht der Europäischen Union, 40. Aufl. 2009, Sekundärrecht A.15, 1999/44/EG, Art. 3 Rn. 73–78; 也见评注 Grundmann/Bianca/Bianca, EU-Kaufrechts-Richtlinie Kommentar, 2002, Art. 3 Rn. 40–53.

[59] 关于《消费者权利指令》建议案中取消合同的权利见 Zoll, The Remedies für Non-Performance in the Proposed Consumer Rights Directive an the Europeanisation of Private Law, in: Howells/Schulze, Modernising and Harmonising Consumer Contract Law, 2009, S. 279, 285 f.

[60] Grundmann/Bianca/Bianca, EU-Kaufrechts-Richtlinie Kommentar, 2002, Art. 3 Rn. 1–11.

情形则是给付迟延。[61] 在这些情形下始终会出现的问题是，债务人是否能够阻止合同被取消，即使原则上使撤销为正当的构成要件之前提已经满足。对于《消费品买卖指令》而言，这一问题相应地在减价时出现，卖方通过消费者行使减价这一法律救济而获得第二次履行的机会。这两部指令都旨在保护不同制度的类似利益。《消费者权利指令》使用的是宽限期[62] 的法律制度，它使债务人在出现迟延时仍可提供给付。在此背景下使用“第二次履行权”或“补正”的称谓并不恰当，因为还没有提供给付。给付本身也不需要被矫正，尽管债务人可以继续决定排除不履行的状态。《消费品买卖指令》没有关于宽限期的规定。然而，消费者必须要求在适当时间后完成事后交付或者修理。[63] 从技术意义上来说，与其说是第二次履行的“权利”，还不如说是一种“机会”。卖方是否有机会正常地提供给付，取决于消费者。消费者也可以选择事后补充履行的两种类型。卖方自己没有权利进行补正。但是，如果消费者没有要求事后补充履行，则他既不能解除合同也不能减价，除非《消费品买卖指令》第 3 条第 5 款规定的例外介入。第二次履行权在这里被视为经营者与消费者间利益平衡的重要组成部分，因为返还买卖物通常会造成卖方的高额价值损失。[64] 该买卖标的物通常不能再作为新物出售。因此，卖方在维持合同有效并排除与合同不符上存有重大利益。

最近两部新指令建议案也规定了第二次履行权。《在线商品交易指令》 33
中使用的模式与《消费品买卖指令》极为相近：

▶《在线商品交易指令》第 9 条（消费者在与合同不符时的补救）

（……）

3. 在下列情形中，消费者可以根据第 12 条要求按比例减少价款，或者根据第 13 条要求终止合同：

（a）修理或更换不可能或违法，

---

[61] Grabitz/Hilf/Magnus, Das Recht der Europäischen Union, 40. Aufl. 2009, Sekundärrecht A.15, 1999/44/EG, Art. 3 Rn. 8.

[62] Grabitz/Hilf/Magnus, Das Recht der Europäischen Union, 40. Aufl. 2009, Sekundärrecht A.15, 1999/44/EG, Art. 3 Rn. 62; Grundmann/Bianca/Bianca, EU-Kaufrechts-Richtlinie Kommentar, 2002, Art. 3 Rn. 56.

[63] Grundmann/Bianca/Bianca, EU-Kaufrechts-Richtlinie Kommentar, 2002, Art. 3 Rn. 54.

[64] Wagner, Ökonomische Analyse des CESL: Das Recht auf zweite Andienung, ZEuP 2012, S. 797, 809 f.

（b）卖方未在合理期间内进行修理或更换，

（c）修理或更换将给消费者带来显著不便，或者

（d）卖方声明或情势清楚表明，卖方将不会在合理期间内完成商品与合同相符的状态。

（……）◀

34 在远程销售的情况下，由于当事人之间相隔遥远，我们也可以设想至少以逐点的方式补充进第二次履行权。因为，如果首先要求事后补充履行是必要步骤，它将会成为消费者的巨大障碍。但指令建议案的起草者没有决定就不同的利益事态进行区分。

35 这一异议与《数字内容指令建议案》建议案具有更大的关联。[65]

▶《数字内容指令建议案》第 12 条（与合同不符时的补救）

（……）

3. 在下列情形中，消费者可以根据第 4 款要求按比例减少价款，只要是在支付价款的情况下提供数字内容，或者根据第 5 款和第 13 条要求终止合同：

（a）完成数字内容与合同相符的状态不可能、不成比例或违法，

（b）提供方未在第 2 款所称的合理期间内完成与合同相符的状态，

（c）完成数字内容与合同相符的状态将给消费者带来显著不便，或者

（d）提供方声明或情势清楚表明，提供方将不会完成数字内容与合同相符的状态。

（……）◀

在提供数字内容之场合，赋予第二次履行的机会通常没有意义。尤其是涉及大范围使用的软件时，合同立即终止不会给企业带来巨大的额外成本。返还清算也通过电子方式完成。合同标的不会因此受损，也不会产生邮寄费用。至少对于大规模软件（如应用程序）而言，完全放弃第二次履行的必要性是合乎需要的，此时也不必对不符比例的概念做扩张解释，以

[65] Zoll, The remedies in the proposals of the Directive for the Online and Distance Sales Contracts and the Directive on the Supply of Digital Content, EuCML 2016, S. 250-254.

便能够在日常业务中立即终止合同。[66]

### 2. DCFR 中的第二次履行权

在 DCFR 的体系中，第二次履行权构成对所有法律救济的限制，留置权是例外（DCFR 第 III.-3:202 条）[67]： 36

▶ DCFR 第 III.-3:202 条（债务人的补正：一般规则）

（1）债务人可以提出新的、无瑕疵的要约，只要这在给付时间内可能。

（2）如果债务人未在给付时间内提出新的、无瑕疵的要约，但是在接到瑕疵通知后立即提出在合理期间内自费予以补正，则不得在不给债务人提供补正瑕疵的合理期间的情况下，对债务人行使除留置权之外的不履行法律救济。

（……）◀

### 3. GEK 中的第二次履行权

自 DCFR 诞生以来，合同当事人之间利益平衡的方式可以被看作现行共同体法牢固的组成部分。人们在制定 GEK 建议案时作了不同的尝试。在欧盟委员会提交的版本中，消费者买卖时的第二次履行权被完全放弃。[68] 由此，消费者在不履行的场合可以行使其权利，而无需顾及卖方的补正准备（GEK 草案第 3 条）。[69] 但是，GEK 建议案为经营者合同规定了第二次履行权[70]： 37

---

[66] Zoll, The remedies in the proposals of the Directive for the Online and Distance Sales Contracts and the Directive on the Supply of Digital Content, EuCML 2016, S. 250-254.

[67] 为此见 v. Bar/Clive (Hrsg.), DCFR Full Edition, S. 835–838; Zoll, Entwurf für einen Gemeinsamen Referenzrahmen, in: Gebauer/Teichmann (Hrsg.), Europäisches Privat- und Unternehmensrecht, 2016, Rn. 108.

[68] Zoll, Das Dienstleistungsrecht im Vorschlag für ein Gemeinsames Europäisches Kaufrecht, in: Schulte-Nölke ua, Der Entwurf für ein optionales europäisches Kaufrecht, 2012, S. 279, 284; MacQueen/Dauner-Lieb/Tettinger, Specific Performance and Right to Cure, in: Dannemann/Vogenauer, The Common European Sales Law in Context, 2013, S. 612, 643.

[69] Schmidt-Kessel/Zöchling-Jud, GEK-E Kommentar, Art. 106 GEK-E Rn. 6; Schulze/Zoll, CESL Commentary, Art. 106 CESL Rn. 3.

[70] 同脚注 69。

▶ GEK 草案第 106 条（买方补救一览）

（……）

（2）如果买方是经营者，则适用如下规则：

（a）除了给付留置外，买方的补救权利在卖方根据第二节就不履行予以补正的前提下存在，以及

（b）买方诉诸与合同不符的权利应当以第七节的审查和告知义务为前提。

（3）如果买方是消费者，则适用如下规则：

（a）买方权利的存在与卖方就不履行的补正无关，以及

（……）◀

GEK 放弃了消费者买卖情形下的第二次履行权，这种做法招来尖锐的批评。[71] 它被视为消费者过于强大的特权。如果商品是按照消费者的个人需求所量身定制的，在此情况下就会对经营者造成不适当的困境。因为消费者终止合同就意味着经营者的全损，他不能再利用被返还的商品。但是，消费者在补正方面的强大特权也以这种权衡为基础，即如果在跨境交易中出现了与合同不符的情形，那么与国外卖方关于补正的沟通会颇为困难，这将导致消费者通常会完全放弃这种跨境交易。

38 GEK 就安装和装配规定了例外。根据相应规定，服务提供方不能通过补正的要约来阻止消费者根据 GEK 建议案所享有的法律救济。安装和装配被认为与买卖合同具有密切关联，通过这种方式，人们不想通过“后门”引入第二次履行权。

▶ GEK 草案第 155 条（顾客的补救）

（……）

2. 在不影响第 3 款的情况下，顾客享有的补救的适用以服务提供方的补正权利为前提，而不论该顾客是否为消费者。

3. 如果在消费者合同之场合出现第 101 条意义上的不适当的安装或装

[71] Wagner, Ökonomische Analyse des CESL: Das Recht auf zweite Andienung, ZEuP 2012, S. 797, 825; Zoll, Das Dienstleistungsrecht im Vorschlag für ein Gemeinsames Europäisches Kaufrecht, in: Schulte-Nölke ua, Der Entwurf für ein optionales europäisches Kaufrecht, 2012, S. 279, 284.

配，则消费者的补救不受制于服务提供方的补正之保留。◀

## 四、债权人的法律救济

### 1. 履行

#### （1）总览

（a）如果合同一方当事人不履行其给付义务，则另一方当事人享有作为法律救济手段的履行请求权。PECL 为欧洲合同法勾勒出把履行请求权视为法律救济的理念。[72] 该理念主要通过《消费品买卖指令》进入了现行共同体法。GEK 则以扩展的形式通过 GEK 草案第 106 条和第 131 条以及第 155 条和第 157 条，把这一理念分别加诸买卖法和相关的服务。 39

▶《消费品买卖指令》第 3 条（消费者的权利）

（……）

（2）在与合同不符的情况下，消费者有权要求通过第 3 款规定的修理或更换使消费品与合同相符，而不必支付费用，或者要求减价，或者根据第 5 款和第 6 款的标准就所涉消费品取消合同。

（3）消费者可以首先要求卖方免费修理消费品或免费更换，只要这并非不可能或不符合比例。

（……）◀

▶ GEK 草案第 106 条（买方补救一览）

（……）

（1）如果卖方没有履行义务，则买方可以

（a）根据第三节要求履行，包括相关义务的履行、商品或数字内容的修理和更换，

（……）◀

---

[72] PECL 第 9:101 条和第 9:102 条分别在把金钱债务和非金钱义务的情况下，把履行请求权规定为债权人在面对不履行时的首个法律救济手段；DCFR 第 III.-3:301 条和第 III.-3:302 条的方式相同，但细节有差别。

40 对于不履行的部分领域，即交付与合同不符的商品造成不良履行，《消费品买卖指令》作了限制规定，即仅以修理或更换的形式赋予了要求事后补充履行的权利。就此而言，该指令把事后补充履行看作可以执行的权利，把事后补充履行请求视为债权人的法律救济手段。但没有明确的是，在交付与合同不符的商品之前，是否已经存在给付请求权（以及与之相应的——在一系列内国法概念中的——对出自合同的第一性和第二性履行请求权的区分）。普通法法系原则上不认可第一性履行请求权，而民法法系则相反，指令通过其限制使其关于事后补充履行的条文能够纳入这两大法系中。

41 （b）相反，作为独立规则体并以尽可能完整的买卖合同法为取向的 GEK 必须在此问题上作出决断，它已经走上了上述在欧盟成员国法律传统里的中间道路。[73] 不同于普通法，GEK 没有在原则上放弃可通过法院执行的履行请求权。但是又不同于大部分欧陆国家法律传统的是，GEK 没有将其规定为债权人第一性的合同权利，而是仅仅作为不履行时的一种法律救济。[74] 因此，对于债务人应履行的合同义务，GEK 没有为债权人设置相对应的"第一性"权利，即要求履行义务。相反，在不履行的情况下，要求履行可执行的权利才被视为多个"补救"可能性之一。从这一路径出发，GEK 把履行纳入法律救济的目录，并在此把事后补充履行列为履行的一种类型。这在 GEK 草案第 106 条第 1 款得到体现，该条在字母 a 下把履行列在买方"补救"清单的首位并阐明，此处的履行"包括修理或更换商品或数字内容"。GEK 由此也不同于《联合国国际货物销售合同公约》，因为后者原则上根据欧陆法律模式承认履行请求权，普通法传统仅仅由 CISG 第

[73] 见本书第五章边码 1。

[74] Lorenz, Das Kaufrecht und die damit verbundenen Dienstverträge im Common European Sales Law, AcP 212 (2012), S. 702, 757; Weller, Die Struktur des Erfüllungsanspruchs im BGB; Common Law und DCFR – ein kritischer Vergleich, JZ 2008, S. 764 f.; Zoll, The Remedies of Non-Performance in the Proposed Consumer Rights Directive and the Europeanisation of Private Law, in: Howells/Schulze, Modernising and Harmonising Consumer Contract Law, S. 279 f.; Zoll, The Influence on the Chosen Structure of the Draft for the Optional Instrument on the Functioning of the System of Remedies, in: Schulze/Stuyck, Towards a European Contract Law, 2011, S. 151 f.; Schulze/Zoll, CESL Commentary, Art. 106 Rn. 1 f.; 关于德国法中把最初的履行请求权改造为瑕疵担保范畴内的事后补充履行请求权见 Looschelders, Schuldrecht BT, 11. Aufl. 2016, Rn. 84; 相反的观点见 Schlechtriem/Schmidt-Kessel, Schuldrecht AT, 6. Aufl. 2005, Rn. 465, 即德国新债法中的履行请求权也不是第一性请求权，而只是法律救济。

28 条的特殊规定来体现。[75]

根据 GEK 草案第 106 条第 1 款的规定，作为债权人之法律救济的履行请求权的基础前提是义务的不履行。因此，与消费者法领域的指令条款相比，GEK 使用了总体性的概念：《消费品买卖指令》第 3 条第 2 款只规定了所交付商品与合同不符条件下的事后补充履行[76]；而《消费者权利指令》第 18 条第 2 款规定的不交付是不履行的特殊形式。[77] 但 GEK 通过其宽泛的不履行概念，既把不良给付的所有类型又把给付的欠缺收入囊中。[78]GEK 中不履行的一般概念既被用于买卖双方的义务，也被用于服务提供方及其顾客的义务（GEK 草案第 106 条、第 131 条、第 155 条和第 157 条）。[79] 42

通过普通法系和大陆法系之间的"第三条道路"，GEK 尽管只保障作为不履行之法律救济的履行请求权；但是这一法律救济涉及面很广，原则上包括不履行的所有类型。GEK 没有像《消费品买卖指令》那样，仅仅把该法律救济视为消费者保护机制，它还把此概念加诸经营者之间的合同。但是，对于消费者合同和经营者之间的合同，GEK 没有就所有问题安排统一的法律救济。仅在经营者合同的情况下，债务人有补正以及"第二次履行"的权利[80]，债权人就与合同不符的给付有检查和告知义务（GEK 草案第 106 条第 2 款和第 3 款）。此外，仅在消费者合同之场合，债务人就与合同不符的给付才有权在修理和更换中做出选择（GEK 草案第 111 条）。 43

---

[75] 见 Kröll/Mistelis/Perales Viscasillas, CISG, 2011, Art. 28 CISG Rn. 1 f.; Schlechtriem/Schwenzer/Müller-Chen, Kommentar zum Einheitlichen UN-Kaufrecht, 6. Aufl. 2013, Art. 28 CISG Rn. 1 f.; Schlechtriem/Butler, UN Law on International Sales, 2009, Rn. 103; Schlechtriem/Schroeter, Internationales UN-Kaufrecht, 5. Aufl. 2013, Rn. 338.

[76] 对此详述 Grundmann/Bianca/Grundmann, EU-Kaufrechts-Richtlinie Kommentar, 2002, Art. 2 Rn. 1–7; Magnus, Consumer Sales and Associated Guarantees, in: Twigg-Flesner, European Union Private Law, 2010, S. 243, 249–251; Schulte-Nölke/Twigg-Flenser/Ebers (Hrsg.), EC Consumer Law Compendium, 2008, S. 420; Schwartze, Sachprobleme für die Umsetzung aus Genese, Inhalt und Dogmatik, in: Schermaier (Hrsg.), Verbraucherkauf in Europa, 2003, S. 127, 135–138.

[77] 《包价旅游指令》也认可不履行时的请求权可能，参见《包价旅游指令》第 4 条第 6 款。

[78] Schmidt-Kessel, Der Torso des allgemeinen Leistungsstörungsrechts, Artt. 87–90 GEKR, in: Schmidt-Kessel, Ein einheitliches europäisches Kaufrecht?, 2012, S. 287, 292; Schopper, Kaufverträge, in: Wendehorst/Zöchling-Jud, Am Vorabend eines Gemeinsamen Europäischen Kaufrechts, 2012, S. 108 f.; Schulze/Zoll, CESL Commentary, Art. 87 Rn. 3.

[79] 见本书第五章边码 18。

[80] 见边码 32 至 37。

44 （c）欧盟委员会《数字内容指令建议案》建议案放弃了关于不履行的总体规定。相反，它一方面在第5条、第10条a和第11条规定了提供方提供数字内容的义务以及其对“未完成的提供”——也就是给付欠缺或不给付——的责任，并为之明确消费者可以立即终止合同的法律后果。另一方面，它分别在第6条、第10条b、c及第12条确定了与合同相符的前提，提供方就与合同不符——也就是不良给付的责任以及与合同不符时——的补救措施。这种双轨制安排对应于不给付以及不良给付之法律后果的不同规定，且有助于清晰地将之呈现出来。但是，对于不良给付，《数字内容指令建议案》不仅在与合同不符的概念方面遵循了《消费品买卖指令》勾勒并由GEK延续的路径，它还借鉴了《消费品买卖指令》中的法律救济目录，并从中采纳了完成与合同相符之状态的优先性，也就是把事后补充履行作为优先的法律救济措施（《数字内容指令建议案》第12条第1款）。买卖法中事后补充履行的两个选择（修改或更换）没有被采纳，因为指令考虑到了提供数字内容与交付物之间的差异。《数字内容指令建议案》也没有用符合提供数字内容之不履行特点的补救选择或示例来替换上述两者，它满足于一般性地规定免费完成数字内容与合同相符的状态之请求权。

▶《数字内容指令建议案》第12条（与合同不符时的补救）

（1）在与合同不符时，消费者有权要求数字内容与合同相符，而不必支付费用，除非这不可能实现、不合乎比例或违法。如果完成数字内容与合同相符的状态给提供方造成的成本不适当，则它应被视为不合乎比例。在评判成本是否不适当时应当考虑：

（a）具有与合同相符的数字内容应有的价值，以及

（b）与合同不符对于使用同种数字内容通常所追求之目的的实现的意义。

（2）提供方应当在其被消费者告知与合同不符后的合理期间内，根据第1款使数字内容与合同相符，并不得给消费者造成重大不便，在此应考虑数字内容的类型以及消费者使用数字内容的目的。

（……）◀

### （2）前提与排除事由

45 （a）在现行共同体法中，（事后）履行请求权以与合同不符为前提，《消

费品买卖指令》第3条第2款和第3款为此提供了基本模板。在最新的发展中，尤其是《数字内容指令建议案》的第12条第1款遵循了此范例，它用几乎与《消费品买卖指令》相同的字句规定，当给付与合同不符时，消费者有权要求给付与合同相符，而不必支付费用。它在此处仅仅用数字内容状态代替了消费品。

相反，GEK草案第87条第1款中关于不履行的宽泛概念被用作履行义务请求权的前提。如果根据此一般性条文的不履行之前提存在，则债权人原则上可以按照GEK草案第110条及以下、第132条、第155条第1款a、第157条第1款a要求另一方当事人履行，只要不存在下文将讨论到的限制事项。如果不是消费者合同，则还应考虑到关于补正的条文。[81] 46

▶ GEK草案第10条（对卖方履行义务之要求）

（1）买方有权要求卖方履行义务。

（2）可被要求之履行包括在给付与合同不符时的免费补救。

（3）在下列情况中不得要求履行

（a）履行是为不能或变成违法，或者

（b）履行与买方通过履行所得之益处相比成本过高或花费甚巨。◀

（b）和其他法律救济措施一样，如果债权人自身造成了不履行，则他不得要求履行。在现行共同体法中，《消费品买卖指令》第2条第3款是对该原则的特别设计。该条规定，当与合同不符归因于消费者提供的材料时，则根据本条不视为与合同不符。其结果是，消费者根据《消费品买卖指令》第3条享有的事后补充履行、减价和取消合同的权利在此情况下不成立。《包价旅游指令》第14条第3款a对损害赔偿的排除也出于类似的理念。GEK草案第106条第5款把现行共同体法中的这一路径总结为一般性规则，即如果买方导致卖方的不履行，则买方不得行使其根据本条原则上享有的法律救济。与《消费品买卖指令》不同的是，GEK没有从构成要件上排除不履行以及与合同不符，它只是限制了法律救济的行使。[82] 此外， 47

---

[81] GEK草案第109条、第155条第2款和第3款；对此见边码54。

[82] Zöchling-Jud, Rechtsbehelfe des Käufers im Entwurf eines Gemeinsamen Europäischen Kaufrechts, in: Schmidt-Kessel, Ein einheitliches Europäisches Kaufrecht?, 2012, S. 330.

GEK以类似的方式否认了债权人要求履行的权利（以及损害赔偿，但不涉及其他法律救济途径），只要不履行就可以根据GEK草案第88条免责（GEK草案第106条第4款）。[83]但是与《消费品买卖指令》相比，在消费者合同之场合排除就可免责之不履行的履行请求，会弱化消费者的地位，因为根据指令规定，卖方并不能因为这样一种免责而从其事后补充履行的义务中解脱出来。

48 （c）履行请求权的其他限制包括：与“不可能即无义务”（impossibilium nulla obligatio est）原则相应的不能[84]以及违法（只要“法律上的不能”不包括在履行不能的概念之中）和不合比例。《消费品买卖指令》第3条第3款也是欧洲合同法的基本模板。根据该条文，消费者可以要求（修理或更换形式的）事后补充履行，“只要它不是不可能或不合比例的”。一个补救手段是否不合比例的判断准则是，在与其他补救可能性相比并且考虑多个标准的情况下，它给另一方当事人造成的成本是否不符合比例。

▶《消费品买卖指令》第3条（消费者的权利）

（……）

（3）消费者可以首先要求卖方免费修理消费品或免费更换，只要这并非不可能或不符合比例。

当补救手段给卖方造成成本如下时，它不符合比例：

——有鉴于消费品没有与合同不符时本应具有的价值，

——并考虑到与合同不符的意义，以及

——经过对此问题的权衡，即是否可以使用其他救济手段，而不会给消费者造成显著不便，该成本与其他补救可能性相比不成比例。

修理和更换应当在合理期间内完成，并不得给消费者造成显著不便，在此应当考虑消费者使用消费品的目的。

（……）◀

49 GEK从现行欧盟法中提取了不能和不合比例的概念，但又在其第110条第3款和第111条试图进一步区分。GEK草案第110条第3款a把不能

---

[83] 见边码35。

[84] Dig. 50, 17, 185.

和违法规定为履行请求权的一般性限制。被囊括在内的既有合同缔结时的不能（自始不能），也有合同缔结后出现的不能（嗣后不能）。根据本条的文义，违法仅指合同缔结后出现的违法情形（“变得违法”）。[85] 如果某合同根据内国法律在合同缔结时就已经违法，那么 GEK 的可适用性就很有问题，因为合同的无效同样牵涉到关于适用 GEK 的约定。[86] 履行请求的排除分别涉及出于合同的各个义务，即该义务之履行不能或违法，但是不涉及作为整体的合同。因此，其他义务应当继续履行，并在必要时加以调整。[87] 根据 GEK 草案第 110 条第 3 款 b 的规定，当履行与债权人的利益相比成本过高或花费甚巨时，这种不合比例是排除履行请求权的事由。该条原则上涉及所有类型的履行，包括事后补充履行。应当与履行花费相比较的不是其他法律救济措施的花费，而仅仅是买方通过履行将得到的益处。[88] 与 GEK 草案第 110 条不同，GEK 草案第 111 条规定了消费者合同场合下对所选几类事后补充履行的排除。这种所谓的“相对不合比例”按照《消费品买卖指令》第 3 条第 3 款的范式限制了消费者在修理和更换之间的选择权。除此之外，根据 GEK 草案第 110 条第 3 款 b 的标准，履行的“绝对不合比例”是否也适用于消费者合同是有疑问的。[89] 假如适用，则将根据 GEK 对消费者合同进行两个阶段的审查：首先审查所选的履行类型（即修理或更换）是否合比例；然后审查给付与买方利益相比是否合比例。

（d）在服务领域，不能和不合比例也构成（事后）履行请求权的界限， 50
例如《包价旅游指令》第 13 条第 3 款关于履行给付的规定。旅游组织方在旅游给付与合同不符时有义务排除瑕疵，但在履行此义务为不能或带来不合比例的成本时，义务排除。在判断是否不合比例时应考虑瑕疵的范围以及未履行给付的价值。欧盟委员会《数字内容指令建议案》也规

[85] 不同于 DCFR 第 III.-3:302 条第 3 款 a。

[86] 关于类推适用 GEK 草案第 110 条第 3 款 a 的可能性见 Schulze/Zoll, CESL Commentary, Art. 110Rn. 14; 对该条的批评也见 Lorenz, Das Kaufrecht und die damit verbundenen Dienstverträge im Common European Sales Law, AcP 212 (2012), S. 702, 759 f.

[87] Schulze/Zoll, CESL Commentary, Art. 110 Rn. 10, 16.

[88] Faust, Das Kaufrecht im Vorschlag für ein Gemeinsames Europäisches Kaufrecht, in: Schulte-Nölke ua, Der Entwurf für ein optionales europäisches Kaufrecht, S. 251, 257.

[89] 对于《消费品买卖指令》见欧洲法院 2011 年 6 月 16 日判决，Rs C-65/09 (Gebr. Weber und Putz), Slg 2011, I-5257; 关于 GEK 见 Lorenz, Das Kaufrecht und die damit verbundenen Dienstverträge im Common European Sales Law, AcP 212 (2012), S. 702, 763.

定，在与合同不符时免费完成与合同相符的状态以可能、合乎比例以及不违法为限。它还规定不合比例的判断标准是，成本对提供方而言是不合理的（《数字内容指令建议案》第 12 条第 1 款以及关于应予关注的方面的详细规定）。就此而言，不能和不合比例是欧洲合同法中履行请求权的界限，它不但适用于买卖合同，而且适用于服务合同。《Acquis 原则》已经相应地提出了一般性规则，但该规则还关注了应亲自履行的特殊性。

▶《Acquis 原则》第 8:202 条（不指向金钱的义务）

（……）

（3）不得请求履行，只要：

（a）履行违法或不能；

（b）履行极为困难或费用高昂；或者

（c）由于给付的人身性质而不能期待强制履行。

（……）◀

### （3）事后补充履行

51 （a）当给付与合同不符表现为不履行时，买方有权要求免费的补救。这一原则在现行欧盟法中主要出自关于消费者买卖合同的《消费品买卖指令》第 3 条第 2 款和第 4 款，此外还包括如《包价旅游指令》第 13 条第 3 款和第 5 款。《Acquis 原则》把该原则视为债权人之履行请求权的一种具体化。据此，当没有按照规定提供给付时，履行还包括一种免费的补救（与 ACQP 第 8:2012 条、DCFR 第 III.-3:302 条第 2 款类似）。GEK 草案第 110 条第 2 款相应地确定，在给付与合同不符之场合，履行包括免费的补救。根据关于《消费品买卖指令》的判决，[90] 免费的概念包括为达到与合同相符的状态所必需的费用（例如寄送费用，但也包括安装和拆卸费用）。

52 免费补救请求权还排除买方对此价值的补偿义务，即买方使用该与合同不符并因此应予替换的买卖物，直到交付替换物。这一结论首先备受质疑，因为《消费品买卖指令》的立法理由说明，成员国可以规定，通过减

[90] Urteil des EuGH v. 16.6.2011, Rs C-65/09 (Gebr. Weber und Putz), Slg 2011, I-5257.

少退款来弥补对商品的使用。[91]但是欧洲法院在Quelle一案的判决[92]中明确，对于交付替换物之前的使用，都应排除这种价值补偿：

▶欧洲法院2008年4月17日判决，RsC-404/06 (Quelle), Slg 2008, I-2685

欧洲议会和理事会1999年5月25日《关于消费品买卖和消费品担保的第1999/44/EWG指令》的第3条应当解释如下：在卖方交付与合同不符的消费品的情况下，如果成员国的规则允许卖方要求买方在新的消费品更换前就使用与合同不符的消费品的价值进行补偿，则该规则违背指令第3条。◀

欧洲法院在Weber/Putz一案的判决[93]中明确，《消费品买卖指令》第3条规定的免费补救请求权也包括了安装和拆卸费用的补偿。在本案中，双方当事人都没有过错，因此不考虑补偿该费用与过错相关的请求权。但是欧洲法院认为其正当的原因尤其在于，卖方在事后补充履行请求权的范围内应当承担安装和拆卸费用，因为如果一开始就提供与合同相符的给付，就不会产生此类费用。GEK却没有对此作出明确规定。GEK草案第112条第1款规定了卖方在替代交付时以自己的费用取回待替换的物品，这既是卖方的权利也是其义务。由此，该条对取回待替换物品时的免费补救请求权予以具体化。但尚不明确的是，如欧洲法院对Weber/Putz一案的判决那样，该条规则是否也包括安装和拆卸费用。[94]在欧洲法院关于Quelle一案的判决[95]之后，GEK草案第112条第2款排除了买方在替代交付之前因使用待替换物的价值补偿责任。[96] 53

（b）《消费品买卖指令》让成员国自行决定是否给事后补充履行请求权规定一个额外的前提，即买方在确定与合同不符之后的两个月内告知卖方（《消费品买卖指令》第5条第2款）。一些成员国使用了这个选择 54

[91]《消费品买卖指令》立法理由第15项。

[92] Urteil des EuGH v. 17.4.2008, Rs C-404/06 (Quelle), Slg 2008, I-2685.

[93] Urteil des EuGH v. 16.6.2011, Rs C-65/09 (Gebr. Weber und Putz), Slg 2011, I-5257.

[94] 详述见Kroll-Ludwigs, Ein optionales Vertragsrecht für Europa, GPR 2012, S. 181, 185 f.; Lorenz, Das Kaufrecht und die damit verbundenen Dienstverträge im Common European Sales Law, AcP 212 (2012), S. 702, 764 f.; Weller, Die „Abhilfen" des Käufers im Kommissionsvorschlag für ein Gemeinsames Europäisches Kaufrecht: Neujustierung des Nacherfüllungsanspruchs im Rechtsvergleich, GPR 2012, S. 173, 179.

[95] Urteil des EuGH v. 17.4.2008, Rs C-404/06 (Quelle), Slg 2008, I-2685.

[96] 但是根据GEK草案第108条，此规则仅对消费者合同是强行性的。

权，把告知义务加诸消费者买卖合同的买方，而另一些成员国则未有此规定。[97]GEK 完全排除了消费者买卖合同情形中的检查和告知义务（GEK 草案第 106 条第 3 款 b）。因此，与现行共同体法迄今为止的规定相比，GEK 在这一问题上作出了更有利于消费者的选择。相反，在经营者合同之场合，GEK 与 CISG 第 38 条、第 39 条[98]原则上一致，规定了与合同不符时的检查和告知义务。[99]但是在德国法术语上，它不是义务，而是不真正义务（Obliegenheit），因为另外一方对此没有履行请求权。GEK 草案第 122 条的告知义务应当使卖方能及时应对可能的瑕疵担保请求权，并在必要时提出补正（参见 GEK 草案第 109 条）。[100]

55 GEK 就经营者合同规定的检查和告知义务是两种不同的法律行动，应当始终单独予以讨论。与此相应，GEK 分别规定了这些义务的重要前提、期间以及必要时的例外（GEK 草案第 121 条、第 122 条）。GEK 第 121 条规定的检查期间很短，且视具体情势而定，但最长为 14 日——这与《联合国国际货物销售合同公约》的规定不同。应予考量的重要的情势包括商品的种类和检查的方式。因此，对易腐烂商品的检查期间通常应当远远短于对机器的检查期间。[101]最长期间从给付交付时起算，[102]但是在运输在途买卖（Beförderungskauf）之场合，GEK 草案第 121 条第 2 款规定该期间自商品抵达指定地点时才开始计算。然而，这一最长期间的确定极有问题，特别是当买卖标的物需要复杂的检查时[103]（例如，首先要聘请专家来检查）。GEK 草案第 122 条第 1 款关于与合同不符时的告知的规定参考了 CISG 第

[97] Twigg-Flesner, Verbrauchsgüterkaufrichtlinie, in: EG-Verbraucherrechtskompendium, S. 731 f.

[98] 关于在具体情形中（部分不同的）安排见 Magnus, CISG vs. CESL, in: Magnus, CISG vs. Regional Sales Law Unification, 2012, S. 97, 118 f.

[99] Janssen, Die Untersuchungs-und Rügepflicht im deutschen, niederländischen und internationalen Kaufrecht, 2001; Schlechtriem/Schwenzer/Schwenzer, Commentary on the UN Convention on the International Sale of Goods (CISG), 3. Aufl. 2010, Art. 38 CISG Rn. 6.

[100] 关于检查和告知义务之功能的详述 Faust, Das Kaufrecht im Vorschlag für ein Gemeinsames Europäisches Kaufrecht, in: Schulte-Nölke ua, Der Entwurf für ein optionales europäisches Kaufrecht, S. 251, 270 f.; Wiese, Prüfungs- und Mitteilungspflichten nach Artt. 121, 122 GEKR, in: Schmidt-Kessel, Ein einheitliches europäisches Kaufrecht?, 2012, S. 401.

[101] Schlechtriem/Schwenzer/Schwenzer, Commentary on the UN Convention on the International Sale of Goods (CISG), 3. Aufl. 2010, Art. 38 CISG Rn. 16.

[102] 但提前给付时的期间起算仍不清楚，Schmidt-Kessel/Wiese, Art. 121, 122 GEK-E Rn. 14.

[103] 也见 Schmidt-Kessel/Wiese, GEK-E Kommentar, Art. 121, 122 GEK-E Rn. 20–23.

39 条第 1 款，即根据具体情况，告知应当为卖方考虑其反应提供充分的基础。[104] 期间自交付商品或者自买方确认或应当确认与合同不符时起算，以两者中较晚的时间为准。[105] 在审查是否为“合理”时，需要对情势进行整体考量，例如商品的种类、交易习惯等。[106] 为了不使时间上无限制的、与合同不符相关的请求权给卖方造成负担，GEK 草案第 122 条第 2 款规定了一个失权期间（Präklusionsfrist），买方应当在商品交付后的两年内告知与合同不符，否则失去援用与合同不符的权利。[107] 如果买方没有在规定期间内履行其检查和告知义务，则排除其瑕疵担保权利。但是，在未履行告知义务时对法律补救的排除仅仅服务于善意的卖方。因此，GEK 草案第 122 条第 6 款规定，如果卖方知道或应当知道导致与合同不符的事实，但没有向顾客披露，则他不能援用告知义务未得履行。[108]

（c）买卖合同之场合下就与合同不符之给付的补救可以考虑修理或更换。GEK 草案第 111 条第 1 款中“修理”和“更换”的一对概念与《消费品买卖指令》第 3 条第 2 款中对这一选择可能的称呼相联系。[109]《消费品买卖指令》第 3 条第 3 款赋予消费者在这两种补救措施中进行选择的权利。就此而言，消费者保护的目的优先于这一经济上的效率衡量，即卖方通常最有可能知道补救的最适当手段。[110] 但是，《消费品买卖指令》第 3 条第 3 款覆盖了不能与不合比例的边界，并借助三个标准来对不合比例的判断予以具体化，以便和其他选择可能进行比较：与合同相符时的消费 56

---

[104] Staudinger/Magnus, CISG, 2005, Art. 39 CISG Rn. 21.

[105] 如果部分交付的不交付导致与合同不符，则买方没有告知义务，只要买方有理由认为，未交付的商品仍将被交付（GEK 草案第 122 条第 5 款）。

[106] CISG 也有类似规定，参见 Schlechtriem/Schwenzer/Schwenzer, Kommentar zum Einheitlichen UN-Kaufrecht, 6. Aufl. 2013, Art. 39 CISG Rn. 16.

[107] 但是，如果双方就商品的使用约定了一个时间框架（如机器将运行 5 年时间），则根据 GEK 草案第 122 条第 3 款不适用该除斥期间。GEK 草案第 122 条第 4 款规定了另一个例外，它关涉 GEK 草案第 102 条的第三人权利或请求权。

[108] 关于该条文的问题的详述 Schmidt-Kessel/Wiese, GEK-E Kommentar, Art. 121, 122 GEK-E Rn. 39–44.

[109] 关于该概念的定义参见《消费品买卖指令》第 1 条第 2 款 f; Kuba, Nacherfüllung, in: Handwörterbuch Bd. II, 2009, S. 1090 f.; Magnus, Consumer Sales and Associated Guarantees, in: Twigg-Flesner, European Union Private Law, S. 252 f.

[110] Schulze/Zoll, CESL Commentary, Art. 111 Rn. 4, 5; 也参见 Faust, Das Kaufrecht im Vorschlag für ein Gemeinsames Europäisches Kaufrecht, in: Schulte-Nölke ua, Der Entwurf für ein optionales europäisches Kaufrecht, S. 251, 258 f.

品价值；与合同不符的意义；以及其他补救是否不会给消费者造成显著不便的衡量。[111]在消费者合同之场合，关于赋予买方以选择权以及确定选择权的界限，GEK基本上采纳了《消费品买卖指令》的模式。但是，通过对GEK草案第111条的反推可知，在经营者合同之场合，选择权被赋予了卖方。根据GEK草案第111条第1款的规定，在消费者合同之场合，除了不能和不合比例，违法也是排除选择权的事由（类似于GEK草案第110条第3款，但并非涉及全部履行，而只是涉及各个选择可能）。[112]关于消费者合同，在确定关于修理和更换的选择权的法律性质以及两个选择可能之间过渡的后果时，应当考虑到，《消费品买卖指令》和GEK中相应条文以消费者保护为目标。在此方面这一结论似乎是恰当的：如果卖方尚未开始消费者最初选择的补救措施，并且还没有就此作出任何具体的支持举动，那么在任何情况下都应当允许消费者撤回最初的决定，并转而选择另一种可能。[113]

57 （d）《消费品买卖指令》规定事后补充履行优先于合同终止及减价[114]，但是GEK仅为经营者合同规定了这一顺序，对消费者合同并不适用。[115]因此，在GEK的框架内，消费者原则上有权在这些法律救济手段中选择，尤其不必为终止合同而设定履行宽限期。这一有利于消费者的规定考虑到了这样一种情况，即《消费品买卖指令》中的法律救济手段的“层级”仅仅是最小协调化的安排，在一些成员国中有赋予消费者以立即终止合同权利的不同规定。[116]但根据GEK的规则，如果买方要求以修理或更换的形式进行事后补充履行，他就必须给经营者以合理的期间来完成该要求，以免消费者要求终止合同或减价使得经营者事后补充履行的努力白费。因此，

---

[111] 见边码48。

[112] 见边码49和50。

[113] 就此参见Schulze/Zoll, CESL Commentary, Art. 111 Rn. 4 f.; 德国法中相应规定如《德国民法典》第439条第1款（转化《消费品买卖指令》第3条第3款），主流理论认为不存在可选择的竞合，也不存在选择之债；买方在卖方事后补充履行之前享有选择变更权（*ius variandi*），只要他没有滥用该权利，参见Bamberger/Roth/Faust, BGB, 2. Aufl. 2012, § 439 Rn. 8–10 mwN.

[114] 边码65。

[115] 对此详述见边码37和38。

[116] 例如，英国1979年《商品买卖法》（Sale of Goods Act）的第35条部分地被2015年《消费者权利法》（Consumer Rights Act）的第20条和第22条所取代。

根据 GEK 草案第 111 条第 2 款，事后补充履行的要求冻结了消费者的其他法律救济途径，除非经营者未在最长 30 日的合理期间内执行消费者所要求的救济手段。[117] 该期间自向卖方告知修理或更换要求时起算，在此期间内就其他法律救济措施的行使没有效力。[118]

## 2. 留置

### （1）总览

除要求履行外，关于欧洲合同法的立法草案还规定了债权人留置其给付的权利，作为另一个法律救济手段。[119]PECL 第 9:201 条以及 DCFR 第 III.-3:401 条为欧洲合同法勾勒出留置权的轮廓，[120]但是在《消费品买卖指令》中却未有规定。由于 GEK 始终把买方和卖方的法律补救分开规定，所以买方和卖方的留置权也被对称地安排在两个条文中，其内容一致（GEK 草案第 113 条和第 133 条）。[121] 留置被限制在处于双务关系中的给付义务（即给付和对待给付处于相互关系中并因此互相依存[122]）。[123]在经营者合同之场合，留置权也是唯一一个不受制于补正的法律救济措施。[124] 此外，根据 GEK 草案第 106 条第 6 款，留置权原则上可以和其他补救手段一并使用。从 GEK 草案第 113 条第 1 款的文义可知，留置与债务人的给付履行相关，由此可默示地提出事后补充履行请求。但是，留置权也可以和减价以及合同终止请求权一并使用。 58

[117] 对该条文宽泛措辞的批评以及赞同在迟延损害赔偿方面的限制性解释 Zöchling-Jud, Rechtsbehelfe des Käufers im Entwurf eines Gemeinsamen Europäischen Kaufrecht, in: Schmidt-Kessel, Ein einheitliches europäisches Kaufrecht?, 2012, S. 307, 334.

[118] 根据 GEK 草案第 111 条第 2 款第 2 句的规定，只要未进行事后补充履行，消费者在此期间内就可以留置其给付。但是，由于 GEK 第 109 条第 3 款的准用，在此期间内终止合同的表示被认为仅具有暂停效果，因此，在期间结束时，合同终止的效果直接出现，Schulze/Zoll, CESL Commentary, Art. 111 Rn. 19.

[119] 把留置权划归为法律救济的做法至少不符合德国法的认知。《德国民法典》第 273 条把留置权规定为抗辩。因此，有鉴于 GEK 的结构，把留置权划归为“可免责的不履行”可能与体系更为相称。

[120] 功能上类似于 CISG 第 58 条。

[121] 欧洲议会追求消费者买卖场合下的全面的留置权，见 Stellungnahme EP vom 26.2.2014, Abänderung 200, S. 160.

[122] MünchKomm/Emmerich, 7. Aufl. 2016, Vorb. § 320 BGB Rn. 13 ff.

[123] Schulze/Zoll, CESL Commentary, Art. 113 Rn. 2.

[124] GEK 草案第 106 条第 2 款 a。

### （2）构成要件

59 GEK为两种不同的情形规定了留置权：一是债权人和债务人同时（Zug-um-Zug）或在债务人之后交付的权利（GEK草案第113条第1款、第133条第1款）；二是作为有在先给付义务的债权人的权利（GEK草案第113条第2款、第133条第2款）。在前一种情形下，债务人没有履行其合同义务。留置权使债权人可以不按照合同的规定进行在先履行，并避免债务人不再履行的风险。而对于有在先给付义务的债权人而言，留置权要解决的是债务人未来履行的不确定性。为了行使留置权，债权人必须在客观上[125]有理由相信，债务人在其给付到期时将不会履行。当这一假设不存在时，有在先给付义务的债权人的留置权结束；留置权的阻碍效果因此停止。根据GEK草案第133条第2款第1句，买方可以通过为正常履行提供合理保证，或者提供适当担保[126]的方式来防止留置权的适用。[127]

### （3）法律后果

60 根据GEK的规定，行使留置权的直接后果是，直到另一方当事人与合同相符地完成履行前，有权当事人都可以不履行他自己的给付（GEK草案第113条第1款、第133条第1款）。除此之外，对方当事人不能行使与不履行相关的法律救济（尤其是不能因为不履行而终止合同）。在风险转移方面，GEK草案第144条第1款明确，如果买方因为留置权没有履行其GEK草案第129条的交付受领义务时，风险不移转给买方。

## 3. 合同终止

### （1）总览

61 关于一方当事人因不履行而终止合同的权利，欧洲合同法规则体的安排各异，称谓也不尽相同。例如，PECL第9:301条及以下条款的德语版以CISG第49条为参考，使用了“合同取消”（Vertragsaufhebung）一词；而《消

---

[125] Schmidt-Kessel/Fehrenbach, GEK-E Kommentar, Art. 133 GEK-E Rn. 9.

[126] 关于这两个选择之间区分的问题Schmidt-Kessel/Fehrenbach, GEK-E Kommentar, Art. 133 GEK-E Rn. 10; Lorenz, Das Kaufrecht und die damit verbundenen Dienstverträge im Common European Sales Law, AcP 212 (2012), S. 702, 814 f.

[127] 相反，GEK草案第113条第2款没有规定卖方相应的防御权；Schmidt-Kessel/Keiler, GEK-E, Art. 113 GEK-E Rn. 1.

费品买卖指令》第3条称“合同解除”（Vertragsauflösung）；ACQP第8:301条以及《消费者权利指令》第18条与德国法[128]一致，使用的是“解除”（Rücktritt）。GEK使用的术语是“合同的终止”（Beendigung des Vertrages）[129]并且明确，一方当事人在对方当事人没有履行义务的情况下，可以根据进一步的具体规定终止合同。[130]

终止合同的权利使债权人有可能单方面取消双方当事人的给付义务。 62
因为这一影响深远的后果，与要求履行和留置权相比较，对合同终止这一法律救济措施的要求更高。[131]制定《联合国国际货物销售合同公约》时就已对此展开过一场讨论，[132]在此之后，欧洲合同法基本上形成了两条路径，以便确定债权人在不履行之场合单方终止合同的额外条件。其中一条路径要求，在与合同有重大（wesentlich）不符，或重大不履行给付义务时，才可行使这一法律救济；另一条路径则要求给债务人履行设定宽限期，并原则上在宽限期经过仍无结果时才允许终止合同。

通过PECL，作为单方终止合同事由的重大不履行进入了欧洲合同法。 63
PECL第9:301条在此以CISG第49条第1款a为范本，后者规定，当卖方不履行其义务构成对合同的重大违反时，买方可以声明取消合同。DCFR第III.-3: 502条沿袭了这一路径。其基本理念是，合同当事人甲终止合同的正当性在于，另一方当事人乙严重背离约定的义务，并因此使甲对合同的期待几乎完全落空。相反，如果债权人基于合同内容具有的正当期待没有因不履行受到剧烈损害，则在此情形下不成立单方终止合同的权利。[133]

---

[128] 参见《德国民法典》第323条及以下。

[129] 第11章第5节（GEK草案第114条及以下）和第13章第4节（GEK草案第134条及以下）的标题如此；参见GEK草案第106条第1款c、第155条、第157条。

[130] 参见GEK草案第106条、第131条第155条和第157条各自的第1款c。但是，GEK还在其他的上下文关联中使用了合同终止的概念，它既可以指溯及既往的合同取消，也可以指不溯及既往的合同取消；对此的批评意见Wendehorst, Rücktritt („Beendigung") im Entwurf für ein Gemeinsames Europäisches Kaufrecht, in: Schmidt-Kessel, Ein einheitliches europäisches Kaufrecht?, 2012, S. 371 f.

[131] GEK中在消费者合同之场合的特殊性见边码71和72。

[132] Kiene, Vertragsaufhebung und Rücktritt des Käufers im UN-Kaufrecht und BGB, 2010, S. 68; Schlechtriem/Schroeter, Internationales UN-Kaufrecht, 5. Aufl. 2013, Rn. 465 f.; Schwenzer, VUWLR 37 2005, S. 795, 799 f.

[133] 参见Huber, Modellregeln für das Europäische Kaufrecht, ZEuP 2008, S. 709, 726 f.; Lando/Beale (Hrsg.), PECL, Parts I and II, S. 409; Schulze/Zoll, CESL Commentary, Art. 87 Rn. 33–37.

64 《消费品买卖指令》不以重大不履行为指针，而是采纳了现行共同体法中的宽限期模式（参见《消费品买卖指令》第 3 条第 5 款[134]）。只有在适当的履行宽限期经过后仍无结果，债务人因此没有利用"第二次机会"履行时，债权人才有权终止合同。[135]《消费者权利指令》第 18 条第 2 款也遵循了类似的路径。在给付迟延时，如果消费者给经营者设定了适当的额外期间来交付，而经营者在此期间仍未交付商品，则消费者可以解除合同。该路径的着眼点不是合同义务之不履行的实质特征。相反，对合同义务的任何不履行原则上都开启了合同终止的可能性，只要义务在一定期间内未被履行。只有当与合同不符"微小"时，才可例外地排除合同终止（《消费品买卖指令》第 3 条第 6 款）。这一门槛明显低于"重大违反合同"。[136]但不清楚的是，《消费品买卖指令》中的"微小"之标准是否与 GEK 草案第 114 条第 2 款的"不显著"之标准等同，抑或是构成更严格的前提。[137]此外，各国特殊性造成对与合同不符之程度的要求不同，由此可能导致成员国的保护水平的差异，这也是有问题的。[138]

65 在各个法律救济措施之间的关系上，《消费品买卖指令》把要求事后补充履行的权利排在合同终止之前。[139]在履行的适当期间经过之前，向合同终止的过渡受阻；只有当宽限期经过而无果时，合同终止之路才开启。因此，通过事后补充履行来执行合同义务处于第一位，而合同终止在"法律救济位阶"中只被列为第二位。

66 相较于《联合国国际货物销售合同公约》，在无碍事后补充履行优先

---

[134] 此外，根据该条文的规定，如果消费者（根据前面条款的标准）没有事后补充履行请求权，或者卖方完成补救给消费者造成重大不便，则存在解除合同的权利。

[135] 参见《德国民法典》第 437 条第 2 项和第 323 条第 1 款。但在德国法中有争议是，在消费者合同之场合要求设定宽限期是否与指令相符。对此见 Gebauer/Wiedmann/Leible, Zivilrecht unter europäischem Einfluss, 2. Aufl. 2010, Kaufvertrag, Rn. 96; MünchKomm/Westermann, 7. Aufl. 2016, § 437 Rn. 9 a.

[136] Grundmann/Bianca/Bianca, EU-Kaufrechts-Richtlinie Kommentar, 2002, Art. 3 Rn. 41–45; Schwartze, Das künftige Sachmängelgewährleistungsrecht, ZEuP 2000, S. 544, 567; Schmidt-Kessel/Wendehorst, GEK-E Kommentar, Art. 114 GEK-E Rn. 6 f.

[137] 例如，《消费品买卖指令》及 GEK 的法语版本中使用的是"mineur"概念，而英语版本中则分别把"minor"和"insignificant"作为标准。

[138] 例如，见欧洲法院佐审官 Kokott 于 2013 年 2 月 28 日的最终申请，Rs C-32/12 (Duarte Hueros),Rn. 57; Urteil des EuGH v. 3.10.2013, Rs C-32/12 (Duarte Hueros).

[139] 见边码 65。

地位的前提下,《消费品买卖指令》对严重违反合同这一要求的放弃增加了债权人终止合同之情形的多样性。《消费品买卖指令》主要希望借此扩展对作为买方的消费者的保护。这种与《联合国国际货物销售合同公约》相比对合同终止适用范围的扩大也与国际商法的变更一致，因为与国际买卖法生产的时代相比，由于国际货运成本降低，当下商品回寄的经济费用显著减少。另外，基于欧洲法律共同体的司法合作（相对于《联合国国际货物销售合同公约》在此方面必须考虑到全球范畴的困难[140]），返还清算和法院执行的条件更加有利，这同样支持扩大合同终止的适用范围。[141]

**（2）终止事由**

（a）在现行欧盟法中，合同终止权利的称谓尽管不同，但通常都以约 67
定给付的不履行为前提。[142]但是，相关指令对合同终止权利之前提的这一核心要素的构造各异，并且附加了不同的构成要件组成部分。[143]对于买卖法而言,《消费品买卖指令》和《消费者权利指令》中包含了作为合同终止前提的最为重要的两个构成要件。《消费品买卖指令》第3条在卖方给付与合同不符之外，还要求另外两个条件：在适当的宽限期内没有事后补充履行以及与合同不符并非微小。在远程销售合同及在营业场所之外缔结的合同之场合,《消费者权利指令》第18条第2款为商品交付欠缺时的解除规定了两个阶段（当事人有不同约定时除外）：卖方没有立即交付，且最迟在合同缔结后的30日仍未交付，然后买方设定适当的额外期间，卖方在此期间内仍未交付。

▶《消费品买卖指令》第3条（消费者的权利）

（……）

（5）消费者在以下情形中可以要求适当减少买价或者解除合同

——消费者既没有修理请求权也没有更换请求权，或

---

[140] Schulze, Gemeinsamer Referenzrahmen und Acquis communautaire, ZEuP 2007, S. 130, 140 f.

[141] 《消费品买卖指令》的路径在德国法中不仅被用于消费者买卖，而且被用作合同法的一般范式；在德国法中与 Vertragsbeendigung 相对应的 Rücktritt 无需严重违反合同的前提，并且与履行宽限期相关（《德国民法典》第323条及以下；在买卖合同瑕疵之场合见《德国民法典》第434条、第437条、第440条、第323条、第326条第5款）。

[142] 撤回权应被视为特别法，因为不属于一般性的合同法规则。

[143] Aubert de Vincelles/Rochfeld (Hrsg.), L'Acquis communautaire, Les sanctions de l'inexécution du contrat, 2006; Acquis Group/Pisulinski/Zoll/Szpunar, Contract II, Art. 8:301–8:303.

——卖方未在合理的期间内完成补救，或

——卖方完成补救造成消费者并非不显著的不便。◀

▶《消费者权利指令》第 18 条（交付）

（1）如果合同当事人未就交付的时间作出约定，则经营者应当不迟延地把对商品的物理占有或控制移交给消费者，但最迟为合同缔结后的 30 日。

（2）如果经营者在其与消费者约定的时间，或者在第 1 款所称期间内没有履行其交付商品的义务，则消费者可以要求其在与情势相适应的额外期间内交付。如果经营者在此额外期间内仍未交付商品，则消费者有权解除合同。

如果经营者已经拒绝交付商品，或者在考虑到合同缔结时相伴的所有情形的条件下，在约定期间内交付极为重要，或者消费者在合同缔结前告知经营者，在某一日期之前或在某天交付极为重要，则第 1 分款不适用。如果经营者未在与消费者约定的时间或者未在第 1 款规定的期间内交付商品，则消费者在此等情况下有权立即解除合同。

（……）◀

68 （b）在买卖法之外，特别是《包价旅游指令》也遵从了这一原则，即债权人应当首先设定宽限期，然后才可能解除合同。只有当旅游提供方“错过”宽限期，未能完成补救时，旅游者才可以根据《包价旅游指令》第 13 条第 6 款解除合同（或者 / 并且在必要时行使其他法律救济），而无需支付解除费用。另一个前提是，与合同不符必须对提供合同约定的包价旅游给付具有“显著影响”。

69 欧盟委员会《数字内容指令建议案》也规定，原则上，因为与合同不符而终止合同的前提是，为完成与合同相符之状态的“合理期间”经过仍无结果（《数字内容指令建议案》第 12 条第 3 款 b）。这一期间仅在三种情况下无关紧要：完成与合同相符之状态不可能、不合比例或违法；它给消费者造成重大不便；根据提供方的声明或从情势中可以明显得知，提供方将不会完成与合同相符之状态。此外，与其他法律救济不同，《数字内容指令建议案》通过这一要求限制了终止合同的权利，即与合同不符必须损害了数字内容的“重要的给付特征”（但是适用对消费者有利的举证责任倒置;《数字内容指令建议案》第12条第5款)。此类给付特征包括数字内容的功能范围、兼容性、可获得性、持久性和安全性等，只要它们根据《数字内容指令建议案》第6条第1款和第2款是必要的。以上列举不是穷尽式的。该条文对“重要的给付特征”的要求借鉴了《联合国国际货物销售合同公约》关于合同终止对违反合同为“重大”的要求，[144]，这比《包价旅游指令》中通过使用“显著影响”来借鉴《联合国国际货物销售合同公约》更为明显。但是，如果出现与合同之不符还不足以导致解除的情况，该条文与此的区分并非绝对明确；尤其是因为《数字内容指令建议案》第12条第5款复述了第6条第1款a和第2款中的给付特征（并辅以“重要的”），但这两者之间的关系并不清楚：一方面是此种对给付特征非穷尽的列举，另一方面是《数字内容指令建议案》第6条第1款b、c及d所规定的与合同不符的具体事态。[145] 与合同不符时终止合同原则上需要设定宽限期，且对重要给付特征造成损害，与此不同的是，在欠缺给付之场合（不给付），消费者拥有无限制的立即终止合同的权利（《数字内容指令建议案》第11条）。根据条文的文义，在轻微迟延时亦同。[146]

因此，与《消费品买卖指令》和《消费者权利指令》对买卖合同的规定相同，对其他合同种类而言，该原则在欧洲合同法中也浮现出来：基于与合同不符的合同终止取决于债务人在适当期间内事后补充履行的可能性，但它不适用于不给付的情形。和消费品买卖不同的是，关于包价旅游和数字内容的较新（完全或主要涉及服务）规定提高了因与合同不符而终止合同的门槛，即通过对损害之严重性的额外要求（如《联合国国际货物销售合同公约》在其他领域的示范性规定）。 70

（c）然而，GEK在三个条文中关于买方有权终止合同之事由的定位并不完全相同，即基于不履行的终止（GEK草案第114条）、因设定履行宽限期后仍迟延交付的终止（GEK草案第115条）以及基于可预见的不履行而终止（GEK草案第116条）。这些条文准用于相关服务的客户（GEK草案第155条第1款）。此外，服务合同的另一个特殊性在于，无需与合同 71

[144] 边码27和28。

[145] 对此的批评意见ELI-Statement S. 29; Schulze, Supply of Digital Content, A New Challenge for European Contract Law, in: De Franceschi (Hrsg.), European Contract Law and the Digital Single Market, 2016, S. 127–143, 140.

[146] 对此的批评意见ELI-Statement S. 27 f.

不符的前提，客户就可以按照 GEK 草案第 158 条的标准拒绝服务的提供，此时也适用该条特别规定的法律后果。

72 GEK 草案第 114 条第 1 款关于因不履行而终止的合同的规定囊括了不履行的所有类型，[147]并且要求不履行为重大（该要求不适用于消费者合同）。GEK 草案第 87 条第 2 款是对“重大”不履行之概念的进一步阐释。在消费者合同之场合，GEK 扩大了终止合同的权利，与《消费品买卖指令》相比也更加有利于消费者。也就是说，如果交付的商品与合同不符，且这种不符并非微不足道，消费者就可以根据 GEK 草案第 114 条第 2 款终止合同，无需满足不履行是为“重大”这一条件。[148] 由此，GEK 对消费者的有利不仅体现在这一提高的界限上，而且体现为不履行的优先地位（GEK 草案第 106 条第 3 款 a），[149] 即使合同终止不同于要求履行权和留置权，会导致当事人追求的给付安排被废止。[150] 只要对与合同不符为无关紧要之情形加以区分就足够了。就此而言，一方面相对于 CISG 和 PECL，另一方面相对于《消费品买卖指令》，GEK 对于作为买方的消费者都更为有利，以免达不到内国法律所具有的对消费者保护的期待。

73 和《消费者权利指令》第 18 条一致，[151]GEK 在因不履行而终止之外还规定了因宽限期后给付迟延而终止合同（GEK 草案第 115 条）。通过这两种方式的结合，债权人既有可能在重大违约时，无需设定宽限期即终止合同（GEK 草案第 114 条第 1 款、第 134 条），也有可能通过在给付于约定时间欠缺时设定宽限期来终止合同，[152] 无需满足重大不履行的条件（“迟延给付”；GEK 草案第 115 条、第 135 条）。GEK 草案第 115 条不同于第 114 条，

[147] 对此见本书第五章边码 20。

[148] 如果相关服务的提供与合同不符，消费者可以相应地根据 GEK 草案第 155 条第 4 款终止合同，无需任何其他条件。

[149] 见边码 65。

[150] 对此的批评意见 Schopper, Verpflichtungen und Abhilfen der Parteien eines Kaufvertrages oder eines Vertrages über die Bereitstellung digitaler Inhalte, in: Wendehorst/Zöchling-Jud, Am Vorabend eines Europäischen Kaufrechts, 2012, S. 107, 134 f.; Schmidt-Kessel/Wendehorst, GEK-E Kommentar, Art. 114 GEK-E Rn. 7; dagegen grundsätzlich zustimmend Lorenz, Das Kaufrecht und die damit verbundenen Dienstverträge im Common European Sales Law, AcP 212 (2012), S. 702, 770.

[151] 见上文边码 67。

[152] 参见 Schulze/Zoll, CESL Commentary, Art. 115 Rn. 4; 关于决定性的时间点见第五部分边码 28—32。

前者仅包括迟延交付，不包括不良给付。[153]但是，如果迟延给付应当被视为 GEK 草案第 114 条意义上的不良给付时，可以依据 GEK 草案第 114 条终止合同。[154]绝对定期交易（Fixgeschäfte）尤为如此。[155]交付迟延时，买方以通知卖方的方式设定宽限期。[156]GEK 和《消费者权利指令》对宽限期长度的规定都为“适当的”（GEK 草案第 115 条第 1 款、第 135 条；《消费者权利指令》第 18 条第 2 款）。但是，GEK 中的前提和《消费者权利指令》在此点上不同，即如果债务人没有立即反对，则宽限期视为适当。此外，GEK 不同于《消费者权利指令》的是，如果买方没有履行其合同义务，卖方也有可能终止合同。但如果此时的买方是消费者，则宽限期不得短于 30 日（GEK 草案第 135 条第 2 款）。GEK 草案第 116 条[157]还规定，买方在履行到期之前就可以终止合同，只要按照该条所述的标准，不履行足以导致合同终止，且通过卖方的声明或以其他方式（如卖方破产）表明将会出现不履行。在此条件下不存在任何实质性原因，且不能合理期待买方等待至可预见的不履行出现。[158]

### （3）关于合同终止的通知

根据欧洲合同法指令以及其他规则体，合同终止事由的存在并不会当 74
然（ipsoiure）导致合同被终止。由于合同终止的形成权性质，[159]有权一方当事人必须行使此权利，才能有效地终止合同。[160]在终止事由存在的情况下，当事人也有维系合同的自由（例如《消费者权利指令》第 18 条明确消费者有权这么做，或者 GEK 草案第 114 条及以下条文中导言式的表述，即买

[153] Schmidt-Kessel/Wendehorst, GEK-E Kommentar, Art. 115 GEK-E Rn. 4.

[154] Schulze/Zoll, CESL Commentary, Art. 115 Rn. 6.

[155] Schmidt-Kessel/Wendehorst, GEK-E Kommentar, Art. 114 GEK-E Rn. 5.

[156] 《消费者权利指令》第 18 条第 2 款第 2 分款规定了三种不同情形中的例外：拒绝交付；在考虑到合同缔结时之情势的条件下，在约定期间内交付的重要性；以及在确定时间交付的重要性。

[157] 相对于 PECL 第 9:304 条；DCFR 第 III.-3:504 条。

[158] Lando/Beale (Hrsg.), PECL, Parts I and II, S. 417; Samoy/Dang Vu/Jansen, Don’t Find Fault, Find a Remedy, ERPL 2011, S. 855, 866; Schulze/Zoll, CESL Commentary, Art. 116 Rn. 1; v. Bar/Clive (Hrsg.), DCFR Full Edition, S. 867 ff.

[159] 见上文边码 2。

[160] Chen-Wishart/Magnus, Termination, Price Reduction, and Damages, in: Dannemann/Vogenauer, The Common European Sales Law in Context, 2013, S. 647, 667.

方可以终止合同。)。终止权的行使需要通知另一方当事人。[161]在应进行通知的时间段方面，PECL 通过"适当"期间的限制顾及了另一方当事人在法律状态确定上的利益以及法律安定性的目标（PECL 第 9:303 条第 2 款）。GEK 遵循了这一范式，但是期间的开始不仅取决于有权买方知晓或应当知晓未履行之时，而且也取决于该权利成立之时；具有决定性的是后出现的事件（GEK 草案第 119 条第 1 款）。[162]此外，如果是消费者合同或者根本未提供任何给付，也可以在更迟的时间终止合同（GEK 草案第 119 条第 2 款）。

**（4）检查和通知义务**

75　在《消费品买卖指令》的适用范围内，与（事后）履行的情况一样，只有当成员国行使了《消费品买卖指令》第 5 条第 2 款的相应选择时，在关于买方的合同终止权方面，买方才有检查所受领给付并将与合同不符的事实通知卖方的不真正义务。[163]GEK 也在此一般性地确定了对消费者有利的解决方案，即在消费者合同之场合，包括合同终止在内的法律救济与检查和通知义务无关（GEK 草案第 106 条第 3 款 b）。相反，如果是经营者之间的合同，则以与合同不符为基础的权利（包括何种终止）行使要以检查和通知义务为前提（GEK 草案第 106 条第 2 款 b），这与《联合国国际货物销售合同公约》一致。

**（5）法律后果**

76　现行欧盟法律大部分都没有就合同终止的法律后果作出详细规定，[164]并将此交由内国法律确定。[165]但是指令规定可以在一些重要问题上对法律后果的构造施加影响。例如，欧洲法院在 Quelle 一案中明确，只能在合同终止后要求支付价值补偿。[166]

---

[161]　例如，参见 GEK 草案第 118 条；相对应的是 PECL 第 9:303 条、ACQP 第 8:302 条和 DCFR 第 III.-3: 507 条。但是根据 GEK 草案第 115 条第 3 款和第 135 条第 3 款，如果关于设定宽限期的通知已经明确，该期间经过仍无结果时将直接终止合同，则不再需要通知终止合同。

[162]　关于卖方丧失终止权规定的 GEK 草案第 139 条的文本不同，就此见 Schulze/Dannemann, CESL Commentary, Art. 139 Rn. 7–13.

[163]　见边码 54。

[164]　但现在关于合同终止后果的细致程度得当的规定尤其是《数字内容指令》第 13 条第 2 款（首先是关于停止或限制对所得数据的使用、回寄数据载体、销毁数字内容副本等）。

[165]　德国法为《德国民法典》第 437 条第 2 项结合第 346 条及以下。

[166]　欧洲法院 2008 年 4 月 17 日判决，Rs C-404/06 (Quelle) Slg 2008, I-2685 Rn. 39；详见边码 52。

GEK 则为关于合同终止后果的欧洲规则示范了相当广泛的内容，但是欠缺层次的明晰。在“指导性规定”部分，GEK 草案第 8 条就已经规定了合同终止的后果，不仅有涉及合同终止所有类型的一般性规定，也有关于因不履行或预期不履行而终止合同的特殊规定。已经提供之给付的返还按照返还清算的规则进行，后者则作为独立部分，[167]统一地适用于撤销和合同终止。[168] 77

▶ GEK 草案第 8 条（合同的终止）

（1）“合同的终止”终结当事人基于合同的权利与义务，但从关于争端解决的本合同规定或者在本合同终止后仍适用的其他合同规定中产生的权利与义务除外。

（2）在合同终止前已经到期的基于不履行的款项和损害赔偿给付仍应支付。如果合同因为不履行或预期不履行而被终止，则终止合同的一方当事人也可以要求损害赔偿，以代替另一方当事人未来的履行。

（3）合同终止对价款返还以及商品或数字内容之返还的效力和清算返还的其他效力，根据第 17 章关于清算返还的条文确定。◀

根据 GEK 草案第 8 条第 1 款的规定，行使合同终止权（对于整个合同或者合同相关部分[169]）的后果是，当事人提供所约定给付的义务消灭。但这并非意味着，当基于给付与合同不符而终止合同时，因合同缔结而在双方当事人之间形成的法律关系完全被排除。相反，这一关系转化为就已提供给付进行清算返还的债务关系（Rückgewährschuldverhältnis）。GEK 草案第 8 条第 1 款相应规定，从合同终止后也应适用的合同规定中产生的权利和义务继续存在。这些规定除包括清算返还在内的给付障碍之后果外，还包括法院管辖约定和仲裁条款等。[170] 同样地，如果基于不履行的付款和损

[167] 本书第七章；GEK 草案第 172 条及以下。

[168] 对此见边码 101—105。

[169] 关于终止权在可分给付之场合的范围见 GEK 草案第 117 条和第 137 条，关于混合合同见 GEK 草案第 9 条第 2 款。

[170] Schulze/Zoll, CESL Commentary, Art. 8 Rn. 7.

害赔偿给付[171]在合同终止时已经到期，则仍应予支付（GEK草案第8条第2款第1句）。例如，时效损害和迟延利息就包括在内。因不履行或预期不履行而终止合同的一方当事人也可以要求损害赔偿，以代替未来的履行（GEK草案第8条第2款第2句）。

### 4. 减价

#### （1）总览

78 具有极大实践意义的法律救济措施就是减价（Minderung）。在给付与合同不符时，债权人按照实际提供给付与约定给付相比所减少的价值来调整其应当支付的款项，当事人之间的利益通过这样一种相对简单的方式得到平衡。PECL第9:401条及以此为范本的DCFR第III.-3:601条根据当代债法的发展趋势，为欧洲合同法把减价一般性地规定为债法合同的法律救济。由此，欧洲合同法延续了民法法系法律制度以减价之诉（actio quanti minoris）[172]为基础的传统。这一传统在国际买卖法中通过CISG第50条也得到体现，但民法法系中某一国法律的特别规定可以被用来设计和解释欧洲法中的规定，国际买卖法则不适用。减价这一法律救济通过多个指令和条例进入现行共同体法中（例如，通过关于买卖法的《消费品买卖指令》第3条第5款[173]以及关于旅游合同法的《包价旅游指令》第14条第1款）。[174]与现行欧洲买卖合同与服务合同法中的此类应用相一致，GEK不仅为买卖合同及交付数字内容的合同，也为相关的服务合同规定了减价这一法律救济（GEK草案第120条、第155条）。《数字内容指令建议案》第12条第3款和第4款现在也把减价规定为消费者在数字内容与合同不符时的法律救济手段。

79 减价在欧洲合同法中作为形成权的法律性质有争议，这首先在关于

---

[171] 关于前提中“基于不履行”不仅指损害赔偿给付，而且涉及第8条第2款规定的所有给付，以及关于此条与GEK草案第172条的关系（以充分的理由反对GEK草案第172条第3款的适用）见Schmidt-Kessel/Wendehorst, GEK-E Kommentar, Art. 8 GEK-E Rn. 7 f.

[172] Lando/Beale (Hrsg.), PECL, Parts I and II, S. 430; Zimmermann, Law of Obligations, 1990, S. 318.

[173] 对此条文的复述见边码32。

[174] 此外还有261/2004号条例第6条第1款a；1371/2007号条例第17条第1款；1177/2010号条例第19条第1款；181/2011号条例第19条第2款；参见以此为基础的ACQP第8:301条第4款。

GEK 的讨论中得到体现。[175] 由于欧洲层面上对形成权的理解并不必然与如德国法的内国中的概念一致，并且不必然排除权利行使的可撤销性，因此 GEK 把减价评价为形成权也不必然与这一有争议[176]的设想冲突，即在声明减价后，可以转换为其他的法律救济途径。与上述争议问题无关的是，GEK 为有效行使减价这一法律救济手段设置了必要的前提条件，即与 GEK 草案第 10 条关于合同终止[177]的规定一样，债权人应当向债务人做出表示，[178] 即便 GEK 没有像合同终止一样对此作出明确规定。[179] 做出表示的要求做出相应表示是为了保障给付提供与合同不符的债务人能够知晓，价款减少及其请求权数额减少（或者在必要情形下返还其已经获得的价款的义务）的法律基础，并能够做出反应。

**（2）前提与排除事由**

减价的前提原则上是另一方的给付与合同不符，例如《消费品买卖指令》第 3 条第 1 款在买卖法领域以及《包价旅游指令》第 14 条第 1 款在服务领域的规定。根据后者的规定，减价涉及与合同不符存在的所有时间段。但是，如果旅游提供方（债务人）证明，与合同不符可归咎于旅游者（债权人），则排除减价。 80

▶《包价旅游指令》第 14 条（减价和损害赔偿）

（1）成员国应确保，对于与合同不符所存在的时间段，旅游者有要求适当减价的权利，除非旅游提供方证明，与合同不符可归咎于旅游者。

（……）◀

GEK 也为买卖合同以及（相关的）服务规定了减价。在涉及相关服务 81

[175] 支持观点 Lorenz, Das Kaufrecht und die damit verbundenen Dienstverträge im Common European Sales Law, AcP 212 (2012), S. 702, 789; 批评意见 Faust, Das Kaufrecht im Vorschlag für ein Gemeinsames Europäisches Kaufrecht in: Schulte-Nölke ua, Der Entwurf für ein optionales europäisches Kaufrecht, S. 251, 264.

[176] 支持这种选择变更权（ius variandi）的意见 Lorenz, Das Kaufrecht und die damit verbundenen Dienstverträge im Common European Sales Law, AcP 212 (2012), S. 702, 789; Schulze/Zoll, CESL Commentary, Art. 120 Rn. 3.

[177] 见边码 74。

[178] 相反，债权人的同意并非必要，参见 Schulze/Zoll, CESL Commentary, Art. 120 Rn. 3.

[179] Schmidt-Kessel/Schmidt-Kessel, GEK-E Kommentar, Art. 120 GEK-E Rn. 16及进一步的引用。

的合同之场合，对于服务提供方就其所负义务的“不履行”，GEK 草案第 155 条第 1 款使用的是宽泛的不履行概念，它可以相应准用于其他合同类型。此外，在买卖合同之场合，GEK 规定，买方必须已经受领给付（GEK 草案第 120 条第 1 款第 1 句结合第 123 条、第 129 条）。与 GEK 草案第 114 条和第 115 条关于合同终止的规定不同，对于经营者之间的合同而言，行使减价这一法律救济手段时，既无需重大不履行，也无需设定宽限期。因此，在违反合同义务时，减价是一种比合同终止更简便和迅捷的补救措施。此外，与合同不符根据 GEK 草案第 88 条的可免责也不会导致减价被排除（参见 GEK 草案第 106 条第 4 款），这也和履行及损害赔偿请求权不同。[180] 但是，如果债权人导致了与合同不符，则他没有减价的权利（GEK 草案第 106 条第 5 款）。另外，如果没有合乎期限地进行检查和通知，则经营者之间买卖合同之场合的减价亦被排除（GEK 草案第 121 条、第 122 条）。[181]

**（3）法律后果**

82 减价表示的后果是当事人之间合同关系内容的变更。根据多个指令的规定，债权人的请求权内容是价格的“适当”减少（如《消费品买卖指令》第 3 条第 2 款、第 5 款以及《包价旅游指令》第 14 条第 1 款）。和 DCFR 第 III.-3.601 条以及 GEK 草案第 120 条第 1 款一样，《数字内容指令建议案》第 12 条第 4 款更加精细地确定了减价的标准。价款请求权减少的标准是，提供的与合同不符之给付减少的价值与符合合同之给付本应有的价值之间的关系（相对计算方式）。[182] 减少的价款因此可通过以下公式计算得出：

$$\text{减少的价款} = \text{约定的价款} \times \frac{\text{所提供给付的实际价值}}{\text{与合同相符之给付的假定价值}}$$

83 GEK 部分地以 DCFR 为摹本，就减价的法律后果作了进一步的细节规定。假如已经支付的价款高于按照上述公式计算所得的价款，则成立返还差额的请求权（DCFR 第 III.-3:601 条；GEK 草案第 120 条第 2 款）。根据

[180] 关于通过债务人补正的可能性见上文边码 30 和 31。

[181] 就此见上文边码 55。

[182] 就此见 Schulze/Zoll, CESL Commentary, Art. 120 Rn. 4；考虑到与合同不符不是因为瑕疵而产生的批评意见，见 Faust, Das Kaufrecht im Vorschlag für ein Gemeinsames Europäisches Kaufrecht, in: Schulte-Nölke ua, Der Entwurf für ein optionales europäisches Kaufrecht, S. 251, 264 f.

GEK草案第90条第1款，第十二章关于支付方式和地点的规定准用于此处的返还。这也应当适用于金钱债务不履行的规则。[183]在减价与损害赔偿具有类似效果的范围内，这两种法律救济的行使将导致赔偿加倍。因此，作为GEK草案第106条第6款的具体化，GEK草案第120条第3款明确，对于通过减价予以弥补的损失，不得再请求损害赔偿，但是对于其他损失的损害赔偿请求权不受影响。虽然没有明确规定，但基于GEK草案第106条第6款一般性的同时适用之限制，减价和合同终止亦不得同时适用。[184]

### 5. 损害赔偿与利息

#### （1）总览

迄今为止，现行共同体法中的损害赔偿法在非合同责任领域的发展程度要高于合同责任领域。主要以AEUV第340条第2款为基础的一系列法律举措以及欧洲法院判决对此做出了贡献。[185]在合同法领域，特别是《包价旅游指令》把损害赔偿纳入其法律救济手段的目录，但是关于前提和界限的核心规定不多。根据其规定，该请求权以与合同不符为前提，并指向对旅游者所遭受之损害的适当补偿（《包价旅游指令》第14条第2款第1句）。如果与合同不符可归咎于旅游者，则排除该请求权。如果与合同不符既无法预见也无法避免，且可归咎于某未参与提供合同约定旅游给付的第三人，或者与合同不符因某种无法避免的特殊情形而出现，损害赔偿请求权亦被排除（《包价旅游指令》第14条第3款）。相反，《消费品买卖指令》没有关于损害赔偿的规定。合同法领域的其他指令仅局限于单个问题和特定标的，例如经营者间交易来往中支付迟延时的利息请求权。[186]因此， 84

[183] Schulze/Zoll, CESL Commentary, Art. 120 Rn. 5.

[184] Lorenz, Das Kaufrecht und die damit verbundenen Dienstverträge im Common European Sales Law, AcP 212 (2012), S. 702, 790.

[185] Koziol/Schulze (Hrsg.), Tort Law of the European Community, 2008; Magnus, The Damages Rules in the Acquis communautaire, in the Acquis Principles and in the DCFR, in: Schulze, CFR and Existing EC Contract Law, S. 211–231; Remien, Schadensersatz im europäischen Privat- und Wirtschaftsrecht, 2012; Wurmnest, Grundzüge eines europäischen Haftungsrechts, 2003.

[186] Richtlinie 2011/7/EU des Europäischen Parlaments und des Rates vom 16. Februar 2011 zur Bekämpfung von Zahlungsverzug im Geschäftsverkehr (Zahlungsverzugs-RL); 其前身是：RL 2000/35/EG des Europäischen Parlaments und des Rates vom 29. Juni 2000 zur Bekämpfung von Zahlungsverzug im Geschäftsverkehr.

在这些部分有限的法源的基础上，ACQP 中只有关于损害赔偿的少数规定（ACQP 第 8:401 条及以下）。

85 欧盟委员会《数字内容指令建议案》也没有就违反提供数字内容合同之义务的损害赔偿作出全面的规定。《数字内容指令建议案》的第 14 条仅规定了消费者就其数字环境受损（也就是根据《数字内容指令建议案》第 2 条第 8 项之定义，对处于用户控制下的硬件、数字内容和网络联结的损害）而要求赔偿的权利。其前提是，此类损害是因未遵守合同或未提供数字内容造成的。[187] 根据《数字内容指令建议案》第 14 条第 2 款，行使损害赔偿请求权的细节被交由成员国规定。因此，消费者在其"数字环境"之外所遭受的其他损害在何种条件下以及在何等范围内可以得到赔偿，由成员国法律来决定。这种做法不仅从消费者的保护需求角度看是有问题的，而且，考虑到计划中的完全协调化，这恰恰会导致区分难题以及不协调的产生。[188] 就此而言，内国损害赔偿体系的广泛区别和协调的欧洲损害赔偿法之欠缺所导致的困难和不足，再一次地在《数字内容指令建议案》中体现出来。

**（2）GEK 损害赔偿的体系**

86 （a）GEK 的第六部分"损害赔偿与利息"第一次为不履行合同约定义务时的损害赔偿制定了立法总体理念。它很大程度上以 PECL 第 9:510 条及以下的模板（以及同样以之为借鉴的 DCFR 第 III.-3:701 条）为基础。与这些样板相同，GEK 的损害赔偿法规定不是为单个合同类型量身打造的，而是作为一般合同法统一适用于 GEK 所调整的各种合同类型（以及其他合同类型）。GEK 为买卖合同以及服务合同的每一方当事人独立规定了损害赔偿的法律救济。但是，损害赔偿请求权的内容和界限却位于第六部分中一般规则关于单个合同类型的规定（GEK 草案第 159 条及以下）之后。这些一般规则尤其涉及可赔偿损害的衡量基础、可免责的不履行及可预见性之双重界限、因债权人与有责任的限制以及替代交易（Deckungsgeschäfte）和根据市场价格的计算。一般规则后的各个章节则就经营者支付迟延时的迟延利息作了一般及特殊规定，这些规定以《迟延支付指令》为样本，并

---

[187] 关于损害赔偿的范围见边码 84。

[188] ELI-Statement, S. 32.

部分借鉴了《Acquis 原则》[189]（GEK 草案第 166 条、第 167 条、第 168 条及以下）。

（b）根据 GEK 草案第 159 条第 1 款，损害赔偿请求权的前提是债务人义务的不履行。因此，在不交付、交付与合同不符的商品以及其他任何类型的不履行之场合，都可以考虑损害赔偿。除了给付义务的不履行之外，其他义务的违反也可导致损害赔偿。这里尤其是违反 GEK 草案第 2 条第 2 款的诚实信用、第 88 条第 3 款的提示义务以及先合同义务，后者在单个情况下需要进一步澄清。[190] 87

如果不履行根据 GEK 草案第 88 条可免责，则排除损害赔偿请求权（GEK 草案第 106 条第 4 款、第 159 条第 1 款），这与履行请求权[191]相同，但与其他法律救济措施不同。GEK 由此遵循了（以 CISG 第 79 条为蓝本的）PECL 第 9:501 条[192]为欧洲合同法所预设的路径。最初在欧陆法系广为适用的过错责任不仅被"推定之过错"的概念[193]修正，而且被普通法系中的客观责任所取代。由此，免责作为损害赔偿排除事由的可能性被开启。[194]尽管教义学上的出发点各异，但这一路径带来的却是和"推定的过错责任"相同或类似的实践结果。债务人必须按照 GEK 第 159 条证明免责的构成要件前提存在。[195] 88

（c）损害赔偿包括物质与非物质损失，债权人因不履行而遭受此类损失，并根据 GEK 条例草案第 2 条 c 的标准可获赔偿。GEK 条例草案第 2 条 g 把损害赔偿的概念划分为所遭受的"损失"（Verlust）以及"身体或其他损害"。根据这一概念上的区分，GEK 草案第 159 条第 1 款仅涉及"损 89

---

[189] ACQP 第 8:404 条、第 8:406 条。

[190] 详见 Schulze/Mozina, CESL Commentary, Art. 159 Rn. 8 f.; 关于在考虑到 GEK 第 149 条的情况下纳入身体完整性和其他损失的合同保护义务 Schmidt-Kessel/Remien, GEK-E Kommentar, Art. 159 GEK-E Rn. 4.

[191] 见边码 46。

[192] 类似的是 DCFR 第 III.-3:701 条。

[193] 如同德国 2002 年债法现代化以来的《德国民法典》第 280 条第 1 款第 2 句。

[194] 批评意见 Faust, Leistungsstörungsrecht in: Remien/Herrler/Limmer, Gemeinsames Europäisches Kaufrecht für die EU?, 2012, S. 161, 180 f.; Kieninger, Allgemeines Leistungsstörungsrecht im Vorschlag für ein Gemeinsames Europäisches Kaufrecht in: Schulte-Nölke ua, Der Entwurf für ein optionales europäisches Kaufrecht, S. 205, 210, 213 f.; Lorenz, Das Kaufrecht und die damit verbundenen Dienstverträge im Common European Sales Law, AcP 212 (2012), S. 702, 792–795.

[195] Schulze/Mozina, CESL Commentary, Art. 159 Rn. 6.

失”说明，后一种类型的损害不在该合同请求权范围内，因为它不属于“损失”的概念。[196]对“损失”的要求在任何情况下都排除纯象征性的损害赔偿（nominaldamages; franc symolique）。[197]对于GEK条例草案第2条c中“物质损失”的概念，GEK没有进一步的规定。但是这一概念应当包括所有财产性的损失，例如收入和盈利损失、债权人所有物的价值减损以及所有权的丧失等。[198]根据GEK草案第159条第2款的明确规定，对未来的损害也可以要求损害赔偿，只要债务人应当可以预料到此种损害的产生。这一规定借鉴了英国法中未来损失（futureloss）的概念以及PECL第9:501条第2款b，[199]并涉及法庭在处理损害赔偿时可以预料但尚未出现的损失。[200]

90 就所失利益（entgagener Gewinn）同样应予以损害赔偿。GEK第159条尽管把所失利益与债权人所遭受的损失加以区分，但是也把所失利益纳入了损害赔偿中。虽然没有明确规定利益在何时被视为所失的，但对GEK草案第159条第2款的参引为此提供了证明责任减轻的方式。[201]债权人仅需说明和证明从中展示利益之形成的可能性的情势。[202]

91 欧洲合同法在制定GEK之前就已经承认了非物质损害的可赔偿性。例如，欧洲法院在Simone Leitner一案[203]中根据《包价旅游指令》把丧失的度假之乐趣视为可以赔偿的损害。《Acquis原则》从中发展出了一般规则，即损害赔偿包括非物质损失，只要义务的目的包括对非物质利益的保护或满足（ACQP第8:402条）。但是，GEK没有把欧洲法院关于度假旅游的判决作为进一步一般性的基础。相反，GEK把非物质损失的赔偿视为其适用范围之外的特别领域，应适用不同的规定。GEK的适用范围包括的是可获损害赔偿的非物质损失，所遭受的痛苦和不幸必在此列。但是，GEK条例

---

[196] 内国侵权法规定对此类损害的赔偿予以保留。这种做法看上去不完全具有说服力，因为根据GEK条例草案第2条c，“所遭受的痛苦（erlittenes Leid）”同样应予赔偿（见边码91）。

[197] Schulze/Mozina, CESL Commentary, Art. 160 Rn. 12.

[198] 也见DCFR第III.-3:701条。

[199] DCFR第III.-3:701条第2款同样如此。

[200] Lando/Beale (Hrsg.), PECL, Parts I and II, S. 436; v. Bar/Clive (Hrsg.), DCFR Full Edition, S. 918.

[201] Schulze/Mozina, CESL Commentary, Art. 160 Rn. 12.

[202] 参见德国法中类似的情况 BGH NJW-RR 2006, S. 243 f.

[203] Urteil des EuGH v. 12.3.2002, Rs C-168/00 (Simone Leitner), Slg 2002, I-2631.

草案第 2 条 c 排除了非物质损害的其他形式，如对生活质量的损害或乐趣之所失。[204] 根据这种区分，因为对有瑕疵的买卖物的失望所产生的精神损害（或者类似的度假乐趣的丧失）原则上不能被视为可获赔偿的损失，只有身体上的痛苦以及特别强烈的精神负担才可以被看成“痛苦”和“不幸”。[205] 但若因买卖物之瑕疵导致死亡，则由此导致的痛楚应由对亲属的精神损失赔偿金（Angehörigenschmerzensgeld）来抚慰。[206] GEK 草案第 159 条结合 GEK 条例草案第 2 条 c 设定了赔偿非物质损失的一般标准，但它并不适用于此种合同类型，即特别地以保障某种形式的“生活质量”或“乐趣”为标的的合同（如在 GEK 适用范围之外的旅游合同，它以获得度假乐趣为目的）。但只要非物质损失在欧洲合同法中得到规定（例如《包价旅游指令》），则根据各个规定的保护目的，非物质损失在 GEK 条例草案第 2 条 c 未包含的情形下也应具有可赔偿性。

只有当物质或非物质损失因为债务人之义务不履行而产生时，才可要求损害赔偿（GEK 草案第 159 条第 1 款）。因此，和现行共同体法 [207] 在先的发展相吻合，在这两者间应当存在因果关系：一方面是作为造成损害之事件的不履行，另一方面是可要求赔偿的损失状态。这在最新立法中也可以看到，例如《包价旅游指令》的新版本规定的是赔偿旅游者“由于与合同不符而遭受”的损害。欧盟委员会《数字内容指令建议案》第 14 条也仅仅保障对“因为不遵守合同而造成的”损害的赔偿。因果关系的含义是，如果没有不履行，就不会出现损失，即前者是后果的必要条件 92

[204] 批评意见 Kieninger, Allgemeines Leistungsstörungsrecht im Vorschlag für ein Gemeinsames Europäisches Kaufrecht, in: Schulte-Nölke ua, Der Entwurf für ein optionales europäisches Kaufrecht,S. 205, 215 f.; Remien, Schadensersatz und Zinsen nach EU-Kaufrecht, in: Schmidt-Kessel, Ein einheitliches europäisches Kaufrecht?, 2012, S. 503, 507 f.; zu Abgrenzungsfragen Schulze/Wendehorst, CESL Commentary, Art. 2 GEK Regulation Rn. 7 f.

[205] Kieninger, Allgemeines Leistungsstörungsrecht im Vorschlag für ein Gemeinsames Europäisches Kaufrecht, in: Schulte-Nölke ua, Der Entwurf für ein optionales europäisches Kaufrecht, S. 205, 217; Schulze/Mozina, CESL Commentary, Art. 160 Rn. 6.

[206] Schulze/Mozina, CESL Commentary, Art. 160 Rn. 18; 其他观点 Kieninger, Allgemeines Leistungsstörungsrecht im Vorschlag für ein Gemeinsames Europäisches Kaufrecht, in: Schulte-Nölke ua, Der Entwurf für ein optionales europäisches Kaufrecht, S. 205, 210, 217

[207] 就此见 Magnus, The Damages Rules in the Acquis communautaire, in the Acquis Principles and in the DCFR, in: Schulze, CFR and Existing EC Contract Law, S. 211, 220; Weitenberg, Der Begriff der Kausalität in der haftungsrechtlichen Rechtsprechung der Unionsgerichte, 2014.

（conditiosinequanon）。GEK 没有规定因果关系方面的其他限制（尤其是某些内国法中对“相当”因果关系的要求）。[208] 相反，为了限定可获赔偿的损失，GEK 在计算损害赔偿时采用了可预见性的标准。

93 （d）以 GEK 条例草案第 2 条 g 一般性规定为基础，GEK 草案第 159 条要求以金钱形式赔偿损害。GEK 不承认要求致损人事实上完成无损害事件时应有状态的请求权（狭义上的恢复原状）。在 GEK 的法律救济体系中，事后补充履行请求权在某种方式上具有其他法律制度中以恢复原状为形式的损害赔偿的类似功能。GEK 就此也遵循了《联合国国际货物销售合同公约》[209] 所预设的路径。[210] 但这没有就此问题做出回答，即对物质损失进行损害赔偿的金钱数额是否按照完成无损害事件时应有状态之花费的数额来确定（恢复原状费用；广义上的恢复原状），抑或是仅仅按照价值损失来计算（价值补偿；赔偿）。恢复原状的费用应当获得赔偿，因为从 GEK 条例草案第 2 条 g 的文义来看，没有相反的限制，而且，GEK 草案第 164 条和第 165 条明确地把对（事实上进行的或拟制的）替代交易的此类花费的赔偿确立为具体损害计算的一种类型。尤其是就修理费用和排除非物质损害，仍欠缺相关的明确规定；[211] 但是，在对损害赔偿概念统一填充的范围内可想而知的是，在此领域内，对恢复原状费用的可赔偿性同样也不能一概排除。但对实践尤为重要的问题，即合比例原则（如也适用于事后补充履行的此原则 [212]）是否可得适用（例如在“经济性全损”的情况下，恢复原状的费用要明显高于物的价值），可能仍需要立法澄清。

94 对债权人因不履行所遭受的损失进行赔偿的范围应当根据完全赔偿（Totalreparation）原则和差额理论（Differenzhypothese）来计算。[213] 据此，赔偿数额应当使债权人处于他在义务得到正常履行时本应该的状态。如果不

[208] Lorenz, Das Kaufrecht und die damit verbundenen Dienstverträge im Common European Sales Law, AcP 212 (2012), S. 702, 795; Schulze/Mozina, CESL Commentary, Art. 159 Rn. 5.

[209] Art. 74 CISG; 就此见 Huber, § 13 Damages, in: Huber/Mullis, The CISG, 2007, S. 269 f.; Honsell/Schöne/Koller, Kommentar zum UN-Kaufrecht, 2. Aufl. 2010, Art. 74 CISG Rn. 41.

[210] 也参见 Art. 9:502 PECL; Art. III.-3:702 DCFR. 详见 Lando/Beale (Hrsg.), PECL, Parts I and II, S. 438 f.; v. Bar/Clive (Hrsg.), DCFR Full Edition, S. 924.

[211] Schmidt-Kessel/Schmidt-Kessel, GEK-E Kommentar, Art. 2 GEK-VO-E Rn. 23.

[212] 就此见边码 56。

[213] MünchKomm/Oetker, 7. Aufl. 2016, § 249, Rn. 16–22; Schmidt-Kessel/Remien, GEK-E Kommentar, Art. 160 GEK-E, Rn. 1.

能到达这一状态，则应当尽可能使债权人处于这种状态（GEK 草案第 160 条第 1 句）。GEK 在此方面也追随了欧洲合同法之前立法草案[214]的模式，同时作为较新的欧洲立法，GEK 起到了模板的作用。例如，《数字内容指令建议案》第 14 条第 1 款第 2 句规定，损害赔偿应当尽可能使受损人处于这一状态，即他在正常和合乎合同地提供数字内容时本应当处于的状态。[215] 根据以上原则，债权人可以要求赔偿的是这两者之间的全部差额，即按照合同应支付的金额以及由于不履行而完成在履行时应有状态而花费的成本，只要债务人有义务就正常履行时应有之状态的完成提供赔偿（例如 GEK 草案第 164 条就合同终止时事实上执行的替代交易，以及第 165 条就拟制的替代交易所作的具体规定）。如果以此恢复原状费用之标准进行的赔偿不能完全覆盖 GEK 条例草案第 2 条 c 所规定的可获赔偿的损失，则债权人还可以就其他损失要求赔偿（参见 GEK 草案第 164 条和第 165 条，各条的文末）。

根据 GEK 草案第 161 条，可赔偿的损害被限制在损失可预见的范围 95
内。在损害赔偿范围方面——也就是在行使损害赔偿请求权时，这一可预见标准补充了关于不可免责的不履行的限制，不可免责的不履行在之前已经是损害赔偿请求权成立的前提之一。[216]GEK 在此没有借鉴现行共同体法，[217] 而是以 PECL 第 9:503 条和 DCFR 第 III.-3:703 条为样板，这两个条文又是 CISG 第 74 条第 2 句的追随者。[218] 但是，和这两部欧洲规则框架以及内国法[219]不同的是，GEK 没有就故意的不履行和重大过失之情形规定例外。[220] 和其前身规则一样，GEK 替代性地规定了主观标准，即债务人已经预见到作为不履行之后果的损失，以及客观标准，即他本应当预见。与 DCFR 不

[214] 参见 PECL 第 9:502 条；ACQP 第 8:402 条第 1 款；DCFR 第 III.-3:702 条。

[215] 也参见 Vorschlags für eine Richtlinie des Europäischen Parlaments und des Rates über bestimmte Vorschriften für Schadensersatzklagen nach einzelstaatlichem Recht wegen Zuwiderhandlungen gegen wettbewerbsrechtliche Bestimmungen der Mitgliedstaaten und der Europäischen Union, COM(2013) 404 final 的第 2 条第 2 款。

[216] 见边码 88。

[217] Schulze/Mozina, CESL Commentary, Art. 161 Rn. 2.

[218] 关于文本的发展 Kieninger, Allgemeines Leistungsstörungsrecht im Vorschlag für ein Gemeinsames Kaufrecht, in: Schulte-Nölke ua, Der Entwurf für ein optionales europäisches Kaufrecht, S. 205, 214.

[219] 如《法国民法典》第 1150 条。

[220] 关于欧洲合同法共同参考框架专家组在起草过程中就例外情况的讨论见 Synthesis of the Tenth Meeting, 17–18 February 2011, 14.03.11, S. 3.

同，GEK 在客观标准中放弃了“合理地”这一要素，由此避免了对不确定法律概念不必要的使用，同时没有造成实质上的不同。[221]

96 如果债权人造成了不履行的后果，或者本应当通过适当手段减少损失，但没有这样做，则债务人不承担责任。现行共同体法中就此原则仅有零星几个出发点。[222]《Acquis 原则》从中推导出该原则，即如果债权人故意或过失造成不履行的后果，或者本来可以通过适当措施减少损失，则应减少或排除损害赔偿（ACQP 第 8:403 条）。GEK 草案第 162 条和第 163 条的一般规则很大程度上以 PECL 和 DCFR 的摹本为基础。[223] 如果债权人（参与）造成了不履行或损害的增加，则损害赔偿根据 GEK 草案第 162 条相应减少。但是，根据 GEK 的体系应当认为，通过准用 GEK 草案第 88 条，债权人有可能被免责。[224] 如果债权人没有按照诚实信用的要求（GEK 草案第 2 条）履行其减少损害的不真正义务，则可赔偿的损失根据 GEK 第 163 条第 1 款减少。[225]减少损害的措施可以包括如修理、防护工作或缔结合同（如租赁合同或关于替代物的买卖合同）。在适当性标准方面，应当就经验和经济能力不同的当事人（尤其是经营者和消费者）进行区分。[226] 在没有采取减少损害的措施时，损害赔偿根据 GEK 草案第 163 条第 1 款减少或完全排除。与之相反的是，债权人在试图减少损失时所有的适当花费，都可以

---

[221] 但是，由于没有关于故意不履行的例外规定，GEK 草案第 161 条在时间上把可预见性限制在合同缔结时是有问题的，因为它使卖方在价格抬升时能够更容易地转向更有利的交易，只要在按照 GEK 草案第 164 条和第 165 条借助替代交易损害计算方面，可预见性的限制也应适用（Schmidt-Kessel/Remien, GEK-E Kommentar, Art. 164 GEK-E Rn. 2 为了避免对债权人不利的投机行为而反对适用）。此处应由立法来明确。

[222] Acquis Group/Magnus, Contract II, Art. 8:403 Rn. 1; Magnus, The Damages Rules in the Acquis Communautaire, in the Acquis Principles and in the DCFR, in: Schulze, CFR and Existing EC Contract Law, S. 223 f.; v. Bar/Clive (Hrsg.), DCFR Full Edition, S. 934.

[223] PECL 第 9:504 条和 DCFR 第 III.-3:704 条是 GEK 草案第 162 条的样板，后者在 GEK 范围内很大程度上对应于第 106 条第 5 款及 131 条第 3 款；PECL 第 9:505 条和 DCFR 第 III.-3:705 条则是 GEK 草案第 163 条的样板。

[224] Schmidt-Kessel/Remien, GEK-E Kommentar, Art. 162 GEK-E Rn. 2; 其他观点 Koch, Schadensersatz und Rückabwicklung, in: Wendehorst/Zöchling-Jud, Am Vorabend eines Gemeinsamen Europäischen Kaufrechts, 2012, S. 225, 233.

[225] 可避免的损失是否可以从赔偿请求中扣除（如 CISG 第 77 条第 2 款的效果）或者通过对两个部分的衡量来确定，关于该问题见 Koch, Schadensersatz und Rückabwicklung, in: Wendehorst/Zöchling-Jud, Am Vorabend eines Gemeinsamen Europäischen Kaufrechts, 2012, S. 225, 234.

[226] Schulze/Mozina, CESL Commentary, Art. 163 Rn. 3 f.

根据GEK草案第163条第2款请求偿还。减少损失的尝试的费用可以获偿，该尝试不必一定成功，由此增进了债权人减少损害的积极性。在一方为支持另一方履行义务所采取行动的费用之承担方面，该规定为损害赔偿法补充了双方当事人合作的理念（GEK草案第3条）。

**（3）利息**

（a）和整个损害赔偿法相同，对于金钱债务在迟延支付时的计息，目 97
前的欧盟合同法没有全局性的体系化规则。但是，由于这一领域的若干特别部分对于内部市场具有特殊的经济意义，欧洲立法已经就此作出回应。这些部分除支付服务[227]外，还包括交易往来中的支付迟延。《支付迟延指令》（Zahlungsverzugs-RL）[228]的颁布旨在消除交易来往中的支付迟延，因为迟延的支付在经济危机时期会严重损害债权人——尤其是中小企业——的偿付能力。[229]该指令的立法理由称，许多成员国较低的迟延利息和缓慢的执行程序导致支付迟延方面的毁约没有被有效遏制。[230]为了促进“向及时支付文化的变迁”[231]，该指令把支付期间的确定与关于迟延利息及执行费用补偿的请求权联系在一起。[232]尤其是《支付迟延指令》第3条和第4条确定了经营者之间以及经营者与公共机构间交易来往中迟延利息请求权的前提。当债权人没有获得债务人到期应付的款项时，请求权成立。在此具有决定意义的是给付的及时性。[233]给付时间根据当事人的合同约定来确定。如果没有约定，或者是经营者与公共机构之间的交易往来，则在《支付迟延指令》第3条第3款b以及第4条第3款所称期间经过后，请求权成立。催告不是必要的。请求权成立的另一个前提是，经营者履行了自己的义务。根据《支付迟延指令》第3条第1款b以及第4条第1款b的规定，如果债务人对支付迟延没有责任，则他不承担迟延利息。如果合同条款对于债

[227]　Richtlinie 2007/64/EG des Europäischen Parlaments und des Rates vom 13. November 2007 über Zahlungsdienste im Binnenmarkt, zur Änderung der Richtlinien 97/7/EG, 2002/65/EG, 2005/60/EG und 2006/48/EG sowie zur Aufhebung der Richtlinie 97/5/EG.

[228]　首先是RL 2000/35/EG；2011年1月16日新版（Zahlungsverzugs-RL）。

[229]　参见《支付迟延指令》立法理由第3项及以下、第7项及以下。

[230]　《支付迟延指令》立法理由第12项。

[231]　同脚注230。

[232]　根据《支付迟延指令》第10条，在金钱债权有争议之场合，成员国还应当确保能够在90日内得到可执行的判决。

[233]　EuGH 3.4.2008, Rs C-306/06 (Telekom), Slg 2008, 1923.

权人构成重大不利，则它根据《支付迟延指令》第7条第1款不具有可执行性并且成为损害赔偿请求权的基础。该规定旨在保护债权人免受不利合同条款的伤害。[234]此处的合同条款既包括事先拟定的，也包括单独协商的。[235]

98 《Acquis原则》在此基础上重述了《支付迟延指令》的规定（ACQP第8:405条及以下），但同时也明确，支付迟延领域的现行共同体法不足以形成一个关于迟延支付利息的一般规则。《Acquis原则》参引DCFR中的相应规则作为替代，后者则是对成员国法律进行比较研究的结果。[236]

▶ DCFR第III.-3:708条（支付迟延时的利息）

（1）如果金钱款项的支付迟延，则无论此不履行是否可以免责，债权人都可要求从到期应付至实际支付时的利息，利率为商业银行就短期贷款向主要客户按照支付地的支付货币所计算出的平均银行利率。

（2）债权人还可以就其他损失要求损害赔偿。◀

99 （b）根据DCFR的模板，GEK同样包含关于迟延利息的一般规定（GEK草案第166条和第177条）。它们是对关于损害赔偿的前一节内容的补充，而其本身又通过关于经营者支付迟延的特殊章节条文得到补充。据此，当支付到期后，债权人原则上无需催告即可要求支付利息，其数额根据欧元国家的欧洲中央银行利率加上2%来计算（GEK草案第166条第1款、第2款）。[237]债权人由此得到一种抽象的损害赔偿的保障，该损害赔偿通常应能弥补其遭受的损失，而无需在个案中证明其损失。此种损害赔偿同时应当撤去债务人因迟延支付而获得的利益，并防止支付迟延的发生。[238]对于没有被该迟延利息请求权所覆盖的损失，债权人还可以根据GEK关于损害赔偿的之前章节的规定来行使请求权（GEK草案第166第3款）。对于消费者的支付迟延，这一严格的规定仅在不履行不可免责时适用。此外，债权人就

[234] 《支付迟延指令》立法理由第28项；就此见本书第四章边码58和59。

[235] Heiderhoff, Europäisches Privatrecht, Rn. 413.

[236] V. Bar/Clive (Hrsg.), DCFR Full Edition, S. 945.

[237] GEK草案第166条第2款单独规定，当债权人的惯常居住地在欧元成员国或第三国时，适用的利率为欧洲中央银行就其在相关半年的第一个日历日前所执行最后一个再融资业务所应用的利率加上两个百分点，或者从欧洲中央银行最近的再融资业务的招标程序中得出的利率加上两个百分点。

[238] Schulze/Mozina, CESL Commentary, Art. 166 Rn. 3.

计息及其数额发出通知后经过 30 日才开始对消费者的支付迟延计算利息。在此，迟延利息不得为了继续计息而被归入主债权。另外，如果合同条款就消费者的支付迟延规定了更高的利率或者更早的计息时间，则它不具有约束力，只要其根据 GEK 草案第 167 条第 1 款至第 4 款是不公平的。

在有关经营者支付迟延的特殊规定方面， GEK 草案第 168 条至第 171 条密切贴合《支付迟延指令》以及以该指令为基础而制定的 ACQP 第 8:406 条和 DCFR 第 III.-3:710 条。根据 GEK 草案第 168 条第 1 款的规定，当经营者迟延支付为交付商品、提供数字内容以及相关服务而约定的价款时，支付利息的请求权成立，[239]除非该经营者根据 GEK 草案第 88 条可免责。因此，该条的适用范围包括金钱支付，但不包括损害赔偿或偿还请求权。在损害赔偿或偿还请求权之场合，应当根据 GEK 草案第 166 条来确定迟延利息请求权。[240]其利率由 GEK 草案第 168 条第 5 款确定，与第 166 条第 2 款中的方式相同，但在基准利率之上不是增加两个百分点，而是八个百分点。与《支付迟延指令》相同，给付时间原则上根据合同约定来确认。如果没有约定给付时间，计息时间的起算由 GEK 草案第 168 条第 2 款和第 3 款规定。支付期间根据 GEK 草案第 168 条第 4 款原则上不得超过 60 日。如果当事人有明确的不同约定，且该约定根据 GEK 草案第 170 条不是不公平的，则可以超出该最长期间。就此而言，这里存在一个可以推翻的推定，即更长的支付期间根据 GEK 草案第 170 条是不公平的。有关支付期日、支付期间和利率的不公平合同条款没有约束力。[241]根据 GEK 草案第 171 条之规定，有关经营者迟延支付的规则是强制性的，这也就意味着不得偏离或排除这些规则。[242] 100

### 6. 返还清算

当因合同义务不履行而终止合同的前提条件成立时（例如按照《消费 101

[239] 经营者的概念见 GEK 条例草案第 2 条 e。

[240] 对此的批评意见 Schulze/Mozina, CESL Commentary, Art. 168 Rn. 3.

[241] GEK 草案第 170 条第 2 款推定，关于支付期日、支付期间和利率的条款如果更为不利，则为不公平。如果一个合同条款排除 GEK 第 169 条规定的迟延利息或托收费用的赔偿，则它根据 GEK 草案第 170 条第 3 款总是不公平的。

[242] 详见 Kieninger, Allgemeines Leistungsstörungsrecht im Vorschlag für ein Gemeinsames Europäisches Kaufrecht, in: Schulte-Nölke ua, Der Entwurf für ein optionales europäisches Kaufrecht, S. 205, 222 f.

品买卖指令》第 2 条、第 5 条和第 6 条解除合同或者按照《包价旅游指令》第 13 条第 6 款的解除），[243] 合同约定之给付通常业已完成。就此情形，需要规则来明确在何种条件下、在何等范围内以及通过何种方式，给付受领人返还给付并补偿从给付中所得利益，以及他是否可以就与该给付相关的费用（例如为买卖物的安全保管）请求补偿。欧盟法迄今为止在很大程度上把这一问题交给成员国加以规定，尽管返还清算的前提和风险对价格计算具有重大影响，且内国法律在此方面的差异可能会提高交易成本。因此，关于合同因不履行而终止或解除的后果，现行共同体法明显滞后于《消费者权利指令》就撤回后返还清算的规定所达到的水平。[244]

102 GEK 在关于义务和救济及损害赔偿的主要部分之后安排的是有关合同返还清算的内容，以试图克服其适用范围的不足。和 DCFR[245] 以及许多成员国法律不同的是，GEK 提出了一条崭新的路径，即这部分的规定不仅统领合同终止时的返还清算，而且也适用于合意瑕疵时的撤销。一个统一的规则体因此应当包括两种不同的法律出发点。一方面，它涉及当事人的合同因终止而转化为返还关系后的债之关系（GEK 草案第 8 条）。[246] 另一方面，它关涉因错误、恶意欺诈、胁迫和不正当利用而撤销（GEK 草案第 54 条第 1 款）所导致的有溯及力的合同之无效（GEK 草案第 48 条及以下）。[247]DCFR 的处理方式则不同，它在“解除”一节的分节中规定了解除后的返还（DCFR 第 III.-3:510 条及以下），而对撤销后清算返还适用的则是有关不当得利的条文（DCFR 第 II.-7:212 条第 2 款、第 VII.-5:501 条及以下）。在成员国法律中也存在这种“双规制”。例如《德国民法典》对解除（对应于 GEK 中的合同终止）后的返还适用第 346 条及以下关于解除法的

---

[243] 关于合同终止的条件见边码 67—77。

[244] 就此见本书第三章边码 140。

[245] DCFR 第 III.-3:501 条关于合同终止时的返还清算以及第七编（不当得利）关于无效合同的返还清算；批评意见 Wendehorst, in: Schulze/v. Bar/Schulte-Nölke, Der akademische Entwurf für einen gemeinsamen Referenzrahmen, 2008, S. 215, 237; zum Diskussionsstand vor dem Kommissionsvorschlag für das GEK Bargelli, Il sinallagma rovesciato, 2010.

[246] 见上文边码 77。

[247] 见本书第三章边码 112。然而，GEK 草案第 44 条和第 45 条是关于撤回时清算返还的独立条文；关于这些清算返还领域之间的协调的不足见 Schulze/Schulze, CESL Commentary, Art. 44 Rn. 11；关于对出现清算返还的其他事态类推适用 GEK 第 172 条及以下的可能见 Schmidt-Kessel/Wendehorst, GEK-E Kommentar, Art. 172 GEK-E Rn. 2.

特别规定，而对撤销后的清算返还则适用不当得利法的规定（《德国民法典》第 812 条及以下）。就未来的发展而言，GEK 就两个领域提出的统一处理的崭新方式还有待权衡。但值得考虑的是对大量细节的优化，这些细节是欧洲议会在原则上批准 GEK 关于清算返还的全局性模式时，在和欧洲法研究院[248]以及学术界的批评意见[249]取得广泛一致后所建议的。[250]

GEK 清算返还法的核心规定由该一般性义务构成，即在合同撤销或终止时，各方当事人都应向另一方当事人返还其从对方处所获得的给付，并包括所有从中产生的物或权利孳息（GEK 草案第 172 条第 1 款和第 2 款）。因此，原则上应当完成“原先的状态（status quo ante）”。[251]如果所得给付及其孳息不能返还，则应当按照 GEK 草案第 173 条的具体标准以金钱形式来代替。用益在下列情形中应当以金钱补偿：给付受领人自己应对撤销或合同终止承担责任，或者他在用益之前就已经知道撤销或终止事由，又或者无偿的用益因条文中具体描述的情势可能不公平（GEK 草案第 174 条第 1 款）。如果一方当事人应就用益付款，则另一方当事人必须就其应返还的款项支付利息（和应由他负责的因恶意欺诈、胁迫或不公平利用而撤销的情形相同；GEK 草案第 174 条第 2 款）。受领人就所获得的商品或数字内容方面的费用之补偿，原则上按照另一方当事人由此获得的利益来计算。但如果受领人知道或应当知道撤销或终止事由，则补偿受到限制（GEK 草案第 175 条）。另外，GEK 草案第 176 条明确，如果按照以上条文履行返还或偿还义务将导致与“公平原则”（Billigkeitsgrundsatz）的严重背离，则存在变更的可能性。学术界普遍认为，这样一种变更条款对于个案公正是不可或缺的，[252]但是 GEK 草案第 176 条的极为宽泛和模糊的表述对于法律安 103

---

[248] European Law Institute (ELI), Statement on the Proposal for a Regulation on Common European Sales Law, COM (2011) 635 final, 2013, S. 29 f., S. 107 f.

[249] Schmidt-Kessel/Wendehorst, GEK-E Kommentar, Art. 172 GEK-E Rn. 4 f.; Schulze/Lehmann, CESL Commentary, Art. 172 Rn. 61–67.

[250] Stellungnahme EP vom 26.2.2014, Abänderung 223 bis 246, S. 169–171.

[251] Schulze/Lehmann, CESL Commentary, Art. 172 Rn. 2. 规定分期或按部分给付的合同终止时，已经受领的给付无需返还，只要双方当事人已经履行各自义务，或者所提供给付之价款根据 GEK 草案第 8 条第 2 款继续可支付（GEK 草案第 172 条第 3 款）；批评意见 Schmidt-Kessel/Wendehorst, GEK-E Kommentar, Art. 172 GEK-E Rn. 10, 11.

[252] Schmidt-Kessel/Wendehorst, GEK-E Kommentar, Art. 176 GEK-ERn. 2; Schulze/Lehmann, CESL Commentary, Art. 176 Rn. 13–18.

定性而言不是没有问题的。同样没有明确规定的还有返还清算时的给付地与其他给付模式等重要的实践问题；[253]类推适用关于主合同义务给付模式的条文[254]在此只能提供部分帮助。

104 在终止关于数字内容的合同时，应当注意返还清算的一系列新面向。它们在欧盟委员会《数字内容指令建议案》中得到了体现，例如，提供方从消费者处作为替代金钱给付的对价而获得的数据之使用的返还义务，或者再次获得提供方已经存储的数据的技术条件等（《数字内容指令建议案》第 13 条第 2 款 b 和 c）。对于提供方提供给消费者的数据，消费者应当停止使用并根据提供方的要求返还永久数据载体（《数字内容指令建议案》第 13 条第 2 款 d 和 e）。

▶《数字内容指令建议案》第 13 条（合同的终止）

（……）

（2）如果消费者终止合同，

a）提供方应当立即向消费者补偿其支付的价款，但最迟为通知到达后的 14 日内；

b）提供方应当采取所有可以被期待的措施，以停止使用消费者为交换数字内容而提供的、金钱以外的其他对价，并且停止使用提供方为提供数字内容而收集的所有其他数据，包括由消费者提供的内容，但消费者与继续使用该内容的其他方共同产出的内容除外；

c）提供方应当向消费者提供技术手段，使消费者可以再次获取由消费者提供的内容及其他数据，只要它们是因使用数字内容而被完成或生成的，并已经被提供方存储。消费者有权无偿并在无重大不便的条件下，在适当期间内通过普遍使用的数据形式再次获得该数字内容；

d）只要数字内容不是在永久数据载体上被提供的，消费者应当停止使用该数字内容并停止提供给第三方，尤其是通过删除数字内容或使之不可读的其他方式；

---

[253] 关于这里所述的以及其他待澄清的问题见 Looschelders, Das allgemeine Vertragsrecht des Common European Sales Law, AcP 212 (2012), S. 518, 674; Schmidt-Kessel/Wendehorst, GEK-E Kommentar, Art. 172 GEK-E Rn. 4.

[254] 参见 Schulze/Zoll, CESL Commentary, Art. 93 Rn. 5.

e）只要该数字内容是在永久数据载体上被提供的，消费者应当

i）按照提供方的要求并以提供方的费用及时寄回永久数据载体，但最迟为提供方的通知到达后的 14 日内，并且

ii）删除数字内容的所有可用备份、使之不可读、停止使用并停止提供给第三方。

（3）提供方可以在合同终止后禁止消费者对数字内容的任何继续使用，在不影响第 2 款 c 的条件下，他尤其可以禁止消费者访问内容或锁定消费者的用户账户。

（4）消费者就合同终止前对数字内容的使用不承担付款义务。

（……）◀

通过这些规定，《数字内容指令建议案》在对实践极具意义的一个广阔领域上发展了清算返还法。但是，该指令也在许多方面踏上了合同法领域的新大陆，所以还需要深入讨论。这里涉及一系列具体问题。举例而言，如果提供方已经把收集的数据出售给第三方，则消费者的返还请求权可以在多大程度上追及第三方；又如，是否在个案处理中可以不同于《数字内容指令建议案》第 13 条第 4 款的规定，对于消费者在合同终止前对数字内容的使用，赋予提供方补偿请求权等。另外，在此方面还应当考量与数据保护条文的协调问题。 105

# 第七章　消灭时效与失权

**文 献：** Grabitz/Hilf/Nettesheim, Das Recht der EU, 60. Aufl. 2016; Schmidt-Kessel, Ein einheitliches europäisches Kaufrecht？, 2012; Vaquer/Arroyo, Prescription in the Proposal for a Common European Sales Law, 2012; Wendehorst/Zöchling-Jud, Am Vorabend eines Gemeinsamen Europäischen Kaufrechts, 2012.

## 一、现行共同体法中的碎片化规则

1 关于时间经过（Zeitablauf）对于权利行使或执行的实现或限制后果，现行共同体法中仅有逐点和不完整的规定。欧洲立法者只有在认为其对于欧洲某项法律制度的构建不可或缺时，才会规定时间经过的后果。因此，其着眼点是因时间经过而受限制的各个权利，而不是关于期间（Frist）的广泛规则。所以，寻找关于期间的广泛的和可以被一般化的规定可能徒劳无功。然而，现行共同体法在某些地方对权利期限的规定却几乎是完备的。其中特别包括了限制撤回权的期间。

▶《消费者权利指令》第 9 条（撤回权）

（1）只要第 16 条的例外不适用，消费者享有 14 日的期间以撤回远程销售合同或在营业场所外缔结的合同，并无需说明理由，也无需承担第 13 条第 2 款及第 14 条规定之外的其他费用。

（……）◀

▶《消费者权利指令》第 10 条（未说明撤回权）

（1）如果经营者没有按照第 6 条第 1 款 h 向消费者说明撤回权，则撤回权期间在第 9 条第 2 款规定的最初撤回期间届满后的 12 个月才到期。

（2）如果经营者在第 9 条第 2 款所称日期之后的 12 个月内向消费者告知第 1 款所称的信息，则撤回权期间在消费者获得该信息之日后的 14

日到期。◀

2 《消费者权利指令》的这两个条文是关于此类失权期间（Präklusionsfirst）规则的很好的例子（在关于撤回权的其他指令中也可以找到相应的规则）。撤回权随着期间届满而消灭。经营者不必诉诸期间届满；相反，法庭依职权审查期间的届满。《消费者权利指令》第10条规定了期间延长的条件。由于这些条文是完全协调化的[1]（因此，内国立法者不能颁行与该指令相比对消费者更有利或更不利的条文），所以，如果内国法律规定在期间届满方面对消费者更有利（例如考虑到诚实信用原则），则这样的规定没有适用空间。假设指令设定的是最低限度的协调化（例如因为《消费者权利指令》生效而被废止的《远程销售指令》就是如此），情况则相反。[2]

3 《消费品买卖指令》规定了限制消费者权利的期间，其规则同样是碎片化的：[3]

▶《消费品买卖指令》第5条（期间）

（1）如果与合同不符在交付消费品后的两年内变得明显，则卖方承担第3条的责任。如果根据内国法规定，就第3条第2款的请求权适用消灭时效期间，则该期间自交付起两年后才结束。

（2）成员国可以规定，如果消费者行使其关于与合同不符的权利，则他应当在自确定与合同不符后的两个月内通知卖方。

（……）◀

4 《消费品买卖指令》是一个最低限度协调化的指令，[4]因此，成员国的立法者可以赋予消费者比指令的规定更有利的权利。[5]指令规定，自交付

[1] 《消费者权利指令》立法理由第2项；Föhlisch, Endlich Vollharmonisierung im Fernabsatzrecht? Auswirkungen der geplanten Europäischen Verbraucherrechtsrichtlinie, MMR 2009, S. 75, 76.

[2] 《远程销售指令》第14条；就此见 Grabitz/Hilf/Micklitz, Das Recht der Europäischen Union, 40. Aufl. 2009, Sekundärrecht Vor A.2, 85/577/EWG und 97/7/EG – Systematischer Teil, Rn. 27.

[3] 就此见 Grundmann/Bianca/Hondius, EU-Kaufrechts-Richtlinie Kommentar, 2002, Art. 5.

[4] 《消费品买卖指令》第8条第2款；就此见 Grabitz/Hilf/Magnus, Das Recht der Europäischen Union, 40. Aufl. 2009, Sekundärrecht A.15, 1999/44/EG, Art. 8 Rn. 5; Grundmann/Bianca/Stijns/van Gerven, EU-Kaufrechts-Richtlinie Kommentar, 2002, Art. 7 Rn. 2–5.

[5] MünchKommBGB/Micklitz, 6. Aufl. 2012, Vorbem. §§ 13, 14 Rn. 32.

起两年期间经过，即排除卖方的责任。指令还确定了与成员国法律中消灭时效规定[6]相关的冲突规则（消灭时效在指令规定的两年期间经过前不结束）[7]。此外，指令就告知卖方与合同不符规定了两个月的申诉期间（Reklamationsfrist）[8]，这一期间同样可以限制消费者的权利。但是成员国可以自由选择是否引入这一期间。[9]关于以上期间，指令没有更进一步的规定。由于指令仅仅设定最低要求，成员国因此有广阔的裁量空间，以完全不同的权利构造来表达期间的规定。随着期间的经过，权利可能灭失（失权），或者权利的可执行性因卖方的抗辩而被排除。相关权利因期间经过灭失或者转化为自然债务（obligatio naturalis），同样由内国立法者来决定。然而，这意味着，欧洲立法者至少通过该指令还没有发展出关于消灭时效规则的自力维持的理念。

5 《在线商品交易指令》建议案中有类似的规范：

▶《在线商品交易指令》第 14 条（期间）

如果在确定与合同相符的决定性时间点之后的两年内，与合同不符变得明显，则消费者有就商品与合同不符的补救请求权。如果内国法律就第 9 条的请求权规定了消灭期间，则消灭期间不得在确定与合同相符的决定性时间点之后两年的时间经过前结束。◀

与《消费品买卖指令》不同的是，该指令的建议案以完全协调化为目标。如果该建议案通过，则两年的失权期间对于成员国将是强制性的。成员国尽管可以在此之外规定一个消灭时效，但必须遵守指令中的两年期间（消灭时效不得在该期间经过前结束）。由于完全协调化包含了两年的失权期间，在确定与合同不符后行使补救之排除的时效也不能延长。

6 《数字内容指令建议案》中没有关于失权或消灭时效的规定。但这并非欧盟委员会的疏忽。其理由如下：

---

[6] 《消费品买卖指令》第 5 条。

[7] 就此见 Grabitz/Hilf/Magnus, Das Recht der Europäischen Union, 40. Aufl. 2009, Sekundärrecht A.15, 1999/44/EG, Art. 5 Rn. 3–16; Grundmann/Bianca/Hondius, EU-Kaufrechts-Richtlinie Kommentar, 2002, Art. 5 Rn. 3–9.

[8] 《消费品买卖指令》第 5 条第 2 款。

[9] 见《消费品买卖指令》第 5 条第 2 款的表述：“成员国可以规定……”

▶《数字内容指令建议案》立法理由第 36 项

(……)

有鉴于数字内容的多样性，就与数字内容相关的权利行使或义务履行确定一个固定的期间是不合适的。固定的期间可能无法反映这种多样性，在个案中可能过短或过长。因此，参引适当的期间更有意义。

(……)◀

7 对于和时效经过相关的问题，《关于消费者事务中选择性争端解决的指令》[10] 中也有碎片化的规定：

▶《关于消费者事务中选择性争端解决的指令》第 12 条（选择性争端解决程序对消灭时效期间的影响）

（1）成员国应当确保，如果当事人为解决争端而使用选择性争端解决程序，且该程序的结果不具有约束力，则仅因消灭时效期间在选择性争端解决程序中经过，不能阻碍当事人在该程序后申请就同一争端启动法庭程序。

（2）第 1 款的适用不影响成员国所属的国际条约中关于消灭时效的规定。◀

8 指令的这一条文让成员国自行选择法律制度中的方法来阻止消灭时效的经过。因此，该指令没有明确的是，这种方式应当采用重新起算、中止（Hemmung）、完成停止（Ablaufshemmung）还是完全的程序法上的解决方案等。此外需要澄清的是，指令在何种意义上使用“消灭时效”的概念。必须在欧洲法上对这一概念进行自主解释。因此，在期间经过时，成员国是否赋予债务人拒绝履行的权利，或者是规定相关权利灭失，并不具有决定意义。当选择性争端解决程序涉及撤回的有效性问题时，基于欧盟法的规定并限制消费者撤回权的期间条文是否适用，这一问题没有解决。《消费者权利指令》就此类期间作了终局性的规定，以至于《关于消费者事务

[10] Richtlinie 2013/11/EU des Europäischen Parlaments und des Rates vom 21. Mai 2013 über die alternative Beilegung verbraucherrechtlicher Streitigkeiten und zur Änderung der Verordnung (EG) Nr. 2006/2004 und der Richtlinie 2009/22/EG.

中选择性争端解决的指令》第12条在此不适用。

## 二、欧洲全面规则的草案

9 GEK建议案的第18章是关于消灭时效的规定。[11]该规定的设计至少是完整的，就如同受潘德克顿式立法影响的法典中的消灭时效条文[12]（如《德国民法典》[13]或者《波兰民法典》）。GEK的时效规则紧密有度地参照了DCFR，[14]后者在其第三编第七章[15]规定了消灭时效。[16]

10 GEK草案第178条明确了哪些权利受制于消灭时效：

▶ GEK草案第178条（受制于消灭时效的权利）

要求强制执行义务之履行的权利及其任何从属权利因本章规定的期间经过而受制于消灭时效。◀

本条规定，履行请求权以及未被定义的"从属权利"[17]受制于消灭时效。此处具体指哪些权利，并不明确。[18]无论如何，不属于履行之给付的其他

---

[11] 就此见 Stellungnahme des Deutschen Notarvereins vom 7.12.2011, S. 28–31, 链接为：http://www.dnotv.de/_files/Dokumente/Stellungnahmen/STNDNotVGemeinsamesEuropischesKaufrechtl.pdf (2016年12月9日调阅).

[12] Stellungnahme des Deutschen Notarvereins vom 7.12.2011, S. 30, 链接为：http://www.dnotv.de/_files/Dokumente/Stellungnahmen/STNDNotVGemeinsamesEuropischesKaufrechtl.pdf (2016年12月9日调阅).

[13] 关于对德国法中消灭时效的潘德克顿式理解见 Windscheid/Kipp, Lehrbuch des Pandektenrechts, 1984, §§ 105–113.

[14] Ernst, Das Verjährungsrecht des (D)CFR, in: Remien, Verjährungsrecht in Europa – zwischen Bewährung und Reform, 2011, S. 67–91; Schulze/Møgelvang-Hansen, CESL Commentary, Art. 178 CESL Rn. 5; Wendehorst/Zöchling-Jud, Am Vorabend eines Gemeinsamen Europäischen Kaufrechts, 2012, S. 255.

[15] 关于 DCFR 中的消灭时效 v. Bar/Clive (Hrsg.), DCFR Full Edition, S. 1139–1206.

[16] DCFR 中的消灭时效法则借鉴了 PECL，见 Ernst, Das Verjährungsrecht des (D)CFR, in: Remien, Verjährungsrecht in Europa – zwischen Bewährung und Reform, 2011, S. 67, 89.

[17] Schmidt-Kessel/Müller, GEK-E Kommentar, Art. 178 GEK-E Rn. 4 f.; Schulze/Møgelvang-Hansen, CESL Commentary, Art. 178 CESL Rn. 8.

[18] Vaquer/Arroyo, Prescription in the Proposal for a Common European Sales Law, 2012, S. 9 f., 链接为：http://www.europarl.europa.eu/document/activities/cont/201207/20120704ATT48278/20120704ATT48278EN.pdf (2016年12月9日调阅).

所有请求权应当被囊括在内，[19]例如损害赔偿权利和支付利息请求权。但GEK草案第178条不是完整的规则，因为其他权利的消灭时效需要从规定消灭时效之效力的GEK草案第185条中得知。

▶ GEK草案第185条（消灭时效的效力） 11

（1）在所适用的消灭时效期间经过后，债务人有权拒绝履行相关债务，债权人丧失因不履行而享有的所有补救措施，留置其给付的权利除外。

（……）◀

根据该条文的规定，如果债务人可以根据消灭时效经过而拒绝履行，则补救措施（法律救济）消灭。但该条文与GEK草案第178条之间的关系不明。[20]尤为不明确的是，哪些权利可以被称为从属权利（Nebenrechte）。[21]这一问题在形成权之场合更加明显，如合同的终止[22]以及减价。[23]

GEK意在确定两种类型的消灭时效期间——“短期”消灭时效期间和 12
“长期”消灭时效期间。短期消灭时效期间对应于《消费品买卖指令》中的两年期间。

▶ GEK草案第179条（消灭时效期间）

（1）短期消灭时效期间为两年。

（2）长期消灭时效期间为十年，在人身伤害的损害赔偿请求权之场合为三十年。◀

由于短期和长期消灭时效期间的区分，这两类时效期间的起算也不相同。 13

[19] Müller, Die Verjährung im EU-Kaufrecht, in: Schmidt-Kessel, Ein einheitliches europäisches Kaufrecht?, 2012, S. 529, 530.

[20] Vaquer/Arroyo, Prescription in the Proposal for a Common European Sales Law, 2012, S. 18, 链接为：http://www.europarl.europa.eu/document/activities/cont/201207/20120704ATT48278/20120704ATT48278EN.pdf（2016年12月9日调阅）.

[21] Schmidt-Kessel/Müller, GEK-E Kommentar, Art. 178 GEK-E Rn. 4.

[22] Zöchling-Jud, Verjährungsrecht, in: Wendehorst/Zöchling-Jud, Am Vorabend eines Gemeinsamen Europäischen Kaufrechts, 2012, S. 256.

[23] Müller, Die Verjährung im EU-Kaufrecht, in: Schmidt-Kessel, Ein einheitliches europäisches Kaufrecht?, 2012, S. 529, 531.

▶ GEK 草案第 180 条（消灭时效期间的起算）

（1）短期消灭时效期间自债权人知晓或应当知晓作为其权利根据的情势之时起算。

（2）长期消灭时效期间自债务人应为给付之时起算，损害赔偿权利之场合自完成作为权利根据的行为之时起算。

（3）如果债务人有作为或不作为的持续义务，则债权人就义务的每次不履行获得单独的权利。◀

短期消灭时效期间自知晓时（adscientiae）起算，因此以主观方面（即知晓或有充分的可能知晓作为要求给付权利之基础的情况）为准。可以认为，对债务人个人的知晓也在此列。长期消灭时效期间的起算取决于客观情势，因此，债权人是否知道或应当知道该情势并不重要。[24] 长期消灭时效期间从债权到期时起算；因为债务人此时必须为给付。

14 GEK就消灭时效期间经过的修正也规定了多种可能性。期间可能中止；期间在中止的这段时间内不经过。作为中止之根据的情势结束，期间继续进行。在完成停止之场合，期间尽管继续进行，但是其结束被往回推延。最后，期间还可能重新起算，即从头开始进行。

▶ GEK 草案第 181 条（法庭或其他程序时的中止）

（1）当为贯彻权利的法庭程序启动时，两类消灭时效在此时中止。

（2）中止持续至有约束力的判决被作出或法律争议以其他方式被解决。如果程序在消灭时效期间的最后六个月内终止，且未作出判决，则消灭时效期间在程序终止后的六个月经过后才结束。

（3）第 1 款和第 2 款也准用于仲裁程序、调解程序、由第三方就双方当事人的争议问题作出终局裁决的程序以及以发现权利或避免破产为目标的所有程序。

（4）与具体名称无关，调解是指这样一种程序，即两名或多名争议当

[24] Schmidt-Kessel/Müller, GEK-E Kommentar, Art. 180 GEK-E Rn. 2 f.; Schulze/Møgelvang-Hansen, CESL Commentary, Art. 180 CESL Rn. 1; Vaquer/Arroyo, Prescription in the Proposal for a Common European Sales Law, 2012, S. 11, 链接为：http://www.europarl.europa.eu/document/activities/cont/201207/20120704ATT48278/20120704ATT48278EN.pdf (2016 年 12 月 9 日调阅).

事人自愿通过调解人尝试就其争端解决达成协议。此种程序可以由当事人启动、由法庭推动或命令或者由成员国法律规定。调解随着当事人达成合意或者调解人或一方当事人的声明而终止。◀

根据该条文的规定，在当事人启动程式化的争端解决程序时，期间中止。[25] 假如该条文以此内容生效，则会出现这一问题，即应当在多大限度上考虑成员国程序法的特殊性[26]（例如，起诉因未缴纳必要费用而被驳回，而根据成员国法律，这种起诉回溯性地被视为程序未启动）。可以认为，GEK 草案第 181 条不是完整的规则，成员国的程序法特殊性也将影响期间的中止。 15

完成停止被规定在两种完全不同的情况下。第一种情况类似于上述争端解决程序[27]：因为开始磋商（Verhandlung）[28]（也是争端解决的尝试，只是不通过程式化的程序）而对时效期间进行必要的[29] 延长：[30] 16

▶ GEK 草案第 182 条（磋商时的完成停止）

如果当事人就权利或可能成为与该权利相关的请求权之根据的情势展开磋商，则在该磋商范围内的最后一次通知完成一年后，或在一方当事人告知另一方当事人其不愿继续磋商起一年后，两类消灭时效期间才结束。◀

完成停止的第二种情形以无行为能力人的保护需求为基础：[31] 17

---

[25] Schmidt-Kessel/Müller, GEK-E Kommentar, Art. 181 GEK-E Rn. 2; Schulze/Møgelvang-Hansen, CESL Commentary, Art. 181 CESL Rn. 1 f.

[26] 拒绝观点见 Müller, Die Verjährung im EU-Kaufrecht, in: Schmidt-Kessel, Ein einheitliches europäisches Kaufrecht?, 2012, S. 529, 535 f.

[27] 对此见 Müller, Die Verjährung im EU-Kaufrecht, in: Schmidt-Kessel, Ein einheitliches europäisches Kaufrecht?, 2012, S. 529, 539 f.

[28] 关于 GEK 草案第 182 条意义上的磋商开始的概念见 Schmidt-Kessel/Müller, GEK-E Kommentar, Art. 182 GEK-E Rn. 4.

[29] 关于对创设时效期间的完成停止及其长度的评价见 Müller, in Schmidt-Kessel, GEK-E Kommentar, Art. 182 GEK-E Rn. 5.

[30] Schulze/Møgelvang-Hansen, CESL Commentary, Art. 182 CESL.

[31] Hierzu Müller, Die Verjährung im EU-Kaufrecht, in: Schmidt-Kessel, Ein einheitliches europäisches Kaufrecht?, 2012, S. 529, 541.

▶ GEK 草案第 183 条（欠缺行为能力时的完成停止）

如果一名无行为能力人没有法定代理人，则在该人具有行为能力起一年之后，或任命法定代理人起一年之后，两类消灭时效期间才结束。◀

18 此类规范只有结合成员国的法律规定才能发挥效用。无行为能力的问题应当根据可适用的人身法律来判断。但是，即使无行为能力的问题不受 GEK 的影响，也必须对此问题予以回应：如果某人根据内国法在其于法律上重大的行为能力方面受到限制，则是否视其为 GEK 第 183 条意义上的（完全）无行为能力。[32]

19 最后一项调整期间经过的法律制度是消灭时效期间的重新起算。期间在承认债务（Schuldanerkenntnis）时重新起算：

▶ GEK 草案第 184 条（因承认而重新起算）

如果债务人通过部分支付、支付利息、提供担保、抵销或其他方式承认债权人的权利，则新的短期消灭时效期间起算。◀

在此条文之外，GEK 没有关于此条意义上的承认的详细规定。[33] 该条尽管说明了哪些行为可以被评价为承认，但是这一列举存在问题。部分支付并不必然意味着债务人意在承认剩余的义务。[34] 当债务人进行所列举的行为之一时，该条文毋宁是对承认的一种推断。这样一种理念其实可以被更加明确地表达出来。此外，相较于“重新起算”，“新的短期消灭时效期间起算”也是不成功的表述。

## 三、结　论

20 有关于权利行使的时间经过之后果，现行共同体法迄今为止仅有若干

[32] Vaquer/Arroyo, Prescription in the Proposal for a Common European Sales Law, 2012, S. 8, 链接为：http://www.europarl.europa.eu/document/activities/cont/201207/20120704ATT48278/20120704ATT48278EN.pdf (2016 年 12 月 9 日调阅).

[33] Vaquer/Arroyo, Prescription in the Proposal for a Common European Sales Law, 2012, S. 16, 链接为：http://www.europarl.europa.eu/document/activities/cont/201207/20120704ATT48278/20120704ATT48278EN.pdf (2016 年 12 月 9 日调阅).

[34] Müller, Die Verjährung im EU-Kaufrecht, in: Schmidt-Kessel, Ein einheitliches europäisches Kaufrecht?, 2012, S. 529, 542.

初步规定。但是，这样一种规范“拼凑物”（Flickenteppich）的编织却更为细密。GEK 的建议案展示了关于欧盟法消灭时效的尽可能完备的规则的发展方向。尽管 GEK 建议案被撤回，但从未来发展的角度出发，GEK 所呈现的理念不能被忽视，因为它不仅是成员国立法者的，在其他政策状态下可能也是欧盟立法者的重要灵感来源。

# 第八章 展 望

1 与19世纪和20世纪深刻影响成员国的法典和司法判决的概念和原则相比，在本书所讨论的几乎所有领域内，欧洲合同法都展现出创新性。这些创新通常情况下只散见于各个条文中，不能一望而知。但是，从先合同信息义务到合同撤回或终止后的给付返还，越是努力推动欧洲合同法的协调，并使之从“碎片式”发展过渡为体系化的表达，它们就越能获得清晰的轮廓。

2 《联合国国际货物销售合同公约》推动了（不仅是欧洲的，也包括世界很多地区的）现代合同法的发展，欧洲合同法的部分创新以此为基础，但并不是简单的“复制”。相反，考虑到欧洲一体化的社会和经济任务，欧洲合同法创造性地继续发展了来自《联合国国际货物销售合同公约》的一些灵感，并把它们转用于完全崭新的领域。《消费品买卖指令》为消费者法采纳了《联合国国际货物销售合同公约》的摹本（例如与合同相符的概念以及法律救济的部分结构），也把它们用于《联合国国际货物销售合同公约》所没有处理的材料（没有世界范围的规定，只有若干“区域”的法律对此材料有规定）。在欧洲范围内，把消费者法纳入合同法的当代体系中以及在消费者法内发展《联合国国际货物销售合同公约》之范式的做法符合了这一需要，即挖掘内部市场对于商品交易和消费者的潜力。因此，欧盟的大量法律举措和立法计划的目标就在于，使跨境交易对于消费者也能简便易行，并使消费者分享内部市场的益处（而且把对内部市场的参与同高水平的消费者相联系）。

3 但是，欧洲合同法不仅发展了《联合国国际货物销售合同公约》中的理念，而且产生出了在《联合国国际货物销售合同公约》中没有先例的创新。这里不单是指对消费者法、保护中小经营者或（作为第一步的）促进持续消费等新的规则领域和规则目标的关注，而且也出现了关于合同法基本理念的新视角。例如，相对于传统合同法而言，合同缔结被更加视作具有不同阶段（从先合同义务到撤回权）的合同产生过程。欧洲合同法的其他特征尤其体现为以“大规模合同”为取向，因此出现了合同缔结、合同内容与合同执行的标准化。对于当代合同实践的这一基本特征，《联合国国际货物销售合同公约》基本没有通过特别规定来回应，而现行共同体法早就已经注意到非单独协商条款的实际意义，此类条款几乎成为合同实践的“常态”。《不公平条款指令》是在此道路上的决定性一步。关于 GEK 的欧盟委员会指令深化了这一方式并且指明，对于“大规模合同”的法律回应不仅仅涉及消费者合同，而且必须囊括经营者之间的非单独协商的合同。

《联合国国际货物销售合同公约》和在其之前的内国法律都未加关注的另一挑战是，电子交易合同法在进入 21 世纪之际的迅猛发展。标准化也通过在线交易在合同实践中达到一个新的阶段。和既有的法律相比，与这场“电子化革命”几乎同时出现的欧洲合同法可以从一开始就更加容易地应对这一新发展。因此，欧盟的合同法几乎从最初就不局限于“面对面”的传统合同缔结方式或者书面形式，相反，它还包括关于电子交易往来、电子签名以及通过互联网的远程销售合同的规则。 4

关于 GEK 的欧盟委员会草案不仅延续了对通过互联网缔结合同的关注，而且还认为，合同法也必须注重数字内容的新兴市场，因此需要相应的特别规则来调整以数字内容为标的的合同关系。GEK 因而成为世界范围内涉及数字内容的首个立法计划。它为欧洲合同法的未来发展指明了道路：把对“数字时代”挑战的法律回应纳入学术和立法草案中。此类回应并非仅出自内国法律，因为新的科技不局限在国家疆界之内。从这一角度出发，GEK 尽管被欧盟委员会撤回，但它仍是欧洲合同法三十年来发展成果之集大成者，并化身为通往新发展阶段的桥梁。 5

然而，以上尝试仍在很多方面存在不足。这并不奇怪，因为欧盟委员在极短的时间内就提出了这个草案，它以之前的工作成果为基础，而后者还没有关于经销数字内容的特别规定。所以草案的不少细节尚有缺陷，一系列结构性问题也需要深思熟虑，以便达至一个可以完全应对新挑战的欧洲合同法。例如，传统的合同类型划分是否还能够囊括关于数字内容（包括数据流，“streaming”）经销和使用的不同种类。又如，关于许可法（以及一般意义上的“智慧财产”），哪些新的范畴是必要的，以及如何明确其与合同法的关系。在合同义务与责任、与非合同责任的关系以及“自动化”合同缔结等方面，“物联网”是否以及以何种方式要求新的规则，这同样 6

是一个问题。此外，“共享经济”（shareecomomy）的出现也提出了类似的问题，即在使用互联网平台以参与非由经营者提供的给付时，传统的消费者概念是否还能提供充分的保护。

7 推进欧洲合同法在这些新领域和新问题上的发展，成为立法、司法和学术在未来的中心任务。在此方面，欧洲法相对于许多内国法而言具有一个优势，即欧洲法是一个“发展中的法律”，它不拘泥于长期以来已经固化的体系之壳，也不受相关法典的约束。欧洲法可以把对“数字时代”新挑战的回应比较容易地纳入其本身体系化的进程中。在最理想的情况下，这一发展的结果是未来欧洲合同法的立法，它把协调化的努力与适用于数字领域的新的解决方案结合起来。

8 欧盟在合同法这一领域的最重要的新立法计划就是起草中的《数字内容指令建议案》。根据上文的阐述，尽管该指令的大量细节尚需优化，但是立法计划包含了一些显明上述发展的路径。《数字内容指令建议案》从欧洲买卖合同法中采纳了“与合同相符”等中心要素以及法律救济的体系。它通过关于数字内容经销的特别规则（例如互通性、可获得性以及融入数字环境等给付特征作为与合同相符的因素；作为合同终止之法律后果的使用禁止和所获数据的删除义务等）对此加以细化和补充。该指令把源自欧洲买卖法的概念转用于数字内容经销的全部领域（也包括涉及服务的合同），因此也把它们发展为欧洲合同法的全局性概念。把买卖法的概念用于服务合同法并不是数字内容经销领域的孤立现象，它也延伸到服务合同法的其他领域，正如新版《包价旅游指令》采用与合同相符之概念以及法律救济体系所展示的那样。最后，新的开端——从欧洲买卖法的概念中可以产生一般合同法——由此呈现于世。

9 《数字内容指令建议案》的立法进程迄今还未完成，同样也无法预料是否还有类似方向上的其他法律举措。在此背景下，GEK 草案的撤回至少隐含了这一风险，即有可能再次失去特别是在全局性概念和体系化方面所获得的成就。仅仅以“数字议程”为导向的发展也可能会误入歧途，即重新局限于孤立的、碎片化的规则，它们只涉及单个领域，却完全忽略合同法协调化的需求。正如在关于“最低协调化”和“完全协调化”的讨论中所展现出的那样，这是回归欧盟法既有的不足和弱点的新征兆。

10 《数字内容指令建议案》表明，关于欧洲合同法讨论的新阶段——至少是在较长的时期内——也提供了一个时机，以便把关于“数字时代”之需求的经验和方法整合进一部 21 世纪的合同法。因为在 20 世纪末出现的现象和问题，其实适用于“数字化”的 21 世纪：如果向经营者和消费者提供了内部市场和互联网，但是在大量中小国家的内国法之外却没有共同的合同法，这将会是一个时代错误。

# 缩写文献索引

Basedow/Hopt/Zimmermann, Handwörterbuch des Europäischen Privatrechts, 2009 (*zitiert:* Handwörtbuch, 2009)

Eidenmüller/Faust/Grigoleit/Jansen/Wagner/Zimmermann, Revision des Verbraucher-*acquis*, 2011 (*zitiert: Eidenmüller/Faust u.a., Revision des Verbraucher-acquis*)

European Research Group on Existing EC Private Law (Acquis Group), Principles of the Existing EC Contract Law (Acquis Principles) Contract II, 2009 (*zitiert: Acquis Group/Bearbeiter, Contract II*)

Heiderhoff, Europäisches Privatrecht, 4. Aufl. 2016 (*zitiert: Heiderhoff, Europäisches Privatrecht*)

Howells/Ramsay/Wilhelmson/Kraft (Hrsg.), Handbook of Research on International Consumer Law, 2010 (*zitiert: Howells u.a., Handbook of Research on International Consumer Law*)

Lando/Beale (Hrsg.), Principles of European Contract Law, Parts I & II, 2000 [ *zitiert: Lando/Beale (Hrsg.), PECL Parts I and II* ]

Lando/Clive/Prüm/Zimmermann (Hrsg.), Principles of European Contract Law, Parts III, 2003 [ *zitiert: Lando/Clive/Prüm/Zimmermann (Hrsg.), PECL, Part III, 2003* ]

Martinek/Semler/Flohr, Handbuch des Vertriebsrechts, 4. Aufl. 2016 (*zitiert als: Martinek/Semler u.a., Handbuch des Vertriebsrechts*)

Riesenhuber, EU-Vertragsrecht, 2013 (*zitiert: Riesenhuber, EU-Vertragsrecht*)

Säcker/Rixecker, Münchener Kommentar, 7. Aufl. 2016 (*zitiert: MünchKomm/Bearbeiter*)

Schmidt-Kessel, Der Entwurf für ein Gemeinsames europäisches Kaufrecht, Kommentar 2014 (*zitiert: Schmidt-Kessel/Bearbeiter, GEK-E Kommentar*)

Schulte-Nölke/Zoll/Jansen/Schulze (Hrsg.), Der Entwurf für ein optionales europäisches Kaufrecht, 2012 (*zitiert: Schulte-Nölke u.a., Der Entwurf für ein optionales europäisches Kaufrecht*)

Schulze (Hrsg.), Common European Sales Law (CESL) Commentary, 2012 (*zitiert:Schulze/Bearbeiter, CESL Commentary*)

Schulze (Hrsg.), Common Frame of Reference and Existing EC Contract Law, 2. Aufl. 2009 (*zitiert:Schulze, CFR and Existing EC Contract Law*)

Schulze/Dörner/Ebert/Hoeren/Kemper/Saenger/Schreiber/Schulte-Nölke/Staudinger, Handkommentar BGB, 9. Auflage 2016 (*zitiert:HK-BGB/Bearbeiter*)

Schulze/Schulte-Nölke, European Private Law – Current Status and Perspectives, 2011 (*zitiert:* Schulze/Schulte-Nölke, European Private Law)

Schulze/Zimmermann, Europäisches Privatrecht Basistexte, 4. Aufl. 2012 (*zitiert: Schulze/Zimmermann, Basistexte*)

Schulze/Zuleeg/Kadelbach, Europarecht – Handbuch für die deutsche Rechtspraxis, 3. Aufl. 2014 (*zitiert: Schulze/Zuleeg/Kadelbach, Europarecht*)

Staudinger, BGB, Band I, Allgemeiner Teil, 2010 (*zitiert: Staudinger/Bearbeiter, BGB, 2010*)

Staudinger, BGB, Band I, Allgemeiner Teil, 2012 (*zitiert: Staudinger/Bearbeiter, BGB, 2012*)

Staudinger, BGB, Band I, Allgemeiner Teil, Neubearbeitung 2011 (*zitiert: Staudinger/Bearbeiter, BGB, 2011*)

Staudinger, BGB, Band II, Recht der Schuldverhältnisse, Neubearbeitung 2014 (*zitiert: Staudinger/Bearbeiter, BGB, 2014*)

Staudinger, Wiener UN-Kaufrecht (CISG), 2013 (*zitiert: Staudinger/Bearbeiter, CISG*)

Twigg-Flesner, The Cambridge Companion to European Union Private Law, 2010 (*zitiert: Twigg-Flesner, European Union Private Law*)

von Bar/Clive (Hrsg.), Principles, Definitions and Model Rules of European Private Law, Draft Common Frame of Reference DCFR (Full Edition), 2009 [ *zitiert: v. Bar/Clive (Hrsg.), DCFR Full Edition* ]

# 判决索引

| 判决 | 章 | 边码 |
|---|---|---|
| 欧洲法院（EuGH） | | |
| Urteil v. 15.7.1964, Rs 6/64 (Costa/E.N.E.L.), Slg 1964, I-1251 | 1 | 25 |
| Urteil v. 17.12.1970, Rs 11/70 (Internationale Handelsgesellschaften), Slg 1970, I-1125 | 1 | 25 |
| Urteil v. 9.3.1978, Rs 106/77 (Simmenthal II), Slg 1978, I-629 | 1 | 25 |
| Urteil v. 29.4.1982, Rs 66/81 (Pommerehnke), Slg 1982, 1363 | 1 | 25 |
| Urteil v. 17.6.1992, Rs C-26/91 (Handte/TMCS), Slg 1992, I-3967 | 1 | 30 |
| Urteil v. 3.7.1997, Rs C-269/95 (Benincasa), Slg 1997, I-3767 | 1 | 47 |
| Urteil v. 17.3.1998, Rs C-45/96 (Dietzinger), Slg 1998, I-1199 | 2 | 54 |
| Urteil v. 27.10.1998, Rs C-51/97 (Réunion européenne ua), Slg 1998, I-6511 | 1 | 30 |
| Urteil v. 17.12.1998, Rs T-203/96 (Embassy Limousines & Services/Europäisches Parlament) | 3 | 30 |
| Urteil v. 23.3.2000, Rs C-208/98, Slg 2000, I-1741 (Berliner Kindl) | 1 | 37 |
| Urteil v. 27.6.2000, Rs C-240/98 (Océano) und Rs. C-241/98 (Salvat Editores), Rs C-242/98 (José Luis Copano Badillo), Rs C-243/98 (Mohammed Berroane) und Rs C-244/98 (Emilio Viñas Feliu), Slg 2000, I-4941 | 4 | 9 |
| Urteil v. 27.6.2000, Rs C-240/98 (Océano) und Rs. C-241/98 (Salvat Editores), Rs C-242/98 (José Luis Copano Badillo), Rs C-243/98 (Mohammed Berroane) und Rs C-244/98 (Emilio Viñas Feliu), Slg 2000, I-4941 | 4 | 30 |

续表

| 判决 | 章 | 边码 |
| --- | --- | --- |
| Urteil v. 27.6.2000, Rs C-240/98 (Océano) und Rs. C-241/98 (Salvat Editores), Rs C-242/98 (José Luis Copano Badillo), Rs C-243/98 (Mohammed Berroane) und Rs C-244/98 (Emilio Viñas Feliu), Slg 2000, I-4941 | 4 | 53 |
| Urteil v. 13.12.2001, Rs C-481/99 (Heininger), Slg 2001, I-9945 | 3 | 45 |
| Urteil v. 13.12.2001, Rs C-481/99 (Heininger), Slg 2001, I-9945 | 3 | 139 |
| Urteil v. 7.5.2002, Rs C-478/99 (Kommission/ Schweden), Slg 2002, I-4147 | 4 | 22 |
| Urteil v. 12.3.2002, Rs C-168/00, Slg 2002, I-2631 (Leitner) | 1 | 37 |
| Urteil v. 12.3.2002, Rs C-168/00, Slg 2002, I-2631 (Leitner) | 6 | 91 |
| Urteil v. 30.4.2002, Rs C-400/00, Slg 2002, I-4051 (Club-Tour) | 1 | 37 |
| Urteil v. 7.5.2002, Rs C-478/99, Slg 2002, I-4147 (Kommission der EG/ Königreich Schweden) | 4 | 27 |
| Urteil v. 11.7.2002, Rs C-96/00 (Rudolf Gabriel), Slg 2002, I-6367 | 1 | 47 |
| Urteil v. 11.7.2002, Rs C-96/00 (Rudolf Gabriel), Slg 2002, I-6367 | 3 | 18 |
| Urteil v. 21.11.2002, Rs C-473/00 (Cofidis), Slg 2002, I-10875 | 1 | 37 |
| Urteil v. 4.3.2004, Rs C-264/02 (Cofinoga), Slg 2004, I-2157 | 1 | 37 |
| Urteil v. 1.4.2004, Rs C-237/02 (Freiburger Kommunalbauten), Slg 2004, I-3403 | 1 | 37 |
| Urteil v. 1.4.2004, Rs C-237/02 (Freiburger Kommunalbauten), Slg 2004, I-3403 | 4 | 9 |
| Urteil v. 1.4.2004, Rs C-237/02 (Freiburger Kommunalbauten), Slg 2004, I-3403 | 4 | 33 |
| Urteil v. 1.4.2004, Rs C-237/02 (Freiburger Kommunalbauten), Slg 2004, I-3403 | 4 | 34 |
| Urteil v. 9.9.2004, Rs C-70/03 (Kommission/Spanien), Slg 2004, I-07999 | | |
| Urteil v. 20.1.2005, Rs C-464/01 (Gruber), Slg 2005, I-439 | 2 | 126 |
| Urteil v. 10.3.2005, Rs C-336/03 (easyCar), Slg 2005, I-1947 | 1 | 31 |
| Urteil v. 22.11.2005, Rs C-144/04 (Mangold), Slg 2005, I-9981 | 1 | 31 |
| Urteil v. 22.11.2005, Rs C-144/04 (Mangold), Slg 2005, I-9981 | 2 | 116 |
| Urteil v. 26.10.2006, Rs C-168/05 (Mostaza Claro), Slg 2006, I-10421 | 4 | 54 |

续表

| 判决 | 章 | 边码 |
|---|---|---|
| Urteil v. 14.12.2006, Rs C-252/06 (Kommission/Deutschland), Slg 2006, I-140 | 1 | 38 |
| Beschluss v. 12.4.2007, Rs C-453/06 (01051 Telecom) | 1 | 38 |
| Urteil v. 3.4.2008, Rs C-306/06 (Telekom), Slg 2008, 1923 | 6 | 87 |
| Urteil v. 10.4.2008, Rs C-412/06 (Hamilton), Slg 2008, I-2695 | 3 | 45 |
| Urteil v. 17.4.2008, Rs C-404/06 (Quelle), Slg 2008, I-2685 | 1 | 37 |
| Urteil v. 17.4.2008, Rs C-404/06 (Quelle), Slg 2008, I-2685 | 3 | 135 |
| Urteil v. 17.4.2008, Rs C-404/06 (Quelle), Slg 2008, I-2685 | 6 | 52 |
| Urteil v. 17.4.2008, Rs C-404/06 (Quelle), Slg 2008, I-2685 | 6 | 53 |
| Urteil v. 17.4.2008, Rs C-404/06 (Quelle), Slg 2008, I-2685 | 6 | 76 |
| Urteil v. 23.9.2008, Rs C-427/06 (Bartsch), Slg 2008, I-7245 | 1 | 31 |
| Urteil v. 16.10.2008, Rs C-298/07 (deutsche internet versicherung), Slg 2008, I-7841 | 1 | 39 |
| Urteil v. 4.6.2009, Rs C-243/08 (Pannon), Slg 2009, I-4713 | 1 | 37 |
| Urteil v. 4.6.2009, Rs C-243/08 (Pannon), Slg 2009, I-4713 | 4 | 37 |
| Urteil v. 3.9.2009, Rs C-489/07 (Pia Messner), Slg 2009, I-7315 | 2 | 103 |
| Urteil v. 3.9.2009, Rs C-489/07 (Pia Messner), Slg 2009, I-7315 | 3 | 144 |
| Urteil v. 3.9.2009, Rs C-489/07 (Pia Messner), Slg 2009, I-7315 | 3 | 145 |
| Urteil v. 6.10.2009, Rs C-40/08 (Asturcom Telecomunicaciones), Slg 2009, I-09579 | 4 | 55 |
| Urteil v. 19.1.2010, Rs C-555/07 (Kücükdeveci), Slg 2010, I-365 | 1 | 31 |
| Urteil v. 15.4.2010, Rs C-511/08 (Heinrich Heine), Slg 2010, I-3047 | 3 | 143 |
| Urteil v. 20.5.2010, Rs C 434/07 (Harms), Slg 2010, I-4431 | 1 | 30 |
| Urteil v. 28.10.2010, Rs C-203/09 (Volvo Car Germany), Slg 2010, I-10721 | 1 | 38 |
| Urteil v. 9.11.2010, Rs C-137/08 (VB Pénzügyi Lízing), Slg 2010, I-10847 | 1 | 37 |
| Urteil v. 16.11.2010, Rs C-76/10 (Pohotovost'), Slg 2010, I-11557 | 1 | 37 |
| Urteil v. 7.12.2010, Rs C-585/08 verbunden mit C-1441/09 (Pammer/Hotel Alpenhof), Slg 2010, I-2527 | 1 | 37 |
| Urteil v. 1.3.2011 Rs C-236/09 (Association Belge des Consommateurs Test-Achats ua), Slg 2011, I-0773 | 1 | 41 |

续表

续表

| 判决 | 章 | 边码 |
| --- | --- | --- |
| Urteil v. 17.10.2013, Rs C-555/11 (EEAE ua) | 1 | 38 |
| Urteil v. 12.12.2013, Rs C-361/12 (Carratù) | 1 | 41 |
| Urteil v. 16.1.2014, Rs C-430/13 (Baradics ua) | 1 | 37 |
| Urteil v. 27.3.2014, Rs C-565/12 (Crédit Lyonnais) | 1 | 37 |
| Urteil v. 9.4.2014, Rs C-616/11 (T-Mobile Austria) | 1 | 40 |
| Urteil v. 30.4.2014, Rs C-26/13 (Kásler) | 1 | 37 |
| Urteil v. 30.4.2014, Rs C-26/13 (Kásler) | 4 | 41 |
| Urteil v. 30.4.2014, Rs C-26/13 (Kásler) | 4 | 43 |
| Urteil v. 30.4.2014, Rs C-26/13 (Kásler) | 4 | 50 |
| Urteil v. 18.12.2014, Rs C-449/13 (Consumer Finance) | 1 | 37 |
| Urteil v. 15.1.2015, Rs C-537/13 (Šiba/Devenas) | 1 | 37 |
| Urteil v. 15.1.2015, Rs C-537/13 (Šiba/Devenas) | 2 | 127 |
| Urteil v. 26.2.2015, Rs C-143/13 (Matei) | 1 | 37 |
| Urteil v. 23.4.2015, Rs C-96/14 (Van Hove) | 1 | 37 |
| Urteil v. 4.6.2015, Rs C-497/13 (Faber) | 1 | 37 |
| Urteil v. 4.6.2015, Rs C-497/13 (Faber) | 2 | 129 |
| Urteil v. 3.9.2015, Rs C-110/14 (Ovidiu Costea) | 1 | 37 |
| Urteil v. 3.9.2015, Rs C-110/14 (Ovidiu Costea) | 2 | 128 |
| Urteil v. 3.12.2015, Rs C-338/14 (Quenon) | 1 | 38 |
| Urteil v. 9.11.2016, Rs C-149/15 (Whatelet) | 1 | 37 |
| Urteil v. 9.11.2016, Rs C-149/15 (Whatelet) | 2 | 130 |
| | | |
| 欧盟法院（EuG） | | |
| Urteil v. 17.12.1998, Rs. T-203/96 (Embassy Limousines), Slg 1998, II-4239 | 3 | 84 |
| | | |
| **成员国法院** | | |
| 德国 | | |
| RG, Urteil v. 14.1.1908, III 262/07 | 2 | 39 |
| BGH, Urteil v. 9.12.1974, VII ZR 182/73 | 2 | 39 |

续表

# 关键词索引

加粗的数字代表相应的章数，未加粗的数字代表在该章中的页边码。
例如：第五章的页边码 10 表示为 **5**10

著作权合同登记号：图字 01-2017-8687 号


**图书在版编目（CIP）数据**

欧洲合同法 /（德）莱纳·舒尔策，（波）弗里德里克·佐尔著；
王剑一译. —北京：中国法制出版社，2019.11（2024.6重印）
（欧洲法与比较法前沿译丛）
ISBN 978-7-5216-0706-2

Ⅰ. ①欧…　Ⅱ. ①莱…　②弗…　③王…　Ⅲ. ①合同法—研究—欧洲
Ⅳ. ① D950.36

中国版本图书馆 CIP 数据核字（2019）第 255806 号

项目策划：马颖　　本书策划 / 责任编辑：靳晓婷　　封面设计：李　宁

**欧洲合同法**

OUZHOU HETONGFA

著者 /［德］莱纳·舒尔策［波］弗里德里克·佐尔

译者 / 王剑一

经销 / 新华书店

印刷 / 北京虎彩文化传播有限公司

开本 / 710 毫米 ×1000 毫米　16 开　　印张 / 24.75　字数 / 376 千

版次 / 2019 年 11 月第 1 版　　2024 年 6 月第 2 次印刷

中国法制出版社出版

书号 ISBN 978-7-5216-0706-2　　定价：89.00 元

北京市西城区西便门西里甲 16 号西便门办公区

邮政编码：100053　　传真：010-63141600

**网址：http://www.zgfzs.com**　　**编辑部电话：010-63141827**

**市场营销部电话：010-63141612**　　**印务部电话：010-63141606**

（如有印装质量问题，请与本社印务部联系。）